Archibald Lyall

Midi

ARCHIBALD LYALL

Midi

Ein Führer durch Frankreich am Mittelmeer

PRESTEL VERLAG

MÜNCHEN

Herausgegeben von Peter de Mendelssohn
Die Orginalausgabe dieses Buches erschien 1963 unter dem Titel *Companion Guide to the South of France* bei Collins in London. Peter de Mendelssohn übersetzte das Buch des verstorbenen Autors ins Deutsche und erweiterte es durch zahlreiche eigene Beiträge.

4. Auflage 1978
Passavia Druckerei GmbH Passau
ISBN 3-7913-0279-5

INHALT

Frankreich am Mittelmeer

Die Küste Südfrankreichs erstreckt sich über mehr als fünfhundert Kilometer in einer Folge langer, lässiger, katzenhafter Kurven und Wellenbogen, eine lockere, schimmernde Kette, die Italien mit Spanien verbindet. Die Anlage dieses Buches folgt diesen geschwungenen Kettengliedern: in politischer Hinsicht von der einen Grenze zur anderen, in geographischer von den Alpen zu den Pyrenäen. Die fünf historischen Landschaften des Küstengebietes besitzen eine innere Einheit und Geschlossenheit, die sich aus ihrer Lage und Stellung als Teil der antiken griechisch-römischen Zivilisation an den Ufern des Mittelmeeres herleitet. Überall, entlang der ganzen Küste, sprechen die Bauern Abwandlungen der gleichen Sprache, der alten ›Langue d'oc‹ des Südens, die vom offiziellen Französisch des Nordens, das sie jetzt verdrängt und überlagert, sehr verschieden ist. Das Temperament dieser Menschen ist lebhaft und quecksilbrig, und ihr Äußeres, gedrungen und dunkel, bildet einen auffallenden Gegensatz zu den hochgewachsenen, blonden Franzosen des Nordens. Sie sind ein ligurisch-iberisches Völkergemisch, während die Nordfranzosen ein keltisch-germanisches sind. Vor allem aber ist ihnen eine Zivilisation gemeinsam, deren bestimmendes Element die Sonne ist und deren unverwechselbarer Ausdruck Olive und Weinrebe sind.

Die Küste ist zweigeteilt durch den Rhône-Fluß, der die Scheide zwischen der Provence im Osten und dem Languedoc im Westen bildet. Die Osthälfte umfaßt überdies das vormalige päpstliche Staatsgebiet, das Comtat Venaissin am Unterlauf der Rhône, und die vormalige Grafschaft Nizza längs der italienischen Grenze, die nahezu fünfhundert Jahre lang zu Piemont gehörte. Diese beiden kleinen Bezirke sind geographisch der Provence zugehörig.

Die Provence selbst teilt sich in drei deutlich voneinander unterschiedene Landschaften. Das historische Kernland war von jeher die Basse-Provence oder Niedere Provence, die östlich des Rhône-Deltas, hauptsächlich im Departement Bouches du Rhône liegt und zu der die alten Städte Marseille, Aix und Arles gehören. Dies ist die reichste und vom baukünstlerischen und archäologischen Gesichtspunkt lohnendste der drei Landschaften. Mit der landeinwärts gelegenen Haute Provence oder Oberen Provence, die etwa mit dem Departement der Basses-Alpes zusammenfällt, beschäftigt sich das vorliegende Buch ausdrücklich nicht. Es ist ein gebirgiges, armes, wenngleich landschaftlich sehr schönes und fesselndes Land, und die Bevölkerung seiner kleinen Städte und Hügeldörfer, die von der landschaftlichen Schönheit allein nicht leben kann, ist seit dem Beginn unseres Jahrhunderts in stetigem Schwinden begriffen und wandert in die reichen, geschäftigen Städte der dritten Landschaft ab, nämlich an die Küste, in die sich die Departements Alpes-Maritimes und Var teilen. Während die Obere Provence sich rasch entvölkert, hat dieser schmale Streifen zwischen den Bergen und dem Meer während der letzten hundert Jahre eine schier unglaubliche Verwandlung erfahren. Er bestand einstmals aus kaum mehr denn wenigen verstreuten Fischerdörfern, die in ständigem Schrecken vor den Überfällen der Seeräuber lebten. Heute ist er zugleich der modisch-eleganteste und der populärste Spielplatz ganz Europas. Aus ihm ist die Riviera oder Côte d'Azur geworden.

Diese Küste zieht Jahr um Jahr unübersehbare Scharen von Ausländern an. Das ist einer der Gründe, warum nahezu die Hälfte dieses Buches sich mit ihr beschäftigt. Ein zweiter Grund ist, daß diese Küste jetzt sich sehr rasch zu einem der bedeutendsten Ausstellungsgelände der Welt für moderne Kunst entwickelt, mit vorzüglichen Gemäldegalerien und von Picasso, Matisse, Léger und Cocteau ausgemalten Kirchen, Kapellen und öffentlichen Gebäuden. Wenn man annehmen darf, daß die moderne Kunst nicht lediglich eine vorübergehende Verirrung ist, dann wird diese Küste eines Tages möglicherweise, ähnlich der Toskana, zu einer Wallfahrtsgegend der Kunstliebhaber werden.

Das Niedere Languedoc, jenseits der Rhône, besitzt eine starke Ähnlichkeit mit der Niederen Provence. Es ist ein lächelndes Land endloser Weinberge, in die berühmte Städte wie Nîmes, Montpellier und Carcassonne eingebettet liegen. Es umfaßt die Departements Gard, Hérault und Aude.

Jenseits des Niederen Languedoc schließlich liegt das katalanisch sprechende Roussillon, dessen amtlicher Name das Departement der Pyrénées-Orientales ist. Es erstreckt sich bis zur spanischen Grenze und liegt im Schatten der letzten Ausläufer der hochaufgetürmten Pyrenäen. Hier gelangen wir ans Ende unserer Reise, die begann, wo die Alpen bei Menton zum Meer hinabsteigen.

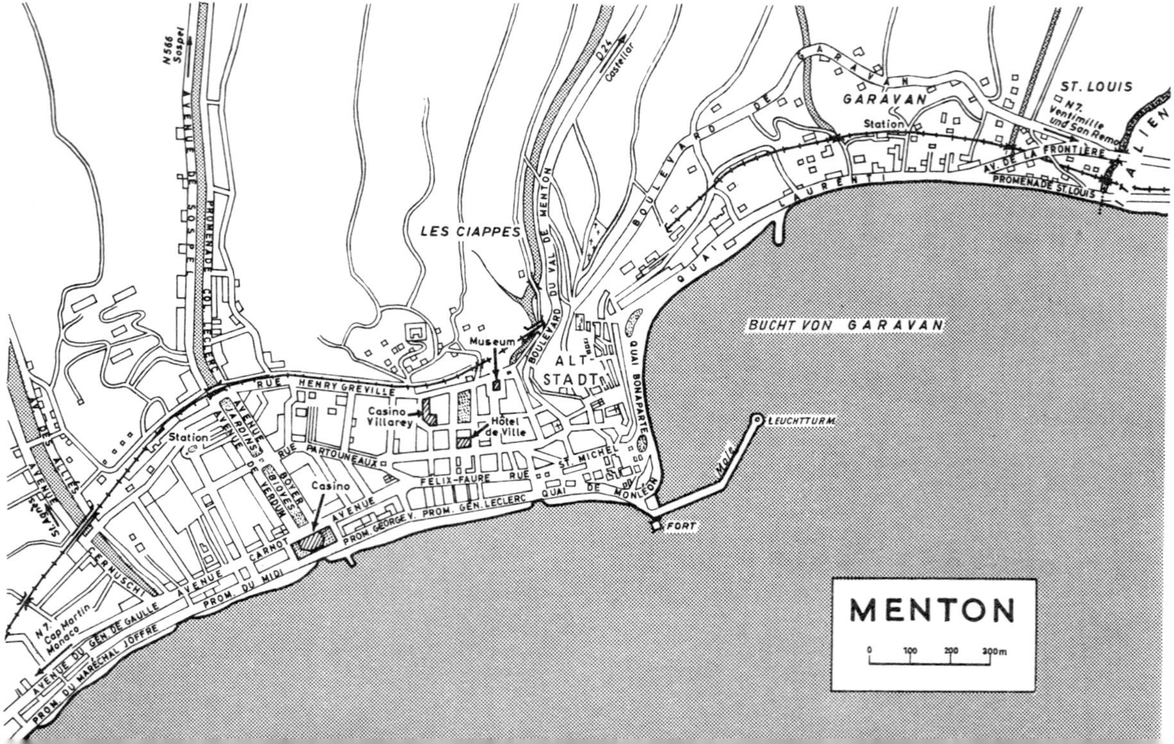
MENTON
0 100 200 300m
BUCHT VON GARAVAN
LEUCHTTURM
Mole
FORT
ST. LOUIS
N7. Ventimille und San Remo
GARAVAN
Station
BOULEVARD DE GARAVAN
AV. DE LA FRONTIÈRE
PROMENADE ST. LOUIS
LAURENTI
QUAI
BOULEVARD
D24 Castellar
LES CIAPPES
BOULEVARD DU VAL DE MENTON
Museum
ALT-STADT
QUAI BONAPARTE
Casino Villarey
Hôtel de Ville
RUE HENRY GREVILLE
RUE PARTOUNEAUX
ST. MICHEL
FELIX-FAURE RUE
QUAI DE MONLEON
PROM. GEORGE V. PROM. GEN. LECLERC
AVENUE
Casino
AVENUE BOYER
JARDINS BIOVES
AVENUE DE VERDUM
CARNOT
Station
N566 Sospel
AVENUE DE SOSPEL
PROMENADE COL. LECLERC
AV. DES ALLIÉS
AVENUE
St. Agnès
CERNUSCHI
AVENUE
PROM. DU MIDI
N.7. Cap Martin Monaco
AVENUE DU GEN. DE GAULLE
PROM. DU MARÉCHAL JOFFRE

Menton

Als Adam und Eva, so erzählt die Legende von Menton, den Garten Eden verlassen mußten, pflückte Eva heimlich im Vorübergehen von einem Baum eine Zitrone und verbarg sie in ihrem Busen. Der Erzengel mit dem Flammenschwert, von Mitleid gerührt, tat, als habe er nichts gesehen, und ließ sie die Frucht mitnehmen, als sie durchs Tor des Paradieses schritten. Viele Jahre lang wanderten sie über die unfreundliche Erde, frierend und hungrig, müde und von Entbehrung heimgesucht. Adam war verbittert und der Verzweiflung nahe, Evas Herz jedoch blieb frohgemut in der Hoffnung, alles werde sich dennoch zum besten kehren. Endlich gelangten sie an einen waldigen, wasserreichen Ort, wo das hohe Vorgebirge zum warmen, blauen Meer hinabstieg und wo ewiger Frühling herrschte; nirgends, meinten sie, würden sie einen Ort finden, der so sehr dem Irdischen Paradies gleiche. Die Zitrone war noch frisch und unverwelkt, denn sie war die unsterbliche Frucht des Paradieses. Eva nahm sie aus ihrem Busen, küßte ihre goldene Schale und pflanzte sie ins Erdreich. Alsbald waren alle Hänge und Täler mit duftenden Zitronenbäumen bestanden; von dieser Zitrone aus dem Garten Eden stammen die Myriaden von Bäumen, die das ganze Jahr an dem Ort, den wir heute Menton nennen, ununterbrochen blühen und Früchte tragen. Dies ist die uralte Legende von der Zitrone, die man sich in Menton erzählt.

Keine Legende, sondern Gewißheit ist, daß der älteste Bewohner des mittelmeerischen Frankreich vor rund dreißigtausend Jahren hier an diesem Ort lebte und im Städtischen Museum zu Menton seinen Schädel hinterlegt hat, damit jedermann sich davon überzeugen möge. Dies ist der berühmte Grimaldi-Mensch, der 1884 in den Höhlen der

Rochers Rouges (provenzalisch Baousse Rousse) am Meeresstrand unterhalb des Dörfchens Grimaldi, etwa einen halben Kilometer jenseits der italienischen Grenze, gefunden wurde. Die ganze Küstenstrecke von der italienischen Grenze bis Nizza ist übersät mit Höhlen und Grotten, in denen Überreste der Steinzeitmenschen, Begräbnisstätten, Knochen, Waffen und Werkzeuge gefunden wurden. Aber einzig in den Höhlen von Grimaldi, die schon im 18. Jahrhundert von dem Schweizer Alpenforscher Saussure entdeckt, aber erst ab 1872 systematisch erforscht wurden, fand sich ein Menschenschädel. So dürfen wir wahrheitsgemäß sagen, daß die Riviera sowohl zeitlich wie räumlich in Menton beginnt, auf halbem Weg zwischen Rom und Paris, wo Gallien und Italien einander in Jahrhunderten und Jahrtausenden immer wieder in Krieg und Frieden begegnet sind.

Menton liegt in einer breit ausschwingenden Bucht, die sich von den Felsklippen von Mortola bis Cap Martin hinzieht. Die Römer nannten die Bucht den Pacis Sinus, den Golf des Friedens. Aber abgesehen von den Höhlenmenschen der Roten Felsen findet sich hier kein Hinweis auf eine menschliche Siedlung vor der Mitte des 13. Jahrhunderts. Auf den antiken Straßenkarten des Römischen Reiches ist ziemlich genau an diesem Punkt die Garnison Lumone verzeichnet, aber diese römische Besetzung hat ebensowenig eine Spur hinterlassen wie die Seeräuber von der Insel Lampedusa, die angeblich im 8. Jahrhundert sich auf der kleinen Landspitze des heutigen Menton einnisteten. Ende des 10. Jahrhunderts, nach der Vertreibung der Sarazenen, gehörte die Stadt den Grafen von Ventimiglia, im 13. Jahrhundert der genuesischen Familie Vento, die sie 1346 an Karl Grimaldi, den Fürsten von Monaco, verkaufte. Während des folgenden halben Jahrtausends blieb Mentone, wie es mit seinem italienischen Namen noch zu unserer Großväter Zeit genannt wurde, den Fürsten von Monaco untertan. 1848 jedoch kam es infolge der Härten der vom Fürsten Honoré v. verfügten Steuerreform zu einem Aufstand; Menton rief sich zu einer Republik aus, die sich die ›Freien Städte von Monaco und Roquebrune‹ nannte. Fürst Honoré, betrübt über das katastrophale Versagen seiner fortschrittlichen Maßnahmen, darunter des staatlichen Getreide- und Mehlmonopols, das viele Jahre später, 1893, von Jean Jaurès und den sozialistischen Deputierten in der Pariser Kammer befürwortet wurde, schrieb sich, ehe er starb, seine eigene Grabschrift: »Hier liegt einer, der es gut meinte.« 1860, nach zwölf Jahren Unabhängigkeit, stimmten die Freien Städte mit 639 Stimmen gegen 86 für Vereinigung mit Frankreich, und am 2. Februar 1861 verkaufte der Fürst alle seine Rechte an Menton und Roquebrune für vier Millionen Francs an Frankreich.

Der Golf des Friedens ist von der Bucht von Garavan durch die vorspringende Landzunge abgeteilt, auf der die Altstadt von Menton steht. Auf der Ostseite, nach Italien zu, liegt der Villenvorort Garavan, auf der Westseite die neue Stadt, die sich etwa eineinhalb Kilometer an der Golfküste entlang bis zu den Villen von Cap Martin erstreckt, die heute praktisch Teil von Menton sind. Die Neustadt verdankt ihre Existenz vor allem dem ungewöhnlich milden Klima von Menton, das gegen Norden durch einen Halbkreis von Bergen abgeschirmt ist und sich mit Beaulieu um den Rang des wärmsten Winterklimas an der ganzen Küste streitet. Ihr Begründer war in gewisser Weise ein englischer Arzt namens Dr. Bennett, dessen lobpreisendes Buch über das Klima und die sonstigen Vorzüge Mentons nicht nur in England fünf Auflagen erlebte, sondern auch ins Deutsche, Holländische und schließlich gar ins Französische übersetzt wurde und ihm ein Denkmal in der Rue Partouneaux eintrug. Dieses Buch rief die Tausende von Engländern und andere Nordlandbewohner herbei, die nun schon seit einem Jahrhundert winters die zahlreichen Hotels mit Namen Westminster, Bristol und Richmond bevölkern, welche den Golf des Friedens säumen.

Nahezu sämtliche Kaiser- und Königsfamilien Europas,

Dutzende von russischen Großfürsten und österreichischen Erzherzögen haben hier zur einen oder anderen Zeit Aufenthalt genommen; schon Guy de Maupassant nannte den Alten Friedhof auf der Höhe des Schloßbergs den »Aristokratenfriedhof Europas«. Und zwei weltberühmte Schriftsteller haben hier gelebt: Katherine Mansfield (1888–1923) in ihren letzten Lebensjahren in der Villa ›Isola Bella‹ – zum Andenken an sie hat die Stadt Menton einen Kurzgeschichten-Literaturpreis gestiftet – und der spanische Romancier Blasco Ibáñez (1867–1928), der hier in seiner Villa ›Fontana Rosa‹ in Garavan starb. Es ist noch nicht lange her, daß Menton, wie die Riviera überhaupt, ein reiner Winteraufenthaltsort war; vor dem Ersten Weltkrieg kam niemand auf den Gedanken, sich in der Sommerhitze an diese ›afrikanische‹ Küste zu begeben. Heute übertrifft die Sommersaison bei weitem die des Winters; Scharen sonnensüchtiger Touristen strömen herzu, Hotels und Pensionen in der Neustadt und in Garavan sind im Juli und August überfüllt, während sie noch vor kaum einem Menschenalter samt und sonders während der heißen Monate geschlossen waren (heute machen viele von ihnen im Winter zu), und Tausende zelten außerhalb der Stadt auf den Camping-Plätzen wie dem Plateau St. Michel, La Madone und Cap Martin. Haben die Gewohnheiten der Menschen sich geändert oder das Klima? Anscheinend beides. Vor Jahren kannte ich in Menton zwei alte russische Damen, die dort ein kleines Restaurant betrieben und steif und fest behaupteten, vor dem Ersten Weltkrieg seien die Winter viel wärmer und die Sommer viel heißer gewesen. »Damals gingen wir im März in leichten Sommerkleidern und mit Sonnenschirmen auf der Promenade spazieren.« Mag wohl sein; heute bläst im März oft noch ein recht eisiger Wind.

Ein sehr gleichmäßig warmes Klima scheint jedoch seit Menschengedenken das ganze Jahr hindurch in dieser geschützten Bucht geherrscht zu haben. Es ist der Stolz der Mentonnais – oder sollen wir sie Mentonesen nennen? –, daß halb-tropische Früchte hier so üppig gedeihen wie nirgends sonst auf der Welt; während in Palermo die Zitronenbäume nur eine Ernte im Jahr tragen, prangen sie in Menton das ganze Jahr hindurch in unablässiger Folge gleichzeitig mit Blüten und Früchten in jeglichem Stadium der Entwicklung. Vielleicht ist an der Legende vom Garten Eden wirklich etwas dran.

Im Februar, zur Karnevalszeit, veranstaltet Menton sein berühmtes Zitronenfest; die ganze Stadt ist festlich geschmückt, und Umzüge von Festwagen, mit prunkenden Aufbauten von Früchten und mit hübschen Mädchen verziert, winden sich durch die Straßen. Fünfzehn Tonnen Zitronen und Orangen werden allein für diesen Festschmuck verbraucht; anschließend werden sie entweder an die Krankenhäuser geschickt oder zu Marmelade verarbeitet. Gegenüber dem Städtischen Kasino liegen die *Jardins Biovès*, nach einem unternehmenden Bürgermeister der Stadt genannt, der das Flußbett des vom Gebirge herabkommenden Carëi überdeckte und darauf einen Garten anlegte: eine schier endlose Folge von Beeten mit Zitronen, Orangen, Mandarinen und Grapefruit, die in kunstreichen Mustern und Mosaiken angelegt sind, während andere an Spalieren und Stäben gezogen sind und Bogendurchgänge und die Umrisse von Urnen und Vasen bilden. Unmittelbar dahinter ragen die grauen Kalkstein-Steilhänge der Seealpen wie eine monumentale Hintergrundskulisse gegen das leuchtende Blau des Himmels auf.

Während des Zitronenfestes findet in diesen Gärten eine Ausstellung anderer exotischer Früchte statt wie Bananen, Avocados, Brotfrucht und Passionsblume, die hier wachsen – ich bezweifle, daß sie tatsächlich alle reif werden, aber die Bananen im Garten des Hotels des Anglais in Garavan stehen ganz gewiß im Ruf der Eßbarkeit. Da ist eine Anzahl der selteneren Arten Zitrusfrüchte oder ›agrumes‹ zu sehen, wie sie französisch heißen, zum Beispiel Klementinen, die den Mandarinen ähnlich sind, Kumquats (wie winzige bittere

Orangen von der Größe von Oliven) und Cedrate, die mißgestaltete, hybride Kreuzungen von Grapefruit und Zitrone sind. Da gibt es ›Baum-Tomaten‹; da gibt es zahlreiche verschiedene Arten von Datteln und anderen Palmfrüchten. Und am Ende der Gärten befinden sich ein Ausschank, an dem man die Weine der Gegend probieren kann, und ein Verkaufsstand mit einer faszinierenden Schaustellung von Tischen, Stühlen, Bänken, Fruchtschalen, Brotbrettern, Salatbestecken und Pfeffermühlen, sämtlich aus dem örtlichen Olivenholz gearbeitet, das eine hellgelbe, häufig ganz leicht rosa durchhauchte Farbe hat und wie Marmor gemasert ist.

Menton ist auf seine riesigen, uralten Olivenbäume nahezu ebenso stolz wie auf seine ewig blühenden Zitronen. »Dies ist nicht der verkümmerte und verkrüppelte Olivenbaum, den man in der westlichen Provence jenseits des Var-Flusses antrifft«, rühmt sich verächtlich ein örtlicher Führer, »sondern der königliche Baum, von dem die Bibel erzählt: ›Die Bäume gingen hin, daß sie einen König über sich salbten, und sprachen zum Ölbaum: Sei unser König!‹« Manche dieser Bäume der Minerva sind über zwanzig Meter hoch und Jahrhunderte alt.

Neben den Biovès-Gärten befindet sich eine Kunsthandlung namens La Licorne – das Einhorn –, die häufig gute Ausstellungen von moderner Malerei, Plastik und Wandteppichen veranstaltet. Weiter ostwärts, am Ende einer von Platanen gesäumten Avenue, steht das *Städtische Museum.* Die Hauptsehenswürdigkeit der prähistorischen Sammlung im Erdgeschoß ist der Grimaldi-Schädel. Im Kellergeschoß haust die Lokalgeschichte: alte Stiche, historische Urkunden und Denkwürdigkeiten wie die Fahnen und Proklamationen der Freien Städte. Die Gemäldegalerie im ersten Stock enthält eine Anzahl Kopien und Werkstattarbeiten alter Meister – von denen einige ebenso phantasievoll wie beziehungslos als Constables und Tintorettos beschriftet sind –, aber auch die von einem Engländer namens Wakefield-Mori zusammengetragene Sammlung moderner Meister, Zeichnungen von Rodin, Gemälde von Derain, Utrillo, Suzanne Valadon, Dufy, Kisling und Soutine – bemerkenswert darunter ein seltsamer früher Othon Friesz –, sowie eine Sammlung aus der Biennale, der alle zwei Jahre hier stattfindenden Ausstellung zeitgenössischer Malerei, deren preisgekrönte Stücke jeweils vom Städtischen Museum angekauft werden. Nicht alle verdienen es.

Nicht weit von hier steht rot und ockergelb die Mairie, das *Rathaus*. Vom palmenbeschatteten Platz vor der Mairie fahren die Autobusse nach Monte Carlo und Nizza ab, die Busse nach Italien hingegen von den gegenüberliegenden Arkaden der Rue Honorine. Die Mairie führte bis zum Jahr 1957 das übliche obskure Dasein einer Provinz-Bürgermeisterei; dann wurde sie über Nacht berühmt, als Jean Cocteau ihre Salle des Mariages, den standesamtlichen Trauungssaal, ausmalte; Besichtigung täglich 9–12 und 14–19 Uhr. Cocteau hat die Wandgemälde auf weißem Grund in einer Folge von Konturlinien, wie die Kartographen es wohl nennen würden, ausgeführt. An der Decke sind – den Umständen entsprechend – die Liebe, die Poesie auf einem Pegasus reitend und – einigermaßen geheimnisvoll – die Naturwissenschaften abgebildet, die mit den Sternen jonglieren, welch letztere, wie Cocteau später zugab, eigentlich Sputniks sein müßten, wenn er damals, im fernen 1957, auf dergleichen gekommen wäre. Die Endwand zeigt die ernsten Profile zweier junger Liebender, sie im breitkrempigen Strohhut, er mit der roten Wollmütze, den traditionellen Kopfbedeckungen der Zitronenmädchen und Fischerbuben von Menton. Ein merkwürdiges Detail: das Auge des Mannes hat die Form eines Fischs, eine Eigenheit Cocteaus, die auch in der Fischer-Kapelle in Villefranche wiederkehrt. Das Fresko der rechten Wand stellt eine Hochzeitsszene dar, auf der die Gestalten orientalische Trachten tragen, als Sinnbild des Sarazenenblutes, das angeblich in den Adern der Mentonnais fließt. Ein junges Paar bricht zu Pferd zu seiner Hochzeitsreise auf, während Freunde und Verwandte ihm Abschiedsgeschenke bringen. Ein blinder Mann reicht ihm einen Strauß Orchideen. Andere junge Leute tanzen. Nur die Schwiegermutter ist anscheinend nicht zufrieden, und im Hintergrund wird eine verlassene vormalige Geliebte des Bräutigams von ihrem Vater getröstet. Die linke Wand stellt die Legende von Orpheus und Eurydike dar. Orpheus hat eben den Blick auf Eurydike zurückgewandt, und sie stirbt in den Armen ihrer Gefährtinnen. Orpheus läßt seine Leier fallen, und die Poesie verläßt die Erde. Die Menschen werden zu Halbtieren – Zentauren – und bringen einander um. Sogar ganz unschuldige Opfer, wie ein Vogel, werden von Pfeilen durchbohrt. Um den Kontrast zur kargen Strenge der meisten französischen Standesämter besonders zu betonen, hat Cocteau dieses mit einer üppigen Fülle von Samt und Vergoldungen ausgestattet und im Vestibül zwei riesige gravierte Spiegel aufgestellt.

Die Hauptverkehrsader der Neustadt ist eine lange Straße, die hintereinander viele verschiedene Namen trägt: Rue St. Michel, Avenue Felix Faure, Avenue Carnot und schließlich dort, wo sie zum Cap Martin hinausläuft, Avenue Général de Gaulle. Parallel zu ihr, am Meer entlang, verläuft eine lange Promenade, die ihr in der Vielzahl ihrer Namen nicht nachsteht – westlich des Kasinos heißt sie Promenade du Midi, östlich davon Promenade George v, Quai Général Leclerc und bei der kleinen Festungsbastion an der Landspitze Quai de Monléon. Von der Rue Clémenceau in der Nähe der Markthalle fahren die Lokalautobusse nach Gorbio, Ste. Agnès, Castellar und anderen landeinwärts gelegenen Gebirgsdörfern ab.

Der offene Strand vor den beiden Quais, einstmals großrednerisch als ›le port aux grands navires‹ bekannt, war der einzige Hafen, den Menton besaß, ehe Napoleon III. den gegenwärtigen in der Bucht von Garavan anlegte. Bis dahin mußten die einmastigen Tartanen mit ihren Lateinersegeln, denen die Ausfuhr der Zitronen, Orangen und des Olivenöls oblag und die im ganzen Mittelmeerbecken Handel trieben, mühevoll den Kieselstrand hinaufgezogen werden. Sobald eine Tartane wohlbehalten einlief und Waren aus Marseille oder Genua, zuweilen sogar aus Syrien oder Spanien mitbrachte, verließ die gesamte Bevölkerung ihre Felder und Weinberge und eilte zum Meeresstrand hinab, um die primitiven Flaschenzüge zu bemannen und das Schiff mit Seilen und Tauen aus der Brandung auf Strand zu ziehen. Nachdem es in Sicherheit gebracht war, gab der Kapitän einige Ballen gesalzenen Schellfischs für das Heimkehr-Festmahl aus. Zwischen zwei Steinen wurde eine Feuerstelle errichtet, ein großer Kochtopf aufs Feuer gesetzt und der ›stocafi‹ oder Stockfisch mit Tomaten gekocht. Zwischen zwei Schiffsrümpfen war als Dach ein Segel ausgespannt, und darunter ließ man sich nieder und verzehrte den Fisch zusammen mit ›la crousta‹, in Olivenöl und Anchovissauce getränktes und mit einer Schicht Tomaten belegtes Brot, eine Lokalspezialität. Dieses köstliche Mahl wurde mit großen Mengen eines rasch zu Kopf steigenden lokalen Weines hinabgespült, und alle Vorüberkommenden waren eingeladen, mit anzustoßen. Das Festmahl dauerte bis tief in die Nacht, und bei Morgengrauen schließlich wanderten die Seeleute mit schwerem Kopf davon, ein jeder zu seinem Anwesen – denn jeder besaß zumindest ein Fleckchen Grund und Boden mit einigen Oliven- und Zitronenbäumen –, und der Seefahrer wurde zum Landmann, bis die nächste Ausfahrt veranstaltet wurde.

Heute bietet der Hafen der Bucht von Garavan einen schönen geschützten Ankerplatz für Handelsschiffe, Fischerboote und Jachten. Von der Spitze der schützenden Hafenmole mit ihrem Leuchtturm hat man einen prachtvollen Blick auf das hoch aufgetürmte Häusergewirr der Altstadt. Früher erstreckten sich die Häuser bis zur Bucht hinab; aber Napoleon, eingedenk der Nachschubschwierigkeiten seines Italien-Heeres, beschloß, eine Umgehungsstraße anzulegen und baute zu diesem Zweck den Quai Bonaparte in die Bucht hinaus. Diese Verlängerung wurde nicht auf festem Boden, auf Felsen oder Sand, errichtet, sondern auf einer Folge von sechzehn niedrigen Bogen, die auf keiner Ansicht von Menton fehlen. Napoleon bewies mehr Voraussicht als ihm wohl selbst bewußt war, denn heute laufen im Hochsommer viertausend Autos am Tag von und nach der italienischen Grenze durch Menton, und ohne diese Anlage wäre die alte Stadt hoffnungslos verstopft. Sie ist überdies ein städtebaulicher Genieblitz. Sie verleiht der Stadtansicht eine fast venezianische Grazie; die ganze Altstadt scheint schwerelos auf diesen sechzehn flachen Brückenbogen zu ruhen, und blickt man am Abend, im Lichtergeflimmer, von Garavan zu ihr hinüber, so meint man fast, in einem flachen Boot durch einen dieser Bogen unter der Stadt hindurchfahren zu können.

In die *Altstadt* gelangt man mit dem Wagen am besten von der Rue St. Michel über die Place du Cap und die Rue des Logettes, die durch einen engen Torbogen in die Rue Longue führt, oder zu Fuß vom Quai Bonaparte aus. Wir gehen rechts vorbei an dem kleinen alten Fürsten-Palast (Nr. 123 der Rue Longue, die vormals die Hauptstraße von Menton war) und steigen dann die sogenannten Rampen hinan, eine mit schwarzen und weißen Kieseln gepflasterte Doppeltreppe, bis zum *Parvis St. Michel*, dem Zentrum der Altstadt.

Auf der linken Seite dieses großen Platzes, der ebenso wie die Freitreppe mit einem Kieselmuster gepflastert ist, steht die Pfarrkirche von *St. Michel*, ein aus dem 17. Jahrhundert stammender Bau im italienischen Stil mit einem in Stockwerke gegliederten Campanile aus farbigen Kacheln. Eine kurze, breite Freitreppe führt hinauf zu einem zweiten, ebenfalls mit Kieselmosaik ausgelegten Platz, an dem die *Jesuitenkirche* zur Unbefleckten Empfängnis oder Kirche der Weißen Büßer steht. Die beiden Figuren in den Nischen der Fassade sind nicht die üblichen Jesuiten-Heiligen; ja, eine von ihnen ist überhaupt kein Heiliger. Zur Linken steht der hl. Isidor der Arbeiter, der Schutzheilige von Madrid, ein Heiliger von so rein lokaler Bedeutung, daß ich ihn außerhalb der spanischen Hauptstadt nirgendwo sonst angetroffen habe. Die Gestalt in der Mönchskutte zur Rechten ist Papst Pius VII., der am 11. Februar 1814 auf der Rückkehr aus seinem Exil in Fontainebleau durch Menton kam. Er übernachtete in dem (heutigen) Haus Rue Bréa 1 und erteilte dem Volk von Menton vom Balkon des Hauses seinen päpstlichen Segen, während im Haus Nr. 3 Napoleon I. 1796 während seines Italienfeldzuges wohnte. Dem Namen Bréa begegnen wir in dieser Gegend häufig; er erinnert nicht an einen berühmten Mann, sondern an vier – an den in Menton geborenen, in Paris standrechtlich erschossenen General Bréa (1790–1848), nach dem diese Straße heißt, und an die drei großen Maler der Schule von Nizza, Louis Bréa (1443–1520) und François und Antoine Bréa, deren Werken wir noch in zahlreichen Kirchen und Klöstern begegnen werden.

Dieser schöne Doppelplatz hoch über der Bucht von Garavan dient in der ersten Augusthälfte alljährlich als Freiluft-Konzertsaal für das berühmte Kammermusikfest, zu dem die Musikliebhaber aus aller Welt herbeiströmen. Die Konzerte finden am späten Abend statt, und die zum Parvis hinaufführenden Rampen sind von Tausenden flackernder Fackeln erleuchtet, während die Türme und Fassaden der beiden Kirchen in indirekter Beleuchtung aus dem Nachtdunkel heraustreten. Ein wundervoller Rahmen, und die Akustik gilt als vorzüglich.

Vom Parvis kann man hinauf zum *Alten Friedhof* auf der Höhe der Stadt wandern; der Weg führt durch einen Irrgarten enger, verwinkelter Gassen und Gäßchen, über geschwungene Treppen, durch dunkle Tunnels und Durchgänge und unter gefährlich gebrechlichen Häusern hindurch, die auf Pfählen über den Maulwurfsgängen errichtet sind. Die Altstadt von Menton ist eine ›Kasbah‹, eine der wenigen, die es diesseits des Mittelmeeres gibt. Wer sie einmal gesehen hat, braucht auf die alten Viertel von Nizza oder Cannes nicht mehr viel Zeit zu verwenden.

Wo heute der Friedhof liegt, befand sich früher die feste Burg der Feudalherren; knapp oberhalb beginnt der *Boulevard de Garavan*, der vom Quai Bonaparte parallel mit der Küstenstraße am Höhenzug entlang zur romantischen Schlucht und dem Pont St. Louis, der italienischen Grenze, verläuft. Er führt an schönen Villen mit exotischen Gärten und herrlichen Ausblicken entlang. Darüber erheben sich unvermittelt die rauhen, grauen Steilhänge der Seealpen, entlang denen die italienische Grenze verläuft, im besonderen das Bergmassiv genannt Le Berceau, dessen höchster Punkt, der Roc d'Orméa, 1129 m hoch ist.

Mehr als einmal in der jüngsten Vergangenheit hat das Volk von Menton besorgt den Blick hinüber auf diese Berge an der Grenze gerichtet. Im Juni 1940, als Mussolini dem bereits von Deutschland besiegten Frankreich den Krieg erklärte, um sich noch rasch einen kostenlosen Sieg zu verschaffen, durchbrachen die Italiener die dünne Abschirmung der Chasseurs Alpins, ›eroberten‹ Menton und hielten es besetzt bis zu ihrem eigenen Zusammenbruch im September 1943, als die Deutschen es von ihnen übernahmen. Im Sommer 1944, nach der Landung der Alliierten weiter unten an der Küste, traten die Deutschen einen überstürzten Rückzug an und sprengten vor ihrem Abzug die Mole und die Hafenanlagen. Sie gingen ins Grenzgebirge zurück und feuerten von dort weiter Granaten in das arme, zerschlagene Menton hinein, dessen Bevölkerung zum zweitenmal in fünf Jahren evakuiert worden war. Der Wiederaufbau des Hafens wurde erst 1958 vollendet.

Wohl die schönste der Villen am Boulevard de Garavan ist *Les Colombières*, die Schöpfung des Schriftstellers und Malers Ferdinand Bac, der zahlreiche Gärten entlang der Küste anlegte. Der Besuch bereitet keine Schwierigkeiten, da sich heute in ihr ein Restaurant befindet. Die Villa ist im hellenistischen Stil gebaut und ihre Lage mit besonderem Raffinement um ihrer Aussichten willen gewählt. Unmittelbar vor ihr, in Zypressen gerahmt, liegt der große *Olivenhain von Le Pian*, den die Stadt angekauft und in einen öffentlichen Park umgewandelt hat, um ihn vor dem Schicksal so vieler anderer, rasch verschwindender Olivenhaine Mentons zu bewahren; in mittlerer Entfernung liegen die Bucht von Garavan und die Altstadt mit ihren Campanili, und in der äußersten Ferne heben sich silhouettenhaft Cap Martin und Cap Ferrat gegen das Meer ab. Das Haus ist in rein klassischem Stil und Geist gehalten. Einer der Räume ist ein kapellenähnlicher ›Salon des Muses‹, in dem lateinische Inschriften rings um die Wände laufen; Fresken schmücken das venezianische Zimmer und das Musikzimmer. Ein Bogenfenster öffnet sich auf den Garten Homers, ein Atrium mit einem Teich und einem Springbrunnen und von einer freskengeschmückten doppelten Kolonnade umgeben.

Die fünfzehn Morgen der Gartenanlage sind ein einziger ungestörter Zufluchtsort des Friedens und der Stille. Ihr Schöpfer vermied die sonst überall an der Küste so beliebten Palmen und Kakteen und legte seine Gärten in rein italienischem Stil an. Man glaubt sich in eine der Villen in der Nähe von Florenz versetzt. Auf allen Seiten erheben sich wie Turmspitzen hohe Zypressen. Durchblicke und Treppenfluchten führen hinab zu Zierteichen und mit Balustraden geschmückten Wasserbecken wie der Tauben-Fontäne, dem Brunnen der Nausikaa und dem Spanischen Becken. Statuen und Urnen, Büsten und Bänke unterbrechen die Strenge der Zypressenhecken, mit denen die Spazierwege gesäumt sind. An jeder Ecke, jeder Wegbiegung wird man von sinnreich angelegten Perspektiven und Ausblicken überrascht. An Stelle von Blumenbeeten, Rabatten und blühenden Sträuchern unterbricht eine gelegentliche Urne voll blühender Geranien oder eine Amphora mit Kapuzinerkresse das vorherrschende Dunkelgrün, so wie Corot mit einem roten Rock oder Shawl einen Farbfleck in seine Baumlandschaften zu setzen pflegte.

Ferdinand Bac, der 1952 starb und auch hier begraben liegt, schrieb ein Buch über seine Schöpfung Les Colombières, das mit den Worten schließt: »Und nun lebt wohl! Ihr habt in zwei Stunden betrachtet und beurteilt, wozu ich vierzig Jahre des Erträumens und Erschaffens gebraucht habe.«

Eine Besonderheit, die Menton von den übrigen Riviera-Städten unterscheidet, ist die Bergkette, die am Rand der

Stadt zum Meer herabkommt und eine Anzahl schöner Spaziergänge und Fahrten in die malerischen Dörfer bietet, welche die niederen Ausläufer des Gebirges krönen. Die meisten von ihnen waren bereits sarazenische befestigte Plätze, lange ehe, ungeschützt auf ihrem niedrigen Hügel direkt am Meer, die Siedlung von Menton selbst entstand. Die reichen Obsthaine, die über dreißigtausend Zitronen pro Morgen tragen, bleiben nun allmählich hinter uns zurück, indes wir die Hänge hinaufwandern, zuerst an großen, knorrig verwachsenen Olivenbäumen vorbei, dann durch Kiefern- und Pinienwälder und schließlich durch Zwergeichen und Maquis hinauf zum nackten Kalkstein, wo nichts mehr wächst außer ein wenig spärlichem Gras und Kraut für Schafe und Ziegen.

Vier Täler laufen bei Menton parallel miteinander aus dem Gebirge zum Meer hinab, und ein jedes ist von seinem Nachbarn durch einen felsigen Höhenkamm getrennt. Das *Val de Menton* selbst, von dem Flüßchen Fossan gegraben, kommt auf der Westseite der Altstadt herab. Im Februar und März ist dieses Tal mit einem einzigen Teppich aus Veilchen und Anemonen bedeckt. Die steile, gewundene Straße talaufwärts beginnt an der Rue de la République in der Nähe der Mairie und führt sieben Kilometer landeinwärts zu dem 390 m hoch gelegenen Dorf *Castellar*. Man kann nach Castellar mit dem Autobus hinauffahren, die Aussicht aufs Meer und das Gebirge genießen und dann in einer Stunde zu Fuß den Maultierpfad, der neben der Mairie beginnt, hinab zurück in die Stadt wandern.

Das nächste Tal im Westen ist das *Tal des Carëi*, eines Gebirgsbachs, der unter der Eisenbahnbrücke und dann unter den Biovès-Gärten durchläuft. Etwa zwei Kilometer landeinwärts führt rechter Hand eine Abzweigung von der Straße nach dem *Kapuzinerkloster L'Annonciade*. Es liegt an der Stelle des antiken Podium Pinum oder Puipin, aus dem im Mittelalter die ersten Einwohner Mentons kamen. Die alte Verbindung zwischen dem Kloster und der Stadt hat sich bis heute erhalten. Einige der alteingesessenen Familien haben noch heute ihre Familiengräber und Gruftkapellen in der Annonciade, und alljährlich am 25. März findet eine Pilger-Prozession aus Menton zum Kloster hinauf statt.

Die Straße führt weiter hinauf zum Paß von *Castillon*. Dieses alte Sarazenendorf wurde 1887 durch ein Erdbeben zerstört; das neue Dorf, etwas weiter unten erbaut, wurde 1944 von Granaten zertrümmert und ist inzwischen neu aufgebaut worden – das dritte Castillon in weniger als einem Jahrhundert. Von hier führt die Straße durch einen Tunnel nach *Sospel*, einstmals eine bedeutende Straßenkreuzung auf der großen Heerstraße von Nizza nach Turin, mit einer schönen mittelalterlichen Brücke aus Zwillingsbögen mit einem Wachtturm dazwischen. In der *St. Michel-Kirche* hinter dem Hochaltar eine eindrucksvolle Madonna von François Bréa. Sospel war früher ein beliebter kühler Sommeraufenthalt der Küstenbewohner, die während der heißen Sommermonate ihre Hotels und Geschäfte einfach zusperrten und ins Gebirge flohen. Nördlich von Sospel führt die Turiner Straße über den Col de Braus und taucht dann hinab ins obere Roya-Tal, wo wir auf einige hübsche alte Dörfer wie Saorge, La Brigue und Tende stoßen. La Brigue und Tende wurden erst 1947 mit Frankreich vereinigt; Napoleon III. hatte sie siebenundachtzig Jahre zuvor bei der Annektion der übrigen Grafschaft Nizza Italien überlassen, da Viktor Emanuel in der Gegend ein Gemsenjagdrevier hatte, das er besonders liebte und gern behalten wollte. So kam man einander damals unter Fürsten entgegen.

Das nächste westwärts gelegene Tal ist das *Borrigo-Tal*, in das man von der Avenue Cernuschi aus gelangt. Die Straße führt steil und in vielen Windungen hinauf, und nach elf Kilometern gelangt man in das Dorf *Ste. Agnès*. Es sitzt auf der Höhe einer 700 m hohen Bergkuppe, in kaum fünf Kilometer Luftlinie Entfernung vom Meer, und behauptet, das höchste Dorf der gesamten Mittelmeerküste zu sein. Hinter dem Dorf führt ein Ziegenpfad eine 100 m hohe Felswand hinauf zu den Ruinen einer Sarazenenburg. Man kann nach

Ste. Agnès mit dem Autobus hinauffahren und dann in einem Halbtagsspaziergang über Gorbio und Roquebrune zurückwandern.

Gorbio ist ein auf einer Hügelkuppe sitzendes Dorf oberhalb des gleichnamigen Tals. Die Straße beginnt am westlichen Ende der Avenue de la Madone, und der Gebirgsbach Gorbio bezeichnet die Grenze zwischen Menton und Roquebrune – Cap Martin. Das Tal ist sonniger und weniger eingeschlossen als die anderen drei Täler und berühmt wegen seiner frühzeitig reifenden Gemüse und Früchte, seines Weins und Olivenöls. Die Botaniker haben in diesem Tal allein mehr als eintausend verschiedene Arten wilder Blumen festgestellt – mehr angeblich, als es in ganz Irland gibt.

Roquebrune

Jenseits des Gorbio-Flüßchens liegt *Cap Martin*, eine vorspringende Landzunge, deren dichte Pinienwälder und Olivenhaine in einzelne Grundstücke mit prachtvollen Villen aufgeteilt sind. Linker Hand bei der Einfahrt zum Kap sind im Garten der *Villa Lumone* Reste eines römischen Bauwerks, wahrscheinlich eines Mausoleums aus dem 1. Jahrhundert v. Chr., erhalten. Im vorigen Jahrhundert war Cap Martin wohl der exklusivste Ort an der ganzen Riviera. Kaiserin Elisabeth von Österreich bewohnte jeden Winter das Erdgeschoß des rechten Flügels des Hotels Cap Martin, und Kaiserin Eugénie wohnte in ihrer Villa Kyrnos. Die Straßen und Wege rings um das Kap, auf denen die beiden Kaiserinnen ihre täglichen Gesundheitsspaziergänge unternahmen, waren mit Kies bestreut und des Nachts von Gaslaternen beleuchtet. Es stehen noch heute hier einige sehr luxuriöse Villen, aber das einstmals weltberühmte Hotel ist seit langem geschlossen. An der äußersten Landspitze befindet sich die *Grotte de Vallonet*, in der prähistorische, angeblich achthunderttausend Jahre alte Tierknochen gefunden wurden. Cap Martin wird wohl nie ein sehr populärer Ferienort werden, weil die zerklüfteten Felsen ringsum das Baden praktisch unmöglich machen. *Roquebrune* hingegen hat einen reinen, sauberen Kieselstrand.

Zwischen Cap Martin und dem alten Festungsdorf Roquebrune, das hoch über der Landzunge auf einem Gebirgsausläufer sitzt, hat von jeher eine enge Verbindung bestanden. In vormaliger Zeit, so erzählt die Legende, befand sich auf dem Kap ein Nonnenkloster, das die Männer von Roquebrune zu beschützen gelobt hatten. Es war vereinbart, daß die Nonnen, sobald die Sarazenen zu einem ihrer Raubüberfälle auftauchten, die Klosterglocken läuten sollten, und die

Leute von Roquebrune würden sofort zur Hilfe herbei eilen. Eines Nachts ertönten die Glocken. Die Männer von Roquebrune griffen eiligst zu den Waffen und eilten den Berg hinab, um das Kloster zu verteidigen, indes ihre Frauen in die Kirche liefen, um dort für ihre Sicherheit zu beten. Es waren aber gar keine Sarazenen da. »Wir wollten nur mal sehen, ob ihr wirklich kommen würdet«, kicherten die Nonnen. Einige Nächte darauf läuteten die Glocken des Klosters abermals in die Dunkelheit hinaus; doch die Krieger von Roquebrune, die sich nicht ein zweites Mal zum Narren halten lassen wollten, blieben behaglich bei ihren Frauen in ihren Betten liegen. Diesmal waren die Sarazenen wirklich gekommen. Die törichten Nonnen hatten den Teufel an die Wand gemalt. Am nächsten Morgen wurden einige von ihnen mit aufgeschlitzten Kehlen im ausgeplünderten Kloster gefunden; die marktgängigeren waren längst unterwegs nach den Harems von Algier.

Die ›rocca bruna‹, das braune Felsgestein, das der Stadt ihren Namen gegeben hat, ist ein dicht mit Kieseln durchsetztes Konglomerat oder Puddinggestein, aus dem der Hauptplatz des Ortes herausgeschnitten ist. Jenseits des Platzes liegen die krummen, winkligen, überwölbten Gäßchen der alten Stadt, und eine schier endlose Treppe führt zum *Schloß* hinauf. Diese Burg wurde vom Grafen Konrad von Ventimiglia Ende des 10. Jahrhunderts als Zufluchtsort der Bevölkerung erbaut, für den Fall, daß die Sarazenen zurückkommen sollten. Dies war jahrhundertelang der Alptraum der Küste: die Sarazenen könnten wiederkommen. Die Burg ist angeblich die älteste ihrer Art in ganz Frankreich und das einzige erhaltene Beispiel der sogenannten Karolinger-Burg; aber am gegenwärtigen Bauwerk läßt sich mit Sicherheit kein Teil weiter als bis ins 13. Jahrhundert zurückdatieren. Dessen ungeachtet veranschaulicht Roquebrune die Entwicklung eines solchen kleinen Festungs-Gemeinwesens über den Zeitraum eines Jahrtausends hinweg. Die Gemeinde war ursprünglich und ist bis heute in vier Sprengel eingeteilt: den der Bauern, der Handwerker und der bewaffneten Kriegsleute, während der vierte Sprengel der Bergfried oder Donjon war, wo der Feudalherr hauste. Im 15. Jahrhundert war aus den drei ersten Sprengeln das Dorf geworden und aus dem vierten die Burg.

Das Schloß selbst, das von 1350 bis zur Revolution von 1848 den Grimaldi gehörte, wurde 1911 von Sir William Ingram, einem ortsansässigen Engländer, erworben und der Stadtgemeinde geschenkt. Es ist täglich geöffnet, außer, wie alle französischen Museen, zwischen 12 und 14 Uhr. (Viele Museen sind im November geschlossen.) Es ist ein interessantes Beispiel einer Wohnstätte eines mittelalterlichen Feudalherrn. Eine Treppenflucht führt hinauf zu etwas, das ein offener Innenhof oder im ersten Stock gelegener Patio zu sein scheint, in Wahrheit aber die Empfangshalle des Schlosses war, die im österreichischen Erbfolgekrieg bei einem Brand ihr Dach einbüßte. Ein Brunnen in der Mitte ist an eine darunter gelegene riesige Regenwasser-Zisterne angeschlossen. Gänge führen zur Wachstube der Schloßwache und zum Privatverlies des Seigneurs. (Im Mittelalter hielt man sich Gefangene in greifbarer Nähe, so wie heute Papageien oder Kanarienvögel.) Im zweiten Stock befanden sich die Wohnräume des Schloßherrn: ein gemeinsames Schlafzimmer für die ganze Familie, ein Wohnzimmer und eine Küche. Das Überraschende sind die außerordentlich kleinen Ausmaße aller dieser Räume. Selbst der Empfangsraum im ersten Stock wäre heute für ein mittleres Siedlungshäuschen nicht zu groß. Mit anderen Worten: der Feudalherr des Mittelalters wohnte in einer winzigen Zweizimmerwohnung mit Küche – und einem Gefängnis, wo man heute ein Badezimmer hätte. Die Terrasse im dritten Stock bietet einen Vertikal-Ausblick über die roten Dächer des drunten liegenden Roquebrune, die gleich einem kubistischen Gemälde in allen Winkeln und Ebenen zueinander geschachtelt liegen.

Nächst den Sarazenen war die größte Heimsuchung und der beständigste Schrecken dieser Küste die Pest, die von den

Handelsschiffen aus Nordafrika und Kleinasien eingeschleppt wurde. 1467 kam die Pest in das kleine Roquebrune, zog aber ohne Harm weiter, und zwar, wie die frommen Leute von Roquebrune fest glaubten, infolge eines Gelübdes, das sie geleistet hatten. In Erfüllung dieses Gelübdes findet seither alljährlich in den Straßen des Städtchens eine Prozession statt, die in einer Folge lebender Bilder den Passionsweg darstellt. Der ›erste Christus‹ weist den von einem Engel gereichten Kelch zurück und empfängt den Judaskuß; der zweite wird von den Soldaten beschimpft und geschlagen, während Pilatus sich die Hände wäscht; der ›Christus der Passion‹ ist in Rot gekleidet, mit gefesselten Händen, in denen er ein Schilfrohr hält; der ›vierte Christus‹ stürzt unter dem Gewicht des Kreuzes; der fünfte hängt am Kreuz, während die Soldaten ihn mit einer Lanze in die Seite stechen und die heiligen Frauen weinend zuschauen. Seit fünfhundert Jahren hat diese Prozession Jahr um Jahr am Nachmittag des 5. August stattgefunden, und die Rollen der einzelnen Darsteller werden seit vielen Generationen in den gleichen Familien vom Vater an den Sohn weitergegeben.

Roquebrunes berühmtester Gast war wohl Sir Winston Churchill, der häufig dort die Villa Capponcina seines Freundes, des britischen Pressemagnaten Lord Beaverbrook, bewohnte und sich seinem Malerei-Hobby widmete. Gleichzeitig war in Roquebrune freilich ein zweiter, wesentlich erstaunlicherer Maler ansässig: der Holländer Hans van Meegeren, der im Unterschied zu dem keineswegs unbegabten, aber bescheidenen Amateur Churchill mit seinem phänomenalen handwerklichen Können die gesamte Kunstwelt zum Narren hielt. Er hatte es satt, Bilder unter seinem eigenen Namen zu malen, die er nicht verkaufen konnte, zog sich 1932 hierher zurück, übte sich in der Technik der holländischen alten Meister und schuf eine Anzahl von Gemälden wie ›Die Jünger in Emmaus‹, die er als einen echten, angeblich 1937 ›entdeckten‹ Vermeer ausgab und dem Boymans-Museum in Rotterdam für rund 600 000 Mark verkaufte. Er verkaufte eine seiner Fälschungen auch an Göring, wurde 1945 angeklagt, als Kollaborateur holländische Kunstschätze an die Deutschen verschoben zu haben und rettete seinen Kopf nur dadurch, daß er den Fachleuten beweisen konnte, die Bilder selbst gemalt zu haben. Er starb zwar 1947 im Gefängnis; aber seine Bilder hatten ihm rund sechs Millionen Mark eingebracht.

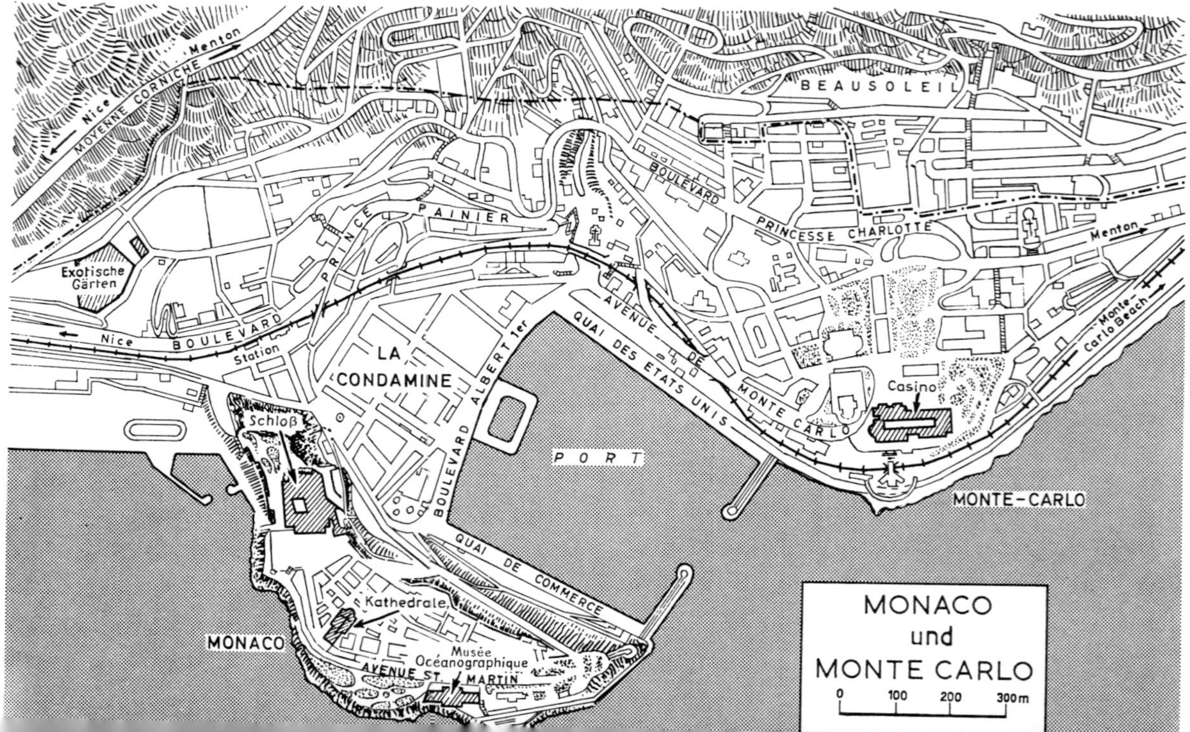
MONACO
und
MONTE CARLO
0
100
200
300m
BEAUSOLEIL
MOYENNE CORNICHE
Nice
Menton
BOULEVARD
PRINCESSE CHARLOTTE
Menton
Monte-
Carlo Beach
PRINCE
PAINIER
Exotische
Gärten
Nice
BOULEVARD
Station
LA
CONDAMINE
BOULEVARD ALBERT 1er
AVENUE
DE
MONTE CARLO
QUAI DES ETATS UNIS
Casino
PORT
MONTE-CARLO
Schloß
QUAI DE COMMERCE
Kathedrale
MONACO
Musée
Océanographique
AVENUE ST. MARTIN

Monaco

Roquebrune-Cap Martin ist eine der ausgedehntesten Gemeinden Frankreichs. Während es im Osten Menton von seinem eigenen Vorort Carnolès abtrennt, verläuft seine Westgrenze durch die Stadt Monte Carlo und bildet die Grenze zwischen der Republik Frankreich und dem unabhängigen Fürstentum *Monaco.* Die bunten Sonnenschirme und der importierte Sand von Monte Carlo Beach, der mondänen ›plage‹ des Fürstentums, liegen in Wahrheit außerhalb seines Staatsgebietes in der Gemeinde Roquebrune.

Der Miniaturstaat umfaßt nur 1,5 Quadratkilometer, er ist etwa halb so groß wie der Central Park in New York oder ein Zehntel von Liechtenstein, aber seine winzigen Ausmaße besagen nichts über seinen Reichtum oder sein Alter. Sein Kernstück ist die felsklippengesäumte Halbinsel Monaco, die wie ein leicht gekrümmter Daumen ins Meer hinausragt und zwischen sich und der neueren Stadt Monte Carlo am gegenüberliegenden Ufer einen schönen natürlichen Hafen einschließt. Die Römer nannten diesen Hafen Portus Herculis Monaeci, den Hafen des Herkules oder Melkart-Monoikos. Hier blicken wir einen Augenblick lang tief in die Geschichte, wenn nicht gar in den Mythos dieser sonnenüberfluteten blühenden Küste. Der schreckliche tyrische Gott Melkart der Phönizier ist ein und derselbe mit dem hellenischen Herakles, der über die große ligurische Alpenstraße westwärts zu den ›Säulen des Herakles‹, nach Gibraltar, zog – der Zug der Phönizier entlang der ›herakleischen Straße‹. Die tyrischen und karthagischen Seefahrer, personifiziert in ihrem Gott Melkart, hielten die ligurischen Küsten bereits lange vor der Ankunft der kleinasiatischen Griechen, der Phokäer, besetzt; und wo immer wir an dieser Küste auf Ortsnamen stoßen, die sich auf den hellenischen Herakles beziehen, sehen wir den nahezu handgreiflichen Beweis vor uns, daß hier das griechische Element die ursprüngliche Besiedlung durch die Phönizier überlagert hat. Phönizisch wird von rechts nach links, Griechisch von links nach rechts gelesen; der Name des griechischen Helden ist ein Anagramm des tyrischen Gottes.

An der Küste von Monaco ist diese Berührung der Griechen mit den Phöniziern besonders deutlich. Schon der Name Monaco erinnert an den Tyrer Melkart, den ›einzigen Gott‹, der keine Rivalen und keine Nachbarn duldete – ›Monoikos‹, ›allein im Haus‹, wie ihn die Phokäer aus Massalia nannten –, in dessen Tempel keine andere Gottheit verehrt werden durfte. (Die tyrischen Schiffe brachten außer Melkart noch eine zweite Gottheit an die Küsten des westlichen Mittelmeeres, nämlich die unkeusche Astarte, deren Tempel in allen Häfen entlang der Küste standen; und so wie der hellenische Herakles nur eine Metamorphose des tyrischen Melkart ist, so ist die anmutige Aphrodite, deren Heiligtum man Seite an Seite mit dem Tempel der – von den Phokäern eingeführten – Diana von Ephesos in allen maritimen Niederlassungen der Kinder Ioniens findet, nur eine sanftere Umwandlung der großen phrygischen Mutter.)

Die Tempel der griechisch-phönizischen Zeit sind aus dem Gebiet von Monaco verschwunden. Schon Strabo bezeichnete den Portus Monaeci als sehr mäßig und nur für die Aufnahme weniger Schiffe von geringer Tonnage geeignet; er ließ sich zu keiner Zeit zu sehr viel mehr verwenden denn als Zufluchtsort bei einem Sturm, da er keinerlei Hinterland, nur steile Felsenhänge und kahle Berge besitzt. Das Fürstentum besteht aus drei ›Städten‹: der ursprünglichen Niederlassung von *Monaco* mit dem Schloß und den Regierungs- und Verwaltungsgebäuden auf dem Felsen; dem kosmopolitischen Villen- und Fremdenort *Monte Carlo*; und der Geschäftsgegend von *La Condamine*, die den niedrigen Höhenrücken zwischen beiden einnimmt; und alle drei schießen sie, da sie nicht in die Breite gehen können, in die Höhe.

Die Anfänge des unabhängigen Fürstentums Monaco gehen auf eine Seigneurie oder Herrschaft zurück, die im 10. Jahrhundert Grimaldi I. von Otto dem Großen verliehen wurde. Dessen Sohn Guido I. nannte sich als erster Prinz von Monaco. Im 11. und 12. Jahrhundert gehörte die Herrschaft zur Grafschaft Provence. 1162 wurde Monaco von Friedrich I. als kaiserliches Reichslehen an Genua gegeben, und die Oberlehensherrlichkeit der Grafen von Provence erlosch. 1338 kaufte Karl I. Grimaldi, einer genuesischen Familie entstammend, es der Republik Genua ab, und seine Nachkommen erhoben es zu einer unabhängigen Herrschaft. Die Seemacht der Grimaldi von Monaco, die strategisch günstige Lage ihres Fürstentums und seine Bedeutung als Handelsplatz ermöglichten es den Fürsten, mit großem diplomatischem Geschick die Interessen der Grafschaft Provence, Genuas, Mailands und Savoyens und damit letztlich Frankreichs und Spaniens gegeneinander auszuspielen und sich mit der Zeit vollständige Unabhängigkeit zu verschaffen, die 1498 von Savoyen, 1512 von Frankreich und 1524 vom Papst anerkannt wurde. Als zu Beginn des 16. Jahrhunderts Gefahr drohte, daß Monaco unter französische Herrschaft geraten könne, schloß Augustin Grimaldi mit Karl V. 1524 einen Vertrag, der Monaco zu spanischem Schutzgebiet machte; 1641 wurde diese Politik in ihr Gegenteil verkehrt, als Honoré II. mit Richelieu ein Bündnis schloß, die Spanier vertrieb und sich von Frankreich für seine verlorenen spanischen Besitzungen entschädigen ließ. Dieser französischen Verbindung verdankt das regierende Haus Grimaldi seine Fortdauer bis auf den heutigen Tag, denn die Erbfolge setzte sich zweimal in der weiblichen Linie mit Hilfe des französischen Uradels fort: zuerst 1715 über die in der Normandie reich begüterten Matignons und in jüngster Zeit über die Fürsten von Polignac, die Namen und Wappen der Grimaldi übernahmen. Die Erbfolge des gegenwärtigen Herrschers, Fürst Rainier III. Grimaldi, der im Jahre 1956 die amerikanische Filmschauspielerin Grace Kelly heiratete, scheint in der männlichen Linie gesichert.

Die ständige, ortsansässige Bevölkerung des Fürstentums macht rund dreiundzwanzigtausend Menschen aus, zumeist französische und italienische Staatsangehörige und samt und sonders von der direkten Besteuerung befreit, die es in diesem glücklichen Ländchen nicht gibt. Dreitausend von ihnen sind sogar tatsächliche Monegassen oder Staatsbürger von Monaco und erfreuen sich des zusätzlichen Vorrechtes der Befreiung vom Militärdienst. Unnötig zu sagen, daß eine lange Einbürgerungs-Warteliste vorliegt, aber im Einvernehmen mit der französischen und italienischen Regierung wird die Staatsbürgerschaft sehr sparsam gewährt – nur nach langer, ständiger Ortsansässigkeit und als Belohnung für außergewöhnliche, dem Staat geleistete Dienste. Dies alles verschafft natürlich dem letzten absoluten, wenngleich seit 1911 durch Einführung einer aus achtzehn Abgeordneten bestehenden Volksvertretung zum ›konstitutionellen Monarchen‹ eingeschränkten Herrscher Europas eine sehr starke und feste Stellung in seinem Staat, denn es besteht eine Übereinkunft, wonach das Fürstentum im Fall des Erlöschens der Dynastie an Frankreich fällt. Das würde für die Monegassen Steuern und Militärdienst bedeuten. Folglich hat eine republikanische Bewegung in Monaco keine sonderlichen Aussichten.

Die meisten der tatsächlichen Staatsbürger von Monaco wohnen auf dem Felsen selbst. Monaco ist unter allen diesen kleinen, italienisch anmutenden Städten insofern geradezu einzigartig, als alle seine schmalen, malerischen Gäßchen auf gleicher Ebene verlaufen und es kein Ansteigen, keine Treppen und kein abschüssiges, abgeschliffenes Kopfsteinpflaster gibt. (Nicht hier also, sondern in La Garde Freinet im Maures-Gebirge geschah es mir, daß ich wieder einmal, wie schon in einem Dutzend dieser ›villages perchés‹, ausrutschte und beinahe hinschlug und, als ich mich umblickte, entdeckte, daß der Name dieses halsbrecherischen Gäßchens Rue Rompi-Cuou lautete, was auf gut provenzalisch heißt »Zerschlag dir den Hintern«.) Um die Mitte des vergangenen Jahrhunderts, nach dem Verlust von Menton und Roquebrune, war dieses Dorf von zweitausend Einwohnern auf der Höhe des Felsensteilhangs buchstäblich alles, was vom Fürstentum noch übrig war. La Condamine bestand aus einem einzigen Haus, und das heutige Monte Carlo waren ein paar steinige Felder mit einigen wenigen Olivenbäumen.

Dem Fürsten starrte damals der Bankrott ins Gesicht, denn die Steuern auf die Zitronen und das Öl von Menton waren die einzige Quelle seiner Staatseinkünfte gewesen. Er sah sich um, überlegte und beschloß, es dem Großherzog von Baden nachzutun, der aus seinem Kasino einen sehr ansehnlichen Gewinn zog. Monaco, dessen paradiesische Lage und herrliches Klima sein einziges noch verbliebenes Kapital waren, sollte für die Glücksspieler zur Winterzeit werden, was Baden-Baden für sie im Sommer war: das einzige Spielkasino an der Küste, denn in Frankreich waren Kasinos noch verboten. Nach mehreren mißglückten Ansätzen und Bankrotten, die ihren Grund entweder im Mangel ordentlicher Verkehrsverbindungen mit Nizza oder angemessener Unterkunftsmöglichkeiten in Monaco selbst hatten, wurde die Spielbank-Konzession schließlich 1860 von Louis Blanc, dem höchst talentierten ehemaligen Pächter des Kasinos von Bad Homburg, übernommen. Mit der Eröffnung der Eisenbahnlinie aus Nizza 1868 hatten Monaco, der Fürst und Monsieur Blanc ihr Glück gemacht; Blanc, der als einfacher Kellner begonnen hatte, hinterließ ein Vermögen von über vierzig Millionen Mark.

Im folgenden Jahr war der Fürst in der Lage, die gesamte direkte Besteuerung im Fürstentum abzuschaffen. Nun kam das alte monegassische Verschen zu seinem Recht:

Son Monaco sopra un scoglio,
Non semino e non raccoglio
E pur mangiar voglio.

»Ich bin Monaco auf dem Fels beim Meer; ich säe nicht, ich ernte nicht, aber dennoch gedenke ich zu essen.« Jetzt bewies Monaco seinem Motto die Treue und aß sehr, sehr gut.

Hotels, Pensionen und möblierte Villen schossen beinahe über Nacht wie die Pilze aus der Erde. 1871 suchten hundertvierzigtausend Menschen *Monte Carlo* auf, wie man den Felsvorsprung von Les Spélugues – die Höhlen –, auf dem das neue Kasino erbaut wurde, zu Ehren des unternehmenden Fürsten genannt hatte. Sämtliche englischen Milords und anderen reichen Leute, die den Winter an der Riviera verbrachten, kamen aus Nizza und sogar aus Cannes herüber. Das Kasino, seine Croupiers, seine Gäste sind in unzähligen Romanen und Novellen oft und gern verhöhnt und grausam karikiert worden, doch kann man sich des Argwohns nicht erwehren, daß der eine oder andere dieser giftsprühenden Schilderer vielleicht am Spieltisch kein Glück gehabt hat.

Bald tat die Qualität der Besucher es der Quantität gleich. In der kurzen Wintersaison 1887 zählte das Hotel de Paris den Kaiser und die Kaiserin von Österreich, die Zarenmutter von Rußland, die Könige von Schweden und Serbien und die Königin von Portugal zu seinen Gästen, während Königin Victoria von England, auf der Durchreise von Cannes nach Menton begriffen, nach Monaco hinauffuhr und ostentativ davon absah, einem Fürsten ihre Aufwartung zu machen, der in weniger glücklicher Lage als sie selbst genötigt war, seine Einkünfte aus den verzeihlicheren, wenngleich törichteren menschlichen Schwächen zu beziehen. In jenem gleichen Jahr 1887 geschah es, daß ein Engländer namens Charles Wells berühmt wurde als ›Der Mann, der die Bank von Monte Carlo sprengte‹. Er war ein berufsmäßiger Schwindler, der mehrere Gefängnisstrafen absaß und schließlich im Alter von achtundachtzig Jahren ohne einen Pfennig starb.

So kam es, daß eines der ältesten und zweifellos verarmtesten Herrscherhäuser Europas über Nacht geradezu phantastisch reich wurde. Das alte, aus dem 16. und 17. Jahrhundert stammende *Schloß* auf der Felsenhöhe – nur die Tour de Serravalle und drei Türme der Fassade sind aus dem 13. und 14. Jahrhundert übrig – erhielt jetzt sein gegenwärtiges Aussehen mit gezinnten Fischschwanztürmen und anderem pseudo-mittelalterlichem Schnickschnack, wie er in der ›Belle Epoque‹ Mode war. Das Schloß ist um einen schönen Arkadenhof mit einer prachtvollen Marmor-Doppeltreppe herumgebaut und enthält schöne Renaissance-Fresken und einige gute Gemälde, ist aber nur im Juli und August, während der Abwesenheit der Fürstenfamilie, der Öffentlichkeit zugänglich (14–17 Uhr). Der Besucher muß sich im übrigen damit trösten, daß er zur Mittagsstunde zu dem großen Platz vor dem Schloß hinaufgehen und sich die Ablösung der fröhlich uniformierten Schloßwache ansehen kann, die einen nicht unbeträchtlichen Teil des zwei Dutzend Mann starken Heeres des Fürstentums ausmacht.

Die große, pseudo-romanische *Kathedrale* von Monaco stammt ebenfalls aus der Zeit des plötzlich ausgebrochenen Wohlstandes. Sie steht an der Stelle der einstigen, im 13. Jahrhundert erbauten Kirche von St. Nicholas, die 1874 abgerissen wurde, um für sie Platz zu machen, und hat von ihr einige gute Gemälde der Schule von Nizza geerbt, darunter zwei von Louis (oder Lodovico) Bréa, ein achtzehnteiliges Polyptychon des hl. Nicholas im rechten Querschiff und eine Pietà über der Tür zur Sakristei.

Der Reingewinn der Société des Bains de Mer, wie sich Monsieur Blancs Unternehmen euphemistisch nannte, trug dem Fürsten Albert I. ein Jahreseinkommen von etwa eineinhalb Millionen Mark ein und gestattete es ihm, sich seinem Lieblingszeitvertreib, der Ozeanographie, zu widmen. Auf den vierundzwanzig Fahrten, die er mit seinen Jachten, der ›Hirondelle‹ und der ›Princesse Alice‹, unternahm, spezialisierte er sich auf die Erforschung der größten Ozeantiefen und entdeckte mehrere bisher unbekannte Tier- und Pflanzenarten. 1899 wurde der Grundstein zu seinem *Museum für Meereskunde* gelegt, und 1910 wurde dieses große, auf den meerwärts gekehrten Felsensteilhängen erbaute Museum eröffnet. Es stellt die berühmteste Sammlung seiner Art in der ganzen Welt dar und untersteht heute der Leitung des bedeutenden Unterwasserforschers Commandant Jacques-

Yves Cousteau. (Durchgehend von 9.30–19 Uhr geöffnet.)

Im Kellergeschoß des Museums befindet sich ein Aquarium, und während man die Steintreppen hinabgeht, wird man bereits vom Bellen der Robben begrüßt, die in einem großen Becken am Eingang herumschwimmen, springen und tauchen und in ihrem Spieltrieb offenbar nie ermüden. Ein wenig weiter stehen etwa sechzig gläserne Behälter mit den verschiedenartigsten tropischen Fischen in sämtlichen strahlenden Regenbogenfarben, sowie einige äußerst komische einheimische Fische wie der Mérou, der mit seinen herabhängenden Mundwinkeln und hervorquellenden Augen wie ein Richter aussieht, der mit der Todesstrafe rasch bei der Hand ist. Schildkröten rudern gemächlich in ihren Behältern umher; Rochen wenden uns ihre unglücklichen kleinen weißen Gesichter zu; die langgestreckten, tarnungsgefleckten Leiber der Neunaugen schwanken und schwingen unablässig wie Wasserpflanzen in der Strömung hin und her.

Im Erdgeschoß des Museums sind Modelle von Leuchtfischen aus den Abgründen der Tiefsee zu sehen, die in grünem, violettem, gelbem und rotem Licht erstrahlen, sowie vielfach vergrößerte und erleuchtete Modelle von Plankton in Farben, Formen und Mustern, um die sie jeder abstrakte Künstler beneiden kann. Hier sind ozeanographische Instrumente und Schiffsmodelle aufgestellt, und ein riesiger Raum ist angefüllt mit allen nur erdenklichen Arten von Fischen und Meerestieren. Der wertvollste Teil dieser einzigartigen Sammlung sind zweifellos die Exemplare, die Fürst Albert aus den tiefsten Schluchten des Meeresbodens heraufgefischt hat – auf Kosten, wie man sagen muß, von Millionen hoffnungsgeschwellter Glücksspieler, die sich nicht das mindeste aus Fischen machen, außer vielleicht gebraten auf einem Teller. Im ersten Stock enthält der Raum zur Linken Muscheln und wissenschaftliche Instrumente, der zur Rechten eine überaus geschickt angelegte Sammlung von allem, was mit dem Meer zusammenhängt und aus seinen Produkten hergestellt wird: ein in Meeraal-Haut gebundenes Buch;

riesige Muscheln von einem Meter Durchmesser, wie sie als Weihwasserbecken in Kathedralen verwendet werden; Schwämme; Perlmutter mitsamt den Knöpfen, Spiegeln, Toilettenartikeln, Fächern, Operngläsern und ähnlichem, die daraus gefertigt werden; gewachsene Korallenäste und aus Korallen gefertigte Ketten, Anhänger und Amulette; Häute von Haifischen und aus Haifischhaut gearbeitete Schuhe und Handtaschen.

Fürst Albert hat neben der Entdeckung des ›Grimaldichthys Profondissimus‹ und seiner schuppigen Vettern noch einen zweiten, für unsere Generation womöglich noch größeren Anspruch auf Dankbarkeit; nämlich wegen der tatkräftigen praktischen Unterstützung, die er einem der am wenigsten bekannten Wohltäter der Menschheit lieh: Dr. Guglielminetti, der während eines Besuchs des Fürstentums die Goudronnage oder Teerdecke der Straßen erfand. Die erste geteerte Straße der Welt wurde 1902 in Monaco angelegt, und damit war das Staubübel beseitigt, das die Makadam-Straßen in der Frühzeit des Automobils für Straßenbenutzer und Straßenanwohner gleicherweise unerträglich machte.

Von der Höhe des Felsens von Monaco hat man einen schönen Blick über das blaue Viereck des Hafens, dessen Ränder mit den größten und luxuriösesten Jachten der Welt gesäumt sind, und über die Dächer von La Condamine hinweg zur Höhe des Steilhangs von Monte Carlo. Die niedrigen Türme des Kasinos erscheinen zwergenhaft klein neben den hohen weißen Wohntürmen an den Abhängen, die zu den Kalksteinklippen der Tête de Chien, fünfhundert Meter darüber, aufsteigen. (Dieses vorgeschobene Bergmassiv sieht tatsächlich, vor allem von Menton her betrachtet, wie der mächtige Kopf eines wachsam daliegenden Hundes aus.) Das Gebiet des Fürstentums ist so winzig und die Zahl der Menschen, die darauf bestehen, auf ihm zu wohnen, so groß, daß Wolkenkratzer der einzige Ausweg sind. Das Fürstentum ist total zugebaut. Es wächst in ihm nichts Eßbares, nur Blumen.

Alle Straßen Monte Carlos scheinen zum *Kasino* zu führen. Es wurde von Charles Garnier, dem Architekten der Pariser Oper, im überladenen Stil der siebziger Jahre gebaut, mit Türmen an den Ecken und großen, auf dem Dach sitzenden Bronze-Engeln. Im Innern befindet sich unter anderem ein Theater, das als Opernbühne sehr bald mit den großen Hauptstädten Europas in Wettbewerb zu treten begann. Massenet und Saint-Saëns schrieben Opern eigens für dieses Theater; Primadonnen erhielten Tausende für ein einziges Auftreten; so manches berühmte französische Stück erlebte hier seine Premiere, und Diaghilew machte es zum festen Sitz seiner ›Ballets Russes de Monte Carlo‹. Außerdem gibt es im Kasino noch ein Restaurant, einen Nachtklub, verschiedene Bars und natürlich die riesigen Spielsäle, in denen nahezu die einzigen Geräusche, die einzig hörbaren Laute das Laufen der Kugel im Rouletterad, das eintönige »Rien ne va plus« der Croupiers, ein gelegentliches bellendes »Banco!« von einem der Bakkarat-Tische sind. Das Spiel mit hohem Einsatz findet im Allerheiligsten, den ›Salles Privées‹ statt. Auch wenn man selbst nicht spielen will, lohnt das Kasino einen Besuch: wer sich für die Eigenarten seiner Mitmenschen interessiert, kann das Gehaben der Spieler beobachten, und der Kenner von Inneneinrichtungen wird nicht ohne Verwunderung die aus den achtziger Jahren stammenden Fresken betrachten. Wohl das sonderbarste von allem ist die Decke der Bar, auf der eine Anzahl völlig nackter Damen, Zigaretten und Zigarren rauchend, aber sämtlich mit züchtig bedeckten Füßen, abgebildet ist. Man vergesse nicht, beim Besuch des Kasinos den Reisepaß einzustecken, da nur Ausländer über achtzehn Jahre Zutritt haben.

Vor dem Kasino liegen die *Boulingrins*, eine Rasenanlage mit Zierbeeten, tropischen Bäumen wie Banyans und anderen und Kakteen von der Größe von Eichen. Seitlich vom Kasino steht das berühmte Hotel de Paris, im gleichen Stil erbaut wie das Kasino und – an der Endwand seines Speisesaals – ebenfalls mit einem bemerkenswerten Fin-de-Siècle-

Fresko ausgestattet. Ein wenig weiter oben steht cremefarben und in strengerem, modernem Stil der Winter Sporting Club. Der Summer Sporting Club liegt draußen beim Monte Carlo Beach. Nicht nur das Kasino, sondern auch beide Sporting Clubs, die Badestrände und die meisten großen Hotels gehören samt und sonders der Société des Bains de Mer, die sogar heute noch vierzig Prozent aller im Fürstentum verdienten Löhne und Gehälter auszahlt. Am Ende der Boulingrins verläuft die Hauptstraße dieser winzigen Stadt. Geht man zwei Straßenzüge weiter hinauf, so befindet man sich bereits außerhalb des Fürstentums und im französischen Vorort Beausoleil.

Nahe der Stelle, wo die Mittlere Corniche von Westen hereinkommt, ist rings um die *Exotischen Gärten* ein kleines Museumsviertel im Entstehen. Die Gärten hängen an einer Felsensteilwand oberhalb des Industrievororts Fontvieille und gewähren einen schönen Blick aus der Vogelperspektive über das ganze Fürstentum. Pfade und Wege laufen kreuz und quer zwischen mehr als tausend verschiedenen Arten von Kakteen und kaktusähnlichen Gewächsen aus Mexiko, Südamerika und Afrika hindurch. Hier kann man eine ganz besonders verrucht aussehende Pflanze betrachten, die aussieht, als sei sie völlig aus Stacheldraht konstruiert. Hier gibt es den ›Echinocactus‹, der wie ein riesiger Seeigel oder stachelbesetzter Fußball aussieht und bei schelmisch veranlagten Kakteenfreunden ›Schwiegermutterkissen‹ heißt. Der ›Cereus‹ windet sich in bösartigen grünen Schlangen über den Erdboden. Der ›Pilocereus polylophus‹ ragt wie eine grüne Säule nahezu sieben Meter hoch. Gigantische Wolfsmilchbäume aus Abessinien erreichen hier Höhen, die anderwärts in Europa unbekannt sind.

Nachdem man zwischen allen diesen unirdisch anmutenden Ungeheuerlichkeiten, die wie Dekorationen eines wildgewordenen Bühnenbildners anmuten, ein Weilchen umhergewandert ist, büßen die Stalaktiten und Stalagmiten der berühmten *Grotte de l'Observatoire*, die sich hundert Meter höher in der Felswand öffnet, ein wenig von ihrer Wirkung ein. Der neolithische Mensch lebte in diesen Höhlen in den Jardins Exotiques bereits Tausende von Jahren, ehe die ersten Kakteen kamen, und gleich daneben befindet sich das *Museum für Prähistorische Anthropologie*, in dem Funde aus diesen und anderen Höhlen an der Riviera einschließlich der Roten Felsen in Menton und ein merkwürdiger ›Goldschmuck einer Dame aus dem 3. Jahrhundert‹ zu sehen sind. Das staatliche Museum der Schönen Künste, das sich früher in der Rue des Genêts befand, soll an einem Platz ganz in der Nähe neu errichtet werden.

Die Dörfer der ›Corniche‹

Drei Straßen laufen in verschiedener Höhe an der Steilküste zwischen Roquebrune und Nizza entlang. Sie werden mit dem Sammelnamen ›Corniche‹ bezeichnet, was soviel wie Randvorsprung oder Zinnenweg bedeutet, und genau das – auf Randvorsprüngen angelegte Zinnenwege – sind diese drei Straßen. Die *Petite Corniche*, die kleine oder untere Straße, wurde 1863 nach der Annexion Nizzas begonnen und hatte 1881 Monte Carlo erreicht. Sie verläuft während des größten Teils der Strecke am Fuß der Felssteilhänge ziemlich dicht am Meer entlang.

Die Mittlere oder *Moyenne Corniche*, die jüngste der drei Straßen, wurde 1910 begonnen, um die Kleine Corniche – eine »vielbefahrene, staubige Küstenstraße« nennt sie der Baedeker von 1913 – zu entlasten, und 1928 fertiggestellt. Sie bietet von allen dreien den schönsten Blick, denn sie ist genügend weit zurückgerückt, um die Gesamtheit des Panoramas einzufangen, und dabei doch nahe genug, daß man die Einzelheiten noch gut erkennen kann. Auf dieser mittleren Straße gelangt man nach *Eze*, dem aufregendsten von allen den vielen mittelalterlichen Dörfern dieser Küste. George Sand fand dies die »schönste Aussicht der ganzen Straße, die umfassendste, die am besten komponierte«. Das Dorf ist aus dem an Ort und Stelle gebrochenen Stein erbaut und sieht aus knapper Entfernung wie die zerklüftete Kuppe des zukkerhutartigen Bergkegels aus, auf dem es steht. Heute lebt nur noch etwa ein halbes Hundert Menschen im alten Teil von Eze (sie heißen die ›Ezarques‹), und in den meisten Häusern, die so erstaunlich über- und ineinander geschachtelt sind, daß die Tür des einen häufig auf gleicher Höhe liegt wie das Dach des anderen und manche Gassen ganz einfach Treppen sind, haben sich Postkarten- und Andenkenläden,

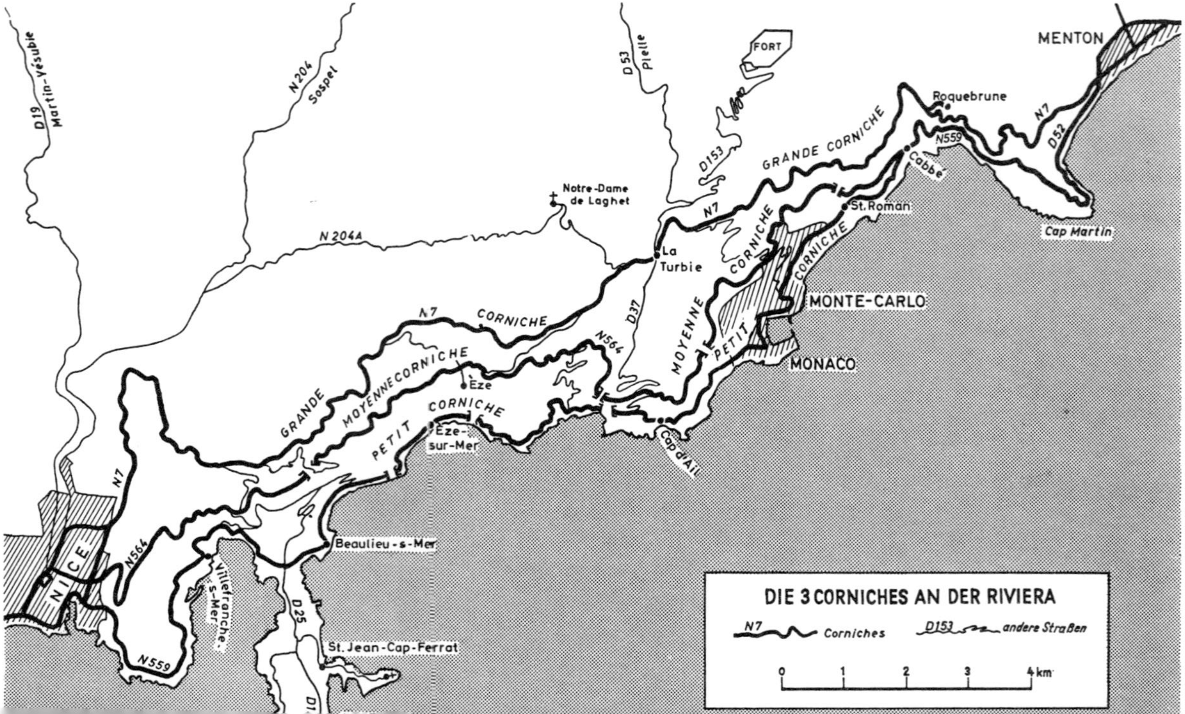
DIE 3 CORNICHES AN DER RIVIERA
N7 Corniches
D153 andere Straßen
0 1 2 3 4 km
MENTON
Roquebrune
Cap Martin
N7
D52
N559
Cabbé
St. Roman
GRANDE CORNICHE
MOYENNE CORNICHE
PETIT CORNICHE
MONTE-CARLO
MONACO
Cap d'Ail
La Turbie
D37
N564
FORT
D153
D53 Pielle
Notre-Dame de Laghet
N 204A
N 204 Sospel
D19 Martin-Vésubie
CORNICHE
GRANDE MOYENNECORNICHE
Èze
Èze-sur-Mer
PETIT CORNICHE
Beaulieu-s-Mer
St. Jean-Cap-Ferrat
D25
Villefranche-s-Mer
N559
N564
N7
NICE

Antiquitätengeschäfte und Kunst- und Kunstgewerbehandlungen eingenistet. Gelingt es, sich diesen Geschäftsbetrieb für die Fremden wegzudenken, dann gibt es keinen Ort, der einen so lebhaften und unverdorben reinen Eindruck eines befestigten mittelalterlichen Dorfes zu vermitteln vermag. Keinerlei Auto- oder Fuhrwerksverkehr darf durch das enge Stadttor einfahren; man klettert zu Fuß die steilen Windungen der Gäßchen zur Ruine der von Ludwig XIV. 1706 abgerissenen Burg hinauf, die in einem Kakteen-Garten steht. Aus dieser Höhe von 450 m über dem Meer sehen die Autos auf der Kleinen Corniche wie ein träges Käfergekrabbel aus. Drunten liegt der kleine Badestrand Eze-sur-Mer, einst die zur Festung auf dem Berg gehörige römische Hafenreede Avisio, von der Eze seinen Namen herleitet – einer der vier römischen Flottenstützpunkte zwischen Ventimiglia und Nizza, die auf dem ›Seereiseplan‹ des Kaisers Antoninus verzeichnet sind. Nietzsche wanderte oft den »mühseligen Maultierbergpfad vom Bahnhof zum maurischen Dorf Eza« hinauf und schrieb hier den dritten Teil des ›Zarathustra‹.

Die oberste der drei Küstenstraßen, die *Grande Corniche*, führt nicht nach Monte Carlo hinab, sondern schließt in Roquebrune an die unterste an. Sie wurde 1806 von Napoleon erbaut und folgt ziemlich genau der antiken Via Aurelia, der großen römischen Heerstraße, die von Rom bis zum Rhônetal und von dort weiter quer durch ganz Gallien nach Britannien verlief. Sie steigt bei La Turbie auf fünfhundert Meter Höhe zum ›Hundskopf‹ auf, der Berghöhe oberhalb von Monte Carlo.

Das alte Städtchen *La Turbie* liegt auf dem Sattel zwischen einem Ausläufer der Tête de Chien und dem Mont de la Bataille. Dieser Paß galt in römischer Zeit als die Grenze Italiens, bis Augustus sie bis zum Var vorschob; er war der höchste Punkt der Seealpen – Alpe summa – von dem das Itinerarium des Antoninus erklärt: »Hucusque Italia, abhinc Gallia«, der auf Peutingers Tafel verzeichnete Alpenübergang von der Gallia Cisalpina zur Gallia Transalpina, von der antiken Provincia (Provence) zum antiken Ligurien. Und hier steht denn auch das Mahnmal der Unterwerfung Liguriens. Verfolgt man den Namen La Turbie zurück, so stößt man darauf: die Griechen nannten es Tropaia Sebastou, woraus nacheinander die verderbten Formen Torpea, Torbea, Torbia und schließlich Turbie wurden. Die Tropaia aber war (und ist) die *Tropaea Augusti*, die Trophäe des Kaisers Augustus, ein gewaltiges Denkmal, im Jahr 5 v. Chr. vom römischen Senat zu Ehren des Kaisers errichtet, der in mehreren Feldzügen die ligurischen Bergvölker, die noch die Seealpen besetzt hielten und die Verbindung zwischen den beiden Gallien immer wieder unterbrachen, endgültig unterworfen hatte. Die antiken Schriftsteller haben uns keine Beschreibung des Denkmals hinterlassen; lediglich Plinius gibt die Inschrift an, die sich auf dem Sockel befand – siebenundsiebzig Worte, von denen dreiunddreißig die offizielle Lobpreisung des Augustus, vierundvierzig hingegen die Namen der besiegten Stämme angeben. Ursprünglich war die Trophäe etwa fünfzig Meter hoch, stand auf einem breiten quadratischen Sockel von achtunddreißig und einem halben Meter Seitenlänge, auf dem ein zurückweichendes kreisförmiges Stockwerk mit vierundzwanzig dorischen Säulen stand, dessen sich verjüngendes Dach von einem sieben Meter hohen Standbild des Kaisers gekrönt war. Das Denkmal wurde jedoch vom hl. Honorat zerstört, als er feststellte, daß das Volk das Standbild anbetete; es wurde von den Barbaren weiter beschädigt, diente sodann im 10. Jahrhundert als Steinbruch bei der Erbauung des Dorfes, wurde zu einer Festung umgebaut und schließlich 1705 von den Franzosen zusammen mit anderen savoyardischen Befestigungen in die Luft gesprengt. Bis zum Jahre 1869 waren von Plinius' Inschrift nur vierzehn Buchstaben auf vier verschiedenen Bruchstücken bekannt, die der Nizzaer Historiker Joffrédi in dem übriggebliebenen Trümmerhaufen gefunden hatte. Dann entdeckte man noch fünf weitere Fragmente, die in einen Torbogen der alten Stadtmauer eingefügt waren. Doch fand sich in der ›Geschichte Nizzas‹ des Franziskaners Antoine Boyer von 1564 eine Beschreibung des Denkmals, wie es damals, vor der Sprengung, noch aussah, und sie ermöglichte in den dreißiger Jahren unseres Jahrhunderts, nach genauer Sichtung des Trümmerhaufens, die Wiederherstellung des Denkmals bis zu seiner jetzigen Höhe von dreißig Metern, die ein freigebiger Amerikaner namens Edward Tuck finanzierte. Tuck erbaute auch ein kleines, aber interessantes Museum, das nicht nur verschiedene römische Überreste, sondern auch Modelle und Rekonstruktionen des Denkmals enthält, wie es vermutlich früher ausgesehen hat. Meerwärts bietet sich ein schöner Blick auf das Fürstentum; landeinwärts steigt das Gelände weiter an bis zu dem 1000 m hohen, von einer Festung gekrönten Mont Agel und dem Golfplatz, der 1912 angelegt wurde und den Kasinopächter Blanc angeblich rund zwei Millionen Mark gekostet haben soll.

Beaulieu, an der Kleinen Corniche gelegen, rühmt sich, in fünfzehn Jahren nur an vier Tagen eine Temperatur unter Null erlebt zu haben, und ist so stolz auf seine geschützte Lage, daß es seinen Ostteil Klein-Afrika getauft hat. (Dies war vermutlich die römische Flottenstation Anao). Sein zweiter Anspruch auf Ruhm ist, daß Gordon Bennett, der exzentrische Besitzer des New York Herald, der Stanley nach Afrika schickte, um Livingstone zu suchen, auf diesen Ort verfiel, um hier La Réserve zu gründen, noch heute eines der berühmtesten Hotels an der Riviera.

Von Beaulieu wendet sich die Straße vom Meer ab nach *Cap Ferrat*, wo einige der schönsten Gärten und Luxusvillen der Küste stehen. Hier befand sich das römische Olivula – und der älteste Olivenbaum in ganz Südfrankreich steht denn auch, wie es sich gehört, hier in Cap Ferrat, im Garten des Monsieur Bounin. (Da wir schon bei derlei Rekorden sind, sei hier der Vollständigkeit halber noch hinzugefügt: die höchste Esche der Provence steht in der Place du Frêne in Vence; der größte Maulbeerbaum in Roquebrune im Pays des Maures; und die größte Platane auf dem Hauptplatz von Barjols bei St. Maximin.)

Die große *Villa Leopolda* in der Mitte der Halbinsel gehörte viele Jahre lang König Leopold II. von Belgien und ist heute der Besitz jenes Monsieur Marnier, welcher den Grand Marnier herstellt. Die *Villa La Mauresque*, an der Spitze des Cap, gehörte seit 1927 dem englischen Schriftsteller und Dramatiker W. Somerset Maugham, der hier viele seiner Bücher schrieb, seine Freunde zu Gast hatte und hier auch 1966 neunzigjährig, umgeben von einer berühmten Sammlung von Gemälden und Kunstschätzen, starb. Der Name des hübschen kleinen Fischerdorfes *St. Jean* erinnert daran, daß es 1527 von den aus Rhodos vertriebenen Johanniter-Rittern gegründet wurde. Die Landspitze *Pointe Saint-Hospice* dagegen hat nichts mit den Johannitern oder Hospitalitern zu tun, sondern gedenkt des Nizzaer Eremiten Hospice oder Auspice, der Ende des 6. Jahrhunderts hier in seiner Einsiedelei starb.

Unweit des Dorfes steht die Villa Ephrussi de Rothschild, in der sich das *Musée de l'Ile de France* befindet, täglich außer montags von 14–19 Uhr geöffnet. Die Baronin Ephrussi, eine geborene Rothschild, kam nach Cap Ferrat, sah und war besiegt. Sie beschloß, sich hier niederzulassen, und kaufte ein herrliches Grundstück auf dem hohen, schmalen Nacken der Halbinsel mit einem Ausblick auf beide Seiten der Küste. Hier ließ sie den ganzen Grat des Isthmus abtragen und zu einem Plateau einebnen und erbaute auf ihm, in einem herrlich angelegten Garten von fünfzehn Morgen, eine nicht sonderlich schöne Villa im italienischen Stil.

Die Villa war zugleich als Wohnhaus für sie selbst und als ein Museum angelegt, das die Erinnerung an ihre Eltern verewigen sollte. Bei ihrem Tod 1934 vermachte sie das Haus mit seinem gesamten Inhalt der Académie des Beaux-Arts. Das Interessanteste an diesem Haus ist, daß es eigens geplant wurde, um die unermeßlich wertvollen Kunstschätze, die seine Erbauerin aus Paris an die Küste brachte, aufzunehmen und besonders wirkungsvoll zur Geltung zu bringen. So wurden die gemalten Directoire-Täfelungen nicht etwa für die Wände hergestellt, sondern die Wände als Rahmen für die Täfelungen und Kamine geschaffen. Die Decken wurden nach den Maßen der Tiepolos gezogen; die Hauptwohnhalle eigens als Rahmen für die florentinischen Türen und Möbelstücke, ihre ›cassoni‹ und ihre della Robbias entworfen. Rund um diese Mittelhalle liegen Louis-Seize-Salons mit Bouchers, Lancrets und Fragonards an den Wänden, mit zeitgenössischen Möbeln, Aubusson-Wandteppichen und Savonnerie-Teppichen. Das Hauptthema der Räume, des Schlafzimmers und Boudoirs der Baronin sowie der Gesellschaftsräume ist das französische 18. Jahrhundert; andere Räume hingegen zeigen die vielfältigen und umfassenden Geschmacksneigungen der Rothschilds. Sie enthalten Sammlungen brokatbesetzter Louis-Seize-Kleider und -Kostüme, Sèvres- und Meißener Porzellan, chinesische Wandschirme, Teppiche, Wandbehänge, Porzellan und hellroten Jade, schmiedeeiserne Gitter, Renoirs, Sisleys und Monets, japanische Kakemonos, Cordoba-Lederarbeiten ... Ein jedes Fenster bietet einen anderen Ausblick – eines über das Meer nach Eze und Cap d'Ail; ein anderes über die Zypressen und den Wasserlilienteich des bezaubernden Gartens hinweg zum Venus-Tempel auf seiner kleinen Anhöhe; ein drittes über die Bucht von Villefranche hinüber zum Mont Boron.

Der tiefe Meereseinschnitt, der Cap Ferrat vom Mont Boron trennt, ist seit langem ein beliebter Ankerplatz der französischen Kriegsflotte. Der einstige Kriegshafen der Herzöge von Savoyen und Könige von Sardinien, auf der Südwestseite der alten Festung, ist heute den Luxusjachten vorbehalten. Die Kleine Corniche läuft hier zwischen Villen und Gärten hoch über der Bucht herum, und unter ihr klammert sich das Städtchen *Villefranche* an die Abhänge zwischen der Straße und dem kleinen Fischerhafen. Der Name Villefranche – ursprünglich Cieuta france – erinnert daran, daß es von Karl II. von Anjou, dem Grafen von Provence,

König von Sizilien und Neffen Ludwigs des Heiligen, zu Beginn des 14. Jahrhunderts als Freihafen begründet wurde. Steile Gassen und Treppen – die mit Recht so genannte Rue Obscure ist genau genommen ein finstrer Tunnel – führen hinab zu breiten Kais mit Cafés und Restaurant-Terrassen, wo man in der Sonne sitzen und an Kaiser Karl v. denken kann, der 1538 hier an Land ging, oder einfach über die flimmernden, tanzenden Wasser des Golfs hinweg die hängenden Gärten von Cap Ferrat betrachten mag.

Am Eingang zu dem winzigen Fischerhafen steht die aus dem 14. Jahrhundert stammende, seit langem aufgelassene *Chapelle St. Pierre*, in der die ortsansässigen Fischer seit Jahrhunderten ihre Netze aufzubewahren pflegten. Im Jahr 1957 wies der Bürgermeister den Fischern einen anderen Aufbewahrungsort für ihr Werkzeug zu und erlaubte Jean Cocteau, der seit Jahren ein Auge auf die Kapelle geworfen hatte, sie auszumalen und ihrer ursprünglichen Bestimmung zurückzugeben. Eine vorzügliche Vorkehrung, die allen Beteiligten aufs beste zustatten kam. Cocteau hatte seine Kapelle zum Ausmalen, die Geschäfte und Gastwirte profitierten von den Besuchern, die sie anlockte, und die Wohlfahrtskasse der Fischer bekam die Eintrittsgelder.

Die kleine romanische Kapelle – täglich von 9–12 und 14–19 Uhr geöffnet – ist durchgehend in blassem Cremegelb, Hellrot, Blau und Grün gehalten, so daß sich die in großen, schwarzen Linien geführten Zeichnungen kraftvoll abheben. Das Fresko an der Wand links von der Tür zeigt die Fischermädchen auf dem Kai von Villefranche in den malerischen alten Trachten der Küste. Das Wandgemälde zur Rechten ist den Zigeunern von Les Saintes-Maries-de-la-Mer gewidmet. Gegen den Hintergrund eines Zigeuner-Wohnwagens flickt ein Fischer seine Netze, und ein kleines Mädchen tanzt zu einer Gitarre. Darüber ein Engel mit der Jungfrau und dem Kind. Zu Ehren der Engelsbucht, so erklärte Cocteau, kommen auf allen fünf Wandbildern und auf den Decken Engel vor. Die übrigen drei Fresken stellen Szenen aus dem

Leben des Fischers selbst dar. Auf der linken Seite die Verleugnung. Petrus, in bitterer Demütigung weinend, wird von den Soldaten des Pilatus verspottet, der Hahn kräht triumphierend, und die Magd bedeckt ihr Antlitz und schlüpft hinweg. Auf der rechten Seite befreien die Engel den Heiligen aus dem Gefängnis des Herodes. Die Apsis hinter dem Altar schließlich zeigt ihn auf dem Wasser schreitend, zum grenzenlosen Erstaunen der Fischer, der Fische und übrigens auch des Heiligen selbst, denn er vermag den Engel, der ihn trägt, nicht zu sehen. Ein leises Lächeln spielt um die Lippen Christi.

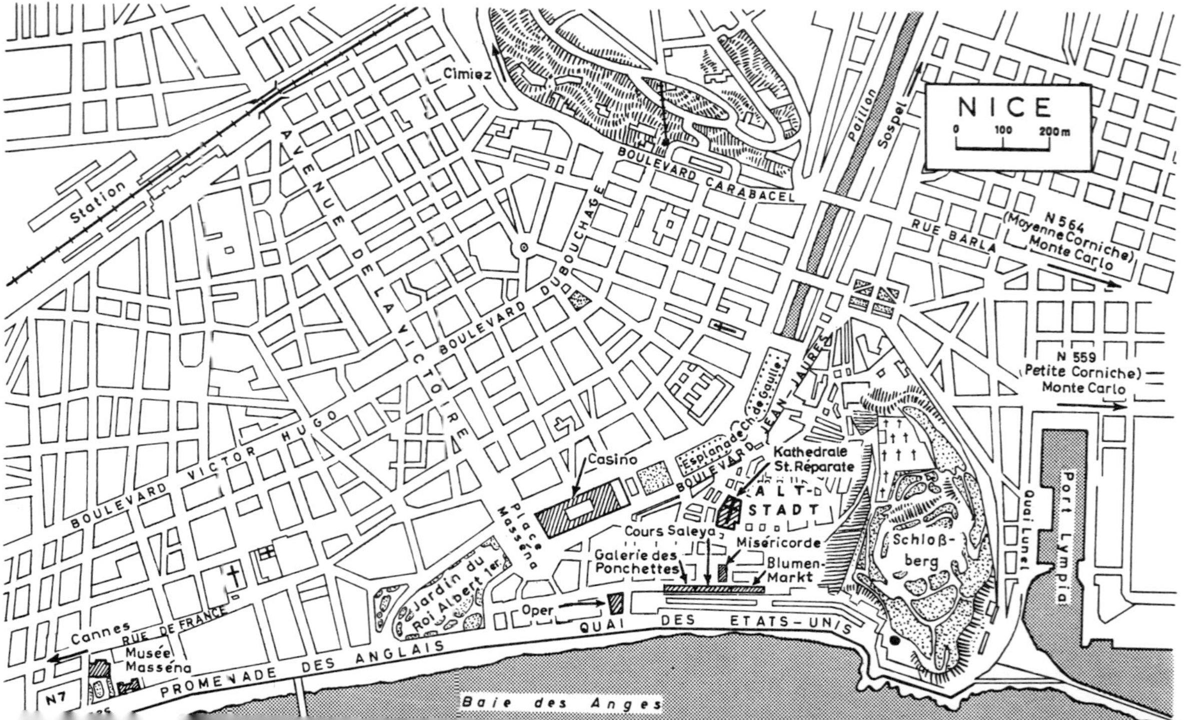
NICE
0 100 200m
Cimiez
Station
Paillon
Sospel
BOULEVARD CARABACEL
N 564
(Moyenne Corniche)
Monte Carlo
RUE BARLA
AVENUE DE LA VICTOIRE
BOULEVARD DUBOUCHAGE
N 559
(Petite Corniche)
Monte Carlo
Esplanade Ch. de Gaulle
BOULEVARD JEAN-JAURES
Kathedrale
St. Réparate
ALT-STADT
Casino
BOULEVARD VICTOR HUGO
Place Masséna
Cours Saleya
Miséricorde
Galerie des
Ponchettes
Blumen-
Markt
Schloß-
berg
Quai Lunel
Port Lympia
Jardin du Roi Albert 1er
Oper
QUAI DES ETATS-UNIS
Cannes
RUE DE FRANCE
Musée
Masséna
PROMENADE DES ANGLAIS
N7
Baie des Anges

Nizza

Im Jahr 1887 schrieb ein gewisser Etienne Liégeard ein Buch über die Riviera, die er anklingend an die Côte d'Or seines heimatlichen Burgund ›La Côte d'Azur‹ nannte. Der Name blieb haften und setzte sich durch; er wird heute viel häufiger verwendet als die alte Bezeichnung ›Riviera‹. Liégeard selbst verstand unter der ›Blauen Küste‹ die ganze Strecke von Marseille bis Genua; heute ist der Begriff jedoch eingeschränkt auf den Abschnitt, der in Menton beginnt und für die radikalen Puristen in Cannes, für die Mehrzahl der Menschen in St. Raphaël und für jene, die an der Côte des Maures leben, in Hyères endet.

Mögen die Grenzen der Côte d'Azur auch strittig sein, ihre Hauptstadt ist es nicht. Nice oder *Nizza* – wie wir es, dem deutschen Sprachgebrauch folgend, in seiner italienischen Form nennen wollen – ist die größte und wahrscheinlich auch die älteste Stadt zwischen Marseille und Genua. Als Fremdenort hat es vor Menton und Monte Carlo einen Vorsprung von hundert, vor Cannes einen von achtzig Jahren. Mit seiner guten Viertelmillion Einwohner steht es heute unter den Städten Frankreichs an fünfter Stelle.

Nizza ist wohl die einzige Stadt an der Riviera, bei der man das Gefühl hat, sie existiere aus eigenem Recht und nicht nur auf Grund des Fremdenverkehrs. Gewiß, Nizza hat fünfzehntausend Hotelzimmer und ist mithin durchaus eine Fremdenstadt; aber während andere Riviera-Orte außerhalb der Saison halb verödet sind, geht in Nizza mit seiner mannigfaltigen heimischen Industrie und seiner, im Vergleich zu den Touristen, sehr ansehnlichen ständigen Einwohnerschaft das Leben das ganze Jahr über ziemlich unverändert weiter. Nizza zieht heute nicht mehr, wie vor sechzig Jahren, die Aristokratie und die elegante Welt als zeitweilige Besucher an, sondern Rentiers, Beamte und Geschäftsleute aus ganz Frankreich, die sich hierher in den Ruhestand zurückziehen; denn die Stadt besitzt nicht nur ausgezeichnete Verkehrsverbindungen, ein gutes warmes und trockenes Klima und eine schöne landschaftliche Umgebung, sondern ist auch groß genug, um auf kulturellem, gesellschaftlichem, intellektuellem, gastronomischem, sportlichem Gebiet alles bieten zu können, was man von einer Großstadt erwartet. Nizza besitzt ein Opernhaus, und sein neuer Flughafen ist nach Orly, Le Bourget und Marignane der größte Frankreichs. Im Frühling kann man in Nizza am Vormittag im Meer baden, sich dann ins Auto setzen und zwei Stunden später auf den Schneehängen von Peïra Cava oder einem der anderen Wintersportorte im Gebirge des Hinterlandes Ski fahren.

Daß der italienische Name ›Nizza‹ sich hartnäckig weiter neben dem französischen ›Nice‹ hält, hat seinen Grund. Der Zusammenhang der Stadt mit Italien war jahrhundertelang eng; das Hin und Her ihrer Geschichte belegt ihn; ihre Architektur bezeugt den Einfluß Genuas; und das Nizzaer Patois ist eine so eigentümliche Sprachmischung, daß es dafür nicht nur ein dreisprachiges ›Dictionnaire niçois-français-italien‹, sondern sogar eine Grammatik des ›idiome niçois‹ gibt. Der Name der Stadt indessen ist, wie die Stadt selbst, griechischen Ursprungs. Vermutlich war es irgendein lokaler Sieg über die einheimischen Ligurer, der die griechischen Kolonisten veranlaßte, der Niederlassung, die sie hier um das Jahr 350 v. Chr. gründeten, den Namen ›Nikea‹ zu geben.

Diese griechischen Ansiedler waren Phokäer, die zu Beginn des 6. Jahrhunderts v. Chr., von den Persern aus Phokäa in Kleinasien vertrieben, sich an den Ufern des westlichen Mittelmeeres neue Heimstätten suchten. Massalia, das heutige Marseille, war eine der ersten, wenn nicht überhaupt die erste Stadtgründung dieser Flüchtlinge an der Ligurischen Küste, und Strabo zufolge waren alle anderen griechischen Städte an der gleichen Küste, vor allem Nikea und Antipolis – Nizza und Antibes – lediglich Ableger und Stützpunkte dieser Mutterstadt. Dieser ›klassischen‹ Auffassung steht die Schilderung Herodots entgegen, die besagt, daß die phokäische Auswanderung sich gleichzeitig auf verschiedene Stellen der Küste richtete. Die Tatsache, daß Nizza sich späterhin genötigt sah, sich dem Schutz Marseilles zu unterstellen und ihm einen Tribut zu entrichten, beweist nicht schlüssig, daß die Stadt eine Gründung der Massalioten war. Herodot, der diesen Ereignissen zeitlich näher war als Strabo, berichtet, die Phokäer seien zuerst nach Scio, dann nach Cyrnos, dem heutigen Korsika, gesegelt, wo sie fünf Jahre lang verweilten und an der Nordspitze der Insel eine Stadt namens Alalia erbauten, in der man das heutige Algajola bei Calvi vermutet. Diese Stadt lag direkt gegenüber der Küste von Ligurien, und an klaren Tagen waren von dort die hohen schneebedeckten Gipfel der Seealpen deutlich zu sehen. Es ist unwahrscheinlich, daß die neugierigen und entdeckungsfreudigen Phokäer fünf Jahre lang auf der armen und nahezu wüsten Insel sitzen blieben; wahrscheinlicher ist, daß sie von Zeit zu Zeit Erkundungsfahrten zum gegenüberliegenden gallischen Festland unternahmen. Die große Seeschlacht, die sie um diese Zeit gegen die vereinigten karthagischen und etruskischen Flotten zwischen Korsika und der Ligurischen Küste auskämpften, trieb die griechische Flotte möglicherweise nach Norden ab und ließ sie in Ligurien landen. Zweifellos war der große Kalksteinfelsen oberhalb der heutigen Stadt Nizza den griechischen Seeleuten seit langem bekannt; sie fanden hier die gleiche Topographie vor wie bei Massalia, und sie dürfte sie bestimmt haben, sich am linken Ufer des Paillon-Flüßchens niederzulassen.

Wie auch immer, ob wir uns an Strabo oder an Herodot halten, ob wir Nizza als selbständige, gleichzeitig mit Marseille erfolgte Gründung oder als einen Ableger von Marseille ansehen, fest steht, daß die Phokäer an diesem Küstenstrich gegenüber Korsika nicht auf ein leeres, sondern auf ein dicht besiedeltes Land stießen. Die Ligurer besaßen an vielen Stellen ihre befestigten Plätze, und vor den Phokäern waren bereits die karthagischen Phönizier hier gelandet. Die Phokäer stießen zweifellos auf Widerstand und hatten sich einen Sieg zu erkämpfen, ehe sie vom Ufer des Paillon Besitz ergreifen konnten. Dann drangen die Kelten ein und versuchten, sie aus ihren Häfen zu verjagen, und die Phokäer mußten die Römer zu Hilfe rufen, die im Jahr 154 Nizza und Antibes befreiten. Die Römer blieben. Sie beließen den griechischen Seeleuten und Kaufleuten ihre kleine Stadt am Meeresufer und erbauten sich auf der anderen Seite des Paillon, auf der Höhe des heutigen Cimiez, eine neue Provinzhauptstadt. Cemenelum, eine Stadt von zwanzigtausend Einwohnern, wurde von den Barbaren zerstört; aber das kleine griechische Dorf Nikea am äußersten Ende des heutigen Quai des Etats-Unis schlug sich irgendwie durch und hielt sich bis ins Mittelalter hinein. Es nützte die Streitigkeiten zwischen den verschiedenen Zweigen des provenzalischen Herrscherhauses geschickt aus und errang sich schrittweise größere Selbständigkeit. Im 11. Jahrhundert erhob es sich zur freien Stadt, die von ihren eigenen Konsuln regiert wurde und so eigenmächtig war, daß sie eine selbständige Politik verfolgen und sich mit Pisa gegen Genua verbünden konnte. 1388, als der Bürgerkrieg durch die Provence tobte, verweigerten Nizza und sein Hinterland dem Grafen von Provence, Ludwig von Anjou, die Anerkennung und unterstellten sich dem Grafen von Savoyen. Dieser Staat, der bisher nur Landgrenzen besessen und keinen Zugang zum Meer gehabt hatte, erwarb dadurch den seit langem begehrten Küstenstreifen zwischen der Mündung des Var und der Grenze von Monaco, und Nizza trat in enge Beziehungen zu Italien. 1538 kam Papst Paul III. nach Nizza und nötigte hier Karl V. und Franz I., den Waffenstillstand von Nizza zu unterzeichnen. Der Herzog von Savoyen büßte in der Folge Nizza mehrmals ein, gewann es aber Frankreich immer wieder ab, bis er es schließlich – als König von

Sardinien – 1860 endgültig hergeben mußte und die Stadt auf Beschluß der Bevölkerung mit Frankreich vereinigt wurde. Die Burghöhe über der Stadt zeigt die Spuren dieses jahrhundertelangen wechselvollen Schicksals.

Die *Altstadt*, die noch heute ausgesprochen italienischen Charakter trägt, umfaßt das Dreieck zwischen dem Flußlauf des Paillon, dem Quai des Etats-Unis und dem Schloßberg. Es ist eine angenehme Abwechslung, wenn man der breiten, geraden Boulevards, der Autos und Autobusse der neuen Stadt überdrüssig ist, den Motorenlärm gegen die schrillen Menschenstimmen, den Geruch von Dieselöl gegen den von Knoblauch einzutauschen und in diesen engen, alten Straßen umherzuwandern und dann bei einem Glas vin rouge in der dunklen alten Weinhandlung gegenüber der Kathedrale Ste-Réparate oder mit einer Mahlzeit im nahegelegenen Fischrestaurant Da Bouttau den Spaziergang abzuschließen. Die Kirchen sind ausnahmslos italienischer Barock des 17. und 18. Jahrhunderts. Am lohnendsten ist wohl der Besuch der Kapelle der Schwarzen Büßer, auch *La Miséricorde* genannt, besonders da sie ein schönes Altargemälde von Mirailhet hat.

Um die Mitte des 15. Jahrhunderts erstand in Nizza eine bemerkenswerte Schule der religiösen Malerei. Sie wird im allgemeinen die *Ecole Niçoise* genannt oder auch die Ecole de Bréa, nach ihrem bedeutendsten Vertreter Louis (Lodovico) Bréa, den übereifrige Lokalpatrioten zuweilen fälschlich als den ›Fra Angelico der Provence‹ bezeichnen. Neben ihm waren die bedeutendsten Vertreter dieser Schule seine Brüder Antoine und François Bréa, Jacques Durandi und Jean Mirailhet. Die Malerei dieser Schule zeichnet sich, wenn sie auch den Vergleich mit den zeitgenössischen Schulen in Florenz und Venedig nicht aushält, durch eine sehr anziehende Einfachheit und Reinheit der Linienführung aus.

Der *Blumenmarkt* knapp hinter dem Quai des Etats-Unis, auf dem Cours Saleya, einstmals das Zentrum der Altstadt, ist weltberühmt und eine echte Sehenswürdigkeit. Zur rechten Jahreszeit enthalten seine zwei langen überdachten Hallen ein märchenhaftes Gemisch von Farben und Düften, wie keine Kunst es hervorbringen kann. Die Händler beginnen um die Mittagsstunde die Herrlichkeiten ihrer Kunstausstellung aufzustellen, und um zwei Uhr wird der Markt eröffnet.

Der Quai des Etats-Unis, den heute einige der besten Restaurants Nizzas säumen, war vormals die Plage des Ponchettes, wo die Häuschen des antiken Nikea am Meeresstrand standen. Am Ende des Quais erhebt sich eine steile Anhöhe, die alte griechische Akropolis, auf der Jahrhunderte später die Herzöge von Savoyen ihre Burg erbauten. Innerhalb der Mauern dieser Zitadelle, in der Mitte der alten Akropolis, stand früher die alte romanische Kathedrale von Nizza. Ihr Hochaltar war mit Marmorbruchstücken der Trophäe von La Turbie verziert. Als Catinat 1691 Nizza belagerte, stürzte durch die Explosion eines Pulvermagazins das ganze Mittelschiff der Kathedrale ein und begrub den Altar unter einem Haufen Geröll, das als unverwendbar weggeworfen wurde. Ausgrabungen der Fundamente in jüngster Zeit haben ergeben, daß sogar zwei Kathedralen, aus dem 11. und aus dem 12. Jahrhundert, wie eine kleine Schachtel in einer größeren ineinander sitzen. 1706 wurde die Zitadelle auf Befehl Ludwigs XIV. von einem Engländer erobert und dem Erdboden gleichgemacht. Dieser Engländer, der Herzog von Berwick, unehelicher Sohn Jakobs II. und Arabella Churchills, der Schwester des Herzogs von Marlborough, war Marschall von Frankreich während des Spanischen Erbfolgekrieges, jenes wahrhaft erstaunlichen Krieges, in dem die französischen Heere von eben diesem exilierten englischen Katholiken, die englischen von einem exilierten französischen Protestanten, dem Grafen von Ruvigny, befehligt wurden. Heute stehen die letzten Überreste der alten Kathedrale in einem terrassenförmig angelegten öffentlichen Garten mit Schirmpinien, Aloen und Palmen, und auf dem Friedhof am Abhang liegen Gambetta und die Mutter Garibaldis begraben.

Jenseits des Schloßbergs liegt der Hafen, *Port Lympia* – ›Hafen mit reinem Wasser‹, so genannt nach einem durch Quellen, ›limpida‹, gespeisten Bach, der weiter östlich mündet. Er wurde 1750 begonnen und ist seither mehrfach vergrößert worden. Von hier fahren die Schiffe nach Korsika ab. Die rings um den Hafen stehenden, aus dem 18. Jahrhundert stammenden roten Stuckgebäude erinnern lebhaft an Italien, und tatsächlich wurde in einem Haus an der Ecke des Quai Lunel, in der Nähe des Zollgebäudes, im Jahr 1807 Garibaldi geboren. Die hübschen kleinen Restaurants rings um den Hafen sind wesentlich billiger als die am Quai des Etats-Unis und haben gute Mahlzeiten und einen schönen Blick auf den Hafen zu bieten.

Der – inzwischen zugedeckte – Unterlauf des Paillon-Flüßchens, der unter dem Städtischen Kasino, der Place Masséna und den Jardins Albert Ier zum Meer verläuft, sondert noch immer die Altstadt auf dem linken Ufer von der neuen Stadt ab, die um die Mitte des 18. Jahrhunderts auf dem tieferliegenden rechten Ufer zu entstehen begann. Damals nämlich ging den reichen englischen Milords auf, daß hier ein Ort war, an dem es nicht wie daheim jeden Tag regnete, und so entstand gegenüber der zweitausend Jahre alten einstigen griechischen Kolonie jetzt auf der anderen Flußseite eine englische. Dies hatte unter anderem auch politische Gründe. Die Franzosen hatten ebenso wie die Engländer die Annehmlichkeiten der Sonne im Winter entdeckt; doch während England eng mit dem König von Sardinien verbündet war – zu welchem der Herzog von Savoyen sich auf geheimnisvolle Weise aufgeschwungen hatte –, stand Frankreich auf chronisch schlechtem Fuß mit ihm. Die Engländer stießen in Nizza auf ein warmes Willkommen, aber die Franzosen zogen begreiflicherweise ihren eigenen Ort Hyères vor.

Der englische Romancier Tobias Smollett gilt als Nizzas ›erster Engländer‹; er verbrachte 1763 zehn Monate in Nizza, wo er ein ›Erdgeschoß‹ bewohnte, für das er zwanzig Pfund

Max Beckmann
Promenade des Anglais in Nizza, 1947
Museum Folkwang, Essen

bezahlte. »Das Appartement«, schrieb er, »ist groß, hoch, luftig und recht bequem und hat zwei kleine Gärten.« (Ein möbliertes Haus mit einem großen Garten kostete damals hundertdreißig englische Pfund im Jahr.) Smollet war in der Tat der Pionier der Riviera, falls seine Behauptung zu Recht besteht, daß er das Baden im Meer aus Gesundheitsgründen erfand – wiewohl Frauen sich ihm natürlich nicht hingeben durften, es wäre denn, sie »schieben alle Rücksicht auf Anstand und Sitte beiseite«. Auf Smollett folgte ein stetig wachsender Strom englischer Aristokraten, und an der Stelle, wo heute das Hotel Ruhl steht, wurde alsbald das rechtens so benannte Hotel des Anglais eröffnet. Zwanzig Jahre nach Smollett schrieb Charles Dupaty in seinem Buch ›Lettres sur l'Italie‹: »Die Landhäuser rings um Nizza sind von Engländern, Franzosen und Deutschen bevölkert. Ein jedes von ihnen ist eine Kolonie. Dorthin entflieht man dem Winter aus allen Ländern der Welt.«

Im Winter 1822 erfroren in einem scharfen Frost sämtliche Orangenbäume, und um den solcherart erwerbslos gewordenen Einheimischen Arbeit und Verdienst zu schaffen, organisierte und finanzierte die englische Kolonie den Bau einer Promenade entlang dem Ufer der Baie des Anges. Diese berühmteste Strandpromenade der Welt läuft heute in einem prachtvollen Bogen sechs Kilometer am Ufer der Engelsbucht entlang und hat in Erinnerung an ihre Schöpfer ihren ursprünglichen Namen *Promenade des Anglais* bis heute beibehalten. Papst Gregors berühmter Ausspruch über die blondköpfigen englischen Kinder des Kinder-Kreuzzuges »Non sunt Angli sed angeli« hat hier seine Umkehrung erfahren: »Non angeli sed Angli.«

Nach der Vereinigung der Grafschaft Nizza mit Frankreich und dem Bau der ersten Eisenbahnen ließ der Fremdenverkehr nicht lange auf sich warten. Er brachte ungeahnten Wohlstand nach Nizza. Eine nahezu ununterbrochene Kette eleganter Hotels entstand entlang der Promenade des Anglais, vom Hotel Ruhl et des Anglais an der Ecke der städtischen Gartenanlage über das Westminster, Royal, Luxembourg und West End bis zum letzten und luxuriösesten von allen, dem Hotel Negresco, das neben der Villa Masséna an der Stelle, wo früher ein Kloster stand, 1912 für sechs Millionen Goldfrancs erbaut wurde. Nur noch eine einzige Pinie ist von dem Park der Villa Acquaviva (Promenade des Anglais Nr. 63) übrig, in dem die zwölfjährige Marie Bashkirtseff 1872 ihr berühmtes Tagebuch begann: »Nizzas wahre Jahreszeit ist der Mai. Es ist so herrliches Wetter, daß man darüber verrückt werden könnte. Ich bin beim Schein des ganz jungen Mondes im Garten spazieren gegangen ... Göttliche Stille und göttliche Harmonie!«

Cimiez, die einstige Römerstadt und nachmals das vornehme, herrschaftliche Wohnviertel von Nizza, lohnt noch immer einen Besuch. Rechts vom Hotel Excelsior liegen *Les Arènes*, die Ruinen des fünfundsechzig Meter langen römischen Amphitheaters aus dem 3. Jahrhundert, das sechstausend Menschen fassen konnte, sowie drei römische Thermen mit Schwimmbädern und Heiß- und Kaltlufträumen, die zu den besterhaltenen in Gallien gehören. Bei diesen Thermen befindet sich das Archäologische Museum, das hier gefundene Statuen, Vasen und Sarkophage zeigt. Im ersten Stock ist das Matisse-Museum untergebracht, das eine Vielzahl von Werken dieses großen Meisters der modernen Malerei enthält: Ölbilder, Graphik, Skulpturen und Keramik. Wendet man sich hier nach rechts und geht die Avenue du Monastère hinunter, so gelangt man zu einem alten Klostergebäude, das 1860 in einem überladenen italienisch-gotischen Stil neu erbaut wurde. Auf dem Klosterfriedhof zur Linken liegen Matisse und Dufy und der Romancier und Nobelpreisträger Roger Martin du Gard begraben. Im Innern des Gebäudes befinden sich drei Retabels der Bréa. Auf dem ersten Altar des rechten Seitenschiffs steht Louis Bréas frühestes, von 1475 stammendes Altargemälde, eine ›Pietà‹, der die hl. Katharina mit ihrem Rad und der hl. Martin auf einem prächtigen weißen Pferd mit rotem Sattelzeug beigegeben sind. Über dem dritten Altar auf der linken Seite hängt das letzte bekannte Werk des Malers, eine ›Kreuzigung‹ aus dem Jahr 1512. Gegenüber, über dem dritten Altar rechts, eine ›Kreuzabnahme‹ seines Bruders Antoine. Die beiden letzteren haben noch ihre Predellen, kleine Szenen unterhalb des Hauptgemäldes, die man keinesfalls übersehen darf. Häufig sind die Predellen besser als die Bilder selbst. Andere Arbeiten der Bréa in Nizza befinden sich in den Kirchen St. Augustin und St. Barthélémy und in der Chapelle de la Miséricorde. Rechts von der Klosterkirche liegt oberhalb des Paillon ein schöner italienischer Garten, der die einsame Unzugänglichkeit des Felsens, auf dem einstmals die Akropolis und die Burg standen, eindrucksvoll vor Augen führt. Südwestlich dieses alten Teiles von Cimiez errichtete man nach dem Kriege die neue Universität. Für den breiten Flur zum ersten Stock der Faculté de Droit schuf Chagall 1967/68 das elf Meter lange, von heller, strahlender Farbigkeit erfüllte Mosaik ›Die Botschaft des Odysseus‹, das dem Betrachter ins Gedächtnis rufen soll, daß der Mensch durch Scharfsinn und Weisheit, Mut und Gläubigkeit alle ihm auferlegten Prüfungen bestehen kann. Verläßt man Cimiez in Richtung Bahnhof, so stößt man auf einem Hügel nahe dem Rande der unteren Stadt auf das 1973 eröffnete *Musée Chagall*, das die ›Message biblique‹, die ›biblische Botschaft‹ Chagalls birgt, ebenfalls ein Geschenk des Künstlers. Eine Fülle von Gemälden, Gouachen, Entwurfskizzen, Graphiken, Skulpturen und Keramik vereinen sich hier zu einem vielstimmigen Gesang, der den Gott des Alten Testamentes preist.

Die Altstadt von Nizza trifft mit der neuen Stadt im Palmenschatten der großen *Place Masséna* zusammen. Die roten, arkadengeschmückten Gebäude des Platzes wurden 1835 im Einklang mit den Bauten am Hafen im schönen genuesischen Baustil des 18. Jahrhunderts errichtet. An der Ostseite des Platzes steht das Städtische Kasino, und dahinter führt das Tal des Paillon die Straßen ins Landesinnere und über die Alpen nach Turin; an der Nordseite läuft die Avenue de la Victoire, die Hauptgeschäftsstraße der Stadt, hinauf zu den niedrigen, villenbesetzten Anhöhen, die die Stadt gegen den Tramontana-Wind abschirmen; südwärts liegen die engen Gassen der Altstadt, während im Westen die reizenden Jardins Albert Ier mit ihrem kleinen Freilichttheater sich in sanfter Beugung zwischen der Promenade des Anglais und dem Quai des Etats-Unis zum Uferstrand hinunterziehen.

Die Place Masséna ist die beste und beliebteste Stelle, um dem Karneval zuzuschauen, wohl das berühmteste Volksfest, das es heute in Europa noch gibt. Alljährlich während zweier Wochen regiert König Karneval die Stadt. Zuschauertribünen werden errichtet, und Tausende von Menschen kommen eigens in die Stadt, um sich den Festzug anzusehen, der langsam um den ganzen Platz herumzieht, bis hinauf zum Ende der Avenue de la Victoire und wieder zurück. Trotz all seiner gewiß unbestreitbaren Kommerzialisierung ist der Karneval noch immer echter und unverfälschter Ausdruck natürlicher und ungezwungener Fröhlichkeit, wie man sie anderwärts nur selten antrifft. Der Umzug beginnt an den beiden Sonntagnachmittagen um halb drei Uhr und dauert ungefähr eine Stunde; dann kommt er abermals vorbei, wie die nächste Vorstellung im Kino, so daß man nur sitzen zu bleiben braucht, um ihn nochmals zu sehen. Am Abend wird der Festzug wiederholt, und jetzt erstrahlen die Straßen und die Schauwagen im Licht von dreißigtausend Glühbirnen.

Der Festzug besteht aus drei Hauptelementen: den ›chars‹ oder Schauwagen mit ihren Aufbauten, den ›cavalcades‹ und zwischen ihnen den ›groupes à pied‹. Die ›cavalcades‹ sind kleine Festzüge von fröhlich gekleideten Damen im Stil des 18. Jahrhunderts auf schönen weißen Pferden, Jägern, Kavalieren mit wippenden Federbüschen auf den Hüten und dergleichen herrschaftlichem Volk. Die Begleiter, Reitknechte, Stallburschen und Bedienstete, laufen, springen und tanzen zu Fuß nebenher und tragen auf ihren Köpfen und Oberkörpern Maskenaufbauten aus Papiermaché. Viele von ihnen sind sogenannte ›Großkopfete‹, sie tragen riesige Groteskmasken, die bis zu dreißig Pfund schwer sind. Manche dieser Masken sind Karikaturen wohlbekannter Köpfe des öffentlichen Lebens, manche tragen janusgleich vorn und hinten verschiedene Gesichter, wieder andere stellen alle möglichen Gemüse wie Artischocken und Porreestengel dar, oder Vögel und Geflügel, Hühner, Pelikane oder Tauben, und wieder andere sind reine groteske Phantasiegeschöpfe. So wie sie da durch die Straßen hüpfen, tanzen und springen, gleichen sie auf erschreckende Weise den Höllenwesen des Hieronymus Bosch, die unversehens lebendig geworden sind. Die Schauwagen mit ihren Verkleidungen und Aufbauten stellen häufig äußerst kunstvolle und komplizierte Szenen der Phantasie oder Satire dar und sind bis zu zehn Meter hoch. Diese Grotesken sind oft von glänzenden humoristischen Zeichnern entworfen; Skizzen und Modelle werden in den Pariser Ateliers entworfen und zur Ausführung nach Nizza gesandt. Die Handwerkskunst der Herstellung dieser erstaunlichen Objekte vererbt sich vom Vater auf den Sohn und ist ein hochspezialisierter Beruf. Die ›Carnavaliers‹ beginnen mit ihrer Arbeit bereits im Herbst, denn diese kunstvollen Schaustücke brauchen zu ihrer Fertigung mehrere Monate. Ein durchschnittlicher Schauwagen verbraucht eine Tonne Altpapier und an die sechshundert Pfund Mehl, und der ganze, auf einen Rahmen aus Eisenverstrebungen und Draht gespannte und bemalte Aufbau wiegt acht Tonnen und muß stabil genug sein, um das Gewicht einer Anzahl tanzender und hüpfender Fahrgäste mehrere Stunden lang aushalten zu können.

Dies alles vollzieht sich inmitten eines unbeschreiblichen Lärms. Blechkapellen schmettern in alle Himmelsrichtungen durcheinander. Die Zuschauer kaufen sämtlich Tüten mit Konfetti und bewerfen einander mit ihrem Inhalt, und bald ist jedermann über und über mit den bunten Papierschnitzeln bedeckt. Der Haupttrick besteht darin, einem lachenden oder mit offenem Mund staunenden Wesen des anderen Geschlechts im rechten Augenblick eine Handvoll Konfetti in den Mund zu stopfen; folglich ist es bei dieser Veranstaltung – wie übrigens häufig auch anderwärts – besser, den Mund zu halten. Am Ende des Tages liegt die Avenue de la Victoire knöcheltief in Papierstückchen, und man meint, durch bunte, vielfarbene Schneeverwehungen zu stapfen. Alljährlich kehrt die städtische Straßenreinigung an die hundert Tonnen Konfetti zusammen und wirft sie ins Meer.

In den guten alten Zeiten freilich war Konfetti keineswegs das einzige, womit man sich im Karneval bewarf. Bonbons, Bohnen, sogar Eier dienten als Wurfgeschoße – die Galans jedoch warfen Blumen, die rings um Nizza in so verschwenderischer Fülle wachsen und mit denen die Reichen ihre Kutschen und Karossen schmückten. Dieses Blumenwerfen wurde 1876 von den ›Corsi Carnavalesques‹ abgesondert, und die erste ›Bataille des Fleurs‹, wie wir sie heute kennen, fand auf der Promenade des Anglais statt. Heute paradieren am Nachmittag des Donnerstag nach Aschermittwoch blumengeschmückte Equipagen aller Arten den Quai des Etats-Unis hinauf und hinab. Die Blumenschlacht ist ein bezauberndes Schauspiel. Sämtliche Pferdedroschken sind für dieses Ereignis mit Beschlag belegt und mit hübschen Mädchen beladen, deren lachende und lächelnde Gesichter einen lebhaften Gegensatz zu den sonngebräunten und misantropischen Mienen der alten Droschkenkutscher abgeben. Sie werfen den Zuschauern Blumen zu, und die Zuschauer versuchen, sie aufzufangen und zurückzuwerfen. Zwischen den bescheidenen Pferdedroschken fahren die großen ›Chars fleuris‹, die auf Lastautos aufgebaut und aufs üppigste mit Blumenrabatten, Blumenbaldachinen, Triumphbögen aus Blumen verziert sind, ganz zu schweigen von so besonderen Einfällen wie ausgestopften weißen Tauben in Käfigen aus Blüten und gar kleinen blühenden Kirschbäumen. Nelken sind um diese Jahreszeit die vorherrschende Blumenart, aber es spielen außerdem noch viele andere wie Iris, Lilien und Margeriten mit. Manche Blumenarten sind gar nicht so leicht zu erkennen, wie zum Beispiel die blau oder grün gefärbten Nelken, die nur in der Karnevalszeit vorkommen.

Blumen- oder Früchte-Feste finden in den verschiedensten Abwandlungen entlang der Küste statt. Menton hat sein Zitronenfest, Cannes und St. Raphaël das Mimosenfest, Grasse das Jasminfest, Cagnes das Nelkenfest, Beaulieu das Fest der Mandarinen und Valbonne das der Trauben. Villefranche feiert, ebenso wie Sète im fernen Languedoc, seine Blumenschlacht auf dem Wasser.

Am letzten Abend des Karnevals, dem Faschingsdienstag, findet in Nizza ein großes öffentliches Feuerwerk statt. Das Hauptfeuerwerk wird auf dem Kai unterhalb des Schloßbergs abgebrannt, und man sieht es am besten vom Quai des Etats-Unis aus, wo die Menschenmengen sich am Strand auf den für die Blumenschlacht aufgestellten Tribünen versammeln. Beim großen Finale werden den ganzen Weg die steile Rampe hinauf Fackeln entzündet, so daß die Akropolis allmählich, indes die Fackeln die Anhöhe hinauflaufen, in immer hellerem Licht erstrahlt. Zum Schluß ragen die Pinienwipfel auf der Höhe schwarz und zackig zerklüftet aus einer Wolke erleuchteten Rauchs hervor. Dann endet die Vorstellung, so wie sie begann, mit einem donnernden Kanonenschuß vom Schloßberg herab.

Bis vor kurzem – die Gepflogenheit wurde inzwischen wegen der Feuersgefahr eingestellt – wurde im Anschluß hieran die Puppe des Königs Karneval, die bis dahin auf einem Podest auf der Place Masséna gestanden hat, am Meeresstrand feierlich verbrannt. Alljährlich tritt ein neuer König seine Nachfolge an, die Dynastie geht bis ins Jahr 1873 zurück, in dem das Comité des Fêtes gebildet wurde, um sich dieses mittelalterlichen Brauchs anzunehmen, und seither hat es nur zwei Unterbrechungen von insgesamt zehn Jahren gegeben: während der beiden Weltkriege fand kein Karneval statt.

Nizza ist seinem ganzen Wesen nach eine Stadt mehr zum Wohnen und Leben als zum Besichtigen von Sehenswürdigkeiten. Nichtsdestoweniger gibt es zwei oder drei durchaus sehenswerte Museen. In der *Prieuré du Vieux-Logis* (geöffnet Donnerstag und Sonnabend nachmittags) hat der Dominikaner-Pater Lemerre mit unendlicher Geduld, Liebe und Sachkenntnis ein religiöses Haus des Mittelalters rekonstruiert. Die dreizehn Räume sind angefüllt mit Möbeln, Einrichtungsgegenständen, Eisenarbeiten, Haushaltsgerät und Bildern des 15. Jahrhunderts, ein jedes an seinem richtigen, gebührenden Platz. Das *Musée Chéret* (montags geschlossen) in der Avenue des Baumettes ist nach Jules Chéret, einem Nizzaer Maler, genannt und hauptsächlich interessant wegen seiner Sammlung von Vanloos, einer Dynastie niederländischer Maler, die in Südfrankreich arbeitete. (Carle Vanloo wurde in Nizza geboren.) Gleich beim Eingang ist ein ganzer Raum mit Werken der Vanloos ausgefüllt. Im Oberstock befindet sich, nachdem man durch die Chéret-Räume hindurch ist, eine kleine Sammlung moderner Meister wie Dufy, Braque, Matisse, Bonnard und Marquet. Des weiteren gibt es einen japanischen Raum, einen zweiten, der der Geschichte des Karnevals gewidmet ist, einen dritten für Jean-Baptiste Carpeaux (1827-1875), einen vierten mit Malern des 19. Jahrhunderts. In letzterem ist besonders interessant das halbe Dutzend Bilder der jungen Marie Bashkirtseff, darunter ein Selbstbildnis, das ein Gegenstück im Musée Masséna hat.

Das *Musée Masséna* (montags geschlossen), neben dem Hotel Negresco an der Promenade des Anglais, ist ein wesentlich bedeutenderes Museum. Es befindet sich seit 1921 in einem Palais, das Victor Masséna, Fürst von Eßling und Enkel des napoleonischen Marschalls, der seinerseits der Sohn eines Gastwirts im nahegelegenen Dörfchen Levens war, 1900 erbaute und das sein Sohn 1919 der Stadt schenkte. Die schönen Empire-Räume des Erdgeschoßes mit ihren Empire-Möbeln und Teppichen werden rechtens vom Nizzaer Stadtrat bei wichtigen Anlässen als offizielle Empfangsräume verwendet. Im Oberstock befindet sich eine Anzahl von Nizzaer Primitiven und, besonders bemerkenswert, zwei schöne Stücke aus der Kirche des unweit Nizza gelegenen Gebirgsortes Lucéram, ein Flügelaltar der hl. Margarete und ein Johannes der Täufer, der Durandi zugeschrieben wird, einem Maler, der ein wenig älter war als Bréa und um 1450 seine Blütezeit hatte. Ein Impressionistenraum enthält neben Boudin und Degas fünf Renoirs und drei Sisleys. In den der Geschichte Nizzas gewidmeten Räumen findet sich eine Anzahl interessanter Stiche und Aquarelle, sowie eine eigentümliche Proklamation König Viktor Emanuels von 1860, in der er seine Untertanen auffordert, bei der Volksabstimmung für die Angliederung an Frankreich zu stimmen. Andere Räume sind dem Andenken Napoleons und der beiden kriegerischen Söhne Nizzas, Masséna und Garibaldi, gewidmet; wieder andere enthalten Sammlungen des örtlichen Brauchtums, Waffen und Rüstungen, orientalischen Schmuck und Keramiken von Moustiers-Geschirr bis Picasso.

Nizza besitzt ein offeneres, zugänglicheres Hinterland als Menton und Monaco, und viele der Bergdörfer und Gebirgsstädtchen lohnen den Besuch. Beuil, Peille und Peillon, die droben auf ihren Hügelkuppen hocken, sind typische ›Adlerhorste‹. Auron – das vier Monate im Jahr guten Schnee zum Skilaufen hat –, Valberg und Beuil sind Hauptwintersportplätze der Gegend. Lucéram besitzt, trotz seiner Abgaben an das Musée Masséna, in seiner Kirche noch immer vier Altarbilder der Nizzaer Schule, und Lieuche hat eines. In der Büßer-Kapelle in La Tour-sur-Tinée sind einige schöne Fresken aus dem 15. Jahrhundert; in den oberen Tälern des Paillon, des Roya und der Vésubie stehen schöne romanische Kirchen, und in den Gorges Rouges und den Gorges du Cians tun sich herrliche schluchtenreiche Landschaften auf. Doch alles dies heißt es auf den eigenen zwei Beinen, im Auto oder mit Hilfe der ausgezeichneten Autocars selbst erkunden.

Cagnes und St. Paul

Die Gegend unmittelbar westlich des Var-Flußes ist womöglich noch dichter mit Burgen und mauerumschlossenen Festungsdörfern besprenkelt als die übrigen Teile dieser alten Seeräuberküste. Auf nahezu sämtlichen Hügelkuppen und Bergspitzen bis hinauf nach Vence und Grasse sitzen diese alten ›fortins‹, vormals ligurische ›oppida‹ und ›castra‹, massive Mauerwerke aus schweren, ohne Mörtel aufeinandergefügten Steinquadern, welche die Ligurer als Zufluchtsorte vor den eindringenden Römern errichteten. In den Augen der Römer freilich waren sie Räuber- und Banditennester. In der Gegend von Nizza versperrten die Oxybier den Römern die Straße nach Gallien und Iberien; jenseits des Var-Flußes ließen ihnen die Deciaten keine Ruhe. Der Fluß selbst muß in alten Zeiten ein gewaltiges, unablässig sich wandelndes, unbezähmbares Ungeheuer gewesen sein. Einigen Etymologen zufolge verdankt er seinen Namen (Varus, Varius) der Plötzlichkeit, mit welcher zur Zeit der Schneeschmelze seine Wassermassen aus dem Gebirge hervorbrachen und über gute hundert Kilometer riesige Mengen von Geröll und Schlamm zum Meer hinabtrugen; andere erinnern daran, daß sein griechischer Name Ouaros war, in dem die keltische Wurzel ›ar‹ oder ›ouar‹ zu erkennen ist. Ptolemäus spricht von seinen zahlreichen Mündungen, und auf den Landkarten des 16. und 17. Jahrhunderts sind seine vielen Arme und zwischenliegenden Inseln verzeichnet. Niemand glaubte, diesem Monstrum beikommen zu können. Noch Vauban erklärte: »Dieser Fluß ist so tollwütig, verrückt und unberechenbar, daß man niemals hoffen kann, auch nur ein Zehntel dessen zurückzuerhalten, was ein Versuch, ihn zu zähmen, kosten würde.«

Jahrhundertelang bildete der kleine Fluß die Grenze zwischen provenzalischem und französischem Gebiet auf der einen Seite und den Herrschaftsgebieten der Herzöge von Savoyen und Könige von Sardinien, die für gewöhnlich mit den Spaniern, Engländern und Österreichern verbündet waren, auf der anderen. Tobias Smollett berichtete 1763, allein in jüngster Zeit seien nicht weniger als drei Brücken über den Var infolge der Streitereien zwischen den Königen von Frankreich und Sardinien zerstört worden, so daß die Reisenden nach Italien die mühselige Überquerung der Alpen vorzogen oder, wie der Präsident de Brosses, lieber in Antibes das Schiff nach Italien nahmen. Der Abbé Papon, der Historiker der Provence, erzählt, man habe für gewöhnlich den Fluß auf den Schultern zweier kräftiger ›gaieurs‹ sitzend überquert, fügt jedoch die Warnung hinzu, nicht aufs rasch fließende Wasser hinabzublicken, da man leicht schwindlig werden und hineinfallen könne.

Inzwischen ist der Fluß, Vauban zum Trotz, gezähmt. Heute gibt es eine Straßen- und Eisenbahnbrücke über den Var, und hat man den Fluß einmal wohlbehalten überquert, so führen mehrere Straßen weiter nach Westen. Die Hauptstraße verläuft entlang der Küste und folgt den größten Teil des Weges der antiken Via Aurelia, die von Rom nach Fréjus und Aix und weiter nach Narbonne und den großen Städten des römischen Spanien führte – eine uralte, mächtige Heerstraße, heute zu einem modernen Autoschnellweg mit mehreren Fahrbahnen ausgebaut, aus deren knatterndem, hupendem, kreischendem Verkehrslärm man noch immer, wenn man will, den stetigen Marschtritt der Legionen heraushören mag. Das Straßennetz dieser ganzen Gegend von Nizza westwärts ist während der letzten zwanzig Jahre in umfassender Weise erweitert und ausgebaut worden und hat das Gesicht dieser Küstenlandschaft beinahe von Grund auf verändert. Früher wanderte man gemächlich über den Bahndamm zum Meer. Heute ist der Strand praktisch nur noch vom Auto aus zu erreichen. Für den Spaziergänger ist es ein mörderisches

Unterfangen, den Verkehr der drei parallelen Autostraßen zu durchqueren.

Der erste bedeutende Ort ist *Cagnes-sur-Mer*, das inmitten einer Gegend voller weitläufiger Nelken-, Rosen- und Gladiolenpflanzungen liegt. Dieses Cagnes besteht in Wahrheit aus drei deutlich unterschiedenen, wenn auch ineinander übergehenden Orten, nämlich dem mittelalterlichen Haut-de-Cagnes, das vom Meer zurückgerückt auf einer steilen Hügelkuppe sitzt; dem aus dem 18. Jahrhundert stammenden, kaum interessanten Bas-de-Cagnes, dem eigentlichen Dorf oder ›Logis‹, das sich zu Füßen der Anhöhe ausbreitet, und dem neuen, um den kleinen Fischerhafen entstandenen Badeort Cros-de-Cagnes am Meer.

1903 kam Auguste Renoir nach Cagnes. Von rheumatischer Arthritis gequält und von seinen Ärzten in den Süden geschickt, hatte er bereits seit 1895 sich häufig an verschiedenen Orten der Küste aufgehalten, ehe er sich endgültig für Cagnes entschied. Anfänglich bewohnte er ein Haus in der alten Oberstadt – die heutige Mairie –, kaufte dann 1907 die Domaine des Colettes landeinwärts am Ausläufer des ›Logis‹, um ihren herrlichen, uralten Olivenhain vor der Abholzung zu retten, und baute sich hier im folgenden Jahr ein bescheidenes Haus mit Atelier, die *Villa Les Colettes*, in der er die letzten dreizehn Winter seines Lebens, umgeben von seinen geliebten, oft gemalten Olivenbäumen, verbrachte und wo er 1919 starb. Nach seinem Tod pflegte sein jüngster Sohn Claude das Anwesen weiter, aber als es schließlich doch von der Parzellierung bedroht wurde, kaufte die Stadt Cagnes es 1960 an und wandelte das Haus in ein Museum um. Der Weg zum *Musée Renoir* von der Hauptverkehrsstraße durch Cros-de-Cagnes ist durch keine Wegweiser bezeichnet und nicht leicht zu finden. Man biegt von der großen Hauptstraße bei dem Verkehrszeichen ›Cagnes 2‹ landeinwärts ab und folgt der parallel mit der neuen Küstenstraße verlaufenden alten Landstraße, die durch das untere Dorf führt; von dort an ist der Weg gut markiert.

An Originalwerken des Meisters enthält das Museum nur zwei Ölgemälde, drei Terrakotten und ein halbes Dutzend Zeichnungen und Bronzen; wenig genug – doch dafür ist sein Atelier wiederhergestellt und eine Anzahl persönlicher Andenken aufbewahrt: seine Möbel, seine Staffelei, Palette und Pinsel, sein Rock und seine Krawatte, seine zwei Krückstöcke und der Rollstuhl, an den er durch seine Krankheit gefesselt war. Die letzten Bilder, die Renoir noch auf den Füßen stehend zu malen vermochte, waren die zwei ›Tanzenden Mädchen‹, die sein Freund Gaugnat 1909, als Renoir achtundsechzig Jahre alt war, bei ihm in Auftrag gab und die vor einiger Zeit von der National-Galerie in London erworben wurden. Während seiner letzten Lebensjahre mußte man ihm die Pinsel an den gelähmten Finger festbinden, und er malte einzig mit den Bewegungen des Arms. Die beiden ersten Bronzen, die Renoir hier machte, konnte er noch mit eigenen Händen selbst modellieren; die späteren überließ er den Händen eines geschickten jungen Schülers, der nach seinen detaillierten Anweisungen arbeitete und laufend bei der Arbeit jedes Detail änderte, das der anspruchsvolle alte Mann noch verbesserungsbedürftig fand. Er wurde umsorgt und umhegt von der getreuen – und häufig gemalten – Gabrielle, die ursprünglich als Kindermädchen ins Haus kam und dann bei ihm blieb, um den alten Maler zu pflegen, für ihn zu kochen und ihm Modell zu sitzen. Nach seinem Tod heiratete sie einen amerikanischen Kunstkenner, der seine Bewunderung vom Meister auf die Haushälterin übertragen hatte.

Die großen Olivenbäume sind noch immer von überwältigender, unvergleichlicher Schönheit, aber der Blick nach dem Meer hat sich seit Renoirs Tagen aufs betrüblichste verändert. Ein Meer von kleinen Häusern mit roten Dächern, riesige weißgetünchte Wohnblocks und die grauen Skelette noch im Bau befindlicher, unfertiger Wolkenkratzer bedekken heute das flache Gelände zwischen Les Colettes und dem Meer, das noch vor wenigen Jahren still, reglos, schläfrig bienenumsummt im mittäglichen Sonnenglanz unter dem Azurhimmel lag. Die Landschaft, die Renoir sah, liebte und malte, existiert nicht mehr.

Wohl aber existiert noch die alte Stadt, das historische Cagnes oben auf dem Bergkegel, und ist sogar ein besonders typisches und gut erhaltenes Beispiel der kleinen befestigten Bergstädte dieser Gegend. Sein Anblick, ob von außen oder von innen, vom Meer her oder aus Renoirs Olivenhain, ist unvergleichlich und unvergeßlich, und jeder, der einmal dort oben gehaust hat, wünscht sich in seinen Träumen dahin zurück. Die zinnengeschmückten Stadtmauern und Wehrgänge schließen die Stadt wie in die Panzerhülle eines Kriegsschiffs ein, und in der Tat hat das alte Cagnes in der Abenddämmerung, wenn seine Lichter aufflammen, etwas von einem gewaltigen, den Bug dem Meer zugekehrten Schiff, als sei es just aus den Bergen und Wäldern herausgesegelt und liege mit gelichteten Ankern zur Ausfahrt ins Meer bereit. Auch im Innern ist man durch sein Auf und Ab und kompliziertes Durcheinander von übereinander laufenden Treppengäßchen, gewundenen Durchgängen, kreuz und quer laufenden Gängen an den Bauch eines großen Schiffes erinnert. Freilich hat die Stadt seit langem ihren schützenden Panzer durchbrochen und ist nicht nur die steile, aus dem Stadttor hinausführende Straße allmählich hinabgewandert, um sich mit dem unteren Dorf zu vereinigen, sondern auch an den Seiten hinab und nach rückwärts über den Sattel des Gebirgsausläufers weitergewachsen, buchstäblich aus den Nähten geplatzt und über die Ränder gequollen und die ginster- und olivenbestandenen Steilhänge hinabgewuchert. Ihre Geschichte ist die Geschichte nahezu aller ›fortins‹ dieser Landschaft.

Sie hieß ursprünglich Onepe und war eine Bergfestung der ligurischen Deciaten. 157 v. Chr. traf der Konsul Quintus Opimius mit einer Flotte zu einer Strafexpedition vor dem benachbarten, den Oxybiern gehörigen Oegitna – in der Nähe des heutigen Antibes – ein, setzte die 22. Legion an

Land und nahm den Platz weg. Die Deciaten von Onepe wollten den fliehenden Oxybiern von Oegitna zu Hilfe kommen, stürmten ihren Bergkegel hinab und wurden drunten im Tal, am Flußlauf des heutigen Cagne-Baches, mit ihnen zusammen von Opimius vernichtet. Die Römer übertrugen die Überwachung des sturmlos eroberten Onepe den mit ihnen verbündeten Phokäern, und Onepe wurde ein römischer Verwaltungsposten. Zahlreiche römische Inschriften und Grabsteine bezeugen, daß an den Hängen und im Tal, besonders im Gelände von Renoirs Haus, eine blühende römische Villenkolonie bestanden haben muß.

Der Name Cagnes taucht im 4. Jahrhundert auf. Onepe war vergessen. Die Römer nannten das Tal zu Füßen des Bergkegels ›Cagnana Vallis‹, angeblich weil das Flüßchen einen Lärm wie Hundegebell machte (Cagna heißt auf pâtois die Hündin). Im Jahr 1056 kommt der Name ›La Cayrane‹ vor, auf zahlreichen mittelalterlichen Karten und Urkunden heißt es ›Caignes‹. Im 11. und 12. Jahrhundert erhielt die Stadt ihre Umfassungsmauern, zu Beginn des 14. ihre Burg. Ihr Erbauer war wieder einmal – ein Grimaldi.

Die Grimaldi behaupteten damals, von Grimoald, Herzog von Flandern, Hausmeier und Neffen Karl Martells, abzustammen und Cagnes schon unter Karl dem Großen besessen und es dann an die Sarazenen verloren zu haben. Tatsächlich leiteten sie sich von dem Genuesen Otto Canella und dessen Sohn Grimaldo her. Wie auch immer, Cagnes gehörte im Jahr 1300 zur Grafschaft Provence, und Rainier II. Grimaldi, Herr von Monaco, Admiral von Frankreich und Ururenkel des Grimaldo, erhielt es 1309, unter Berufung auf seinen legendären karolingischen Ahnherrn, von Robert von Anjou zugesprochen. Damit begann nun die Seigneurie von Cagnes nachweislich unter den Grimaldi und dauerte nahezu fünfhundert Jahre. Man begegnet ihnen an diesem Küstenstrich auf Schritt und Tritt, aber nirgends, nicht einmal in Monaco, gehen ihre Geister in so verwirrender Vielzahl um wie im alten Cagnes. Im Jahr 1333 zählte diese phantastische Familie nicht weniger als hundertundzehn männliche Abkömmlinge, und der eine oder andere ihrer Zweige war zur einen oder anderen Zeit Herr nahezu jeder Stadt an der Küste mit Ausnahme von Nizza und Cannes.

Rainier II., der 1314 starb, erbaute die feste *Burg von Cagnes*, die noch heute groß und schwer, mit einer geknickten Doppeltreppe, die zu ihrem Tor hinaufführt, auf der Höhe des Städtchens steht. Gegenüber dieser Treppe zieht sich ein merkwürdig langgestrecktes, auf dunklen, nach Weinfässern riechenden Arkaden ruhendes Gebäude aus der gleichen Zeit hin, die sogenannte ›Capitainerie‹. Am Fuß der Doppeltreppe stand vor Zeiten eine gewaltige, hagere Agave, die sich weit über die Treppe hinaus bis in die Höhe des Portals reckte; auch sie sah aus, als stamme sie aus dem frühen 14. Jahrhundert; eines Winters erfror sie, stand dann noch eine Weile gelb, verwittert und leblos und fiel eines Tages lautlos um, ohne daß eine Menschenhand sie berührt hätte, so wie ein uraltes, baufälliges Haus unversehens in die Knie sinkt.

Den Grimaldi erging es mit Cagnes ähnlich wie dem Haus Savoyen mit Nizza; sie büßten es ein und gewannen es zurück, es wurde ihnen weggenommen, sie bekamen es wieder – fünfhundert Jahre lang; zuweilen nahmen sie es sich untereinander weg und gaben es sich gegenseitig zurück. 1523 eroberte es der Connétable von Bourbon im Namen der Kaiserlichen; 1536 bemächtigte Karl V. sich höchstpersönlich der festen Stadt. Österreicher und Sardinier plünderten sie gemeinschaftlich 1707 im spanischen Erbfolgekrieg; 1746, im österreichischen Erbfolgekrieg, besetzten sie die Engländer; während dieser ganzen Zeit stieg das Haus Grimaldi von Cagnes schrittweise von einer Seigneurie zu einer Baronie und schließlich zu einem Marquisat auf, und im 18. Jahrhundert versuchten die Grimaldi von Cagnes sogar (vergeblich), den Grimaldi von Monaco ihr Fürstentum wegzunehmen. Der letzte Marquis von Cagnes wurde in der Französischen Revolution von den Bürgern verjagt und entfloh – nach Nizza. Im Zweiten Weltkrieg saßen Deutsche und

Italiener in der Grimaldi-Burg und stellten auf ihrem Dach eine Flak auf. Sie wurde nie abgefeuert.

Aus der Burg war inzwischen ein Schloß geworden. 1620 baute Jean-Henri Grimaldi das mittelalterliche ›fortin‹ – dessen wuchtige, fensterlos aufstrebende Außenmauer sich in die Ringmauer der Stadt einfügte und an einem freien, eingeebneten Platz die bewehrte Ecke bildete – in ein elegantes Château im Stil Ludwigs XIII. um, und in dieser Gestalt ist es heute zu sehen. Die Stadtgemeinde kaufte das Schloß kurz vor dem Zweiten Weltkrieg von seinen damaligen Privatbesitzern für eine Viertelmillion Francs und wandelte es in ein in seiner Art mustergültiges Museum um (15.10.–15.11. dienstags geschlossen). Der Besucher, der über die Doppeltreppe den äußeren Vorhof erklommen hat und durch das Portal eingetreten ist, findet sich in einem himmelwärts offenen großen Innenhof, der einzigen im Mittelalter vorhandenen Quelle von Licht und Luft, denn die Außenmauern besaßen nur schmale Schießscharten und Geschützschlitze und keine Fenster. Die Räume auf der linken Seite des Erdgeschoßes enthalten das ›Museum des Olivenbaumes‹, eine einzigartige Ausstellung, die den Baum und seine Frucht in sämtlichen Varianten und Aspekten zeigt: Photographien von Olivenbäumen, Olivenhainen, Olivenpressen und Ölmühlen in den verschiedensten Ländern, alte Bücher über den Olivenanbau, Karten, die die geographische Verbreitung der Olive zeigen, Bilder von Olivenhainen von berühmten Malern, alte Kästen und Schatullen aus ›Nizza-Holz‹, wie man es früher nannte, Olivenpressen, Ölkrüge und Amphoren, botanische Einzelheiten und überhaupt alles und jedes, was es nur an Wissenswertem über die Olive und ihren Anbau geben kann. Im ersten Stock befindet sich der einstige fürstliche Festsaal, die Salle des Fêtes, mit einem bemerkenswerten trompe-l'oeil-Deckengemälde des genuesischen Malers Carlone, das den Sturz des Phaethon darstellt. Auf demselben Stock befindet sich auch das sogenannte Museum der Mittelmeer-Kunst. Diese lockere

Bezeichnung umfaßt sämtliche modernen Maler, die an der Küste gearbeitet haben, vom Japaner Foujita bis zu dem Russen Marc Chagall. Der letztere darf vielleicht mehr als die meisten anderen beanspruchen, ein Mittelmeerkünstler genannt zu werden, da er noch heute in dieser Gegend lebt und wirkt.

Cagnes selbst besaß seit Renoir eine kleine, sich ständig erneuernde Maler-Kolonie; Vallotton, Modigliani, Soutine, Albert André, Wéry und andere arbeiteten hier, so daß Cagnes zu Zeiten der ›Montparnasse von Nizza‹ hieß. Zwischen den beiden Weltkriegen nahm sie internationalen Charakter an; ihre fesselndste Persönlichkeit war um die Wende der dreißiger Jahre Boris Grigorieff, der sich am Hang unterhalb der alten Festungsstadt in einem Orangengarten ein schönes und gastfreies Atelierhaus erbaut hatte. Danach hat an manchen Haustüren und Mauern des alten Städtchens Jean Cocteau seine zierlichen Zeichnungen hinterlassen. Ende der zwanziger und während der dreißiger Jahre, als es noch wenig bekannt, dem Fremdenverkehr noch nicht erschlossen und auf seiner steilen Höhe für Autos noch schwer zugänglich war, bildete das alte Cagnes ein eigentümliches kleines, in sich geschlossenes Kulturzentrum. Neben den Malern lebten auch Schriftsteller, Musiker, Bildhauer hier – Paris von Gütersloh, die Komponisten George Antheil und Jaromir Weinberger, späterhin im Exil der deutsche Verleger Kurt Wolff und der Dichter Walter Hasenclever. Nach dem Zweiten Weltkrieg wurde Cagnes ›entdeckt‹ und ›erschlossen‹ – die engen, winkeligen Gassen und Tore erhielten von einer übereifrigen Stadtbehörde ›altertümliche‹ Keramik-Straßenschilder und anderen kunstgewerblichen Verniedlichungs-Schnickschnack; die Andenkenläden und Antiquitätengeschäfte nisteten sich ein; auf dem Schloßplatz, wo man vor Zeiten plaudernd in der Sonne saß und die Beine über die Stadtmauer baumeln ließ, wo ein sanftmütiger und einsichtsvoller Dorftrottel umherging und einen nie direkt, sondern immer über den Rücken durch eine vorgehaltene

Spiegelscherbe anblickte (es war die reine Höflichkeit), dort stehen jetzt unter den Platanen die Autos und zwischen ihnen befindet sich eine Tanzfläche mit dröhnender Jukebox-Musik. Dies alles ist auch vielen anderen Felsennestern der Küste nicht erspart geblieben, aber es hat zumindest dem huschenden, wispernden, raunenden Zauber der alten Grimaldi-Stadt nicht viel anhaben können.

Eine Verschandelung freilich ist unverzeihlich, weil irreparabel. Der schönste Ausblick vom Schloßplatz ging über das tiefe Tal des Loup-Flusses hinweg zur gegenüberliegenden Höhe, deren grüne Weinbergflanke zum alten Dörfchen Villeneuve-Loubet aufstieg. Diese Flanke hat eine brutale Industriehand einfach weggerissen. Ein riesiger Tonerde-Bruch gähnt wie eine enorme Erdwunde und frißt sich wie ein Krebsschaden täglich weiter, und mitten drin steht mit einem hochaufragenden Schornstein, Lautsprechern, Bulldozern, Lastautos, Traktoren, die das ganze Tal mit einem Höllenlärm erfüllen und auch des nachts nicht schweigen, eine große Fabrik für Ziegel, Kacheln und Fertigteile vorfabrizierter Häuser. *Villeneuve-Loubet*, hilflos über der Ungeheuerlichkeit hängend, hat ein schönes Schloß aus dem 13. Jahrhundert mit einem dreißig Meter hohen, fünfeckigen Turm. Vor Zeiten erzählten die Cagnois, von ihrem Grimaldi-Schloß führe zu diesem Schloßturm ein unterirdischer Gang. Jeder wußte davon, aber man konnte ihn nicht finden. Schließlich, 1936, fand man ihn. Aus einem abseitsgelegenen Kellergewölbe des Cagner Schlosses führte in der Tat ein unterirdischer Gang – aber er hörte nach fünfzig Metern auf und lief in die falsche Richtung. Was er bedeutete, blieb ungeklärt. Wohl aber stellte sich heraus, was sich im Gewölbe abgespielt hatte. Hier befand sich im Jahr 1710 eine überaus gewinnbringende Falschmünzerwerkstätte, die die ganze Provence mit falschen Louisdors überschwemmte. Und der Mann, der sie aufdeckte, war kein Detektiv, sondern der Beauftragte des Königs, der Graf d'Artagnan, den es nicht nur in Dumas' ›Drei Musketieren‹, sondern wirklich gab. Er erwischte die Falschmünzer Guise, Gardiol und Durand und nahm ihren Auftraggeber fest; der war kein anderer als der Marquis Grimaldi in Person. Gute zweihundert Jahre später sah man drüben in Villeneuve-Loubet eine andere legendäre Gestalt im Garten ihrer Villa L'Ermitage spazieren gehen: den pensionierten Marschall Pétain.

Knapp unterhalb des Schlosses auf der Nordseite steht die alte, 1525 erbaute Kapelle *Notre-Dame de Protection*, klein, unscheinbar, hart an den Straßenrand über dem steil abfallenden Hang geduckt. Ihre Apsis enthält einige interessante Fresken, die erst 1936 entdeckt wurden und deren Herkunft nicht geklärt ist. Einige der auf ihnen abgebildeten Trachten datieren sie eindeutig ins 16. Jahrhundert; ebenso unverkennbar sind sie jedoch ›primitive‹ Malereien und offenbar das Werk eines unbekannten einheimischen Malers oder Handwerkers. Diese Bußkapellen wurden im allgemeinen, so wie auch diese, knapp außerhalb der Stadtmauer erbaut und der Jungfrau, dem hl. Sebastian oder dem hl. Rochus geweiht, in der Hoffnung, daß sie die herannahende Pest abwehren oder eine andere der zahlreichen Plagen des Mittelalters der Stadt fernhalten würden.

Von Cagnes verlaufen rechter Hand drei Straßen ins Gebirge hinauf. Zwei von ihnen führen nach Grasse. Die westliche Straße ist die direktere, doch ist es reizvoller, die östliche zu nehmen, da sie über die beiden alten, landeinwärts gelegenen Bergstädtchen St. Paul und Vence führt. Die Bezeichnung ›Stadt‹ für diese Orte wird hier in Ermangelung eines besseren Wortes verwendet und ist richtig zu verstehen: sie umfaßt in dieser Gegend, in der die Städte häufig klein, die Dörfer hingegen häufig groß und kompakt sind, dem allgemeinen Brauch entsprechend eine Vielzahl von Gemeinwesen – von einer kleinen Bischofsstadt wie Vence mit ihren sechstausend Einwohnern bis zu einem großen, mauerumschlossenen Dorf wie St. Paul mit seinen fünfzehnhundert Menschen. Beiden sind gleicherweise die besonderen Wesenszüge kleiner Städte eigentümlich.

St. Paul, auf einem Gebirgssporn mit einem weithin sichtbaren hohen Zypressenschirm gelegen, der von Ferne an Böcklin gemahnt – »cela fait trop cimetière«, finden die Cagnois – ist ein sehr altes Dorf. In der Nähe der Hauptstraße steht noch ein Haus aus dem 13. Jahrhundert, und der viereckige Wachtturm neben der Kirche ist ein Überrest des Donjon aus dem 12. Jahrhundert. Seinen heutigen ›Stadt‹-Charakter verdankt es König Franz I., der 1537 beschloß, es zu einer Festung zu machen, die dem befestigten Nizza des Herzogs von Savoyen jenseits des Var die Stirn bieten konnte. Der Festungsbaumeister François de Mandon de Saint-Rémy riß sechshundert Häuser ab, um die großen Festungswälle und Bollwerke zu errichten, die noch heute, zahlreichen Belagerungen durch Piemontesen, Österreicher und sogar Ungarn zum Trotz, unversehrt stehen.

St. Paul ist ausgesprochen ›malerisch‹ und zog, mehr noch als Cagnes, nach dem Ersten Weltkrieg viele Maler an, von denen wiederum viele als Geschenke oder als Bezahlung für die genossene Gastlichkeit im berühmten Restaurant *La Colombe d'Or* Bilder zurückließen. Das Restaurant, das unmittelbar bei der Einfahrt in den Ort an der Straßengabelung steht, trägt keine Aufschrift oder Namensschild und ist lediglich an einem Schwarm schneeweißer Tauben zu erkennen. Monsieur Roux, der Besitzer der Colombe d'Or, hat hier im Laufe von vierzig Jahren eine der schönsten in Frankreich existierenden Privatsammlungen moderner Malerei zusammengetragen, darunter Bilder von Picasso, Braque, Miró, Rouault, Modigliani, Matisse, Derain, Dufy, Utrillo, Vlaminck, Léger, Bonnard und zahlreichen anderen der Ecole de Paris. Als die Sammlung 1960 gestohlen, bald darauf aber wieder aufgefunden wurde, schätzte man ihren Wert auf annähernd drei Millionen Francs. Der Preis eines Mittagessens in der Colombe d'Or – das mit einer Auswahl von dreiundzwanzig verschiedenen Hors d'oeuvres beginnt – ist zwar nicht jedem Geldbeutel angepaßt, aber man kann die Bilder auch betrachten, ohne hier eine Mahlzeit einzunehmen, indem man sich einfach an der Bar einen Wermut oder einen ›pastis‹ bestellt. Und man braucht nicht einmal bis zur Bar vorzudringen und kann im Patio bereits Fernand Légers große Keramik ›Das Mädchen mit dem Papagei‹ bewundern.

Wagenverkehr ist in den engen, wie in Siena mit roten Ziegeln gepflasterten Straßen und Treppengassen nicht möglich (und auch nicht gestattet); man läßt sein Auto auf dem Parkplatz in der Nähe der ›Goldenen Taube‹ stehen und durchwandert das Städtchen zu Fuß. Die aus dem 13. Jahrhundert stammende *Kirche* sieht von außen nach nicht viel aus, aber ihr Innenraum ist einer der reizvollsten in ganz Südfrankreich. Das Hauptschiff mit seinen drei Seitenschiffen ist so breit, daß es ein beinahe vollkommenes Quadrat bildet, und am Nachmittag, wenn das Licht durch die Westfenster einfällt, kommt es in wundervoller Beleuchtung ganz besonders zur Geltung.

Nahe bei der Tür steht eine vorzügliche moderne Holzplastik des hl. Antonius aus Olivenholz von Arthur Lutenbacher, deren Rundungen und Textur man mit der Handfläche fühlen muß, um die Qualität der Arbeit wirklich zu ›begreifen‹. (»Bitte die Statuen nicht zu berühren.« Was für ein Unsinn! Alle gute Plastik muß nicht nur mit den Augen gesehen, sondern auch mit den Fingern gefühlt werden.) Der letzte Altar rechts hat ein interessantes Stuck-Flachrelief des Martyriums des hl. Klemens und darüber ein gutes italienisches Altarbild des hl. Karl Borromäus mit der Jungfrau und dem hl. Klemens. Doch das beste und erstaunlichste Gemälde dieser an Schätzen reichen Kirche befindet sich am Ende des linken Seitenschiffs: eine hl. Katharina von Alexandria, in einem Rahmen von 1540, die sowohl Lebrun als auch Tintoretto zugeschrieben worden ist. Ich habe nicht herausbekommen können, wie dieses Bild nach St. Paul gelangt ist, aber obwohl die Cherubim und die Blumen auf dem Oberteil des Bildes eine spätere Hand verraten, wäre ich zumindest bereit, die Mittelfigur dem großen Venezianer zuzuschreiben. Der Kirchenschatz in der Sakristei ist ungewöhnlich reich. Man sehe sich besonders die schöne Madonna mit dem Kind aus dem 13. Jahrhundert an. Ihr wohnt eine harte und strenge Kraft inne, wie sie in der religiösen Kunst zwischen dem 13. und 20. Jahrhundert selten erreicht worden ist.

Das 20. Jahrhundert ist indessen so nahe, daß man es von der Höhe von Mandons Festungswällen beinahe mit der Hand greifen kann. Auf dem dicht bei St. Paul gelegenen Hügel *Les Gardettes* ist in jüngster Zeit etwas geschaffen worden, das in Frankreich, ja in der Welt nicht seinesgleichen hat. Hier haben die bekannten Pariser Kunsthändler und Sammler Marguérite und Aimé Maeght mit dem Architekten José-Louis Sert in einer natürlichen Parklandschaft die *Fondation Maeght* errichtet, die im Juli 1964 von André Malraux eröffnet wurde und in den ersten zwei Jahren ihres Bestehens über hunderttausend Besucher aus der ganzen Welt angezogen hat. Der weitläufige und überaus sinnvoll und harmonisch in das Gelände eingefügte Komplex von Ausstellungshallen, Gärten, Innen- und Außenhöfen – eine Komposition aus Beton, Stahl, Glas, einheimischem Naturstein und hellroten Ziegeln – ist in erster Linie der Bewahrung und Ausstellung von Werken der Malerei und Plastik des 20. Jahrhunderts gewidmet, deren Schöpfer mit der Galerie Maeght besonders eng verbunden sind: Bonnard, Braque, Miró, Calder, Kandinsky, Ubac und andere. Darüber hinaus aber ist die Fondation Maeght der Förderung der modernen Kunst überhaupt gewidmet: nicht nur Maler, Graphiker und Bildhauer, sondern auch Musiker und Schriftsteller, das Theater, der Tanz, die Photographie sind in ihren Bereich einbezogen. Die Fondation ist bewußt und vorsätzlich kein Museum, sondern als Sammel- und Ausstrahlungspunkt der modernen Kunst überhaupt gedacht. »Hier«, sagte Malraux in seiner Eröffnungsrede, »wird etwas unternommen, dessen Ergebnis die Nachwelt zu beurteilen haben wird; es wird etwas versucht, was noch nie versucht worden ist – ein Weltall zu schaffen, aus Instinkt und Liebe jenes

Universum zu schaffen, in welchem die moderne Kunst zugleich ihren Platz und jene ›arrière-monde‹, jene dahinter liegende Welt, finden kann, die sich früher das Übernatürliche nannte.«

Der Gesamtkomplex umfaßt neben den Ausstellungsräumen – die übrigens keine Fenster haben, sondern durch Viertelszylinder-Klaustra auf dem Dach ein völlig gleichmäßiges Licht erhalten – eine Salle de Documentation, ein Archiv, einen Kino- und Konzertsaal und eine Bibliothek, denen noch Ateliers und Arbeitsräume für ›gastierende‹ Künstler angefügt werden sollen. Eine Anzahl bedeutender moderner Künstler hat an der Gestaltung des Ganzen mitgewirkt: Chagall mit Mosaiken, Miró mit Plastiken und Monumentalkeramiken, Calder mit einem Riesen-Stabile unter freiem Himmel, Braque mit einem Mosaik-Brunnenbecken, Giacometti mit Plastiken in einem großen Innenhof. Fünf der Ausstellungsräume sind allein Braque, Chagall, Kandinsky, Miró und Giacometti gewidmet und geben einen Querschnitt durch ihr Werk, wie er wohl einzig in der Welt ist. Die Fondation ist das ganze Jahr hindurch für Besucher geöffnet; während man an einem Novembervormittag vielleicht nur ein vereinzeltes Besucherpaar durch den Braque-Saal gehen sieht, kann es geschehen, daß es an einem Sommernachmittag in Mirós ›Labyrinth‹ unter dem Azurhimmel von einer fröhlichen Menschenmenge wie bei einem Volksfest wimmelt.

Vence und Gourdon

St. Paul heißt mit seinem vollen Namen St. Paul-de-Vence; die Stadt Vence selbst liegt noch fünf Kilometer weiter landeinwärts. Es ist eine merkwürdige Fahrt. An einer Stelle führt die Straße hart am Rande einer tiefen Schlucht vorbei, und aus ihrer überwachsenen Tiefe erhebt sich, riesig wie ein antiker Obelisk, ein einziger, schlanker, aus Stein erbauter Turm, auf dessen Höhe sich eine Betonbrüstung befindet – völlig unnötigerweise, denn nicht einmal die Erstbesteiger der Eiger-Wand könnten diesen Turm erklimmen. Dieses überraschende Bauwerk war einstmals der mittlere Stützpfeiler eines Viaduktes über die Schlucht, dessen zwei Bogen von den Deutschen 1944 gesprengt wurden; über das Viadukt fuhr vor hundert Jahren die Straßenbahn (und in ihr Königin Victoria) von Nizza nach Grasse. Man stößt noch an verschiedenen anderen Stellen entlang dieser Straße im Gesträuch und Gestrüpp auf zaghaft hervorlugende kleine Überbleibsel dieser Bahn, doch dieser Pfeiler ist bei weitem ihr imposantester Überrest. Man kann sich vorstellen, daß in hundert Jahren die Touristen – wenn es sie dann noch gibt – staunend dieses heute vernachlässigte Baudenkmal des 19. Jahrhunderts betrachten werden. Auf der Ostseite der Schlucht, dicht an der Straße, kann man noch ein verrostetes Eisengatter und die überwachsenen Überreste des Bahnsteigs und der Treppen der einstigen Haltestelle sehen, die aus der Felssteilwand herausgeschnitten sind, wo das Gleis in einen Tunnel eintaucht und verschwindet.

Vence, eine alte Ligurer-Siedlung und Hauptsitz des Stammes der Nerusi, wurde um die Mitte des 2. Jahrhunderts von den Römern erobert. Doch vor ihnen waren schon die Phönizier dagewesen, die eine – in Spuren noch erkennbare – Straße von Cimiez nach Vence anlegten. Die Römer bauten diese Straße aus und machten sie zur Teilstrecke ihrer alten Via Julia Augusta, die jedoch bald zugunsten der bequemeren Heeresstraße am Meer, der Via Aurelia, aufgegeben wurde. Die Bedeutung dieser alten Verbindung ist jedoch daraus ersichtlich, daß beide, Cimiez und Vence, letzteres als Venciensium, in der römischen ›Notitia Provinciarum‹ unter den acht ›civitates‹ oder vollgültigen Städten der Seealpen-Provinz aufgeführt sind. Ventium oder Vintium war ein zentraler Versorgungs- und Nachschubplatz der römischen Heere – Ventum Horreum Caesaris – und muß zur Zeit des Augustus, der es zur Stadt erhob, eine bedeutende Stadt gewesen sein, mit einem Forum, Aquädukten, Tempeln, Palästen und Verwaltungsgebäuden, die samt und sonders verschwunden, aber aus den erhaltenen Inschriften noch nachweisbar sind. Es blieb von den Barbaren-Einfällen verschont, wurde dafür im 6. Jahrhundert von den Lombarden verwüstet und gelangte erst nach der Vertreibung der Sarazenen im 9. Jahrhundert wieder zur Blüte. Berühmt wegen seiner besonders reinen Luft und seines milden, geschützten Klimas, war es in neuerer Zeit lange ein letzter, verzweifelter Zufluchtsort der Lungenkranken. D. H. Lawrence flüchtete vom Hochland von Taos in Neu-Mexico hierher und erlag hier 1930 seiner Tuberkulose. Der berühmte englische Theatermann Edward Gordon Craig, der hier seinen Lebensabend verbrachte und 1966 starb, wurde hingegen in Vence nahezu hundert Jahre alt. Doch von ihnen abgesehen genießt Vence keine literarische Berühmtheit; sein Ruhm knüpft sich nahezu ausschließlich an kirchliche Gestalten und religiöse Werke. Historisch ist es erinnernswert wegen einer Anzahl berühmter Bischöfe, was bei einem so kleinen und obskuren Bischofsitz erstaunlich ist; sein heutiger kirchlicher Ruhm geht vornehmlich von der von Henri Matisse ausgemalten Chapelle du Rosaire aus.

Die kleine Stadt hat die Gestalt ein Pistazien-Nuß, und es ist ratsam, das Auto im Schatten der Platanen der Place du Grand Jardin zu parken, wo auch die berühmte Riesen-

Esche steht, die angeblich 1528 zur Erinnerung an den Aufenthalt Franz I. und Papst Pauls III. gepflanzt wurde. Von hier ausgehend, betritt man die Altstadt durch die Porte du Peyra und befindet sich alsbald auf dem einstigen Forum von Vintium, heute ein bezaubernder kleiner Platz mit einem Brunnen in Gestalt einer Urne in der Mitte, rechts einem Keramik-Laden und auf der linken Seite einem hohen viereckigen Turm aus dem 14. Jahrhundert. Am anderen Ende des Platzes steht die vormalige *Kathedrale*, wiewohl anscheinend zum Teil aus dem 11. Jahrhundert, nicht sonderlich interessant, mit Ausnahme der phantasievollen und zuweilen scharf satirischen Schnitzarbeiten des aus dem 15. Jahrhundert stammenden Chorgestühls. Man gelangt zu ihm über eine Treppe links vom Eingang; die Tür ist allerdings verschlossen, aber der Schlüssel ist im Syndicat d'Initiative (Fremdenverkehrsbüro) zu haben; es befindet sich im Erdgeschoß der Mairie, die 1908 an die Stelle des alten Bischofspalastes neben die Kathedrale gesetzt wurde. Die Liste der Bischöfe von Vence, die vom 5. bis zum Ende des 18. Jahrhunderts hier residierten, enthält unter anderen zwei Heilige, St. Véran und St. Lambert, und einen späteren Papst, den berühmten Alexander Farnese, der als Paul III. seine Rolle auf der Weltbühne spielte.

Bischof Godeau, im 17. Jahrhundert, galt in seiner Jugend als der witzigste Mann Frankreichs und war als brillanter Verfasser galanter Verse bekannt. Dieser häßliche braune Gnom – sein Porträt hängt im Musée Fragonard in Grasse – war der beliebteste Gast des Hôtel Rambouillet, wo man ihn »Julies Zwerg« nannte. (Julie war Madame de Scudéry, die Tochter der Marquise de Rambouillet.) Kardinal Richelieu ernannte ihn zu einem der ersten Mitglieder der Académie Française, aber im Alter von dreißig Jahren wurde er es anscheinend überdrüssig, gereimte Komplimente an die Damenwelt zu verfassen, trat in den geistlichen Stand ein und wurde zum Bischof von Grasse und Vence ernannt. Die beiden Diözesen waren jedoch nicht gewillt, einen gemeinsamen

Bischof zu dulden; keine von beiden wollte ihn mit der anderen teilen, und beide verweigerten ihrem geistlichen Oberhirten mit vorgehaltener Arkebuse am Stadttor den Eintritt. Zu guter Letzt entschied sich Godeau für Vence, wurde ein vorbildlicher Bischof, disziplinierte seine verlotterte Geistlichkeit, baute seine verfallene Kathedrale wieder auf und errichtete Gerbereien, Töpfereien und Parfümfabriken, um in der abgelegenen und verarmten Diözese einigen Wohlstand zu schaffen. Er starb 1672 im Ruf der Heiligkeit.

Bischof Surian wurde wegen seiner Redegewandtheit auf der Kanzel vom Enzyklopädisten d'Alembert der »zweite Massillon der Provence« genannt, ist jedoch in Frankreich womöglich noch besser bekannt und geschätzt wegen der frechen Antwort, die er dem englischen General Brown erteilte, der im österreichischen Erbfolgekrieg Cagnes besetzt hatte. Als ihn der Abgesandte des feindlichen Befehlshabers fragte, wie lange er brauchen werde, um von Vence nach Lyon zu gelangen, antwortete Surian: »Ich weiß genau, wie lange ich brauchen würde, um nach Lyon zu gelangen, aber ich habe keine Ahnung, wie lange ein Heer brauchen würde, das sich gegen die Truppen meines Herrn, des Königs von Frankreich, durchkämpfen muß.«

Die engen Straßen und Plätze des alten Vence ziehen heute weniger Besucher an als *Matisses Kapelle* knapp außerhalb der Stadt. Man gelangt zu ihr über die Avenue H. Isnard, mache aber den Besuch nicht auf gut Glück. Gleich so vielen Dingen in Frankreich, erfordert er eine gewisse Vorausplanung, denn die Kapelle ist nur dienstags und donnerstags geöffnet, und nicht einmal dann, wenn diese Tage auf einen öffentlichen Feiertag fallen. Die Kapelle liegt an der Straße nach St. Jeannet und gehört zu einem Kloster der ›Weißen-Schwestern‹, Dominikaner-Nonnen, die den Maler während einer langen und schweren Krankheit pflegten. Obwohl selbst Freidenker, erbaute er ihnen eine Kapelle und malte sie selbst aus. Sie wurde 1951 geweiht, als er bereits über achtzig war.

Der Altar ist ein rechteckiger Block bräunlichen Sandsteins aus dem Gard, der auf einer Trommel aus dem gleichen Stein ruht. Er steht mit seinen sieben Kerzenleuchtern und einem hageren Bronze-Kruzifix dem Hauptschiff zugekehrt, so daß der Priester, wie es heute nach der Liturgiereform üblich ist, die Messe mit dem Gesicht zur Gemeinde zelebriert. Zwei Wände der Kapelle sind beinahe vollständig von Fenstern eingenommen, deren Scheiben in geometrischen Mustern aus gelbem, blauem und grünem Glas angeordnet sind. Es heißt, daß Matisse selbst diese Fenster für seine schönsten Arbeiten hielt. Ob er damit nun recht hatte oder nicht, kann es doch keinen Zweifel geben, daß sie ihre Zweckfunktion aufs vorzüglichste erfüllen, indem sie eine erstaunliche Lichtfülle in die Kapelle einlassen. Sie ist von einer Leuchtkraft erfüllt, die man in einem solchen Bauwerk nicht erwartet. Die beiden anderen Wände sind aus weißer Fayence, auf die schwarze Strichzeichnungen von Figuren und Gestalten aufgetragen sind. Obwohl sie gesichtslos sind, geht eine solche Kraft und Schönheit von ihnen aus, daß man das Fehlen jeglicher Farbe, in der Matisse ein solcher Meister war, beinahe vergißt. Die Nordwand der Kapelle zeigt einen hl. Dominikus in der Mönchskutte, mit einer Bibel in der Hand. Auf der Nordwand des Mittelschiffs hält die Jungfrau von Wolken umgeben das Kind, das segnend die Arme ausbreitet. Auf der Rückwand sind in drei horizontalen Reihen oder Streifen die vierzehn Stationen des Kreuzwegs abgebildet. Die zwölfte Station, die Kreuzigung selbst, ist so angeordnet, daß sie den Mittelplatz der obersten Reihe einnimmt und damit die ganze Komposition beherrscht.

Wenige hundert Meter von der Matisse-Kapelle entfernt, an der Avenue Henri Matisse, liegt in der Tiefe eines großen Parks und von der Straße her nicht sichtbar das Haus *Les Collines*, in dem Marc Chagall fast zwanzig Jahre lebte und arbeitete. »Der Park«, so erzählt Walter Erben von einem Besuch bei dem Künstler, »endete an einer ummauerten Terrasse, auf der, zwischen hohen Zedern und mächtigen Palmen, gepflegte Gartenanlagen sichtbar wurden. Jetzt leuchtete das weißgetünchte Haus ganz nahe. Die hohen pistaziengrünen Fensterläden waren geschlossen. Das kleinere danebenstehende Gebäude diente als Garage, deren große Türflügel offenstanden. Darüber befand sich das Atelier mit zwei großen weißverhängten Fenstern, in dem früher einmal Paul Valéry gewohnt hatte. An der rechten Seite des Hauses schloß sich eine überdachte Terrasse an. In den glatten Putz der Wand war eine große Zeichnung gekratzt: eine Frauengestalt und ein Tier, das zugleich Esel, Pferd oder Kuh sein konnte. Das scharfe Licht ließ die Rillen der Umrisse deutlich hervortreten, die Zeichnung wirkte wie ein Relief: Weiß in Weiß mit lila Schatten, ein ungewohnter Chagall.« Im Garten lärmten seine Enkelkinder; der halbwüchsige Sohn David aus seiner zweiten Ehe trat sorglos einen Fußball gegen die weiße Wand mit dem geheimnisvollen Tier. Als Chagall, aus seinem amerikanischen Kriegsexil nach Frankreich zurückgekehrt, im Frühling 1949 nach Vence kam und sich hier niederließ, lebten und arbeiteten Matisse und Dufy noch hier und Picasso im nahen Vallauris. Ein halbes Jahrzehnt lang war diese geistige und räumliche Nähe seiner großen älteren Zeitgenossen noch um ihn. ›Die Rote Sonne‹ war eines der ersten Bilder, die er in Vence malte. Dann starb Dufy 1953, Matisse im Jahr darauf und Picasso 1974. Chagall, inzwischen lebt er zurückgezogen an einem der Berghänge außerhalb von St. Paul-de-Vence, aber zaubert weiter, beschwingt wie eh und je, seine farbtrunkenen Märchen. »Gibt es etwas Geheimnisvolleres als die Erde und die Blumen?« fragt er. »Alles muß eine Einheit bleiben, im Kunstwerk wie in der Natur. Das ist es, was die Landschaft hier mich lehrt.«

Von Vence geht die Straße weiter nach *Tourrettes-sur-Loup*, einem Dorf von weniger als tausend Einwohnern, das rings um einen riesigen Platz gebaut ist. Es besitzt noch drei der alten Türme, die ihm seinen Namen gegeben haben, und in der Kirche hinter dem Hochaltar befindet sich ein römischer Altarstein aus dem 3. Jahrhundert – wie so oft in diesem uralten Land, ist selbst das kleinste und unbekannteste Dorf auf alle Zeiten lebendig mit der fernen Vergangenheit unseres Erdteils verbunden. Tourrette greift jedoch auch in die Neue Welt hinüber: es ist der Geburtsort des Admirals de Grasse, der die britische Flotte aus der Chesapeake-Bucht verjagte und es damit Washington ermöglichte, Yorktown einzuschließen. Nicht weit von Tourrette sieht man unvermittelt eine siebenhundert Meter hohe Felssteilwand vor sich aufragen, auf deren Höhe einige graue Häuser sich wie ein Adlerhorst zusammenducken und vom nackten Felsen der jäh abstürzenden Wand kaum zu unterscheiden sind. Dieses Dorf auf schwindelnder Höhe ist Gourdon. Man kann es an klaren Tagen vom Schloßplatz in Cagnes deutlich sehen – eine im Sonnenglast flimmernde Himmelsfestung.

An dieser Stelle verläuft die Hauptstraße weiter durch die berühmte Schlucht der Gorges du Loup, während die direkte Straße nach Grasse links abzweigt und über *Le-Bar-sur-Loup* geht. Die gotische Kirche dieses Dorfes lohnt einen Besuch, und zwar sowohl wegen eines Altargemäldes der Nizzaer Schule als auch wegen eines eigentümlichen, auf Holz gemalten ›Triumph des Todes‹ aus dem 16. Jahrhundert. Links schießt der Tod in Gestalt eines Bogenschützen-Knochenmannes seine Pfeile auf die Lebenden ab. Im mittleren Vordergrund stürzt eine elegante Dame mit durchbohrtem Herzen zu Boden; rechts liegt ein soeben gefällter Mann mit einem Pfeil in der Brust, und ein Teufel zieht ihm die Seele – eine winzige, nackte, erschrockene Figur – aus dem Mund, während andere Dämonen frisch getötete Verdammte in den Schlund der Hölle stoßen. Solche Tafeln wurden allgemein während der Pestzeiten gemalt; aber auf dieser sieht man zudem im Hintergrund sorglose, elegante Damen und Herren fröhlich einen Ringelreihen tanzen; sie haben offenkundig die Gestalt des Todes überhaupt nicht bemerkt, tragen aber auf dem Kopf das Zeichen des kleinen tanzenden schwarzen Teufels, der ihre ewige Verdammnis verheißt. In der rechten oberen Ecke wiegt ein Engel mit einer Waage die Verdienste einer Seele, die offenbar bessere Aussichten hat als die übrigen. Man wäre versucht zu sagen, dieses Memento Mori sei seiner ganzen Auffassung und Gefühlshaltung nach eigentümlich nordisch, wenn man sich nicht an Gemälde wie die Trainis im Campo Santo in Pisa erinnerte.

Die Straße durch die Gorges du Loup verläuft in der Tiefe der Schlucht und ist oft aus der jäh überhängenden Felssteilwand herausgehauen. Weißschäumende Wasserfälle stürzen über die Felsen herab, und an einer Stelle fällt die Kaskade fünfzig Meter senkrecht, ohne die Wand zu berühren, in ein Becken direkt neben der Straße. Die Schluchten sind wohl am schönsten an einem sonnigen Tag im November, denn dann sind Fluß, Bäche und Wasserfälle von den Herbstregen geschwellt und von tosendem Leben, während Bäume und Büsche eine strahlende Vielfalt von Farbflecken wie eine Gauguin-Palette liefern – rostrot und braun, hellrot und blaßgelb gegen die einfarbige Fläche der Felswand.

Einige Kilometer weiter überquert die Straße den Loup hinüber zum rechten Ufer, wendet sich scharf in entgegengesetzter Richtung zurück und steigt in einer Folge von Haarnadelkurven die westliche Steilwand hinan. Am Ende der Straße taucht schließlich das kleine graue Dorf auf, das wir bereits von tief drunten auf seinem riesigen grauen Felssporn sitzend sahen. *Gourdon* hat nur etwa zweihundert Einwohner, und so wenige sie auch sind, fragt man sich dennoch, wovon sie eigentlich lebten, ehe die Fremden in ihren Autos – wahrhaft Götter aus der Maschine – heraufkamen und ihnen ein klein wenig Wohlstand brachten; denn hier oben ist buchstäblich nichts außer nacktem Felsgestein mit kaum genug kümmerlichem Strauch- und Buschwerk, um ein paar Ziegen zu ernähren. Tatsächlich widmen sie sich hauptsächlich der Lavendel-Destillation.

Ursprünglich eine römische Festung, war ›Gourdon la

Sarrasine‹, wie sein Name besagt, lange Zeit ein fester Sitz der sarazenischen Räuber und Marodeure, die die Provence heimsuchten. Die aus dem 13. Jahrhundert stammende Burg, in der einstmals Raymond Bérenger, der Graf von Provence, hauste, steht auf einem maurischen Unterbau. Die Türme und Mauern von Gourdon, die unzähligen Belagerungen standgehalten hatten, wurden im 16. Jahrhundert abgerissen; an ihrer Stelle legte der berühmte Le Nôtre den jetzigen Terrassen-Garten der Burg an. Der halbzerfallene Bergfried wurde in jüngster Zeit von einer amerikanischen Dame namens Miß Norris wiederhergestellt. Das kleine Museum mittelalterlicher Gegenstände, das in ihm untergebracht ist, ist aus einem unerfindlichen Grund ausgerechnet donnerstags geschlossen, so daß man seinen Besuch nur an einem einzigen Tag der Woche mit einem Besuch der Matisse-Kapelle verbinden kann. Die Kirche ist nicht sonderlich interessant, aber der Blick vom Belvedere am Ende des Dorfes über die Berge, das Tal des Loup und hinaus zum Meer ist allein schon die Fahrt auf diese einsame Felsenhöhe wert. Und die Forellen! In den Gorges du Loup meint man, sie springen durch den Wald und singen aus den Bäumen, und die vorzügliche kleine Taverne Provençale auf der Höhe von Gourdon lockt sie sogar hier hinauf und bereitet sie so köstlich zu wie nirgends sonst in dieser Gegend.

Biot, Antibes und Vallauris

Von Gourdon läuft die Straße geradewegs nach Grasse weiter, aber ihr folgen, hieße die alte Stadt der Düfte durch die Hintertür betreten. Man fährt nicht von Gourdon nach Grasse. Man fährt von Grasse nach Gourdon. Wir kehren folglich nach Cagnes zurück, um vorerst die Küstenstädte zu erkunden, und wenden uns später diesem ›arrière-pays‹, diesem Hinterland, zu. Diese Gegend zwischen Cagnes und Cannes ist ohnedies eine Art Vorgarten von Grasse. Hier steht ein buntes Blumenfeld nach dem anderen unter freiem Himmel in Blüte, während andere in riesigen Treibhäusern gezogen werden, die aus der Entfernung wie die Dächer unterirdischer Flugzeughallen aussehen. Nelken, Rosen, Chrysanthemen, Veilchen, Jasmin, Tuberosen, Anemonen, Reseda, Hyazinthen, Narzissen und Mimosen blühen hier in unübersehbarer Fülle, eine jede zu ihrer rechten und gehörigen Jahreszeit. Anders als anderwärts, wo sie eine oder zwei Wochen lang blühen und dann verwelken, ist den Blumen hier eine Art ›ewiges Leben‹ geschenkt.

Einige, besonders Mimosen und Nelken, werden auf die Blumenmärkte von Paris und London geschickt; doch die meisten sind für die Parfüm-Destillerien von Grasse bestimmt, die die ganze Welt mit Duft und Wohlgeruch versorgen. Wir werden in Kürze Grasse aufsuchen und dort an Ort und Stelle einen Blick auf die Fabrikationsmethoden und die erstaunlichen Statistiken dieser bemerkenswerten Industrie werfen. Hier ist weder die Zeit noch der Ort dazu. Lassen wir uns von den ungepflückten Blumen entzücken, indes wir auf der großen Zwillingsstraße, die von Nizza und Cagnes nach Antibes und Cannes läuft, an ihnen vorüberfahren.

In den letzten Jahren ist eine neue große, landeinwärts

verlaufende Umgehungs-Autobahn von Fréjus nach Cagnes gebaut worden, um die überfüllten Straßen, welche die Küstenstädte miteinander verbinden, zu entlasten. Wo vor weniger als einem Vierteljahrhundert nur eine einzige Straße sich von Ort zu Ort in einiger Entfernung vom Meer entlangwand, da verlaufen jetzt drei große Hauptstraßen von Fréjus nach Nizza, so wie drei Straßen von Nizza nach Menton gehen.

Die beiden Küstenstraßen laufen vom Var bis Antibes nahezu parallel miteinander am Meer entlang. Die neuere und schnellere von beiden hält sich ganz dicht ans Wasser; wir nehmen jedoch die alte (und ursprünglich einzige) Straße landeinwärts durchs niedrige, olivenbestandene Hügelland, um nach *Biot* abzuzweigen, das übrigens ›Biotte‹ ausgesprochen wird, wo 69 n. Chr., im römischen ›Vierkaiserjahr‹, Otho und Vitellius das Geschick des Römischen Reichs im Kampf austrugen.

Ein kurzes Stück entlang der Abzweigungsstraße nach Biot, beim Weiler Saint-Pierre, erhebt sich rechts auf einer kleinen Anhöhe, halb von Zypressen verborgen, ein großes weißes Gebäude. Dies ist die 1960 eröffnete einzige *Gemäldegalerie* Frankreichs, die eigens für die Werke eines einzigen zeitgenössischen Malers erbaut wurde, nämlich Fernand Légers (1881–1955), der zusammen mit Picasso und Braque einer der Vorkämpfer des Kubismus war und teils in Paris teils in Biot lebte und arbeitete. Die meisten der Bilder, die Légers ganze Schaffenszeit ab 1905 umfassen, wurden von seiner Witwe gestiftet, die zwanzig Jahre lang seine Mitarbeiterin gewesen war. Im Vorgarten steht eine große abstrakte Porzellan-Plastik ›Le Jardin des Enfants‹, während ein riesiges farbiges Mosaik – den Sport darstellend und ursprünglich für das Stadion in Hannover in Auftrag gegeben – sich neun Meter hoch und fünfundvierzig Meter lang über die Fassade des Museums erstreckt. Der Maler Fernand Léger war, wie Jean Cassou gesagt hat, »der große Dichter unseres Industriezeitalters«, aber die Galerie enthält auch besonders im ersten Stock, eine Anzahl wärmerer, milderer, weniger streng industrieller Werke seiner Altersjahre. An die Stelle der Zahnräder, Leitern und Gerüste seiner frühen Schaffensperiode treten hier bezaubernde Gruppen von Akrobaten, Musikanten, Radfahrern und ländlichen Ausflüglern.

Das Gebäude ist ein Muster dessen, was ein Museum sein sollte – eine Folge von weißgetünchten Räumen, die durch breite Glaswände ihr Licht erhalten. Der Nizzaer Architekt André Svetchine, der viele der bekanntesten Villen an der Küste gebaut hat, legte das ganze Museum so an, daß es als Rahmen für das große Mosaik – das nach einem winzigen Modell Légers auf seine Riesenausmaße vergrößert wurde – und das gewaltige, fünfzig Quadratmeter große Buntglasfenster in der Halle dienen konnte.

Biot hat noch mehrere andere Sehenswürdigkeiten. Die *Kirche* im Dorf selbst, oben auf der Hügelkuppe, enthält zwei Altargemälde der Schule von Nizza aus dem 15. Jahrhundert. Das eine ist ein ›Ecce Homo‹ und das andere, vermutlich eine Arbeit Louis Bréas, ein Polyptychon der ›Vierge de Miséricorde‹. Auf dem linken Arm trägt sie das Jesuskind, und in der rechten Hand hält sie einen Rosenkranz. Zu ihren Füßen knien, schwarz gekleidet, der Kaiser und andere kirchliche und weltliche Gestalten. Der hl. Bartholomäus und die hl. Katharina liegen vor ihr auf den Knien, während zwei Engel den Faltenwurf ihres Mantels halten.

Die Umgebung von Biot erzeugt außer Schnittblumen noch durchschnittlich fünfzig Tonnen eßbarer Trauben im Jahr, die nach ganz Frankreich versandt und ins Ausland exportiert werden. Außerdem gibt es eine Anzahl von Töpfereien, die im Unterschied zu den kunstgewerblichen Keramiken des berühmten benachbarten Vallauris hauptsächlich Haushaltsgegenstände, Gartenvasen und Urnen herstellen. Aus Biot kommen die riesigen Ali-Baba-Vasen, die man in allen Riviera-Gärten sieht. Die Tonerde von Biot ist die gleiche wie in Vallauris und brachte die ursprüngliche Töpferei-Industrie hervor, die ihr Wiederaufleben sehr weitgehend dem fördernden Antrieb Légers verdankt, der hier sein künstlerisches Interesse von der Malerei auf die Keramik ausdehnte. Es ist in kleinerem Ausmaß die gleiche ›Erfolgsgeschichte‹ wie die von Vallauris und seines guten Genius Picasso. Beide Male tauchte ein hochbegabter Künstler im rechten Augenblick auf, um ein sterbendes Handwerk zu neuem Leben zu erwecken.

Antibes begann als griechische Kolonie. Über die Bedeutung seines griechischen Namens Antipolis streiten sich die Gelehrten. Wenn es stimmt, daß Nizza und Antibes unabhängig von Marseille gegründet wurden, dann bedeutet Antipolis möglicherweise die ›Stadt gegenüber‹ von Korsika; war es eine Gründung der massaliotischen Phokäer, so wäre damit seine Lage gegenüber von Nizza, auf der anderen Seite der Engelsbucht, bezeichnet, und es wäre um einiges jünger als Nizza. Der in Antibes gefundene und im Museum aufbewahrte sogenannte ›Stein des Terpon‹ mit der archaischen ionischen Inschrift »Ich bin Terpon, Diener der erhabenen Göttin Aphrodite – möge Cypris jene mit ihrer Gunst belohnen, die mich hierhergestellt haben«, läßt darauf schließen, daß die Gründung der Kolonie ins 4. oder gar 5. Jahrhundert v. Chr. zurückgeht. Wie auch immer – tatsächlich hat Antibes während seiner ganzen Geschichte stets Nizza gleichsam die Stirn geboten; als Nizza die Festung der Herzöge von Savoyen war, war Antibes die entsprechende Festung der Könige von Frankreich, die der vorgeschobenen befestigten Stellung in St. Paul den Rücken stärkte. Daher das imposante Fort Carré auf der Ostseite des Hafens. Als der junge Napoleon Bonaparte 1794 den Befehl über die Küstenverteidigung erhielt, brachte er seine Familie hier in Antibes unter. In den Revolutionsjahren traf der Sold selbst eines Generals höchst unregelmäßig ein, und die Familie mußte häufig schauen, wie sie sich durchschlug: Madame la Mère war genötigt, die Wäsche der Familie im benachbarten Bach zu waschen, und die Schwestern des Generals, künftige Prinzessinnen, halfen der Speisekammer durch Raubzüge in die Feigenbäume und Artischockenbeete der zornigen benachbarten Bauern nach.

Vor der Eroberung durch die Römer war Antibes eine sogenannte ›Faktorei‹ – ein Handelsumschlagplatz der Phokäer von Massalia. Die ursprüngliche griechische Stadt bestand lediglich aus einem schmalen Streifen entlang der Küste, wo heute Vaubans Festungswälle einen hübschen Promenadenweg abgeben. Die landeinwärts blickenden Wälle verliefen entlang dem heutigen Cours Masséna, wo sich jetzt die überdachten Markthallen befinden, und den heimtückischen einheimischen Ligurern wurde aus Angst vor einem Überraschungs-Überfall nie gestattet, die Niederlassung selbst zu betreten. Der gesamte Waren- und Handelsverkehr fand draußen, außerhalb der Stadttore, statt.

Während sich im griechischen Nizza durch das Kommen der Römer nichts änderte und die Kolonie ein halb-selbständiger griechischer Handelsplatz blieb, wurde das benachbarte Antipolis dem römischen ›municipium‹ und der direkten römischen Herrschaft unterstellt; es wurde eine lateinische Stadt, ein Militär-Arsenal und der offizielle Hafen der römischen Reichsstadt Cimiez. Aus dem griechischen Antipolis wurde das provenzalische Antiboul (die heutigen Einwohner nennen sich Antibois oder Antipolitains), wie der Ort bis ins 16. Jahrhundert hieß. Dieses mittelalterliche, von Goten, Lombarden und Sarazenen mehrfach zerstörte Antiboul war weit über den ursprünglichen schmalen Küstenstreifen hinaus gewachsen und bildet heute eine reizvolle alte Stadt, deren enge, geschäftige Straßen sich von den breiten, geradlinigen Boulevards der jüngsten Ausdehnung deutlich unterscheiden. Dessenungeachtet befinden sich die beiden Hauptbaudenkmäler der Stadt, deren viereckige romanische Türme jedermann, der die Straße zwischen Cannes und Nizza entlangfährt, sofort ins Auge fallen, innerhalb des alten griechisch-römischen Umkreises. Es sind dies die Kirche und neben ihr das Grimaldi-Schloß, das jetzt ein Museum ist (dienstags und im November geschlossen).

Die *Kirche* blickt direkt auf die Seemauer selbst hinaus. Sie hat eine schöne, von steinernen Flambeaux flankierte Fassade, die wie gefrorene Fackeln aussehen. Am Ende des rechten Seitenschiffes befindet sich ein Polyptychon ›Unsere Liebe Frau mit dem Rosenkranz‹ des Nizzaers François Bréa von 1515. (Um es wirklich zu sehen, muß man rechts nach dem Lichtschalter tasten.) Links von der Jungfrau und dem Kind knien Kirchenmänner im Gebet, unter ihnen auch der Papst, rechts von ihr weltliche Würdenträger, unter ihnen der Kaiser in einem goldenen Mantel, während die Mittelfiguren von Abteilungen umgeben sind, die je eines der fünfzehn Mysterien des Rosenkranzes darstellen. Das gesamte Altargemälde ist fünf Meter hoch und vier Meter breit.

Das aus dem 16. Jahrhundert stammende *Schloß der Grimaldi*, die jahrhundertelang Herren von Antibes waren, erhebt sich unmittelbar neben der Kirche auf den Fundamenten des alten römischen Castrum. Hier sind einige interessante griechische und römische Funde aufbewahrt, so die Inschrift zum Andenken an den »Knaben Septentrion, der im Alter von zwölf Jahren zweimal im Theater von Antipolis tanzte und Gefallen fand« – saltavit et placuit. Das römische Theater, das schon im Mittelalter verfallen war, wurde 1691 dem Erdboden gleich gemacht. Das Schloß enthält im Erdgeschoß eine sehr schöne ›Grablegung‹ der Nizzaer Schule mit einer elliptischen Komposition, die an El Grecos ›Begräbnis des Conde de Orgaz‹ erinnert. Die klagenden Frauen sind, wie so oft bei italienischen Meistern, offenbar alle nach dem gleichen Modell gemalt. Bemerkenswert die fröhlichen häuslichen Szenen im Hintergrund, vor den Stadtmauern von Jerusalem.

Seinen Hauptruhm verdankt das Museum jedoch Pablo Picasso. Er hatte 1945 Paris verlassen, wo er fünf graue Kriegsjahre zugebracht hatte, und war in seine geliebte Mittelmeerwelt zurückgekehrt. Damals war auch hier unten an der Küste alles noch überfüllt und durcheinander, und e fiel ihm schwer, im Hotelzimmer in Golfe Juan, wo er wohnte, zu arbeiten. Aus dieser Lage errettete ihn Dor de la Souchère, der Direktor des Museums in Antibes: er überreichte Picasso die Schlüssel zum Museum und lud ihn ein, es als Atelier zu benutzen. Leinwand war damals noch unerhältlich, aber Picasso beschaffte sich einen Vorrat an Farben und Karton und machte sich inmitten der verstaubten römischen Inschriften und Gipsabgüsse an die Arbeit.

Angeregt von seiner Rückkehr in die alte hellenische Welt des Mittelmeeres, malte und zeichnete er unzählige Faune, Ziegen, Stiere, Eulen, Zentauren, Flötenspieler, Tänzer und Liebende und vor allem den berühmten – auf Faserzement gemalten – ›Odysseus und die Sirenen‹. Eine Parallel-Inspiration kam zur gleichen Zeit von seinem neuen Modell Françoise Gilot, von der er nicht weniger als zehn Lithographien an einem einzigen Tage machte. Späterhin freilich verließ ihn seine geliebte Françoise mit der einigermaßen herzlosen Bemerkung, sie wolle ihr Leben nicht an ein historisches Denkmal gefesselt verbringen. Picasso arbeitete von Juli bis Dezember 1946 im Schloß Antibes. Als er ins nahegelegene Vallauris übersiedelte, überließ er aus Dankbarkeit alles, was er während der Monate im Grimaldi-Schloß geschaffen hatte, dem Museum als ständige Leihgabe und fügte diesem Bestand später noch eine Anzahl anderer Werke hinzu, so daß das Museum heute außer den dreiundzwanzig Gemälden, dreiunddreißig Zeichnungen, zwei Plastiken, elf Ölbildern auf Papier, siebenundzwanzig Lithographien und einem Wandteppich, die er in dem Schloß selbst schuf, auch noch an die zweihundert in Vallauris ausgeführte Keramiken besitzt. Der erste Stock des Museums ist nahezu ausschließlich seinem Werk gewidmet und stellt nicht nur eine der bedeutendsten Picasso-Sammlungen der Welt, sondern ein völlig geschlossenes, in erstaunlich kurzer Zeit aus der gleichen Konzeption geschaffenes Ganzes dar. Auf Wunsch Picassos hat kein einziges dieser Werke je seinen Ursprungsort verlassen. Er selbst sagte: »Wer die Picassos von Antibes sehen will, der muß halt nach Antibes fahren.« Der Katalog des ›Musée Picasso‹ ist mit einem umfassenden Text von Dor de la Souchère inzwischen als ein herrlich illustriertes Prachtwerk ›Picasso in Antibes‹ erschienen. (Deutsche Ausgabe im Prestel-Verlag, München; inzwischen vergriffen.)

Im Treppenaufgang zum zweiten Stock des Museums hängt ein schöner schwarzer Wandteppich von Lurçat, und der zweite Stock selbst ist den Gemälden moderner Künstler wie Léger, Atlan und anderen gewidmet. In einem Alkoven am Ende des Eingangsflurs und leicht zu übersehen hängt ein bezauberndes ›Stilleben mit blauem Hintergrund‹ des genialen jungen Nicolas de Staël (1914–1955), der hier in diesem Museum eine Einzelausstellung hatte und sich kurz darauf in Antibes das Leben nahm.

Südlich von der Stadt Antibes liegt das *Cap d'Antibes*, eine jener zahlreichen bewaldeten Halbinseln, wie Cap Ferrat und Ramatuelle, denen die Küste so viel von ihrer Schönheit verdankt. Die meisten Menschen werden bei dem Namen Cap d'Antibes unwillkürlich an die Illustrierten-Photographien von Millionären, Aristokraten und Filmstars denken, die in Eden Roc ihre Sonnenbäder nehmen oder auf den schönen Terrassen des Hotels du Cap Cocktails trinken; tatsächlich ist das Cap jedoch weitgehend ein Wohnviertel und in stille Villengrundstücke mit subtropischen Gärten aufgeteilt.

Auf dem höchsten Punkt, in der Mitte der Halbinsel, steht der Leuchtturm und gleich daneben die Kapelle der *Notre-Dame de la Garoupe*. Um hinzugelangen, folge man den mit ›Le Phare‹ bezeichneten Wegweisern. Diese alte, zum Teil aus dem 13. Jahrhundert stammende Seemanns-Kapelle muß jeden faszinieren, der sich für europäische Primitive und Volkskunst interessiert; sie enthält eine Fülle der merkwürdigsten Votivgaben, Bilder und andere Gegenstände, die von einheimischen Amateurmalern und Handwerkern geschaffen und der Kapelle in Erfüllung eines Gelübdes oder als Danksagung für Errettung vor dem Tode gestiftet wurden.

Merkwürdigerweise sind die beiden Seitenschiffe der Kapelle zwei verschiedenen Madonnen geweiht. Das rechte gehört der Notre-Dame de la Garde und enthält die Votivgaben der Landleute. Hier zeigen die Bilder Stürze von Dächern und Gerüsten, zerbrochene Leitern, Erlösung vom Krankenbett, durchgehende Pferde und blutrünstige Schlachten in Tonking. Das lebhafteste und lebendigste stellt einen Autozusammenstoß dar. Der Wagen liegt überschlagen im Straßengraben, das schuldige Lastauto donnert triumphierend in der Ferne davon, während Vater, Mutter und zwei Töchter, die offenbar aus dem Unfall nicht viel gelernt haben, mitten auf der Straße kniend ihre Dankgebete sprechen. Ein kleiner Junge hält mit einer Hand ein Fahrrad und weist mit der anderen himmelwärts auf Unsere Liebe Frau von La Garde, die vorsehungsvoll im Himmel erschienen ist. (In Vaucluse bei Grasse befindet sich ein ähnliches Votivbild, das anklägerisch einen schwarzen Citroën mit einem deutlich erkennbaren Genfer Nummernschild zeigt.)

Das linke Seitenschiff ist Notre-Dame de Bon Port geweiht, der Beschützerin der Seeleute von Antibes, und hauptsächlich mit Votivgaben aus dem Seefahrerleben bedeckt. Hier sieht man Schiffsmodelle, alte Seemannsdegen und eine Trompete aus dem 18. Jahrhundert. Unter den Malereien befinden sich einige gute Seestücke, wie etwa der Sieg der ›Intrépide‹ von Nizza, die 1760 rasch hintereinander zwei wohlbewaffnete englische Schiffe kaperte, und der letzte Kampf der ›Swiftsure‹, die sich in der Schlacht von Trafalgar zwei englischen Schiffen erst ergab, als sie bereits zwei Drittel ihrer Besatzung verloren hatte und das Wasser in ihr schon fast zwei Meter hoch stand. Das Bild wurde von einem Mitkämpfenden und wahrscheinlich unmittelbar nach der Schlacht gemalt. Das aufregendste der Votivbilder und zugleich auch das älteste gedenkt einer Überrumpelungslandung der Sarazenen in Antibes selbst. Es stellt eine überaus lebendige Szene dar, auf der äußerst bösartig aussehende, turbangeschmückte Türken mit geschwungenen Krummsäbeln hinter den Antibois in ihren roten Kappen hersetzen, und zeigt die Stadt so, wie sie im 16. Jahrhundert aussah. Das Bild wurde von dem verwundeten Mann gestiftet, den man unten rechts in der Ecke liegen sieht. Das unmittelbar menschlich ansprechendste der Votivbilder ist jedoch wohl das Bild des Sträflings Jean Briand, der mit gefalteten, in einen hölzernen Schraubstock geschlossenen Händen Unserer Lieben Frau dafür dankt, daß sie ihm geholfen hat, aus dem Gefängnis zu Toulon zu entspringen und ein Schiff nach Martinique zu erwischen. Liebhaber dieser Malerei seien auf die große Pilgerkirche in Laghet bei La Turbie aufmerksam gemacht, deren Umgang für die Pilger nicht weniger als sechshundert solcher Votivbilder enthält.

Unweit der Kapelle von La Garoupe, in der Mitte der kleinen Halbinsel, liegen die *Gärten der Villa Thuret*, die 1866 angelegt wurden und eine der frühesten europäischen Akklimatisationsstationen für Bäume und Pflanzen aus heißen Ländern waren. Hier wurden die ersten Eukalyptussamen aus dem Botanischen Garten in Sydney gepflanzt. Heute sieht man diese rasch wachsenden Bäume überall entlang den Küstenstraßen des Mittelmeeres. Die Mimose, heute geradezu die Symbolblume der Küste, wurde erst 1835 aus San Domingo eingeführt. Lord Brougham wird die Einführung der Palme zugeschrieben. Was alles nur zeigt, wie praktisch, richtig und gebührend die Küste, die vor hundert Jahren noch aus ein paar verarmten Fischerdörfern bestand, die ihr innewohnenden klimatischen und ästhetischen Möglichkeiten zu nutzen verstanden hat.

Zunächst Antibes nach Westen liegt *Juan-les-Pins*, das der amerikanische Millionär Frank Jay Gould aus einem Strand von Silbersand und einem Pinienhain zum elegantesten Badeort der zwanziger und dreißiger Jahre umschuf. Dahinter liegt der schöne natürliche Ankerplatz und Strand von *Golfe Juan*, wo Napoleon 1815 mit achthundert Mann aus Elba landete, um Frankreich zurückzuerobern und seine berühmte Herrschaft der ›Hundert Tage‹ aufzurichten. Als der Ausguck der Brigg ›L'Inconstant‹ ausrief »Land in Sicht« – das lang ersehnte, verlorene Land Frankreich –, befahl der Kaiser ihn zu sich und schüttete ihm sämtliches Geld, das er in seinen Taschen hatte, in die Mütze. General Cambronne, heute hauptsächlich wegen seines bissigen, einsilbigen Wortschatzes in Erinnerung, sprang als erster auf den Strand und verteilte an die erstaunten Fischer Kokarden mit der Trikolore, damit sie sie an ihre Mützen steckten. »Der Adler mit den Nationalfarben wird von Kirchturmspitze zu Kirchturmspitze bis zu den Türmen von Notre-Dame fliegen« – so lautete die berühmte Proklamation, die erstmals an den Hütten der Fischer von Golfe Juan angeschlagen wurde.

Von Golfe Juan verläuft die Straße landeinwärts nach Vallauris. Vor zwanzig Jahren sagte der Name *Vallauris* niemand (außer den Menschen, die dort leben) irgendetwas; inzwischen hat Picasso ihn weltberühmt gemacht. Obwohl seine Geschichte bis in die Antike zurückreicht, war Vallauris – das römische Vallis Aurea – damals ein ganz gewöhnliches kleines provenzalisches Städtchen, dessen Weinberge, Olivenhaine und Blumenfelder, die darauf warteten, für die Parfümfabriken geschnitten zu werden, sich zwischen die Pinienwälder der niedrigen Küstenhügel schmiegten. Es besaß auch eine Anzahl Töpfereien; aber sie machten schlechte Zeiten durch, als Picasso sich nach dem Krieg hier niederließ.

Das Ganze war ebensosehr eine Sache des glücklichen Zufalls, wie sein Einzug in das Schloß von Antibes es gewesen war. Picasso kam eines Tages auf einem Spaziergang aus dem fünf Kilometer entfernten Golfe Juan in das Dorf und entdeckte hier unter all den mittelmäßigen Töpfereien einen wirklich hervorragenden Handwerksmeister. Dieser Mann war ein gewisser Georges Ramié, der zusammen mit seiner Frau die Madoura-Töpferei betrieb. In Ramiés Keramik-Werkstatt knetete Picasso mit seinen ewig ruhelosen, ständig Neues erforschenden Fingern versuchsweise und wie zum Spaß aus einigen Tonklumpen ein paar Figuren und stellte im folgenden Jahr, als er wieder vorbeikam, zu seiner Freude fest, daß die Ramiés die Figuren gebrannt und aufgehoben hatten. Dies war der Anfang seines Interesses für die Keramik.

Picasso mietete eine häßliche kleine rosa Villa mit dem sonderbaren Namen La Galloise knapp außerhalb des Dorfes und begann, in der Madoura-Töpferei Keramiken zu machen. Zuweilen nahm er ein frisch von der Scheibe kommendes Gefäß und knetete es mit ein paar Griffen zu einem Vogel, einer Frau, einem Stier, dem Kopf eines Fauns oder eines bärtigen Mannes um; zuweilen ritzte er nur eine Zeichnung oder ein Ornament ein oder bemalte das Gefäß mit einem Muster oder einem Bild, wie etwa dem heute weltberühmten Ziegenkopf. Alle diese Töpfe, Schalen, Krüge und Teller, von denen einige für praktischen Gebrauch, andere als reiner Schmuck gedacht waren, wurden von den Madoura-Töpfern kopiert, so daß sie vervielfältigt und wie Stiche oder Drucke verkauft werden konnten, nur mit dem Unterschied, daß jedes einzelne Stück handgefertigt war und folglich keine zwei einander völlig gleichen. Damit brachte Picasso den Handwerkern des verfallenden Dorfes neuen Verdienst und Wohlstand und zugleich seine Arbeiten in den Besitz jener, die sie zu schätzen wußten.

»Seinen Händen zuzusehen, wie sie den Ton formten, diesen kleinen, fraulichen und dabei so kraftvollen Händen«, schrieb sein Freund und Biograph Roland Penrose, der ihn bei der Arbeit beobachtete, »vermittelte ein ähnliches Vergnügen, als sehe man einem Ballett zu, so vollständig war die Koordination ihrer völlig sicheren, nie zögernden Bewegungen. Es schien unmöglich, daß der Ton ihnen nicht gehorchen könnte; in solchen Händen wurde seine künftige Form mit Gewißheit von ihrem Leben durchtränkt.«

Picasso machte eine aufgelassene, nicht mehr benutzte Parfümfabrik ausfindig, deren riesige Werkräume sogar einem so fruchtbaren und rasch arbeitenden Künstler wie ihm all den Platz lieferten, den er für Malerei, Bildhauerei und Keramik brauchte, und wo er bald zum Oberhaupt eines kleinen Stammes von Künstlern und Handwerkern wurde. Da waren einmal die ortsansässigen Töpfer der Madoura-Töpferei und anderer Werkstätten, sodann junge Keramiker, die nach Vallauris kamen, um ihre eigenen Brennöfen aufzustellen, Maler aus Paris, die sich an der neuen Sache versuchen wollten, und schließlich, nicht zu vergessen, die Fleischer und Bäcker von Vallauris, die Barbiere, Briefträger und Fischer aus Golfe Juan. In den zehn Jahren, die Picasso dort verbrachte, verlieh er Vallauris neues Leben und schenkte seinen Menschen, die er liebte, wieder Arbeit, Wohlstand und gesichertes Lebensglück.

Vallauris besteht im wesentlichen aus einer langen mittleren Straße, die beiderseits von Keramikläden gesäumt ist. Angeblich gibt es in dem kleinen Städtchen heute an die hundert Töpfereien, und die meisten von ihnen stellen ihre Erzeugnisse in ihren Schaufenstern an der Hauptstraße aus. Im Unterschied zu jenen von Biot stellen sie zumeist keine Haushaltsgegenstände für den täglichen Gebrauch, sondern ›Zierat‹ her. Einige von ihnen sind gut, aber viele würde man, ehrlich gesagt, nur kaufen, um damit eine Jahrmarktsbude zum ›Geschirr-Zertöppern‹ auszustaffieren – die Schäferhunde und dergleichen Nippes, die man auf allen Jahrmärkten und Rummelplätzen antrifft, und die Krüge in Gestalt nackter Negerinnen, die Wasser aus ganz ungehörigen Öffnungen spenden.

Jedoch gibt es in Vallauris zumindest eine wirklich ausgezeichnete Töpferei, und das ist die ursprüngliche Madoura-Werkstatt, in der alles begann. In ihrem vorderen Schauraum steht eine Anzahl von Töpfen, Vasen und Tellern in den exquisitesten Farben und Formen. Viele von ihnen erinnern an beste chinesische Keramik und werden zweifellos früher oder später in die verschiedenen Museen gelangen. Diese Sammlerstücke befinden sich im ersten Raum. Der zweite ist angefüllt mit den Arbeiten, die Picasso hier schuf und die von den kunstfertigen Madoura-Handwerkern kopiert worden sind. Die Madoura-Töpferei befindet sich etwas abseits von der Hauptstraße – ein Wegweiser zeigt hin –, und zwar auf der rechten Seite, wenn man die Einbahnstraße hinunter fährt, und links, wenn man sie zu Fuß hinaufgeht.

Abgesehen von der Madoura-Töpferei mit ihren vielfältigen Picasso-Verbindungen und dem Ausstellungsraum mit Picasso-Reproduktionen, hat der Meister in dem Städtchen noch zwei bedeutende Originalwerke hinterlassen.

Am oberen Ende der Hauptstraße steht die hübsche Fassade der Dorfkirche. Auf der linken Seite des davor liegenden großen schattigen Platzes steht eine Bronzefigur eines nackten bärtigen Mannes, der in den Armen ein zappelndes Schaf hält, das er an den Füßen festhält. Picasso verfiel auf diesen einigermaßen seltsamen Vorwurf erstmals im Jahr 1942 und machte im Verlauf eines Jahres eine Anzahl von Zeichnungen des ›Mannes mit dem Schaf‹. (Christian Zervos hat fünfzig dieser Zeichnungen in seinen Cahiers d'Art abgebildet.) Dann fertigte er sehr rasch, an einem einzigen Tag, ein Tonmodell, während der Dichter Paul Eluard daneben saß und schrieb. Die Plastik wurde am Morgen begonnen und war bei Anbruch der Nacht fertig. Von ihr machte Picasso einen Gipsabguß, der jahrelang an auffallender Stelle in seinem Pariser Atelier stand und seine Besucher in beträchtliches Erstaunen versetzte.

Was war als nächstes damit anzufangen? Er bot die Plastik vorerst dem Museum in Antibes an, das ihn so gastfreundlich aufgenommen hatte. Nach einigem Hin und Her wurde dieses Angebot wieder zurückgenommen. Sodann bot er sie der Stadt Vallauris als Geschenk an, damit sie auf dem Platz vor der Kirche aufgestellt werden könne, wo die Kinder auf ihr herumklettern und die Hunde an ihr das Bein heben könnten. Der Stadtrat von Vallauris, in dessen echte Dankbarkeit sich eine gewisse, nicht weniger echte Besorgnis mischte, fragte behutsam an, wie der ›Mann mit dem Schaf‹ denn aussehe, und nahm das Geschenk an, als Picasso ihm versicherte, er sehe genau aus wie – ein Mann mit einem Schaf. Nur der Hufschmied des Ortes meinte einigermaßen unerwartet: »Wie schade wäre es doch, wenn die Statue genauso aussähe wie jede andere.«

Auf der anderen Seite des Platzes steht die romanische Kapelle der 1227 gegründeten Priorei von Lérins, die zur Zeit der Revolution aufgelassen und seit vielen Jahren als Olivenölpresse verwendet wurde. Sie besteht aus einem einzigen fensterlosen Tonnengewölbe-Mittelschiff, das in einen Altarraum führt, in dem die großen Olivenpressen noch zu sehen sind. Der Stadtrat bot Picasso die Krypta an, damit er sie nach seinem Belieben ausschmücke. Er schob die Arbeit immer wieder auf, bis er eines Abends, als die Töpfer von Vallauris ihm zu Ehren seines siebzigsten Geburtstages ein Festessen gaben, schließlich nachgab und versprach, die Flächen der Steinwände und die Gewölbe darüber und ringsherum auszumalen. Die Kapelle heißt heute *Tempel des Friedens*, denn sie ist der Sache gewidmet, die seinem Herzen am nächsten ist, der Förderung des Friedens und Verhinderung des Krieges.

Der gesamte Innenraum des Hauptschiffs, Wände und Deckengewölbe, ist mit einem einzigen, riesigen hundertfünfundzwanzig Quadratmeter umfassenden Gemälde ›Krieg und Frieden‹ bedeckt, mit dem Frieden auf der einen und dem Krieg auf der anderen Seite. Es besteht aus einer Anzahl von Sperrholz-Tafeln, die aneinander gefügt ein Ganzes bilden. Der Tischler des Ortes brachte ein Wände und Gewölbe bedeckendes Rahmengerüst an, an dem die einzelnen fertig gemalten Tafeln befestigt wurden, ohne auf den unebenen und feuchten Flächen des Mauerwerks aufzuliegen, und im Sommer 1952 schloß sich Picasso, der bereits eine Anzahl Zeichnungen und Entwürfe gemacht hatte, in seiner Parfümfabrik ein und begann die Arbeit an den Tafeln. Zwei Monate lang verließ er seine Werkstatt nur, um essen und schlafen zu gehen. Niemand wurde hereingelassen außer seinem Sohn Paulo, der an der Tür Wache zu halten und strenge Anweisung hatte, alle und jeden hinauszuweisen, auch wenn sein Vater schwach werden und sie hereinbitten sollte – mit anderen Worten, er versah die Funktion der Stricke, mit denen Odysseus sich am Mast seines Schiffes festbinden ließ. Zwei Monate später auf den Tag waren die Tafeln fertig, und die Tür wurde endlich geöffnet. Picasso hatte vorher keinerlei Maße genommen, aber als die Sperrholztafeln im Gewölbe der Krypta aneinander gefügt wurden, erwies sich, daß sie auf den Zentimeter genau paßten.

Der Krieg – auf der linken Seite – zeigt ein schwarzes Fuhrwerk, das wie ein Leichenwagen aussieht und von einem Gespann müder, ausgemergelter schwarzer Klepper gezogen wird. Auf dem Fuhrwerk sitzt ein gehörnter Dämon mit Fledermausflügeln, der in der einen Hand ein blutbeflecktes Schwert, in der anderen eine Schüssel voller schauerlicher Insekten oder riesiger Bazillen hält, die die naturwissenschaftliche Kriegsführung symbolisieren. Im Hintergrund drängen andere wirre und gewalttätige Kriegergestalten, alle möglichen Waffen schwingend, heran. Auf der äußersten Linken des Bildes tritt dem Wagen des Krieges eine heiter gelassene Gestalt mit der Friedenstaube auf dem Schild entgegen. Wen stellt sie dar? Möglicherweise die Gerechtigkeit, denn sie hält ein Paar Waagschalen in der Hand. Die Farbzusammenstellung von Schwarz und Rot auf Grün gibt absichtlich einen schrillen Mißklang und soll den Eindruck von Chaos, Wirrwarr und Unruhe vermitteln.

Auf der rechten Wand sind, im Gegensatz hierzu, die den Frieden darstellenden Tafeln in Farben komponiert, die lindern und beruhigen sollen – weiße Figuren auf blauem Hintergrund, eine Zusammenstellung, die wenigstens so alt ist wie della Robbia. Links sehen wir einen flötespielenden Musikanten, tanzende Mädchen und einen Jongleur, der eine Schale voller Vögel und einen Käfig mit Goldfischen balanciert, Symbol des allzeit gefährdeten Friedens und Menschenglücks. In der Mitte, erwärmt von einer großen, vielfarbigen Sonne, pflügt ein Knabe die Erde mit einem Pflug, dem der Pegasus vorgespannt ist, und rechts sind die Künste des Friedens wie Kochen und Schreiben abgebildet. Eine

Mutter säugt in lässiger Haltung ihr Kind, während sie zugleich lesend über ein Buch gebeugt ist.

An der Rückwand des Friedenstempels, wo man die alte Eingangstür zum Platz zugemauert hat, stehen vier, die Menschenrassen darstellende Gestalten – ein Weißer, ein Schwarzer, ein Gelber und ein Roter –, schütteln einander die Hände und halten die Taube des Friedens über ihren Köpfen.

Picassos ursprüngliche Absicht war gewesen, dieses fensterlose Gewölbe, gleich den von den Primitiven ausgemalten Höhlen Spaniens und der Dordogne, nur mit flackernden Fackeln zu erhellen, doch – glücklicherweise vielleicht – wurde aus dieser Idee nichts, und in der gut angelegten elektrischen Beleuchtung kommen die Tafeln jetzt aufs schönste zur Geltung.

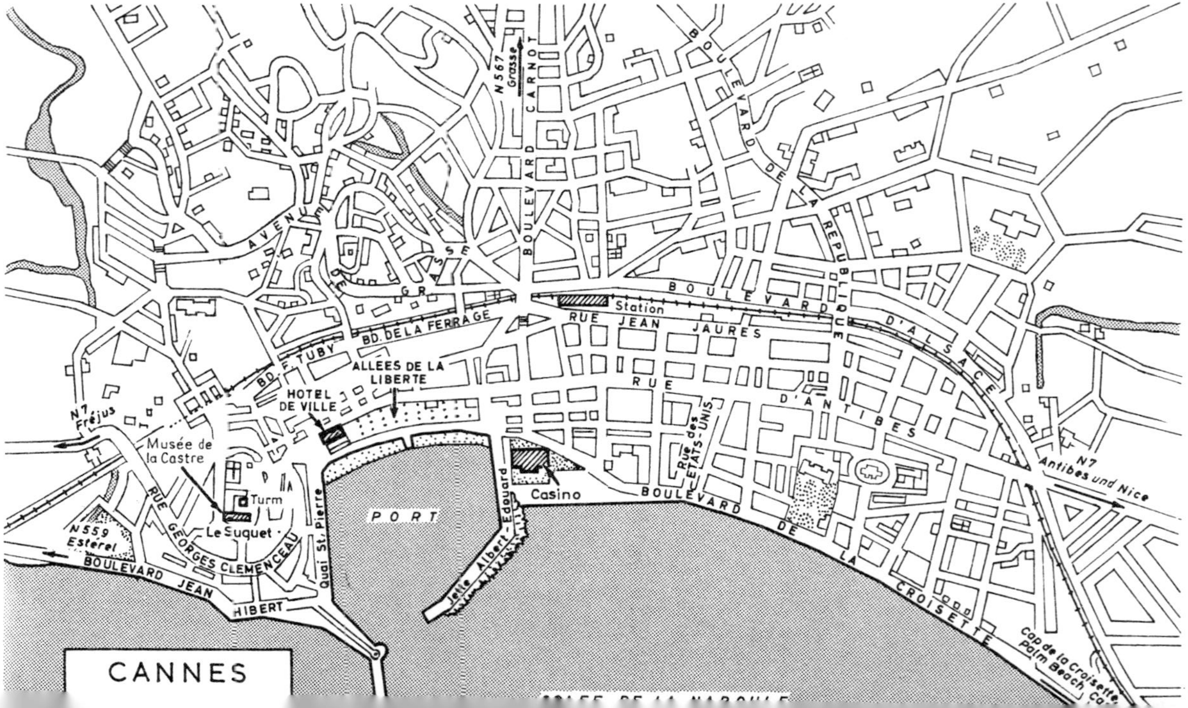
CANNES
BOULEVARD CARNOT
N 567 Grasse
BOULEVARD DE LA REPUBLIQUE
BOULEVARD D'ALSACE
Station
RUE JEAN JAURES
RUE D'ANTIBES
Rue des ETATS-UNIS
BOULEVARD DE LA CROISETTE
Cap de la Croisette
Palm Beach
N7 Antibes und Nice
AVENUE DE GRASSE
BD. DE LA FERRAGE
BD. F. TUBY
ALLEES DE LA LIBERTE
HOTEL DE VILLE
Casino
Jetée Albert-Edouard
PORT
Quai St. Pierre
Musée de la Castre
Turm
Le Suquet
RUE GEORGES CLEMENCEAU
BOULEVARD JEAN HIBERT
N7 Fréjus
N559 Esterel

Cannes

Den schimmernden weißen Palästen von Cannes gegenüber liegen zwei kleine grüne Inseln. Sie sind einander so ähnlich, daß die kleinere wie eine Miniaturausgabe der größeren aussieht. Die Alten nannten sie Lero und Lerina. Heute heißen sie *Les Iles de Lérins, Ste. Marguerite* die größere, näher der Küste gelegene, und *St. Honorat*, die kleinere, die ihr vorgelagert ist, und sind kaum mehr als beliebte Ausflugsorte, die im Motorboot von Cannes in einer Viertelstunde zu erreichen sind. Und doch war Cannes jahrhundertelang Besitz der alten Abtei von St. Honorat, und nicht umgekehrt. Das Festland gehörte der Insel, nicht die Insel dem Festland, und von den beiden Inseln war die kleinere die weitaus bedeutendere und ist heute die weitaus interessantere.

Das Kloster auf der Insel Lerina wurde um 400 vom hl. Honorat gegründet, der neben dem hl. Cassian als der Begründer des französischen Klosterlebens gilt. Die fromme Legende erzählt, die hl. Marguerite sei seine Schwester und Oberin einer Gemeinschaft christlicher Jungfrauen auf der Nachbarinsel gewesen. Der hl. Honorat freilich gestattete keiner Frau, den Fuß auf seine heilige Insel zu setzen, und beschränkte sich selbst strengstens auf einen einzigen Besuch im Jahr bei seiner Schwester. Er versprach, sobald der Mandelbaum am Ufer blühe, werde er zu ihr kommen und sie besuchen. Doch die hl. Marguerite, die den frommen Zuspruch ihres Bruders entbehrte, betete um ein Wunder, und Gott ließ den Mandelbaum allmonatlich erblühen, um den heiligen Mann herbeizurufen.

Daß St. Honorat ein beliebter Wallfahrtsort wurde, ist leicht begreiflich, denn wer die Insel aufsuchte, wurde des gleichen Sündenablasses teilhaftig, als sei er auf eine Pilgerfahrt ins Heilige Land gezogen. Im 8. Jahrhundert zählte die

Abtei annähernd achttausend Mönche und besaß über hundert Herrschaften und Prioreien auf dem Festland – unter ihnen auch Picassos Kapelle in Vallauris – und war der Feudalherr mehrerer tausend ›Untertanen‹. Sie war nicht nur reich und mächtig, sondern besaß auch eine der schönsten, besten Bibliotheken Europas und zählte während der Barbareneinfälle zu den großen Stätten frommer Gelehrsamkeit – eine Art unabhängige Republik des Wissens und der geistigen Disziplin in einer Welt des rohen Ungeistes, ein Zufluchtsort der Tugend, der Intelligenz, des Glaubens inmitten des römischen Zerfalls, ein provenzalischer Berg Athos oder Monte Cassino und nicht zuletzt eine ›Insel der Heiligen‹. In den glücklichen Zeiten des guten Königs Dagobert, da es »viele Heilige und wenige Sünden« gab, brachte St. Honorat über zwanzig Heilige und sechshundert Bischöfe hervor. Zu seinen Zöglingen gehörten der hl. Patrick, der Apostel und Bekehrer Irlands, der neun Jahre auf der Insel verbrachte und hier seine Schulung erhielt, und der Bischof von Troyes, der Attilas Vormarsch zum Stehen brachte.

Das Kloster, seit 660 unter der Benediktiner-Regel, gehört heute den Zisterziensern, und man kann es an Wochentagen besichtigen. Allerdings werden nur Männer eingelassen. Man wende sich bei der Bootslandestelle nach links und biege dann rechts ein, durch den Torbogen mit der Inschrift ›L'Abbaye‹. Aber vom alten Klosterbau ist außer dem Kreuzgang und dem Kapitelsaal aus dem 13. Jahrhundert nicht mehr viel übrig. Der Kreuzgang ist interessant; sein Mauerwerk geht auf das Jahr 660, sein Gewölbe auf etwa 1073 zurück; alles übrige stammt aus dem Ende des vorigen Jahrhunderts. Wesentlich eindrucksvoller ist das neben dem Kloster stehende sogenannte ›château‹, das freilich kein Schloß, sondern ein Bergfried, ein großer, viereckiger Festungsturm ist. Dieser Festungsturm wurde um 1073 von Abt Adalbert auf einem noch vorhandenen gallisch-römischen Fundament als Schutz und Abwehr gegen die Piratenüberfälle erbaut. Hier brachten sich die Mönche – nachdem sie noch rasch ein

Leuchtfeuer entzündet hatten, das den Wachtturm auf dem Mont Chevalier verständigte – eiligst in Sicherheit, sobald ein sarazenisches Segel auftauchte. Heute führen einige Treppenstufen zu der vier Meter über dem Erdboden befindlichen Tür hinauf; früher konnte man in den Turm nur mittels einer Leiter gelangen, welche die Mönche hinter sich einzogen. So wie er da honigfarben gegen den blauen Himmel aufragt und das Mittelmeer die Felsen zu seinen Füßen umspült, könnte dieser Festungsturm ohne weiteres eine der kleinen Kreuzfahrerburgen Syriens oder Zyperns sein.

Tatsächlich begann mit der von den Zeitläuften erzwungenen Befestigung des Klosters sein geistiges Leben zu verfallen; es wurde zu einer Kommendpfründe und mit der Zeit mehr und mehr zu einer Strafanstalt. Franz I. wurde im Juni 1525 hier von Karl V. vorübergehend eingesperrt; italienische Mönche, die sich in Skandale verwickelt hatten, wurden so häufig hierher verbannt, daß das Kloster Ende des 17. Jahrhunderts allgemein als die ›Mönchsgaleere‹ bekannt war. Um diese Zeit war die Zahl der Mönche auf knappe hundert zusammengeschrumpft, und als Papst Pius VI. im August 1787 mit einer Bulle die moralisch völlig heruntergekommene Abtei schloß, fand der königliche Kommissar, der das Inventar dieser jahrhundertelang weltberühmten Stätte christlichen Lebens aufzunehmen hatte, die Bibliothek geplündert, die Meßgewänder in Fetzen, das Land unbestellt, die Kirche unbenutzt und nur noch vier armselige Klosterbrüder vor, die sich gern mit einer Jahrespension von 1500 Livres und der Erlaubnis, auf dem Festland zu leben, abfinden ließen. Wenige Jahre später hätte die Revolution dem Papst die Mühe abgenommen. Bald nach der Säkularisation wurde die ganze Insel versteigert und ging durch verschiedene Hände. 1791 gehörte sie der Schauspielerin Sainval von der Comédie Française, die sich in dem Château niederließ. Später kauften die Bischöfe von Fréjus die Insel und siedelten die Dominikaner hier an.

Der Festungsturm ist ein geräumiger Bau und mußte es

sein, um im Augenblick der Gefahr alle Insassen des Klosters aufnehmen zu können. Seine vierstöckige Einteilung ist noch gut zu erkennen. Er besitzt einen kleinen Innenhof mit einer römischen Zisterne in der Mitte, der von zwei Geschossen Galerien eingeschlossen ist, die in Wahrheit ein doppelgeschossiger Kreuzgang mit sehr eigentümlichen Gewölbebogen aus dem 13. bis 16. Jahrhundert sind. Im ersten Stock befindet sich die Kapelle, welche der Schauspielerin als Salon oder Boudoir diente, sowie ein langer Saal mit romanischem Gewölbe, der vermutlich der Schlafsaal der Mönche war. Von hier gelangt man über eine mächtige Wendeltreppe zum zweiten Stock, wo sich die Zellen der Mönche, die Sakristei und die Bibliothek befanden; im dritten wohnte der Abt, im vierten das Dienstpersonal und die Wachsoldaten. Mit ein wenig Phantasie kann man sich das Leben in dieser höchst eigentümlichen ›Klosterfestung‹ gut vorstellen.

Auch *Ste. Marguerite,* gleich der kleineren Insel von dichten Wäldern der Aleppo-Kiefer bedeckt, besitzt eine kleine Festung, das Fort Royal, die man auf einem kurzen Spaziergang vom Landesteg aus erreicht. Sie wurde von Richelieu erbaut und hat nicht nur viele Belagerungen erlebt (1746 bemächtigten die Österreicher und Piemontesen, unterstützt von einer englischen Flottille, sich der Insel, hundert Jahre vorher hatten die Spanier sich hier festgesetzt), sondern auch eine Anzahl vornehmer Gefangener in ihren Mauern gesehen, vom Mann in der Eisernen Maske bis zum hasenherzigen Marschall Bazaine, der 1870 Metz den Preußen auslieferte. Man kann Bazaines Zelle besichtigen, aus der er 1874 mittels eines sehr einfachen Verfahrens entfloh: er bestach seine Wachen, damit sie ihm das Tor aufschlossen; die Behörden setzten später die weniger blamable Version in Umlauf, er sei durch ein Zellenfenster geklettert und habe sich draußen an einem Seil herabgelassen, wiewohl er, wie jedermann wußte, infolge seiner Beleibtheit hierzu gänzlich außerstande war. In einer anderen Zelle befindet sich eine Statue des dänischen Bildhauers Viggo Jarl zur Erinnerung an die sechs Hugenotten-Pastoren, die nach der Aufhebung des Edikts von Nantes heimlich nach Frankreich zurückkehrten und zu Einzelhaft in diesem Festungsturm verurteilt wurden. Der schwächste von ihnen hielt es hier fünf, der standhafteste dreißig Jahre lang aus. Es sind Briefe Ludwigs XIV. erhalten, in denen er den Kerkermeister, Monsieur de St. Mars, anweist, den einzigen von ihnen, der sich seine gesunden Verstandeskräfte bewahrt hatte, nach Möglichkeit zur Kirche von Rom zu bekehren, während die fünf anderen, die den Verstand verloren hatten, so gut zu behandeln seien, wie es sich mit ihrer Absonderung von der Außenwelt vereinbaren lasse; doch dürfe man natürlich diesen »opiniâtres«, diesen Starrköpfen, nicht gestatten, ihrer Gewohnheit nachzugehen und mit laut schallenden Stimmen Psalmen zu singen, es wäre denn, man verbringe sie vorher in Zellen außer Hörweite ihrer Mitgefangenen.

Zu diesen Mitgefangenen zählte auch der berühmte Mann mit der Eisernen Maske (sie war in Wahrheit nicht aus Eisen, sondern aus Samt), der von 1687 bis 1698 hier eingekerkert war; in letzterem Jahr verschaffte sich Monsieur de St. Mars, der sich auf der Île Ste. Marguerite zu Tode langweilte, den Gouverneursposten der Bastille und nahm seinen geheimnisvollen Häftling mit. Wer dieser Staatsgefangene Ludwigs XIV. war, hat sich nie genau ermitteln lassen. Man hat in ihm den Zwillingsbruder Ludwigs vermutet, der mehrere Stunden nach ihm geboren wurde; den Grafen Mattioli, einen Minister des Herzogs von Mantua, der ihn bei irgendwelchen Verhandlungen um Casale in Piemont hintergangen hatte; einen Priester, der sich zwischen den König und Madame de Montespan gestellt hatte; einen Pagen am Hof, der ein Komplice der Giftmischerin Madame de Brinvilliers war; und schließlich, der neuesten Theorie zufolge, den unbesonnenen Sohn des Arztes Annas von Österreich: der Arzt hatte bei der Leichenschau Ludwigs XIII. den König für unfähig befunden, Kinder zu zeugen, und sein Sohn hatte dieses Geheimnis angeblich ausgeplaudert.

Die Mönche von St. Honorat hatten gegenüber den Grafen von Provence die Verpflichtung übernommen, nicht nur für ihre eigene Sicherheit, sondern auch für die ihrer ›Untertanen‹ auf dem gegenüberliegenden Uferstreifen der Bucht von Napoule zu sorgen. Dort befand sich eine kleine Fischer- und Bauernsiedlung namens Portus Canis (möglicherweise so genannt nach dem Schilf – cannae – das in den Lagunen wucherte) und darüber eine kleine Anhöhe, heute unterschiedlich *La Castre*, *Mont Chevalier* und *Le Suquet* genannt. Diese Anhöhe auf der Westseite des Hafens war schon in vorrömischer Zeit befestigt gewesen; man vermutet in ihr die Festung Aegitna des Ligurer-Stammes der Oxybier. Später, als die Römer nach ihrem Sieg von 154 den Ligurern den Küstenstreifen mit dem Hafen weggenommen und den Phokäern von Marseille übergeben hatten, hieß die Höhe nachweislich Castrum Marsellinum. Hier errichtete Abt Adalbert um 1070, zugleich mit der Festung für seine Mönche, auf den Resten der alten Befestigungen einen Wachtturm mit einer Umfassungsmauer, in deren Schutz sich ein kleines Dorf ansiedelte – der Beginn des heutigen *Cannes.* Außer dem Wachtturm und einigen zyklopischen Mauerresten befindet sich heute hier oben noch eine Kirche aus dem 17. Jahrhundert, die möglicherweise durch ihre wundertätige Madonna zur Sonntagsmesse eine große Gemeinde anlockt, und ein Museum der antiken Mittelmeerkultur, auch *Musée de la Castre* genannt (montags geschlossen). Es besteht zum größten Teil aus den zwei Sammlungen, die der holländische Baron Lycklama 1873 der Stadt vermachte, und wurde 1961 neu aufgestellt und modernisiert. Die erste Stiftung des Barons umfaßt Altertümer des östlichen Mittelmeerraums, hauptsächlich römische, etruskische, griechische und phönizische Stücke, die zweite eine ethnographische Sammlung aus der ganzen Welt, von Polynesien bis zum vorkolumbianischen Südamerika. Der Baron selbst ist auf einem bemerkenswerten Bild in orientalischem Kostüm zu sehen. (Cannes besitzt keine städtische Gemäldegalerie, aber zwei gute Kunsthandlungen mit Ausstellungen auf dem Boulevard de la Croisette 65 und in der Rue des Etats-Unis; außerdem hat die Madoura-Töpferei in Vallauris einen Ausstellungsraum.)

Cannes hatte eine Bevölkerung von drei- bis viertausend Fischern und Bauern an jenem schicksalsvollen Tag des Jahres 1834, als Lord Brougham and Vaux, der sich mit seiner kränkelnden Tochter unterwegs nach dem italienischen Nizza befand, am Var angehalten und zurückgeschickt wurde. In Frankreich war die Cholera ausgebrochen, und die sardinischen Behörden hatten die Grenze gesperrt. Der vormalige britische Schatzkanzler ließ sich, um die Aufhebung der Quarantäne abzuwarten, im einzigen damals existierenden Gasthof von Cannes nieder, nämlich Monsieur Pinchinats Hotel de la Poste-aux-Chevaux, das an der Stelle stand, wo heute das Hotel Méditerranée seine weiße Silhouette im spanischen Kolonialstil gen Himmel hebt. (Heute gibt es in Cannes rund zehntausend Hotelzimmer.) Entzückt vom Klima und der Landschaft des Ortes, beschloß Brougham, sich hier niederzulassen, und baute sich westlich von Le Suquet, an der Straße nach Fréjus, die Villa Eléonore. (Prosper Merimée kam im gleichen Jahr 1834 auf einer Dienstreise als Generalinspektor der historischen Baudenkmäler erstmals nach Cannes, ließ sich fünfundzwanzig Jahre später hier nieder und starb hier 1870.) Broughams Villa ist inzwischen abgerissen worden, aber die herrlichen Palmen und Zedern ihres Gartens an der linken Straßenseite kurz vor der Einfahrt nach La Bocca bezeichnen noch heute den Geburtsort des modernen Cannes. Das zinnengekrönte Aussichtstürmchen, zu dem man über eine Brücke über die Straße und das Bahngleis gelangt, gehörte noch zu seiner Besitzung. Brougham verbrachte vierunddreißig Winter hier, und als er neunzigjährig starb, hatte sich Cannes von einem Fischerdorf zu einem eleganten Winterkurort entwickelt; denn andere englische Aristokraten waren seinem Beispiel gefolgt und hatten sich dort, wo das Croix des Gardes zum Meer hinabläuft, Villen gebaut. Zu ihrem Zorn wurde 1863 die Eisenbahnlinie nach Cannes verlängert und lief quer durch die untere Hälfte ihrer Gärten, wodurch ihre Villen vom Meer abgeschnitten wurden. Die Eisenbahnverbindung führte zum Bau von Hotels auf der anderen Seite der Stadt, wo die beim Bahnbau ausgeschachtete Erde zum Bau des Boulevard de l'Impératrice, dem heutigen Boulevard de la Croisette, verwendet wurde. Cannes, das schon einmal unter den Römern ein überaus eleganter und hochkultivierter Villenort reicher Müßiggänger gewesen war, wurde rasch zur großen Mode in Europas hochgeborenen Kreisen, und 1890 zählte ein ortsansässiger Bürger nicht weniger als sechzig Angehörige ausländischer Königshäuser, die sich hier niedergelassen hatten. Maupassant, der in Cannes eine ›chaufferette‹ – ein Feuerstübchen – hatte, liebte die Stadt der kaiserlichen und königlichen Hoheiten: »Man begegnet ihnen in großer und kleiner Ausführung, arm und reich, traurig und vergnügt – für jeden Geschmack etwas.«

Cannes besaß, als Brougham es entdeckte, nur einen offenen, ungeschützten Ankerplatz, und die Parfüms von Grasse wurden, anstatt an Ort und Stelle verschifft zu werden, auf dem Landweg nach Marseilles transportiert, wo sie auf Schiffe verladen wurden. Nachdem Brougham Cannes ›erschlossen‹ und gleichsam zu seinem Eigentum gemacht hatte, schrieb er mit der ganzen Selbstsicherheit eines englischen Granden des 19. Jahrhunderts an König Louis-Philippe und ersuchte ihn, Geldmittel für den Bau eines Hafens zur Verfügung zu stellen. Der König gab tatsächlich zwei Millionen Francs her, und im Jahr 1840 wurde von der Stelle ausgehend, wo damals Pinchinats Hotel stand, die heutige Hafenmole gebaut. Damit gab Brougham der Entwicklung von Cannes eine zweite Wendung, die kaum weniger bedeutsam war als jene erste, als er beschloß, sich hier niederzulassen; denn Cannes ist heute – ausgenommen nur St. Tropez – der bedeutendste Hafen für Vergnügungs-Jachten an der ganzen Mittelmeerküste. 1860 fand hier die erste große Segelregatta statt, und kurz darauf wurde der Jacht-Club gegründet.

Dennoch konnte Maupassant noch 1887 schreiben, Cannes sei »ein gefährlicher Hafen, gänzlich ungeschützt ... in dem alle Schiffe in Gefahr schweben«. Maupassant mußte es wissen, denn er vertäute seine eigene Jacht ›Bel-Ami‹ in Antibes. Erst 1904 war der Schutz des Hafens durch den Bau des Quai Albert-Edouard endgültig gewährleistet. Seinen Namen erhielt er zu Ehren des Prinzen von Wales, des späteren Königs Eduard VII., der erstmals 1872 nach Cannes kam, in Mr. Grays neuem Hotel Gray d'Albion abstieg und im exklusiven Cercle Nautique auf der Croisette, wo heute das Festspielhaus steht, Bakkarat zu spielen pflegte. An der ganzen Länge des Quai Albert-Edouard und des Quai St. Pierre liegen die Jachten dicht gedrängt, wie Autos auf einem Parkplatz, Seite an Seite vor Anker. Hier kann man womöglich noch besser als in Monte Carlo die schönsten Luxus-Jachten der Welt ganz aus der Nähe betrachten. Viele von ihnen sind während des ganzen Winters stillgelegt.

Am unteren Ende des Quai Albert-Edouard teilt das große rosa *Winter-Kasino* mit seinen Spielsälen, seinem Theater und seinem eleganten Ambassadeur-Restaurant die Stadt Cannes säuberlich in zwei Teile. Westwärts liegt das Cannes der Cannois, der ortsansässigen Einheimischen, östlich das Cannes der Ausländer. Neben dem Kasino, an der Ecke des Hafens, liegt die Gare Maritime, von der die ›vedettes‹ – Motorboote – nach den Inseln abfahren, und dahinter der Pantiero, der Strand, wo die Fischerboote auf Land gezogen und die Netze zum Trocknen ausgebreitet werden; hierher haben die Männer des Ortes jetzt auch ihr Boule-Spiel verlegt, seit man ihre alten Spielbahnen oder ›boulodromes‹ unter den Platanen der Allée de la Liberté asphaltiert und in einen Parkplatz verwandelt hat. Hinter der Allee liegt das menschenwimmelnde Viertel rings um die Markthalle, die auf ihrem Dach einen Parkplatz hat, was wissenswert ist, wenn an einem Sommernachmittag alle anderen Parkplätze des Ortes überfüllt sind. Von der Place de l'Hôtel de Ville, wo die Küsten-Autobusse abfahren, windet sich die Rue St. Antoine durch die Altstadt die Anhöhe von Le Suquet hinauf.

Es stimmt nicht ganz, daß das Cannes westlich des Hafens den Cannois vorbehalten ist, denn es ist außerdem das Cannes der Segler. Der Quai St. Pierre ist gesäumt von Schiffslieferanten, Läden mit Segelausrüstung und Zubehör, kleinen Restaurants und Seemanns-Bars, in denen wettergebräunte Jachtbesitzer sich mit ihren voraussichtlichen Kunden treffen, um ihre Boote zu Ausflügen nach St. Tropez oder Porquerolles oder einem Besuch bei den gastfreien Nacktkultur-Anhängern auf der Ile du Levant zu vermieten. Der Quai St. Pierre und die Croisette sind zwei verschiedene Welten. Auf der Ostseite des Kasinos, zwischen der Rue d'Antibes, der Hauptgeschäftsstraße von Cannes, und der Croisette, liegen alle eleganten Hotels des Ortes. Einige, wie das Suisse und das Gray d'Albion, stammen noch aus dem vorigen Jahrhundert. 1912 erbaute der große Monsieur Ruhl aus Nizza das Carlton mit seinen vierhundert Zimmern, das heute, fünfzig Jahre später, noch immer das Spitzenhotel von Cannes ist. Der Grundstein wurde vom Großfürsten Michael gelegt, der schon 1906 beim Kasino das gleiche Patenamt versehen hatte. Ende der zwanziger Jahre, just im Augenblick des großen Wall-Street-Börsenkrachs und des Beginns der Weltwirtschaftskrise der frühen dreißiger Jahre, wurden der langen Kette von Hotels entlang der Croisette noch das Majestic, das Miramar und das Martinez hinzugefügt. Als Architektur besehen, sind diese ›palaces‹, wie die Franzosen sie nennen, eine ziemlich betrübliche Angelegenheit, aber sie liefern nichtsdestoweniger einen eindrucksvollen Hintergrund für eine der elegantesten Promenaden der Welt. Es gab einmal eine Zeit, da die Nizzaer noch über die Croisette die Nase rümpften und sie verächtlich ›la promenade des puces‹, die Flohpromenade, nannten, aber seit einigen Jahrzehnten zumindest hat Cannes, was Eleganz und Chic betrifft, Nizza mühelos überflügelt.

Wie auch in allen anderen Orten an der Küste, hat die Einführung der Sommer-Saison gegen Ende der zwanziger

Jahre das Leben und die Wirtschaftsgrundlage von Cannes radikal verwandelt. Ein französischer Schriftsteller des 19. Jahrhunderts hat einmal gesagt, man solle sich ein Land stets in seiner charakteristischsten Situation ansehen und es folglich in seinem Klima-Extrem aufsuchen; man solle nach Sizilien im Hochsommer und nach Schweden im tiefsten Winter fahren. Bis vor dreißig Jahren wurde dieser Ratschlag von den Vergnügungssüchtigen unbeachtet gelassen, die das ganze Jahr lang Jagd auf ein mildes und angenehmes Klima machten und im Winter Wärme und im Sommer Kühle suchten. Heute ist es anders herum. Sie kommen in Scharen im Sommer ans Mittelmeer, um sich in der Sonne zu braten, und wirbeln im Winter den jungfräulichen Schnee der Alpen auf, jener ›horridos montes‹, von denen sogar Julius Cäsar nur mit einem Schaudern zu schreiben vermochte.

In den zwanziger Jahren unseres Jahrhunderts dauerte die Saison noch vom November bis April; die Fremdenorte lebten von den Wintergästen; im Sommer machten sämtliche Hotels zu, und die ganze Küste war verlassen und menschenleer mit Ausnahme der bedauernswerten Einheimischen, die genötigt waren, ständig hier zu leben und zu arbeiten. Keiner der ›Villen-Leute‹ war hier nach Anfang Mai noch zu erblicken; es galt als ausgemacht, daß die Hitze für Menschen des Nordens unerträglich war, obwohl niemand bisher gewagt hatte, die Sache wirklich auszuprobieren. Heute sind die Saisons vertauscht. Während des ganzen Juli und August ist der Mittelmeerstrand gedrängt voll von Badenden, und die Hotels sind überfüllt, während es sich für viele nicht lohnt, den Winter über offen zu halten. Nichtsdestoweniger erklären die teuren Juweliere und Couturiers an der Croisette, daß sie während der Sommersaison nur sehr wenig verkaufen und ihr eigentliches Geschäft im Februar machen; denn es ist Cannes mit seinem Ruf der Eleganz und seinen vielen reichen Villenbesitzern besser als irgendeinem Ort der Riviera gelungen, sich eine kleine, aber sehr gewählte und zahlungskräftige Winterkundschaft zu erhalten.

Es ist in ebenso günstiger Lage, die Sommersaison auszunutzen, denn im Unterschied zu Nizza besitzt es zwei lange Strecken feinsten, silbrigen Sandstrandes, beim Boulevard du Midi westlich des Hafens und an der Croisette im Osten. Der über zwei Kilometer lange *Boulevard de la Croisette* heißt nach dem Cap de la Croisette am Ostende, das die Buchten von La Napoule und Golfe Juan voneinander trennt und auf dem früher ein Kreuz stand. An der äußersten Spitze dieser Landzunge steht das eigentliche Symbol der Sommer-Saison, das *Palm Beach Casino*, ein flaches weißes Gebäude, das ein wenig wie eine Kreuzung aus einem Fort der Fremdenlegion und dem Dogenpalast aussieht. Das Winter-Kasino ist von April bis Oktober geschlossen, und seine Stelle nimmt während dieser Monate Palm Beach ein. Spieler wird es vielleicht interessieren, daß umsatzmäßig Palm Beach das zehntgrößte Kasino in Frankreich ist, während das Palais de la Méditerranée in Nizza an zweiter, das Winter-Kasino in Cannes an vierter und das Städtische Kasino in Nizza an achter Stelle stehen.

Jenseits der Rue d'Antibes und der Eisenbahnlinie erhebt sich die Anhöhe der *Californie*, auf der einige der schönsten Villen verborgen in einer exotischen Vegetation liegen, die ihre Besitzer an Stelle des ursprünglichen Maquis, des Gestrüpps aus Ginster und Zwergeiche, hier eingeführt haben. Inzwischen sind viele dieser großen herrschaftlichen Besitzungen aufgeteilt und auf ihrem Grund Wohnblocks mit Luxuswohnungen errichtet worden. Eine Anzahl Hotels mittlerer Güte längs der Küste ist gleichfalls in Wohnungen umgewandelt worden, sehr zum Ärger der Einheimischen, denn diese Wohnungen werden zu Preisen verkauft oder vermietet, die sie selbst nicht erschwingen können, während die Pariser und andere, denen sie gehören, nur einen oder zwei Monate im Jahr in ihnen wohnen und folglich wenig Beschäftigung schaffen und den Geschäftsleuten kaum Verdienst bringen. Auf der Höhe der Californie, dreihundert Meter über dem Meer, stehen ein modernes Observatorium und ein

Pierre Bonnard

Le Cannet, Blick vom Hause des Künstlers
gegen das Esterel, um 1926
(Ausschnitt)
Sammlung Professor Dr. Hans R. Hahnloser, Bern

Hotel. Jede halbe Stunde geht von der Place Général de Gaulle gegenüber dem Kasino ein Autobus nach der Abfahrtsstelle der Zahnradbahn, die Besucher nach dem Super-Cannes hinauffährt, wie man die Hügelhöhe nicht gerade glücklich getauft hat; von hier hat man einen prachtvollen Rundblick über die Küste und die Berge. Für diesen Ausflug muß man insgesamt wenigstens eineinhalb Stunden rechnen.

Landeinwärts hinter Cannes liegen zwei alte Bergnester. In *Le Cannet*, das inzwischen ein Stadtteil von Cannes geworden ist, lebte jahrzehntelang still und zurückgezogen der Maler Pierre Bonnard und starb hier 1947. *Mougins* auf seiner Hügelkuppe ist das alte Mons Aegitna, in dem die Oxybier sich festsetzten, nachdem die Römer ihnen Küste und Hafen weggenommen und sie genötigt hatten, sich zwölf Stadien weit vom Meer landeinwärts zurückzuziehen. Picasso verbrachte hier die letzten Jahre seines Lebens.

Grasse

Die sandigen Abhänge hinter Cannes und Mandelieu, wie La Croix des Gardes, La Roquette und das Tanneron, sind im Januar und Februar ein einziger Goldrausch; denn um diese Zeit stehen die Mimosenwälder, die sie bedecken, in strahlender Blüte. Zwischen der wildwachsenden Mimose liegen Haine gezüchteter oder ›gepfropfter‹ (veredelter) Mimosen. Die veredelte Mimose, die sich länger frisch hält als die wilde, wird geschnitten, in wasserdichte Behälter verpackt und nach England, ihrem Hauptmarkt, und anderen nördlichen Ländern, ja sogar nach den Vereinigten Staaten und Kanada versandt. Siebzig Prozent der durchschnittlichen Ernte von dreißigtausend Tonnen werden exportiert; doch ist die Erzeugung vor einiger Zeit zurückgegangen, denn im großen Frost von 1956 erlitt die Mimose, eine sehr empfindliche Pflanze, so große Schäden, daß eine Anzahl von ›Mimosistes‹ nicht mehrere Jahre warten wollte, bis die Bäume sich erholt hatten, und es vorzog, sie zu schlagen und auszuroden und das Land als Bauplätze zu verkaufen. Während die Blumenhändler die gepfropfte Mimose vorziehen, verwenden die Parfümfabriken in Grasse wegen ihres stärkeren Duftes nur die wilde Mimose. Die gelbe Blüte wird im Februar von den Zweigen abgeerntet und zum Extraktionsverfahren in die ›Parfumeries‹ geschickt.

Bedenkt man, wie uralt die Erfindung des Parfüms ist, so ist die Parfümindustrie von Grasse vergleichsweise jungen Datums. (Wie alt die Stadt selbst ist, ist strittig; die Theorie, daß sie von Crassus gegründet wurde, ist ebensowenig belegbar wie die Vermutung, daß sie im 6. Jahrhundert von Juden aus Sardinien erbaut wurde; gewiß ist nur, daß sie im frühen Mittelalter bereits existierte.) Die ursprüngliche ortsansässige Industrie war die Handschuh-Fabrikation. Als im

16. Jahrhundert unter den Medici das Tragen parfümierter Handschuhe Mode wurde, kam auf Anregung Katharinas von Medici der Florentiner Tombarelli nach Grasse und führte dort die Parfümherstellung ein. Die Handschuhfabrikation ging ein; das Parfüm blieb. Der große Aufschwung der Industrie begann jedoch erst zu Beginn des 19. Jahrhunderts. Heute ist Grasse die Parfümhauptstadt der Welt. Insgesamt erzeugt die Küste im Jahr rund zwanzigtausend Tonnen Mimosen, Nelken, Rosen, Jasmin, Reseda, Narzissen, Schneeglöckchen, Tuberosen und Veilchen. Obwohl der schon beträchtliche Umsatzwert der Schnittblumen-Industrie des Département Alpes-Maritimes den der Parfümblumen um ein Vielfaches übersteigt, sind die letzteren, da sie die Grundlage der großen Parfümindustrie bilden und diese wiederum Frankreichs wertvollster Exportzweig ist, für die Wirtschaft des Landes von weitaus größerer Bedeutung.

Parfüm wird nicht nur aus Blumen hergestellt. Grasse verarbeitet außerdem graue Ambra von Walfischen, Moschus von tibetanischen Moschustieren, Zibet von äthiopischen Katzen, Patschuli-Öl aus Java, Ingwer aus Indien, Vanille aus Réunion, Anis aus Spanien und Sandelholz von den Salomon-Inseln. Die Kunst der Parfümherstellung war schon den Ägyptern, Phöniziern, Griechen und Römern wohlbekannt. Grasse jedoch erfand etwas Neues: die Mischung von Alkohol mit den Ölen der Antike. Es gibt rund zwanzig Fabriken in der Stadt, in denen die Blumen zur konzentrierten ›Essenz‹ reduziert werden, die dann zur Herstellung des eigentlichen Parfüms nach Paris gesandt wird. Mehrere dieser ›Essenz‹-Fabriken, wie Molinard, Fragonard und Gallimard, können besichtigt werden, und es ist überaus fesselnd einen solchen Rundgang zu machen und sich die verschiedenen Verfahren anzusehen. Sie zerfallen in drei Gruppen: die Destillation mittels Dampf, die bei Orangenblüten verwendet wird; die ›enfleurage‹ oder Tränkung in tierischen Fetten, die hauptsächlich bei Jasmin und Tuberosen angewendet wird; und die Extraktion mittels Kohlenwasserstoffen -

Äther und Azeton – bei Mimosen. Das Fräulein, das einen herumführt, erhält für seine Mühe einen oder zwei Francs Trinkgeld. Es wird gern gesehen, wenn man etwas kauft, aber es besteht keine Verpflichtung.

Die Mimose ist keineswegs die einzige Blumenernte, die von den gefräßigen Parfümfabriken verschlungen wird. Die Gegend um Grasse erzeugt im Jahr etwa siebenhundert Tonnen Jasmin, vierhundert Tonnen Rosen und tausend Tonnen Orangenblüten, und zwar nicht der süßen, eßbaren Orange, sondern der bitteren Sevilla-Orange oder Bigarade. Ihre Blüten werden im Mai gepflückt und eiligst in die Fabriken geschickt, wo sie so rasch wie möglich – denn alle diese Blumen verlieren sehr schnell ihren Duft – in riesige kupferne Destillierkolben wandern, von denen ein jeder eine Tonne Blumen und siebenhundertsiebzig Liter Wasser enthält. Die ›Essenz‹, Neroli genannt, wird sodann vom Orangenblütenwasser abgesondert. Der hohe Preis der Parfüms wird begreiflich, wenn man bedenkt, daß tausend Kilo Blüten zur Herstellung eines Kilos Neroli gebraucht werden, das bei der Zusammensetzung von Eau de Cologne und der meisten feinen Parfüms verwendet wird. (Oder entsprechend: zwölfhundert Rosenknospen wiegen ein Kilo, und es werden siebenhundertfünfzig Kilo gebraucht, um ein Kilo reiner Essenz herzustellen, das seinerseits für vier- bis fünfhundert Flaschen Parfüm ausreicht. Es kostet doppelt so viel wie Gold.) Einige Orangenblüten werden an den Bäumen belassen und dürfen zu Früchten ausreifen, die im Herbst abgeerntet und zu Marmelade und eingemachten Orangen verarbeitet werden – heute die zweitgrößte Industrie von Grasse.

Wenn auch Grasse nicht mehr der elegante Modekurort ist, der es um die Jahrhundertwende war, so hat es doch an Quantität gewonnen, was es an Qualität eingebüßt hat; die berühmte Rothschild-Villa mit ihrem Garten beispielsweise ist heute ein Zeltlagerplatz, auf dem im Sommer Hunderte von Menschen in Zelten und Wohnwagen kampieren. Grasse liegt 333 m über dem Meer und ist durch die Voralpen gegen die Nordwinde abgeschirmt und erfreut sich als Kurort eines hohen Rufs. Im Winter reisen Kranke und Rekonvaleszenten hin – H. G. Wells lebte eine Zeitlang hier –, und im Sommer fahren die Küstenbewohner zum Wochenende hinauf, um die Bergluft zu genießen; viele Sommergäste lassen sich überhaupt hier nieder und fahren täglich zum Baden ans Meer hinunter.

Die auffallendste Besonderheit von Grasse ist der *Cours Cresp*, eine riesige Terrasse mit herrlichen Ausblicken bis hinaus zum Meer. Am Ende dieser Terrasse steht das Hôtel de Cabris, ein 1773 von Mirabeaus Schwester, der Marquise de Cabris, erbautes Palais, in dem sich jetzt das *Musée Fragonard* befindet. Bei der Umwandlung des Palais in eine Parfümfabrik wurde die wundervolle alte Täfelung herausgerissen und verkauft; 1921 wurde das Haus jedoch wiederhergestellt und zu einem Museum gemacht, das nach dem berühmtesten Sohn der Stadt, Honoré Fragonard (1732-1806), genannt ist, der in Grasse geboren wurde und starb. In den beiden ersten Räumen des Erdgeschosses hängt ein halbes Dutzend seiner Bilder, darunter Madame du Barrys ›Drei Grazien‹ und zwei interessante Selbstbildnisse, die im Abstand von fünfzig Jahren, das eine 1750, das andere 1800, gemalt wurden. Außerdem ist hier eine Anzahl von Fragonards Originalzeichnungen und Stichen zu sehen, sowie Gemälde seines Sohnes und seines Enkels und anderer Künstler der gleichen Zeit, verschiedene Andenken an ihn und Möbelstücke aus dem einstigen Hôtel de Cabris. Das Badezimmer der Marquise enthält noch zwei Badewannen und zwei Bidets jener Zeit. Im Untergeschoß befindet sich ein Lokalmuseum, das einiges Kirchengerät aus der Abtei von St. Honorat, darunter eine Reliquiar-Monstranz aus dem 16. Jahrhundert, Trachten und Kostüme der Gegend, Töpferwaren provenzalische Möbel und Haushaltungsgegenstände zeigt, sowie eine bemerkenswert vollständige Sammlung aller Parfümflaschen und Etiketts von Grasse. Im ersten Stock sind Sammlungen von Fayencen und Glasuren sowie Andenken an Admiral de Grasse, Mirabeau und die Französische Revolution zu sehen.

Am Ende des Cours Cresp führt die Rue Jean Ossola in die engen, belebten Straßen der alten Stadt, die sich im Lauf der letzten dreihundert Jahre kaum verändert hat. Man kann sich entweder nach links und die Anhöhe hinauf zu der bezaubernden, von Arkaden gerahmten Place aux Aires wenden, oder aber nach rechts zur *Kathedrale*, die aus dem späten 12. Jahrhundert stammt. Grasse war zu jener Zeit eine unabhängige, mit Pisa verbündete Republik, und die Fassade der Kathedrale weist denn auch einen deutlichen lombardisch-pisanischen Einfluß auf. (Die zum Portal hinaufführende Doppeltreppe ist eine Hinzufügung des 18. Jahrhunderts.) Das Innere ist sehr eindrucksvoll mit seinen riesigen, dicken runden Säulen, die tiefe Narben dort aufweisen, wo die Barockaltäre entfernt worden sind. Der Bau, der kein Querschiff hat, ist romanisch, mit ›Berceau-Brisé‹-Gewölben, also gebrochenen Tonnengewölben, in denen sich bereits die gotischen Spitzbögen ankündigen. In einer vom rechten Seitenschiff abgehenden Kapelle befindet sich ein ›St. Honorat mit sechs Heiligen‹, der Louis Bréa zugeschrieben wird, und am Ende des Seitenschiffs der Schädel des Schutzheiligen von Grasse, des hl. Honorat, in Person. Über der Sakristei-Tür eine große ›Fußwaschung‹ von Fragonard, eines der wenigen religiösen Gemälde dieses frivolen, wenn nicht gar liederlichen Künstlers, dem freilich kaum mehr religiöses Gefühl entströmt als Goyas St. Antonio-Fresken in Madrid. Es wurde für siebenhundert Livres von einer Büßer-Bruderschaft in Auftrag gegeben, während der mageren Jahre nach der Revolution, als der alte Maler seine elegante Kundschaft in Paris eingebüßt hatte und in seine Heimatstadt zurückgekehrt war, wo er in ärmlichen Verhältnissen lebte.

Wenn die Côte d'Azur der Vordergarten von Grasse ist, dann ist Grasse eines der Haupttore zur Côte d'Azur; denn die berühmte Route Napoléon verbindet es direkt mit Lyon und Paris. Die Route Nationale 85, wie sie offiziell heißt, folgt der Straße, welche der Kaiser nach seiner Landung in Golfe Juan 1815 bei seinem Marsch auf Paris nahm. Als der Bürgermeister von Cannes ihm den Eintritt in seine Stadt verweigerte, brachte Napoleon die erste Nacht im Feldlager auf den Sanddünen zu, wo heute, unweit dem Kasino, die Kirche Notre-Dame de Bon Voyage steht. Grasse ließ auf die Nachricht von seinem Herannahen die Sturmglocken läuten, um die Bürger zum Widerstand aufzurufen, und Napoleon umging folglich die Stadt und verbrachte die folgende Nacht abermals unter freiem Himmel an der Stelle auf der Hügelhöhe, die noch heute Plateau Napoléon heißt.

Eine andere, weniger bekannte Straße verbindet Grasse direkt mit Avignon und ist besonders im Juli zu empfehlen, denn dann sind die Felder und Hügelhänge eine einzige Masse violetten Lavendels, und die Luft ist schwer von seinem Duft. Der Lavendel wird für die Parfümfabriken angepflanzt, wächst jedoch auch wild und verleiht dem provenzalischen Lammbraten sein besonderes, eigentümliches Aroma. (Diese ganze Gegend ist ein Land der Schafe und außerdem berühmt wegen ihrer Mandeln und Trüffeln und, unnötig zu sagen, ihres Honigs.) Ein Mann, den ich einmal in einem Bistro in Valensole auf der ›drüberen‹ Seite von Moustiers traf, versicherte mir, sein Dorf sei die Lavendel-Hauptstadt der Welt – »la capitale mondiale de la lavande«, erklärte er einmal übers andere.

Die Straße ist zwar schmal und gewunden, hat aber den großen Vorzug, daß sie durch die berühmten *Gorges du Verdon* verläuft. Diese gewaltige Schlucht, das Grand Canyon du Verdon, ist angeblich die schönste Europas, zwanzig Kilometer lang und über siebenhundert Meter tief. Die *Corniche Sublime*, die 1947 erbaut und eigens so angelegt wurde, daß sie die Aussichtspunkte berücksichtigt, die sich an jeder Biegung auftun, folgt dem Südrand der Schlucht; aber es gibt außerdem eine ältere, weniger schwindelerregende Straße entlang dem Nordrand, von der sich Fußwege hinab in die Tiefe der Schlucht schlängeln. Reisenden, die es gleich mir vorziehen, an Abgründen entlang auf der Innen- und nicht der Außenseite der Straße zu fahren, möchte ich den Rat geben, wenn sie aus Grasse kommen, die Route Napoléon in Castellane zu verlassen und der nördlichen Straße zu folgen; oder umgekehrt, wenn sie von Moustiers-Ste-Marie am westlichen Ende der Schlucht kommen, die südliche Straße über Aiguines und Comps zu nehmen, die sich bei Le Logis du Pin mit der Route Napoléon vereinigt.

Moustiers leitet seinen Namen (Monasterium) von einer Gruppe von Mönchen her, die Bischof Maxime von Riez im Jahr 432 hier ansiedelte. Es ist eine kleine Stadt mit einer Kirche aus dem 12. Jahrhundert und seit dem 17. Jahrhundert berühmt wegen seiner Fayencen, hauptsächlich den Groteskfiguren nach der Art von Callot. Das Geheimnis ihrer schönen weißen Glasur wurde angeblich von einem italienischen Mönch aus Faenza nach Frankreich gebracht. Im 18. Jahrhundert blühte hier ein Dutzend dieser Keramik-Werkstätten, und alljährlich transportierten vierhundert Maultiere und Esel ihre Erzeugnisse hinab nach Beaucaire, wo sie auf der Handelsmesse verkauft wurden. Die Werkstätten gingen eine nach der anderen ein, die letzte mußte 1873 zumachen, aber ein halbes Jahrhundert später, im Jahr 1925, errichtete der Schriftsteller Marcel Provence wieder einen Brennofen und brachte die Fayence-Industrie wieder in Gang. Die alten Fayencen von Moustiers sind heute selten und gesucht; man kann sie in den Museen in Nizza, Grasse und Aix sehen, sowie in einem kleinen Museum in der Stadt selbst, das früher das Palais der Seigneurs von Moustiers war.

Die zweite Besonderheit von Moustiers ist seine erstaunliche Lage am Fuß einer großen Felssteilwand, die wie der Hintergrund eines Mantegna-Gemäldes wirkt und von einer hundertfünfzig Meter tiefen Schlucht gespalten wird. Auf höchster Höhe, wo die Adler kreisen, spannt sich eine zweihundertdreißig Meter lange Eisenkette mit einem vergoldeten Stern über den Abgrund und schwankt, in der Mitte durchhängend, sanft hin und her. Der Legende zufolge wurde diese ›Sternenkette‹ – Gott weiß, wie – von einem Edelmann namens Chevalier de Blacas angebracht, der auf dem Siebenten Kreuzzug bei Damietta in Gefangenschaft geriet und in Erfüllung eines Gelübdes und aus Dankbarkeit für seine Errettung aus langer Haft unter den Heiden dieses erstaunliche technische Wunder vollbrachte. Doch könnte es sich bei diesem ›Kreuzritter‹ auch um den Troubadour ›Blacasset‹ handeln, der nachweislich im 12. Jahrhundert in Moustiers ein Lehen besaß und hier in der Nachfolge seines berühmten Vaters, des Troubadours Blacas d'Aulps, einen vielgerühmten Dichterhof unterhielt. Ein weiterer Seigneur von Moustiers, Hugues de Penna, erhielt 1254 von der großen Gönnerin der Troubadours, der Königin Beatrice, Gräfin von Provence, die Dichterkrone. Wir sind im Land der Troubadours. Wer immer die Sternenkette anbrachte – ein Dichter war er jedenfalls.

Die Straße nach Avignon schlängelt sich durch die Lavendelfelder nach *Riez*, einer römischen Stadt – Reia Apollinaris – mit einem höchst merkwürdigen, aus dem 4. oder 5. Jahrhundert stammenden merowingischen Baptisterium – einem der ganz wenigen Bauwerke aus jener Zeit, die in Frankreich erhalten sind – und einer auffallenden Reihe von vier, nahezu sechs Meter hohen korinthischen Säulen eines römischen Tempels aus grauem Granit mit Sockeln und Architrav aus weißem Marmor, die aufrecht und einsam und allein in einer nahegelegenen Wiese stehen. (Man folge den Wegweisern mit der Aufschrift ›Les Colonnes‹.)

Die Straße überquert die Durance und verläuft weiter über *Manosque* (der Heimat des Dichters Jean Giono) und Apt. Etwa acht Kilometer weiter auf der Straße nach Avignon führt eine Abzweigung nach der *Fontaine de Vaucluse*. Diese berühmte Quelle ist das klassische Beispiel eines Phänomens, das in Kalksteingegenden nicht ungewöhnlich ist: ein unterirdischer Fluß – in diesem Fall die Sorgue – schießt voll ausgewachsen aus einer Höhle am Fuß der Felswand hervor. Diese zweiundzwanzig Kubikmeter Wasser in der

Sekunde, die bis zum Zehnfachen dieser Menge anschwellen können, sind die von Petrarca in der 14. Canzone besungenen »chiare, fresche e dolci acque« der »Sorgia, rex fontium«. Petrarca zog sich 1337 in die Einsamkeit von Vaucluse zurück, zehn Jahre nach seiner ersten Begegnung mit Laura in Avignon, und viele seiner Sonette und Lieder, in denen er ihre Schönheit verherrlicht, entstanden hier in dieser Einsiedelei – eine Dichterliebe ganz in der Tradition der provenzalischen Troubadours, denn sie galt einer verheirateten Frau und Mutter zahlreicher Kinder, die er aus der Ferne verehrte und von der er nie die geringste Gunstbezeugung erhielt, und sie dauerte über den Tod der Angebeteten (1348) hinaus. Rechts oberhalb der Quelle sind noch die Ruinen des Schlosses seines Freundes, des großen Politikers und Gelehrten, Kardinal Philipp von Cabassole, zu sehen. Doch wer kein Petrarca-Verehrer ist, dem hat die Fontaine de Vaucluse, ehrlich gesagt, nichts zu bieten, was die Abzweigung von der Straße lohnen würde. Die Zufahrt ist zuerst verschandelt durch Verkaufsbuden mit den schundigsten Vallauris-Keramiken und sodann versperrt durch eine Papierfabrik, die mit der Wasserkraft der Quelle betrieben wird. Einen besseren Eindruck von der Fontaine, wie sie zu Petrarcas Zeiten ausgesehen haben dürfte, gewinnt man von den beiden Ansichten im Musée Calvet in Avignon.

St. Raphaël und Fréjus

Westwärts ist Cannes gegen die ärgsten Unbilden des Mistral durch die zerklüfteten *Berge des Esterel* geschützt, einer sehr alten Bildung vulkanischen Gesteins, die genau genommen ein einziger riesiger Porphyr-Block ist. Sie ist angeblich nicht nur eines der ältesten Felsstücke Europas, sondern eine der ältesten Landmassen der Erde überhaupt. Millionen Jahre der Verwehung haben dieses Massiv jedoch so abgeschliffen, daß es sich heute nirgends mehr über sechshundert Meter erhebt.

Bis zum Anfang unseres Jahrhunderts gab es nur eine einzige Straße, die Cannes und Italien auf der einen Seite des Esterel mit St. Raphaël und dem Rhônetal auf der anderen verband – die gegenwärtige Route Nationale 7. Im 18. Jahrhundert hatten diese dicht bewaldeten, von Schluchten zerklüfteten Berge einen üblen Ruf wegen ihres Räuberunwesens, und einsame Reisende, die dieses Weges kamen, atmeten erleichtert auf, wenn sie wohlbehalten den Waldgasthof von Les Adrets – eine Art provenzalisches Wirtshaus im Spessart – hinter sich hatten, der das bevorzugte Schlupfloch des berühmten Schmugglers Mandrin und das Hauptquartier des Räuberhauptmanns Gaspard de Bresse war, der 1781 in Toulon aufs Rad geflochten wurde. Im 19. Jahrhundert war das Esterel-Gebirge ein Zufluchtsort der Sträflinge, die von den Schiffen in Toulon entkommen waren, und im 20. ein wichtiger Stützpunkt der französischen Widerstandsbewegung. 1961 wurde die neue doppelbahnige Autostraße eröffnet, die jetzt die Fahrtzeit von einer Dreiviertelstunde auf zwanzig Minuten herabsetzt. Sie ist die Fortsetzung der in Nizza beginnenden neuen Küsten-Autobahn, die hinter Biot landeinwärts und zwischen Le Cannet und Mougins nach Mandelieu verläuft, von wo sie einen Bogen rückwärts um das Esterel-Gebirge macht und sich westlich von Fréjus mit der Hauptstraße nach Paris vereinigt, wodurch sie den Verkehrs-Engpaß in der Stadt Fréjus vermeidet.

Die felsige, tief eingeschnittene und gezackte Küste entlang läuft eine Kette von verführerischen kleinen Buchten und Badestränden zu Füßen der roten Porphyr-Steilklippen. Dieser ganze Küstenabschnitt war praktisch unbekannt und unbewohnt bis zum Jahr 1903, als auf Veranlassung des Touring Club de France hart an der Felswand eine neue Küstenstraße gebaut wurde, um La Napoule in der Bucht von Cannes mit Boulouris bei St. Raphaël zu verbinden. Die Corniche d'Or, wie die Touristen-Prospekte sie gern nennen, beginnt an der Mündung der Siagne aus der Schwemmland-Ebene emporzusteigen und vereinigt sich in Fréjus mit der aus den Bergen kommenden alten Straße, die von hier ab bis zur Bucht von St. Tropez am Meer entlang läuft.

Der Name *La Napoule* deutet auf griechischen Ursprung hin; aber von diesem ›Neapolis‹, dieser ›neuen Stadt‹, ist ebenso wenig erhalten wie von einer vormaligen alten. Hingegen sind hart am Meeresrand römische Überreste vorhanden, auf denen einstmals eine mittelalterliche Burg stand. Sie wurde im 13. Jahrhundert von den Sarazenen geschleift, wieder aufgebaut, 1387 von Raimund von Turenne, der ›Geißel der Provence‹, abermals zerstört und von Guillaume de Tourettes zum drittenmal erbaut. Aber drei viereckige schwere Türme und ein Tordurchgang sind alles, was von diesem Schloß der Villeneuves heute noch übrig ist. Das große rötlich-violette Schloß, das heute hier mit der Schauseite zum seichten Wasser der Bucht steht, ist das Werk eines erstaunlichen amerikanischen Malers und Bildhauers, der die Ruinen 1919 kaufte und restaurierte. Henry Clews war der Sohn eines New Yorker Bankiers; er starb 1937 und liegt im Schloß begraben. Die *Henry Clews Foundation*, wie der – dem kulturellen Austausch zwischen Frankreich und den Vereinigten Staaten gewidmete – Besitz heute heißt, ist für Besucher donnerstags und sonntags von 15 bis 18 Uhr geöffnet, und allein die Gärten lohnen schon die Mühe eines Besuches. Das Schloß selbst ist mit Henry Clews' eigenen Skulpturen und Gemälden angefüllt. Während die Bilder sich recht typisch im herkömmlichen Bürgergeschmack des frühen 19. Jahrhunderts halten, sind die Plastiken durchaus etwas Besonderes: hauptsächlich Groteskfiguren, die, wie man meinen möchte, von der mittelalterlichen Bildhauerei und von der Negerplastik angeregt sind. Sie vereinigen eine überaus lebhafte, um nicht zu sagen zerquälte Phantasie mit meisterlicher Könnerschaft und Beherrschung seltener und schwer zu bearbeitender Materialien; denn Clews, der ein reicher Mann war, konnte sich die exotischsten Marmorarten aus aller Welt kommen lassen. Es lohnt sich, auch wenn man nicht zum Château hinüberfahren kann, auf der Hauptstraße einen Augenblick innezuhalten und die Gnome, Affen, Pelikane und Skorpione zu betrachten, mit denen Clews das Haupteingangstor zu seiner Traumschöpfung verziert hat. Er war gewiß, wenn auch nicht der größte, so doch der originellste Bildhauer, den Amerika hervorgebracht hat.

Eine lange Folge kleiner Badeorte, nahezu alle in den letzten dreißig Jahren entstanden, zieht sich an der Esterel-Küste entlang, über Théoule, Le Trayas und Anthéor bis zu der Stelle, wo die senkrecht aufsteigenden roten Spitzen von *Le Rastel d'Agay* sich über der breiten, majestätischen Bucht von Agay auftürmen. Bei Le Dramont, rechts von einem großen Porphyr-Steinbruch, gedenkt eine Stele der zwanzigtausend Mann der 36. amerikanischen Infanterie-Division, die hier am 15. August 1944 an Land ging. Als letztes Glied der Kette, und ganz anders geartet als die übrigen, kommt der ältere Erholungsort *Boulouris*, dessen Luxusvillen und üppige Gärten schon in jene von St. Raphaël übergehen.

St. Raphaël wurde der Welt vor rund hundert Jahren bekannt, als der Journalist Alphonse Karr, vormals Chefredakteur des ›Figaro‹, sich hier niederließ und seinen Freunden in Paris begeisterte Schilderungen des Ortes sandte. Gounod ließ sich als erster verlocken, baute sich in Boulouris eine

Villa und komponierte dort seine Oper ›Romeo und Julia‹; Berlioz, Fromentin und andere folgten. Heute zieht sich eine lange Reihe von Villen und Hotels am Meer entlang, bis die Straße beim Hotel Excelsior unvermittelt nach rechts abbiegt und in die alte Stadt selbst führt. Rechter Hand von der Hauptstraße, jenseits der Eisenbahnbrücke, gruppieren sich die engen Gassen des Fischerdorfes, das Karr entdeckte, um die kleine, aus dem 12. Jahrhundert stammende *Kirche des Tempelritter-Ordens.* Der auf einen einzigen Gewölbebogen gestellte romanische Innenraum ist von äußerster Nüchternheit und Schmucklosigkeit; denn die Kirche war nicht nur eine Andachtsstätte, sondern diente auch der Verteidigung und als Zufluchtsort der Dorfbewohner in Zeiten der Gefahr. Ihr Glockenturm war zugleich ein Wachtturm gegen die Piraten, denn die Tempelritter waren bis zur Auflösung ihres Ordens 1312 für die Verteidigung der Küste verantwortlich. Neben der Kirche steht ein römischer Meilenstein von der Via Aurelia – ›lou camin aurelian‹, wie die Bauern die Nr. 7 noch heute nennen. Die Straße läuft nordwärts zwischen Pinienwäldern hinaus zu den Villen und Hotels von *Valescure.* Auf welch glücklichen Namen, muß man denken, das alte Vallis Obscura, das Dunkle Tal, doch verfiel, als es zu einem Erholungsort wurde, in dem die Kranken und Siechen Heilung suchen.

Das Kasino auf der Landspitze von St. Raphaël steht auf der Stelle einer einstigen römischen Luxusvilla, die zweifellos das Sommerhaus eines reichen Bürgers des nahegelegenen Fréjus war, und dahinter liegt der Hafen. Hier nun gibt es keine ›malerischen Winkel und Ecken‹ mehr. Der Hafen wurde im Krieg in die Luft gesprengt, und alle Gebäude ringsum sind neu. Napoleon ging hier 1799 an Land, nachdem er seine von der Pest befallene Armee in Ägypten zurückgelassen hatte; 1814 kam er abermals, diesmal um sich einzuschiffen, als ein von österreichischen Dragonern eskortierter Kriegsgefangener auf dem Weg ins Exil nach Elba. Die englische Fregatte, die ihn an Bord nahm, empfing ihn

›zur Begrüßung‹ mit einem Salut von einundzwanzig Schüssen.

Jenseits des Hafens erstreckt sich ein langer Sandstrand, genannt Fréjus Plage, und an seinem Ende wendet sich die Straße scharf rechts nach *Fréjus* selbst; denn diese antike Hafenstadt, in der Octavius einstmals hundert Galeeren vor Anker gehen ließ, liegt heute zwei Kilometer landeinwärts vom Meer entfernt.

Es gab im Altertum zwei bekannte römische Städte namens Forum Julii, Forum des Julius. Die eine, in Italien, hat Friaul seinen Namen gegeben; die andere ist uns als Fréjus überliefert. Diese älteste römische Stadt in Gallien wurde im Jahr 49 v. Chr. von Julius Cäsar gegründet, doch schuf Cäsar sie nicht aus dem Nichts. Er brauchte einen letzten Flottenstützpunkt und Versorgungshafen für die große Heerstraße, die Via Aurelia, die nahe beim heutigen Fréjus die Küste verließ, nordwärts abbog und landeinwärts nach Arles weiterlief. Die hier an der Mündung des Flusses Argens, im Gebiet der Oxybier, gelegene ligurisch-phönizische oder ligurisch-griechische Siedlung schien bestens geeignet. Agricola, der Schwiegervater des Tacitus, der hier geboren wurde, nennt sie »eine ruhmreiche und sehr alte Kolonie« und spricht von ihrem blühenden Wohlstand Jahrhunderte vor Cäsars Feldzug.

Forum Julii – die Einwohner nennen sie noch heute die Forojuliens oder Fréjussiens – war strategisch gut placiert, aber mit dem Hafen traf Cäsar eine schlechte, zumindest unüberlegte Wahl. Die Alten wußten, daß Flußläufe, die in ein gezeitenloses Meer münden, allmählich versanden, und achteten stets darauf, ihre Häfen weit von Flußmündungen anzulegen. Cäsar ließ sich offenbar nicht von seinem eigenen Militärbaumeister, dem erfahrenen Vitruvius, beraten, der in seinen Schriften mehrfach auf das Risiko hinweist, Häfen in Gegenden mit Schwemmland-Ablagerungen anzulegen. Im Süden von Forum Julii lagen seichte Tümpel, die in direkter Verbindung mit dem Meer standen; im Westen Sümpfe, durch welche die Argens floß. Die Stadt war vom

Meer durch eine Lagune stehenden Gewässers getrennt (Ptolemäus im 2. Jahrhundert n. Chr. erwähnt diese Besonderheit ausdrücklich), und in dieser Lagune ging die römische Flotte erstmals vor Anker. Das Schicksal des Hafens war vorauszusehen.

Diesen antiken Hafen muß man sich südlich von der heutigen Avenue Aristide Briand liegend denken. Augustus machte aus der kleinen Stadt an der Via Aurelia einen Flottenstützpunkt mit einer Werft und baute hier viele der geschwinden Zehner-Galeeren, die Antonius und Kleopatra bei Actium besiegten. Er siedelte entlassene Soldaten der Achten Legion an, und schon bald betrug die Bevölkerung fünfundzwanzigtausend Menschen, also rund das Doppelte von heute. Aber schon zu Augustus' Zeiten füllte sich der Hafen mit Erdreich. Agrippa mußte umfangreiche Baggerarbeiten durchführen, damit der Hafen nach Actium die römische Flotte und die dreihundert erbeuteten Galeeren aufnehmen konnte. Er baute einen Damm gegen die Ablagerungen der Flüsse Argens und Reyran und eine zweite Mole, aber zweihundert Jahre später war der Damm im Schwemmland verschwunden. Nun mußte ein Kanal vom Hafen zum Meer angelegt und künstlich offen gehalten werden, und dieser Kanal wurde länger und länger und seichter und seichter. Als der Kanzler Michel de l'Hôpital in der zweiten Hälfte des 16. Jahrhunderts sich in Fréjus aufhielt, um die Ruinen der alten römischen Stadt zu besichtigen, schrieb er in einer lateinischen Versepistel an seinen Freund Jacques du Faur de Pibrac: »So gelangen wir nach Fréjus, das heute nur noch eine arme kleine Stadt ist. Hier sind die großen Ruinen des alten Theaters, die zerbrochenen Bogen, die Bäder, das Aquädukt und die verstreuten Reste der Mole und der Hafenbecken; der Hafen ist im Sand verschwunden, und an seiner Stelle liegen nur noch der Strand und die Felder.« Hundert Jahre später, 1660, konnten Schiffe von fünfzig Tonnen nicht mehr einfahren, und 1770 wurde der Hafen, der sich bereits selbst gesperrt hatte, auch offiziell gesperrt. Die Lagune war zu

Sumpfland geworden, und die Bauern, die den einstigen Hafen um die Zeit der Französischen Revolution kauften, schütteten ihn vollends zu. Von seinen großen Hafenbecken, seinen zwei Kilometern Kais, seinem Leuchtturm, seinen Bädern, Türmen, Speichern und Werften ist kaum mehr etwas zu sehen. Die sogenannte Laterne des Augustus, wo der Schiffskanal aus dem Hafenbecken zum Meer hinauslief, ist ein mittelalterlicher Bau, der auf dem Fundament eines römischen Turms errichtet wurde.

Das besterhaltene römische Bauwerk in Fréjus ist die *Arena*, die rechts von der Stelle liegt, wo die Straße nach Brignoles die Stadt verläßt. Es sind nur noch wenige Sitzränge übrig, aber die Ellipse ist noch vollständig unversehrt. Im Sommer finden hier Stierkämpfe statt, wenn die Arena nicht gerade, wie es häufig geschieht, von den Wassern des Reyran überschwemmt ist. Dieser ungebärdige Fluß kostete erst in jüngster Zeit, im Dezember 1959, als einige Kilometer stromaufwärts der Malpasset-Damm barst, mehreren hundert Menschen im unteren Teil der Stadt das Leben. Die Arena ist aus einem eigentümlichen grünlichem Stein erbaut, der in Südfrankreich selten ist. Knapp außerhalb der Stadt verläuft die Straße nach Cannes zwischen den Ruinen des *Aquädukts*, das der Stadt von fünfzig Kilometer weit her aus den Bergen das Wasser brachte. Man sieht die Bögen entschlossen und zielbestimmt im Gänsemarsch auf das Esterel-Gebirge davon schreiten, bis sie schließlich zwischen den Schirmpinien verschwinden.

Fréjus wurde im Jahr 940 von den Sarazenen zerstört und von Bischof Riculph wieder aufgebaut. Seine Kathedrale mit ihrem Kreuzgang, dem zinnengeschmückten Turm und Kapitelhaus bildet einen viereckigen Block wie eine Festung in der Mitte der Stadt. Man betritt diese Festung von der Place Formigé durch zwei schöne Renaissance-Türen mit sechzehn geschnitzten Feldern, auf denen die Köpfe von Rittern und edlen Damen und Szenen der Verkündigung, Christi Geburt, des Jüngsten Gerichts und der Hochzeit und Krö-

ung der Jungfrau dargestellt sind. Diese ›vantaux‹ sind
lurch Holzläden geschützt, und um sie öffnen zu lassen und
ns Baptisterium und den Kreuzgang zu gelangen, drückt
nan auf einen Klingelknopf, der sich links vom Narthex am
uß der Treppe befindet.

Von diesem Standort aus liegt die Kathedrale rechts, der
reuzgang geradeaus und das achteckige *Baptisterium* links.
Das Baptisterium ist ein frühchristlicher Bau, vermutlich
us dem Anfang des 5. Jahrhunderts, als das Römische Reich
asch zerfiel und die Konvertiten en masse zur Staatsreligion
ibertraten. Es hat zwei Türen, eine große breite (das eiserne
itter war ein Geschenk des Kardinals Fleury, des Ministers
udwigs XV., der Bischof von Fréjus war) und eine kleine,
chmale, durch welche die Katechumenen zur Taufe einzu-
reten hatten. Nachdem der Bischof ihnen in der in den Fuß-
oden nahe der Tür eingelassenen Terrakotta-Schüssel die
üße gewaschen hatte, wurden sie in das – erst 1926 bei
usgrabungen entdeckte – achteckige Taufbecken in der
litte eingetaucht und getauft. Sodann, in weiße Gewänder
ekleidet und neu geboren, schritten sie durch die große
riumphtür zu ihrem ersten Abendmahl in der Kathedrale.

Die *Kathedrale* stammt aus der gleichen Zeit wie die in
rasse und ist im gleichen Stil erbaut. An der ersten Säule
inks hängt ein schönes, bemaltes hölzernes Kruzifix aus dem
6. Jahrhundert und am Eingang zum Chor ein aus der Mitte
es 15. Jahrhunderts stammendes Polyptychon auf Holz, das
ie hl. Margarete umgeben von Heiligen darstellt, eine Ar-
eit des Jacques Durandi, eines Meisters der Nizzaer Schule,
on etwa 1450. Das merkwürdige Bild auf der rechten Seite
es Mittelschiffs zeigt im Hintergrund eine Ansicht von Fré-
us mit dem hl. François de Paule, dem späteren Schutzheili-
en des Bischofssitzes, wie er in der Stadt willkommen ge-
eißen wird.

Der kleine *Kreuzgang* aus dem 12. Jahrhundert – 1925
ehr schön restauriert – umschließt einen Oleandergarten
nit einem Brunnen in der Mitte. Seine Arkaden werden von

schlanken Marmorsäulen getragen; Groteskmalereien aus dem 14. Jahrhundert schmücken die schön gearbeitete Holzdecke. Der Treppenaufgang führt zu einem Oberstock und einem kleinen, aber guten *archäologischen Lokalmuseum*. In den Fußboden des ersten Raums ist ein vorzüglich erhaltenes römisches Mosaik mit einem Leoparden in der Mitte eingelassen. Außerdem sind hier Bruchstücke von Skulpturen und griechische und gallisch-römische Töpfereien und Glaswaren aufgestellt. Im zweiten Raum sind eigenhändige Briefe Napoleons und des Abbé Sieyès zu sehen, dessen Geburtsort Fréjus war. Er gab, als man ihn fragte, wie es ihm in der Revolution ergangen sei, die berühmte Antwort: »Moi? J'ai vécu.« Keine schlechte Leistung für ein Mitglied des Directoire.

Das Christentum der Kathedrale repräsentiert nicht die einzige Religion in dieser Gegend, und die römischen Ruinen sind nicht die einzigen Erinnerungsstücke an ein verschwundenes, einstmals weltumspannendes Reich. Fréjus war lange Zeit hindurch Garnisonsstadt und Mittelpunkt riesiger Barackenlager der französischen Kolonialtruppen. Anderthalb Kilometer entlang der Straße nach Brignoles geht rechts eine Straße nach Fayence ab, und links von ihr, wo sie durch das vormalige Ruhelager der Senegalesen-Truppen verläuft, erhebt sich eine Nachbildung der berühmten Missiri-Moschee in Djenné. Sie ist aus Beton, sogar die Querbalken, die wie ein Gerüst aus den Mauern herausragen, sind getreulich in Beton nachgebildet, und das Ganze ist in Nachahmung der Erde des Sudan rötlich gestrichen. Heute steht die Moschee leer und verlassen und verfällt allmählich, denn den vielen Tausenden von Mohammedanern, die in Südfrankreich leben, scheint sie nicht die Erhaltung wert. Aber ein womöglich noch exotischeres Gebilde in dieser stillen provenzalischen Landschaft ist dreieinhalb Kilometer weiter auf der Straße nach Cannes zu sehen, wo sich an der Straßenkreuzung nach Valescure ein indochinesischer Tempel erhebt. Der zu ihm hinaufführende Hang ist eine einzige Stuck-Menagerie aus Drachen, Fischen, Löwen, Kühen, Rehen und

Schildkröten. Die Pagode selbst ist frisch gestrichen und mit Drachen an den Außenwänden bemalt und sieht im Unterschied zur sudanesischen Moschee aus, als werde sie noch benutzt. Sie steht im Galliéni-Soldatenfriedhof, umgeben von den Gräbern von fünftausend annamitischen Soldaten, die im Ersten Weltkrieg ihr Leben ließen, und als ich sie an einem grauen Novembernachmittag aufsuchte, deutete einiges darauf hin, daß hier zu Allerseelen irgendeine Art Gottesdienst stattgefunden hatte. In den Vasen standen noch frische Chrysanthemen, und halb verbrannte Räucherstäbchen lagen in den Schalen vor dem Altar, wo ein Buddha sitzt, flankiert von Vögeln, die Blumen in den Schnäbeln tragen und auf dem Rücken von Schildkröten sitzen. Beiderseits halten hohe Krieger-Standbilder Wache.

Von Fréjus verläuft die Route Nationale 7 direkt nach Aix-en-Provence und von dort weiter nach Lyon und Paris. In Vidauban geht ein verhältnismäßig kurzer Umweg nach der *Abtei von Le Thoronet* ab, der bei Brignoles wieder auf die Hauptstraße zurückführt. Le Thoronet ist eine der ›drei Schwestern‹ der Provence-Abteien; die beiden anderen sind Sénanque und Silvacane. Alle drei sind Ordenshäuser der Zisterzienser aus dem 12. Jahrhundert. Le Thoronet wurde, der Gepflogenheit der Zisterzienser entsprechend, an einem einsamen, waldigen, gut mit Wasser versorgten Platz erbaut, und zwar im reinsten romanischen Stil der Provence. Kirche, Kreuzgänge und Klostergebäude, alle aus rötlichem, einheimischem Stein, sind heute Staatsbesitz. Sie gerieten in Verfall, als die Mönche während der Französischen Revolution vertrieben wurden, aber der Dichter Prosper Mérimée, der in seiner Eigenschaft als General-Inspekteur der historischen Baudenkmäler Le Thoronet 1834 aufsuchte, veranlaßte ihre Wiederherstellung im ursprünglichen Zustand. Die Zusätze und Einbauten des 18. Jahrhunderts wurden entfernt, und das Innere der Kirche bietet sich jetzt in seiner ganzen jungfräulichen Majestät und Reinheit der Linienführung dar. Links von der Kirche steht der eindrucksvolle doppelbögige Kreuzgang. Das Kapitelhaus stammt aus etwas späterer Zeit; es ist frühgotisch mit Fächergewölben; die gemeißelten Blumen an den Kapitellen der Säulen sind der einzige Skulpturenschmuck in dieser kargen, strengen Abtei.

Zwischen Brignoles und Aix führt die Straße an der großen *Abtei von St. Maximin* vorbei, dem bedeutendsten gotischen Baudenkmal der Provence. Fassade und Türme wurden zwar nie vollendet, doch das Innere ist überaus eindrucksvoll. Seit langem ein Wallfahrtsort, heißt es mit vollem Namen St.-Maximin-la-Sainte-Baume. Dieses Wort ›Baume‹ hat freilich nichts mit heiligem Balsam zu tun, sondern leitet sich vom provenzalischen ›baoumo‹ ab, einer Grotte oder Höhle, und hängt eng mit der Legende von Les Saintes-Maries-de-la-Mer zusammen. Der hl. Maximin soll dort mit den drei Marien an Land gegangen sein und in Aix den Märtyrertod erlitten haben, während die hl. Maria Magdalena sich in La Sainte-Baume, einer Höhle in den südlich gelegenen, bewaldeten Anhöhen, niederließ, wo sie ihre letzten Lebensjahre verbrachte und auch starb. Die beiden Heiligen wurden Seite an Seite bestattet, und rings um ihr Grab entstand die Ansiedlung St. Maximin. Die Krypta, in der sich die Gräber befanden, wurde sicherheitshalber zugedeckt, ging zur Zeit der Sarazenen-Einfälle verloren und wurde 1279 ›wiederentdeckt‹. Einige Jahre darauf wurde die gegenwärtige Kirche erbaut, und von dieser Zeit an trat St. Maximin in Wettstreit mit Vézelay in Burgund, das ebenfalls die Gebeine der Maria Magdalena zu besitzen behauptete. Die sehr reiche Abtei wurde in der Französischen Revolution geschlossen und ausgeplündert und angeblich nur durch die Geistesgegenwart Lucien Bonapartes vor dem Abbruch bewahrt. Er war in St. Maximin stationiert, wo er die Schwester des Gastwirts geheiratet hatte, und beschlagnahmte die Abtei als Heeresspeicher. Als Barras zumindest die Orgelpfeifen einschmelzen wollte, rettete Lucien sie, indem er den ›Conventionnel‹ zu einer Besichtigung einlud und ihn mi den Klängen der Marseillaise begrüßte, die der Organist eiligst eingeübt hatte. Lucien Bonaparte, ansonsten nicht wenig eingebildet, erwähnt die Geschichte in seinen Erinnerungen nicht. Mérimée, der 1834 die Abtei inspizierte, fand St. Maximin zwar »ein elendes Loch zwischen Aix und Draguignan«, aber die Basilika im Unterschied zum verfallenen Vézelay in gutem Zustand. Eine Dame hatte sie bei der Versteigerung billig gekauft und den Kirchenbehörden zur Restauration übergeben. 1859 wurde die Abtei von den Dominikanern zurückgekauft, und der berühmte Prediger Jean-Baptiste Lacordaire schrieb hier sein Leben der hl. Maria Magdalena.

Die polygonale Apsis mit ihren zahlreichen hohen Fenstern ist von ungewöhnlicher Schönheit und das gotische Gewölbe des Mittelschiffes, das sich in eine Höhe von zwanzig Metern erhebt, von einzigartig reiner Gliederung. Keinesfalls darf man achtlos an dem Gemälde des aus Flandern stammenden Venezianers François Ronzen in der vierten Kapelle rechts vorbeigehen, denn hier hat der Maler in die zweiundzwanzig Tafeln der Passion zu Jerusalem nicht nur die Piazzetta in Venedig, sondern auch die früheste bekannte Ansicht des Papst-Palastes in Avignon eingefügt. Die darunter befindliche, mit ›minuterie‹ bezeichnete Vorrichtung schaltet das elektrische Licht für sechzig Sekunden ein, und das gleiche gilt für die nächste Kapelle, die einen bezaubernden Gewölbbogen aus dem 13. Jahrhundert enthält.

Die eigentliche Wallfahrtsstätte ist die Krypta, die ursprünglich das Grabgewölbe einer römischen Villa aus dem frühen 5. Jahrhundert war. Selbst wenn die Särge, die hier zu sehen sind, nicht wirklich und tatsächlich die sterblichen Reste der Heiligen Maria Magdalena, Maximin, Sidonius und Marcella enthalten, sind sie doch unzweifelhaft gallisch-römische Sarkophage des 5. Jahrhunderts und gehören zu den allerfrühesten christlichen Überresten in Frankreich.

Zwanzig Jahre nach seinem Bruder Lucien kam Napoleon selbst nach St. Maximin. Er war unterwegs nach Elba, und beim Betreten der Provence begegnete ihm in den Städten und Dörfern – wie sein Begleiter, der Graf Waldburg-Truchsess berichtet – zum erstenmal offene Feindseligkeit. Vor Avignon hatte er sich, um den Drohungen und Schimpfreden zu entgehen, verkleidet. In St. Maximin riß ihm die Geduld. Er ließ den ›Sous-préfet‹ rufen und kanzelte ihn ab: er solle vor Scham erröten, die österreichische Uniform vor sich zu sehen und zu wissen, daß sie seines Kaisers einziger Schutz vor dem Volk der Provence sei. »Die Provenzalen sind ein bösartiges Volk. In der Revolution haben sie sämtliche Greuel und Verbrechen begangen und sind bereit, sie sofort wieder zu begehen, aber wenn es heißt, mutig zu kämpfen, dann sind sie Feiglinge. Die Provence hat mir nie ein einziges Regiment gestellt, auf das ich hätte stolz sein können.«

Napoleon sprach etwas aus, das jeder spürt, der durch dieses Land reist: die Provence ist ein Land für sich; Ligurer und Phokäer, Römer und Sarazenen haben ein Volk geschaffen, das sich vom übrigen französischen Volk deutlich unterscheidet; unvermittelt blitzen in seinem Antlitz uralte, rätselhafte Züge auf. Unweit von St. Maximin liegt das bezaubernde ›Tivoli der Provence‹ – das Städtchen *Barjols.* Auf dem Hauptplatz, neben der gotischen Kirche, steht die größte Platane Südfrankreichs (mit einem Umfang von neun Metern), und unter ihr vollzieht sich zur Wintersonnwende in jedem vierten Jahr ein merkwürdig heidnisch-christliches Schauspiel: das an den römischen Mithras-Kult erinnernde Fest des hl. Marzellus, eines Papstes und Märtyrers des 4. Jahrhunderts, dessen Reliquien sich in Barjols befinden. Während die Bürger auf Tamburins und Flöten musizieren, wird ein mit Girlanden geschmückter Ochse mit vergoldeten Hörnern durch die Stadt geführt, vor der Kirche in Anwesenheit des Reliquienschreines des Heiligen gesegnet, sodann ›geopfert‹, nämlich geschlachtet, und zu den Klängen eines uralten Tanzliedes von vierzig Köchen auf dem Platz unter der Platane im ganzen gebraten. Am nächsten Tag wird der Braten an die Bevölkerung verteilt.

St. Tropez

Das Massif des Maures, durch den breiten Einschnitt des Argens-Flußbettes bei Fréjus vom Esterel abgetrennt, bildet ebenfalls eine ›Insel‹ aus sehr altem Felsgestein, das mit den Kalkstein-Formationen der Provence in keinem Zusammenhang steht. Dieses Bergmassiv war mehr als zweihundert Jahre lang der bedeutendste befestigte Stützpunkt der Sarazenen in der Provence. Dessenungeachtet leitet sich sein Name nicht von den Mauren, sondern über das spätgriechische Wort ›mauros‹ vom provenzalischen ›maouro‹ her, das ›schwarz‹ bedeutet und sich auf die dichten Wälder aus Aleppo-Kiefer, Stechpalme, spanischer Kastanie und Korkeiche bezieht, die der ganzen Berglandschaft ein dunkles, düsteres Aussehen verleihen. Der größte Ort in den Maures ist Collobrières, das hauptsächlich von der Herstellung und dem Export von Flaschenkorken und ›marrons glacés‹ lebt – eine seltsam anmutende Kombination, die ihren natürlichen Grund in den Bäumen dieser schwarzen Wälder hat.

Der einzige bedeutende Ort an der Côte des Maures ist St. Tropez. Dies hat seinen geschichtlichen Grund. Der ganze, vielfältig in Buchten und vorspringende Landzungen gegliederte Küstenstrich, hinter dem das Bergmassiv bis zu einer Höhe von 800 m aufragt, war nahezu tausend Jahre lang unbewohnbar. Die unablässigen Überfälle der Mauren oder Sarazenen und nach ihnen der Seeräuber und Korsaren der nordafrikanischen Berber-Küste trieben die Bewohner immer wieder ins Bergland hinauf. Dort drängten sie sich auf Bergkuppen in sicherer Entfernung vom Meer in mauerumschlossenen Dörfern zusammen, so daß die Wachttürme an der Küste sie rechtzeitig warnen und ihnen Zeit geben konnten, sich mit ihrem Vieh in Sicherheit zu bringen und die Verteidigung vorzubereiten.

Die Provence, ihre Landschaft, Geschichte und Zivilisation, macht ohne eine Vorstellung von den Mauren – wie Goethe von Sizilien sagte – »gar keinen Begriff in der Seele«. Wir sind ihren Spuren seit Beginn unserer Reise bereits an zahllosen Orten begegnet. Hier ist der Ort (und höchste Zeit), einen Augenblick bei ihnen zu verweilen.

Weniger als ein Jahrhundert nach Mohammeds Tod hatten die Araber ganz Nordafrika erobert. 711 setzten sie unter ihrem Heerführer Tarik über die Meerenge des phönizischen Calpe, das seither den Namen Gibraltar – Gibel-Tarik, Berg des Tarik – trägt, fegten durch Spanien und drangen 719 zum erstenmal über die Pyrenäen nach Südfrankreich ein. Sie eroberten Narbonne, ergriffen Carcassonne und verwüsteten das Tal der Garonne. Einige Jahre darauf kamen sie zum zweitenmal übers Gebirge und ergossen sich über die ganze Küste; sie eroberten Béziers, St. Gilles, Arles und Nîmes, drangen das Rhônetal hinauf bis ins Herz Frankreichs vor und brannten 725 Autun nieder. 732 erfolgte die dritte und größte Invasion. Eine halbe Million Sarazenen überquerte die Pyrenäen – zum letztenmal. Sie verwüsteten ganz Aquitanien, nahmen Bordeaux und drangen gegen Poitiers vor, wo sie von den Franken unter Karl Martell entscheidend geschlagen wurden. Poitiers machte jeglichem arabischen Plan, Gallien zu erobern, ein Ende. Karl Martell setzte den Sarazenen die ganze Küste entlang nach, zerstörte ihren Hafen Maguelone bei Montpellier, brannte das Amphitheater von Nîmes, in das sie sich geflüchtet hatten, nieder und nahm ihnen schließlich Narbonne weg, ihren letzten festen Platz, den sie sieben Jahre lang gegen die Belagerer verteidigt hatten.

Die Sarazenen waren über die Pyrenäen zurückgetrieben und kamen übers Gebirge nicht wieder. Sie kamen hinfort übers Meer. Sie hatten sich schon zu Beginn des 9. Jahrhunderts eine mächtige Flotte geschaffen, mit der sie Korsika und Sardinien angriffen und die Ligurische Küste bedrohten. Alle Augenblicke landeten sie in der einen oder anderen Bucht, plünderten das umliegende Land aus, entflohen den

Verfolgern auf ihren Schiffen und tauchten gleich darauf an anderer Stelle wieder auf. 846 überfielen sie die ganze Küste von Genua bis Marseille. Zwei Jahre später landeten sie in der Camargue, verwüsteten die Ebene von Aix und verließen hinfort die Provence nicht mehr. Die Einheimischen gaben den Widerstand auf, und die Machtkämpfe zwischen den provenzalischen Feudalherren, die sich häufig der Hilfe der Eindringlinge gegeneinander bedienten, begünstigten die Ungläubigen und ermöglichten es ihnen, sich ständig im Land festzusetzen. Sie errichteten überall an der Küste und landeinwärts kleinere und größere Festungen, ihre ›Rebaths‹, welche die Provenzalen ›Fraxinets‹ nannten, vermutlich im Anklang an fraxinetum – die Bergesche, deren große Wälder diese Höhen beherrschten.

Die größte dieser Bergfestungen, ja das Hauptquartier und die Zentrale der zahllosen kleineren Fraxinets, lag auf einer unzugänglichen Höhe oberhalb der Bucht von Sambracia, dem heutigen St. Tropez. Diese schier uneinnehmbare Festung, das Grand-Fraxinet – später Le Frassinet, heute La Garde Freinet – war gleichsam die Hauptstadt eines kleinen maurischen Bergkönigreichs mit der Bucht als einem sarazenischen Meer, von dem aus die Sarazenen die gesamte Niedere Provence beherrschten. Kein Schiff konnte zwischen Italien und Spanien segeln, ohne von den kleinen Fraxinets – die sich des Nachts mit Leuchtfeuern, des Tags mit Rauch verständigten – sofort entdeckt, verfolgt und ausgeplündert zu werden. Die Sarazenen von Le Frassinet traten wie souveräne Fürsten auf, gingen Allianzen ein (Hugo von Provence vertrieb sie schon 942 aus Groß-Fraxinet, schloß dann ein Bündnis mit ihnen und gab ihnen die Bergfestung zurück!) und schwangen sich zur Willkürherrschaft über den gesamten Handel zwischen Griechen und Lateinern auf, der völlig auf ihren Schutz angewiesen war.

Dieser unleidliche Zustand dauerte nahezu ein Jahrhundert an. Alle Versuche, die Sarazenen aus ihren Fraxinets hinauszusetzen, blieben erfolglos und führten nur zu schrecklicher Vergeltung. Schließlich rief der Abt von Cluny, der hl. Mayeul, der 952 auf der Rückkehr aus Rom in ihre Hände gefallen und mit schwerem Lösegeld von seiner Abtei freigekauft worden war, 972 zu einem regelrechten Kreuzzug gegen sie auf. Wilhelm I. (auch der Gute), Graf von Provence, wurde zum Gottfried von Bouillon dieses Kriegszuges. Ihm stand der fähige Kriegsmann Jean Gibelin de Grimaldi aus Genua zur Seite, und gemeinsam gelang es ihnen 973, in heldenhafter Anstrengung das Groß-Fraxinet zu erobern. Dies tat entscheidende Wirkung. Ihres Hauptsitzes beraubt, waren die Sarazenen gezwungen, ihre Stellungen eine nach der anderen aufzugeben. Aber Wilhelm hielt es für klug, die zerstreut überall im Land sitzenden Fremdlinge nicht zum Äußersten zu treiben. Sie machten den Großteil der Einwohner der Küstendörfer aus, und obwohl der Herzog sie hätte ausrotten können, machte er sie lediglich zu leibeigenen Sklaven. Roméo von Villeneuve verfügte 1250 in seinem Testament, die sarazenischen Männer und Frauen von Villeneuve seien zu verkaufen – ein Beweis, daß sie im 13. Jahrhundert noch eine getrennte Volksgruppe waren. Gibelin von Grimaldi soll die zahlreichen Gefangenen, die er bei der Eroberung des Groß-Fraxinet machte, zu öffentlichen Arbeiten, besonders bei der Instandsetzung der Stadtwälle von Nizza, verwendet haben. Noch heute gibt es in Nizza ein Viertel, genannt ›lou cantou dei Sarrasains‹, möglicherweise der Ort, wo die Sarazenen nach der Eroberung des Groß-Fraxinet interniert waren.

Die Nachkommen der versklavten Kriegsgefangenen lebten weiter an den gleichen Orten. Wir treffen noch immer entlang der ganzen Küste, besonders aber in den Schluchten der Maures und des Esterel, direkte Abkömmlinge der Sarazenen, die sich über neunhundert Jahre hinweg ihre charakteristischen Gesichtszüge bewahrt haben. Viele seltsame Volksbräuche und merkwürdige Worte in der provenzalischen Sprache haben sich aus sarazenischen Zeiten erhalten. Die Berber Nordafrikas, die in den provenzalischen Kriegszügen der Sarazenen eine große Rolle spielten, leben fort in einem seltsamen Kriegsspiel, das die Kinder in vielen Gegenden des Landes spielen und das ›la guerro dei berbero‹ heißt, eine uralte provenzalische Form von Räuber und Gendarm oder Trapper und Indianer.

Die Erstürmung von Le Frassinet bezeichnet das Ende der sarazenischen Macht in der Provence. Doch der Kampf war noch nicht zu Ende; er änderte seinen Charakter. Hinfort betätigten die Sarazenen sich als Freibeuter, Korsaren, Seeräuber, die noch jahrhundertelang das ganze Mittelmeer und im besonderen die südfranzösische Küste unsicher machten. Ihre Hauptbetätigung war die Erbeutung vornehmer christlicher Gefangener, die sie gegen hohes Lösegeld freigaben; noch im 18. Jahrhundert betrug dieses Lösegeld bis zu zehntausend Livres pro Kopf. Erst die Eroberung von Algier 1830 durch Karl x. setzte diesem kostspieligen Unfug ein Ende.

Nun endlich konnte dieser Küstenstreifen besiedelt werden. Inzwischen ist das gesamte Meeresufer südlich von Fréjus in ›parcs domaines‹ und ›lôtissements‹ aufgeteilt, die als Bauplätze zum Verkauf stehen, und eine Anzahl kleiner Villen Siedlungen, wie etwa St. Aygulf – so genannt nach einem Abt des 7. Jahrhunderts, der die Benediktiner-Regel in St. Honorat einführte und dessen Schädel man in der Kathedrale in Grasse betrachten kann –, Les Issambres – Sinus Sambrecinalus – und La Nartelle, haben sich an der Küste bis hinaus nach *Ste. Maxime* am Golf von St. Tropez gebildet. Hier entstand gegen Ende des 18. Jahrhunderts, sobald die Küste einigermaßen sicher war, ein kleines Fischerdorf; seine geschützte Lage und sein schöner Sandstrand haben Ste. Maxime eine getreue Kundschaft gebracht.

Gegenüber, auf der anderen Seite des Golfs, liegt eine ganz andere Art von Ort – der alte Hafen *St. Tropez.* Sein Ursprung ist umstritten. Wahrscheinlich ist es das gallisch-griechische Athenopolis des Pomponius Mela, möglicherweise aber auch das antike Heraclea Caccabaria. Seinen merkwürdigen heutigen Namen verdankt es einem gewissen Torpes, einem christlichen Offizier Neros, der im Jahr 68 in Pisa den Märtyrertod erlitt. (Ein großes Bild, das seine Enthauptung zeigt, hängt noch heute in der Kathedrale zu Pisa.) Der kopflose Leichnam des Märtyrers wurde zusammen mit einem Hund und einem Hahn in ein Boot gesetzt und den Wellen preisgegeben. Nach einer Meerfahrt von neunzehn Tagen langte er wohlbehalten hier in Heraclea Caccabaria im sambrazitanischen Golf an, wo eine christliche römische Dame namens Calerina, der alles dies in einem Traum offenbart worden war, ihm ein heimliches, aber würdiges Begräbnis gab. Der Kopf des Heiligen wird noch heute in Pisa verehrt; der Leib hingegen wurde aus der Kirche in St. Tropez fortgeschafft, um ihn vor den Sarazenen zu retten, und so gut versteckt, daß man ihn – anders als den des hl. Maximin – nicht wiederfand. Den Namen des kopflosen Heiligen legte sich der Ort vermutlich erst um 305 zu.

St. Tropez wurde schon 739 beim ersten Überfall der Mauren zerstört, wieder aufgebaut und 888 von den Sarazenen abermals zerstört. Schließlich wurde es Ende des 14. Jahrhunderts im provenzalischen Bürgerkrieg zum drittenmal dem Erdboden gleichgemacht und lag entvölkert und unbewohnbar, geradezu als Aufforderung an einen Eindringling da, als 1470 der Seneschall von Provence, Jean Cossa, Graf von Grimaud, sich seiner annahm. Er beauftragte einen genuesischen Edelmann namens Raffaele Garezzio, Ort und Hafen wieder aufzubauen, zu befestigen und neu zu besiedeln. Der Genueser tat, wie ihm geheißen, und brachte einundzwanzig genuesische Familien mit, die sich verpflichteten, die Verteidigung der Küste zu übernehmen und als Gegenleistung von König René, Graf von Provence, von allen Steuern und Feudalabgaben befreit wurden. Die Könige von Frankreich anerkannten diese Privilegien, und die kleine Stadt erfreute sich nahezu zweihundert Jahre lang unter ihren Capitaines de Ville oder Stadthauptleuten einer Art von Autonomie innerhalb des französischen Königreichs. Ihre

Flotte war immerhin so stark, daß sie Fréjus, Antibes und den Lérins zu Hilfe kommen konnte, als diese hart bedrängt waren, und 1637 jagte sie sogar eine Streitmacht von einundzwanzig spanischen Schiffen in die Flucht, ein Sieg, der noch heute alljährlich am 15. Juni mit einer ›bravade‹ gefeiert wird.

Der Brauch der Bravade ist, soweit ich weiß, diesem Teil Frankreichs eigentümlich und kommt anderwärts nicht vor. Außer der Fête des Espagnols im Juni gibt es noch eine zweite, bedeutendere ›Bravade‹ zu Ehren des hl. Torpes, die seit vierhundert Jahren alljährlich im Mai stattfindet. Am Nachmittag des 16. Mai versammeln sich etwa hundert Männer in Uniformen des 18. Jahrhunderts zum Klang von Glockengeläut, Trommeln, Trompeten und Pfeifen vor dem beflaggten und geschmückten Rathaus. Die Büste des Heiligen, behelmt und mit Girlanden und Bändern geschmückt, wird aus der Kirche herausgetragen. Geleitet von einer mit Musketen bewaffneten Wachttruppe und gefolgt vom Curé mit roter Kappe, dem Bürgermeister mit Schärpe, den Stadthauptleuten und anderen städtischen Würdenträgern führt der Heilige eine Prozession durch die Stadt an. Die Banner wehen über den Köpfen, die Trommler und Trompeter trommeln und trompeten so laut sie nur können, und die Musketiere entladen Salven gegen den Erdboden, bis die Straßen von dickem beizendem Rauch erfüllt sind. Die Glocken läuten ohne Unterlaß.

Die Kommandeure der Bravade sind die beiden Stadthauptleute. Sie tragen Gala-Marinouniform mit Degen und haben als Adjutanten zwei ähnlich gekleidete kleine Buben, die mit der Standarte von St. Tropez ein anmutiges Salut schwingen. (Diese Stadtfahne zeigt auf der einen Seite ein Abbild des Heiligen selbst, auf der anderen sein Boot mit seinen drei seltsamen Insassen.) Diese vier sind ernste und würdige Erscheinungen, aber von ihrer Truppe läßt sich dies nicht sagen. Die ›bravadeurs‹ sind in die französischen Farben gekleidet – weiße Hosen, blaue Röcke und rote Auf-

Henri Matisse

St. Tropez, 1904
Ölskizze (Ausschnitt)
Musée de Bagnols-sur-Cèze

schläge – und tragen auf den Köpfen Tschakos, Dreispitze und eine merkwürdige Heck- und Bugkopfbedeckung, die wie eine Kreuzung aus einer irakischen Kappe und einer Fischermütze aussieht. Einige von ihnen tragen Hornbrillen, einige rauchen Zigaretten, einige kauen Gummi. Sie lachen und schwätzen mit ihren Freunden in der Zuschauer-Menschenmenge, und wenn einer dieser Krieger unversehens Durst verspürt, steht nichts im Wege, daß er sich vorübergehend aus dem Zug entfernt und im nächsten Bistro einen Trunk genehmigt. Nichts ist leichter, als über diese komische Truppe billige Witze zu machen; doch wäre es verkehrt, über sie zu lachen; denn ihre Stärke liegt gerade in ihrer Zwanglosigkeit. Sie ist die Gewähr für ihre Spontaneität. Die Tatsache allein, daß nichts einexerziert ist, daß keinerlei Zwang und Drill herrscht, ist der Beweis für ihre Echtheit, für eine Überlieferung, welche die Tropéziens für sich selbst aufrechterhalten, und nicht, um die Fremden anzuziehen – was sie ohnedies nicht nötig haben. Bei dieser Veranstaltung gibt es keine Einlaßkarten, kein Eintrittsgeld, keine Ehrengäste, keine Zuschauertribünen und – was wohl das wichtigste von allem ist – keine Vorschriften. Jeder Fremde, der sich die Sache ansehen will, ist willkommen, aber sie wird nicht eigens für ihn veranstaltet. Versänke die Welt im Meer und es bliebe nur St. Tropez übrig, so würde selbstverständlich im folgenden Jahr eine Bravade stattfinden. Sie ist eine sehr ernste lustige, eine sehr lustige ernste Sache.

Der Umzug hat sein eigenes Lied, ›La Marseillaise des Bravadeurs‹, mit ihrem Refrain:

Aux armes, bravadeurs,
Formez vos bataillons,
Marchons, marchons,
Et sans repos
Déchargeons nos tromblons!

Und ihre Tromblons unablässig abfeuern – das tun sie in der Tat. Ohrenbetäubende Salven folgen einander ohne Unterlaß. Die Luft ist erfüllt von Rauch und den herabfalenden Papierhüllen der Vorderlader. Die Pflastersteine des Platzes vor dem Rathaus, wo sich die Hauptparade vollzieht, sind bald vom Pulverrauch geschwärzt. Sämtliche Hunde bekommen hysterische Anfälle und müssen entfernt werden, und wer sich an günstiger strategischer Stelle placiert hat, dem kann leicht im rechten Augenblick ein hübsches Mädchen ohnmächtig in die Arme sinken. Um sechs Uhr ist der Umzug zu Ende. Aber nicht das Fest.

Am nächsten Morgen, dem 17. Mai, ist die ganze Stadt auf den Beinen. Die Kirche kann die Gläubigen und Bravadeurs nicht fassen, jeder drängt sich zur ›Messe der Musketiere‹ hinein. Die Bravadeurs haben ihre Feuerwaffen gegen blanke Degen vertauscht, an deren Spitze ein kleiner Blumenstrauß befestigt ist. Jedermann singt auf französisch und provenzalisch das Lob des Schutzheiligen der Stadt:

Ange Gardien de notre Ville,
Saint Tropez dont le nom . . .

Dann kommt die Prozession aus der Kirche heraus: erst die Kinder in provenzalischer Tracht, dann die Bravadeurs, dann abermals der hl. Torpes. Ihm gehen jedoch mehrere andere Heilige voran. Die Seeleute tragen den St. Elme, den Schutzheiligen der Mittelmeerschiffer, die alten Jungfern die hl. Ursula, die Witwen den mit einer lila Schärpe gezierten hl. Rochus, die jungen Mädchen die Heiligen Philomena und Agnes. Dann kommt St. Peter mit einem großen weißen Bart und einer rotseidenen Schärpe und nach ihm der hl. Torpes unter seinem vergoldeten, von roten Rosen und Päonien geschmückten Schrein. Er zieht durch das Tor des Fischmarktes, wo die Fischkörbe mit vielfarbigen Rosen zugedeckt sind, und kommt schließlich am Hafen heraus. Am Nachmittag beginnt die Bravade von neuem, noch lauter, noch lärmender als zuvor, und endet schließlich zögernd und widerwillig in der Nacht zu Füßen des Throns des hl. Torpes. Alle umarmen einander, denn die Bravade ist unter anderem auch ein ›Gottesfrieden‹. Man lächelt Leuten freundlich zu, mit denen man ›eigentlich böse‹ ist, Parteistreitereien und Kirchturmspolitik sind vergessen. Alle Bravadeurs denken bei diesem Anlaß nur daran, den hl. Torpes zu ehren.

Die Bravade entstand kurz nach der Neubesiedlung durch Garezzio. St. Tropez, dem die Küstenverteidigung oblag, war das Arsenal und Waffenlager der ganzen Côte des Maures, und die ersten Ansiedler hatten wegen der unablässigen Gefahr von Seeräuber-Überfällen ihre Waffen stets griffbereit bei der Hand. Sie trugen sie sogar bei der alljährlichen Prozession ihres Schutzheiligen – die andernfalls eine ideale Gelegenheit für einen Überraschungsüberfall geboten hätte, und zwar ganz besonders, da die Prozession auch zur Kapelle des Heiligen außerhalb der Stadt führte. Wenn aber junge Männer in festlicher Stimmung geladene Feuerwaffen tragen, muß es ihnen unweigerlich in den Fingern jucken. Ein Salut von Schüssen gilt von jeher, seit der Erfindung des Schießpulvers, als eine Ehrenbezeugung. Was konnte natürlicher sein, als daß die Tropéziens zu Ehren ihres Heiligen Salven abfeuerten? So zumindest erklärt es der Abbé Espitalier, der gelehrte Biograph von St. Tropez.

Im Jahr 1677 ging die Seigneurie St. Tropez durch Heirat von den Marquis von Grimaud in den Besitz der Marquis Suffren von Saint-Cannet über, die sich hinfort Suffren de Saint-Tropez nannten und deren berühmtester Abkömmling, der Bailli Pierre-André de Suffren (1726-88), der größte Admiral der französischen Geschichte wurde. Zwei Jahre lang machte er während des amerikanischen Unabhängigkeitskrieges den Atlantischen und den Indischen Ozean unsicher und wurde, wie es in einem patriotischen französischen Reiseführer heißt, der ›Schrecken der Engländer‹.

Napoleon schrieb am 11. April 1814: »Ich reise heute abend nach Saint-Tropez ab; dort schiffe ich mich nach Elba ein.« St. Tropez bekam den abgedankten Kaiser nicht zu sehen. Die Straße von Le Luc durchs Gebirge über Le Frassinet und Grimaud war durch Unwetter gesperrt; Napoleon schiffte sich in St. Raphaël ein.

St. Tropez liegt am Sackgassen-Ende der Straße. »Es führt keine Straße durch Saint-Tropez«, schrieb Colette. »Eine einzige Straße führt euch in den Ort und geht nicht weiter. Wenn ihr abreisen wollt, müßt ihr den gleichen Weg zurückgehen. Aber wollt ihr denn wieder abreisen? ... Bald sind es vierzehn Jahre, daß ich in Saint-Tropez haltgemacht habe, und wie ihr seht, bin ich noch immer da.« Colette lebte genau vierzehn Jahre in St. Tropez, von 1923 bis 1936. Man kann sich vorstellen, wie abgeschnitten der Ort vor ihrer Zeit gewesen sein muß, ehe die Küstenstraße gebaut wurde und es Autos gab, die auf ihr entlangrollen konnten. Als Guy de Maupassant in seiner Jacht hierher kam, bestand St. Tropez' einzige Verbindung mit der Außenwelt in einem alten Segelboot aus St. Raphaël, der ›Lion de Mer‹, und einer gebrechlichen alten Kutsche, welche die Post über die Höhenzüge der Maures brachte.

Von Maupassant abgesehen, war der erste, der die kleine Hafenstadt entdeckte, der Maler Paul Signac. Und er war ein ›vieux Tropézien‹ – einer seiner Vorfahren, der Hauptmann de Signac, war 1590 Kommandant der Befestigungen gewesen. »Bis zum Ende des 19. Jahrhunderts«, so erzählt André Dunoyer de Ségonzac in einem Erinnerungsaufsatz, »hatte die provenzalische Küste bei den Malern nicht in Gunst gestanden; abgesehen von Claude Monet, der kurz in Juan-le-Pins weilte, und Guillaumin, der in Agay malte, hatte die Küste nur wenige Maler angezogen. Cézanne, der so nahe war, verließ die Gegend von Aix kaum und kam nur zuweilen nach Estaque. Paul Signac, der 1892 mit seiner Segeljacht ›Olympia‹ in St. Tropez an Land ging, war der wahre Begründer der Mittelmeerschule, die so bald Weltruhm errang. Er brachte Matisse, Bonnard und Marquet mit. Camoin und Manguin kamen von selbst. Sie alle scharten sich um Signac und seine Freunde Person und Turin. Im Juni 1908 läutete ich mit meinen Freunden Boussingault und Luc-Albert Moreau an der Haustür von Signacs neuer Villa ›La Hune‹. Signac lieh uns sein altes kleines Haus ›Les

Cigales‹. Wir arbeiteten den ganzen Sommer im herrlichen provenzalischen Licht, das für uns eine Offenbarung war. Damals ignorierte Paris noch systematisch die Provence im Sommer. Man sagte ironisch zu uns: ›Was, Sie wollen den Sommer in der Sahara verbringen?‹ Im August war Saint-Tropez fast völlig verlassen ... Das alles hat sich in fünfzig Jahren sehr verändert. Wer würde heute noch das Saint-Tropez Paul Signacs wiedererkennen?«

Heute besitzen nur Camoin und der greise Dunoyer de Ségonzac selbst noch Häuser in St. Tropez. Und Ségonzac hat mitgeholfen, daß das St. Tropez von vor fünfzig Jahren noch zu sehen ist. Ein ortsansässiger Kunstkenner und Sammler von Geschmack und Generosität hat mit seiner Hilfe eine Anzahl der repräsentativsten Werke der Maler jener Zeit geerntet, gesammelt, bewahrt. Georges Grammont aus Lyon war ein reicher Fabrikant von Unterseekabeln, der in St. Tropez lebte und auch hier starb. Er erwies sich als ein Gönner der Künstlerkolonie mit wählerischem Kennerblick. Er kaufte schließlich die am westlichen Ende des Hafens in der Nähe der Schiffswerft gelegene, nicht mehr benutzte Kapelle der L'Annonciade und ließ sie von seinem Architekten Louis Sue zu einer prachtvollen Heimstätte für seine Sammlungen umbauen. »Ich selbst«, erzählte Ségonzac, »habe unter Georges Grammonts Leitung die Placierung und Hängung der Werke besorgt, die er für das *Musée de l'Annonciade* ausgewählt hatte. Es ist eine ausgezeichnete Synthese der neo-impressionistischen Schule.« Grammont machte Ségonzac zum ›Conservateur‹ des Museums und vermachte es bei seinem Tod 1955 der Stadt, die jetzt unter den französischen Provinzstädten nur noch mit Grenoble um den Besitz einer der besten Sammlungen der französischen Malerei des frühen 20. Jahrhunderts streitet.

Dieses gut angeordnete und gut beleuchtete Museum enthält neben einem halben Dutzend Bronzen von Maillol und Despiau siebenundneunzig Gemälde, allesamt sorgfältig ausgewählte, charakteristische Arbeiten der Generation, die unmittelbar auf Cézanne und van Gogh folgte. Signac mit seinen neun Bildern ist die Hauptzierde der Galerie. (Bemerkenswert, wie er bei seinen Aquarellen völlig von seiner Mosaik-Technik abgeht.) Zwei Derains, beide Londoner Stadtansichten der Westminster- und der Waterloo-Brücke, stammen aus seiner wildesten Fauves-Periode. Auf dem Treppenabsatz ein exquisiter kleiner Seurat, ›Der Hafen von Gravelines‹. Bei den drei Matisses sehe man sich besonders Nr. 46 ›Interieur in Nizza‹ und Nr. 71 ›Korsische Landschaft‹ an, die interessante Beispiele seiner frühen Arbeit sind, ehe er seinen charakteristischen Stil entwickelte. Von den sechs Bonnards ist mir das liebste der ›Akt am Kamin‹ im Oberstock. Marquet und Vuillard sind hier mit ihren besten Arbeiten zu sehen, vor allem von letzterem ›Zwei Frauen bei Lampenlicht‹ (Nr. 70) und ›Interieur mit zwei Stühlen‹ (Nr. 63). Des weiteren Cross, Friesz, Vlaminck, Braque, Dufy, Lhote, van Dongen, Suzanne Valadon, Camoin, Roussel, Utrillo und Dunoyer de Ségonzac – allein die Liste der Namen gibt schon eine Vorstellung von der Qualität der Galerie. Im Juli 1961 widerfuhr der Galerie ein sensationelles Mißgeschick. Mitten in der Nacht fuhren Einbrecher mit einem kleinen Lastauto vor und stahlen sechsundfünfzig ihrer Bilder, samt und sonders unversichert und von Ségonzac auf einen Gesamtwert von fünf bis acht Millionen Francs geschätzt. Das einzige Bild, das an den Wänden des ersten Raums im Erdgeschoß hängen blieb, war Nr. 17, ›Das Landhaus in St. Tropez‹, eine bezaubernde kleine Baumlandschaft in der Art Cézannes, die von dem wenig bekannten Urbain stammt und deshalb von den Dieben verschmäht wurde. Sie übersahen allerdings auch das wertvollste Bild der ganzen Sammlung, den kleinen Seurat auf dem Treppenabsatz. Die Bilder wurden glücklicherweise im November 1962 wieder aufgefunden, mußten aber restauriert werden, und infolge dieser »bedauerlichen Vorfälle« wie der ›Guide Bleu‹ es nennt, mußte das Museum drei Jahre lang geschlossen bleiben.

Die zweite Periode in der Entwicklung von St. Tropez

begann nach dem Ersten Weltkrieg, als der Ort von den Bohemiens und kosmopolitischen Weltbummlern entdeckt und zu einer Art Montparnasse am Meer, voll von Malern, Schriftstellern und ihren ›Mitläufern‹, wurde. Etwas von dieser Atmosphäre der dreißiger Jahre hat sich bis heute erhalten, obwohl die Existentialisten allmählich verblassen und ›ausgeblendet‹ werden, die Maler und Schriftsteller durch Filmstars, Colette durch Brigitte Bardot ersetzt werden und im Sommer endlose Wagenladungen von Besuchern die kleine Stadt überfüllen – sämtliche Frauen in Boleros oder ›nackter Mitte‹ oder was sonst Vachon am Quai Suffren als Uniform der Saison dekretiert hat. Sie sind dazu verurteilt, da die Berühmtheiten, die sie anzustaunen gekommen sind, selten aus den Gärten ihrer Villen hervorkommen, einander gegenseitig anzustarren. Die meisten von ihnen kommen aus den riesigen Zeltsiedlungen entlang der Bucht, in denen Tausende und Abertausende von Kampierenden hausen. St. Tropez hat sechstausend Einwohner, vierhundert Hotelzimmer und an einem schönen Sonntag im August eine Mittagessen-Bevölkerung von bis zu fünfzigtausend Menschen.

Die Knappheit an Hotelunterkunft in St. Tropez ist vermutlich auf den Umstand zurückzuführen, daß der Ort ziemlich der einzige an der ganzen Küste mit nur einer Saison ist. Im Sommer ist er zum Bersten überfüllt, lustig, fröhlich, strahlend prominent und raffiniert; im Winter ziehen sogar die Einheimischen fort. Ich habe einmal die Monate November und Dezember dort verbracht und war buchstäblich der einzige Fremde in der verlassenen Stadt. Sämtliche Hotels, nahezu alle Restaurants und viele der Läden und Geschäfte waren geschlossen. Bei Anbruch der Nacht war die Stadt, die im Sommer erst bei Morgengrauen zu Bett geht, einigen streunenden Katzen überlassen. Der Grund ist, daß St. Tropez die betrübliche Auszeichnung genießt, der einzige Ort an der Küste zu sein, der direkt nach Norden blickt. Man muß überall auf den Winterregen gefaßt sein, den der Wind aus dem Osten hereinbläst – der ›vent d'Italie‹, der Wind aus Italien, wie er genannt wird –, aber St. Tropez ist außerdem noch der vollen Gewalt des Nordwestwindes, des Mistral, ausgesetzt. Sogar das riesige, 1935 eröffnete Hotel Latitude 43 hat sich gezwungen gesehen, den Betrieb einzustellen und sich in einen Wohnblock zu verwandeln, für den es zumindest das ganze Jahr Miete bekommen kann. Da wir schon beim Wind sind: Ostwind und Mistral sind nicht die einzigen. Wie Monsieur Jean Despas, der Direktor des Fremdenverkehrsamts, in einem ebenso gelehrten wie witzigen Artikel versichert, kommen in St. Tropez – wie auch anderwärts an der Küste – nicht weniger als rund zwanzig verschiedene Windarten vor, davon manche zuweilen gleichzeitig. Der Mosaik-Windrose im Pflaster des Quai Suffren ist nicht zu trauen, sie gilt bei den ›gens de mer‹ als sehr schlecht orientiert. Man hat es mit insgesamt neun ›Großen Winden‹ zu tun: dem Mistral aus dem Nordwesten; dem eisigen Alpenwind Tramontane aus dem Norden; dem Sommerwind Gregali aus dem Nordosten, der oft erst abends aufkommt; dem Ostwind oder Levant, der Regen bringt; der Céruse, einem heißen, trockenen Südostwind, der aus der Meerenge von Messina kommt; dem Wüstenwind Sirocco aus dem Süden; dem gewitterschweren Labe oder Lebech aus dem Südwesten, der die Berge in Dampfwolken hüllt; dem Westwind oder Ponant, den die Alten den Zephyr nannten, der sich zuweilen im Süden erhebt, die Sonne auf ihren Umlauf begleitet und mit ihr im Westen verschwindet; wenn dieser liebliche Sommersonnenwind ein wenig heftig wird und auf dem Meer Schaumkämme aufwirft, heißt er Ponant-Mestre. Diese großen Winde haben noch einmal so viele kleine Verwandte, und sie heißen – doch genug; wenn man hieraus schließe, meint der gelehrte Windfachmann, daß St. Tropez ein sehr windiger Ort sei, so irre man sich – es sei nur gut gelüftet. Und man solle nicht auf den bösen Ostwind schimpfen, denn schließlich sei er es gewesen, der das Boot mit Hahn, Hund und kopflosem Märtyrer herzugeweht habe.

Für die Tropéziens ist der Mittelpunkt des städtischen Lebens die *Place des Lices* am Ende der Rue Gambetta, wo sich der Markt befindet und wo die Männer jeglichen Alters und mit schier unerschöpflicher Muße den ganzen Tag lang im Schatten der riesigen Platanen ›boule‹ spielen. (In der Annonciade hängt ein hübsches Bild, Nr. 85, der Place des Lices von Camoin.) Für den Fremden hingegen ist der Mittelpunkt des Lebens natürlicherweise der *Hafen*, der wohl der hübscheste und anziehendste der ganzen Küste ist. Jachten und Fischerboote füllen das kleine Wasser-Viereck, das auf zwei Seiten von Kais eingefaßt ist, auf der dritten von einer kleinen Schiffsreparaturwerft und auf der vierten von der Mole, wo die Fischer ihre Boote vertäuen und ihre Netze zum Trocknen ausspannen. Von der Annonciade verläuft der breite Quai Suffren, mit dem Bronzestandbild des Admirals vor dem Café de Paris, bis zu seinem Zusammentreffen mit dem Quai Jean Jaurès, der von Cafés und Restaurants gesäumt ist, hinter denen eine Reihe hoher, schmaler Häuser in hellgelb, rosa und ockerbraun getünchtem Verputz aufragt. Der genuesische Einfluß ist unverkennbar, man ist unverzüglich an Portofino und Camogli erinnert. Der Kai hier ist jedoch breiter, und bei genauerem Hinsehen stellt sich heraus, daß die Häuser geschickte Nachbildungen der alten sind, die Garezzio erbaute. Als die Alliierten am 15. August in Südfrankreich landeten, sprengten die Deutschen den Hafen in die Luft, ehe sie sich in die Zitadelle zurückzogen, wo sie sich noch am nämlichen Nachmittag ergaben. Die Häuser an den Kais lagen in Trümmern, mit Ausnahme des Quai Mistral in der Nähe des runden Daumas-Turms und einigen wenigen Häusern am äußersten Ende des Quai Jean Jaurès. Sie sind leicht an ihren unteren Stockwerken zu erkennen, die ein wenig vorspringen, während die neuen Häuser völlig senkrecht aufsteigen. Eine Reihe kleiner Restaurants säumt den Kai und sieht ein wenig wie eine Reihe von Käfigen für wilde Tiere aus, ein jedes vom nächsten durch ein Drahtspalier abgetrennt, die Vorderseite nach der Sonne hin geöffnet, während sie nach rückwärts im dunklen, höhlenartigen Inneren verschwinden.

Bedenkt man es alles in allem, so hat das Leben wenige angenehmere Erlebnisse zu bieten, als im Sonnenschein vor dem Rascasse über einer Mahlzeit zu trödeln oder bei einem Aperitif auf der Terrasse des Café Sennequier zu sitzen und den Masten der Jachten zuzuschauen, wie sie lässig hin- und herschaukeln, die Berge im Hintergrund und eine vergnügte Menschenmenge aus aller Herren Länder vor sich auf dem Kai. Einmal sah ich auf eben diesem Quai Jean Jaurès zwei Autos nebeneinander geparkt, eines aus Island, das andere aus Andorra. Hinter ihnen war eine Jacht aus dem fernen Penang vertäut, und daneben lag ein kleines Boot, von dem das Gerücht wissen wollte, es sei rund um die Welt gesegelt, ehe es in St. Tropez Anker warf.

Hinter dem Quai Jean Jaurès befindet sich der alte Teil der Stadt. Am Ende des Kais, nahe den Überresten des einstigen Palais der Suffren, führt eine Straße zur Place de l'Hôtel de Ville. (Die kunstvoll geschnitzte Tür auf der rechten Seite ist übrigens nicht provenzalisch, sondern wurde von einem Seemann aus Sansibar mitgebracht.) Geht man durch die engen Gassen jenseits des Platzes weiter, so gelangt man zu dem alten Fischerhafen La Ponche. Ist man der französischen Sprache halbwegs mächtig und weiß ein Glas Rotwein zu schätzen, so wird man in Bertoncinis Weinhandlung in der Rue de la Citadelle einem warmherzigen Willkommen und keinen Touristen begegnen.

Rechter Hand, auf einer Anhöhe, steht die aus dem 17. Jahrhundert stammende *Zitadelle*, eine Doppelreihe von Mauern, die einen Festungsgraben und einen sechseckigen Donjon mit einem Hof in der Mitte einschließt. Im ersten Stock befindet sich heute ein *Schiffahrts-Museum* mit Schiffsmodellen, alten Stichen und einigen interessanten Karten des Mittelmeeres aus dem 17. Jahrhundert. An einem klaren Wintertag – wenn möglich einem Tag, an dem der Mistral bläst – hat man von hier einen herrlichen Rundblick über die ganze Halbinsel von Ramatuelle, den Golf und das Esterel-Gebirge, während die schneebedeckten Gipfel der Alpen wie eine weiße Wand am fernen Horizont stehen.

St. Tropez selbst hat keine Plage, keinen Badestrand, aber eine Anzahl von Straßen strahlt zu den zahlreichen Sandstränden aus, welche die Halbinsel umgürten – La Bouillabaisse, La Baie des Graniers, Les Salins, Tahiti und der fünf Kilometer lange Strand von La Pampelone in der Nähe von Cap Camarat. Die *Baie des Canebières*, etwa zwei Kilometer außerhalb der Stadt gelegen, hat den Ruf, nicht nur der sicherste, sondern auch der schönste Ankerplatz für Jachten an dieser Küstenstrecke zu sein. Hier lebte und schrieb Colette während ihrer reichsten und reifsten Jahre in ihrem bezaubernden Bauernhaus ›La Treille Muscate‹ – Das Muskateller-Spalier –, das sie in ihrem gleichnamigen Buch geschildert hat.

In der Mitte der freundlichen waldigen Halbinsel, der es den Namen gegeben hat, erhebt sich auf seiner Hügelanhöhe das bezaubernde Dorf *Ramatuelle.* Es ist ein einziger Wirrwarr von engen Gassen und Treppen, wie sein Nachbar *Gassin*, das von unten gesehen wie ein schuppiges graubraunes Ungeheuer aussieht, das auf einem Höhengrat aus dem dichten Blattwerk der Eichenwälder aufsteigt. Man hat einen herrlichen Ausblick von der Terrasse vor der Kirche, wo einst beim Herannahen der Korsaren das Leuchtfeuer Warnsignale nach Grimaud gab, von wo sie landeinwärts weiter geleitet wurden. In Ramatuelle liegt der ›Kainz der Provence‹, der in Cannes geborene, jung verstorbene Schauspieler Gérard Philipe, begraben. Beide, Gassin und Ramatuelle, sind alte sarazenische Fraxinets. *La Garde Freinet*, die einstmals uneinnehmbare Festung Le Frassinet, ist heute ein blühendes Dorf, das hauptsächlich von seinen umliegenden Kork-, Kastanien- und Maulbeerwäldern lebt. Es weist keinerlei Spuren der Araber mehr auf, die vor tausend Jahren hier saßen, es wäre denn, daß die Einwohner den Fremden mit einem höflichen »Bonjour, Monsieur« begrüßen, einer

Freundlichkeit, die jetzt in Europa selten zu werden beginnt.

Gibelin de Grimaldi wurde für seine Dienste mit einem Lehen ein wenig unterhalb der von ihm eroberten Festung belohnt, dem er seinen Namen verlieh. *Grimaud*, wie es heute heißt, ist ein Dorf von ausgesprochenem und besonderem Charakter mit einer Tempelritter-Kirche aus dem 11. Jahrhundert und einem langen, arkadengeschmückten Ordenshaus der Templer in der Rue des Templiers. Die engen Gassen winden und schlängeln sich die Anhöhe hinauf und unter den Häusern hindurch und kommen schließlich oben an der breiten Umfassung der Burgmauern heraus. Die Burgruine ist ein weithin sichtbares Wahrzeichen, denn zwei oder drei ihrer hohen Türme stehen noch und ragen wie gespenstische Finger in den Himmel hinauf.

Port Grimaud hingegen, die Lagunenstadt an der Küste, weiß nichts von Geschichte. Ihre bunten verschachtelten Häuser mit Erkern, Balkonen und weiß abgesetzten Fensterläden, ihre Brücken und Kanäle, der platanenumstandene Marktplatz, selbst das mächtige Stadttor mit Turm und Mauer – alles ist perfekte, am Reißbrett entworfene altmediterrane Imitationsarchitektur. Als der elsässische Architekt François Spoerry diese Boots- und Jachthafenstadt in den sechziger Jahren unseres Jahrhunderts baute, schien der Kritik kein Ende. Inzwischen ist der Ort von der Internationale der Sommergäste wie von der wachsenden Zahl Ansässiger so »eingewohnt«, als habe es ihn immer schon gegeben. Und Port Grimaud II und III sind bereits im Bau.

Wir haben lange im alten Sarazenenland verweilt; doch nicht ungebührlich lange. Dies ist wohl die reichste und schönste Landschaft der ganzen Küste. Wenn die Provence, wie Gounod ausrief, das Italien Frankreichs ist, dann ist St. Tropez die Provence der Provence.

Hyères

Von Cap Camarat bis Hyères zieht sich eine Kette von kleinen Sommerorten mit wohlklingenden Namen und reinem Sandstrand hin; Cavalaire mit seinen Eichen-, Pinien- und Mimosenwäldern und einem der schönsten Badestrände des Mittelmeers, Le Rayol, auf der Höhe seiner Terrassen hokkend, Le Canadel, Pramousquier, Cavalière, Aiguebelle und St. Clair nisten alle behaglich in den Gehölzen und Wäldern zwischen der Küstenstraße und dem Ufer. Schirmpinien und Mimosen, Oleander, Myrte, Thymian und Cistrose bilden den Hintergrund für Meile um Meile goldenen Badestrands. Diese kleinen Orte sind der ideale Aufenthalt für alle jene, die nur Sonne und Meer wollen und keine Kinos und Nachtlokale, aber auch sie werden jetzt allmählich ›entdeckt‹ und für den Fremdenverkehr erschlossen, seit ihre Entfernung von der Eisenbahn kein entscheidender Hinderungsgrund mehr ist. Die Tage ihrer stillen Abgeschiedenheit sind gezählt und können nicht mehr lange währen. Die traurige Wahrheit ist ganz einfach: das Mittelmeerreisen nimmt in so gewaltigem Maß zu, daß es bald ganz einfach nicht mehr genug Strand geben wird.

Die Straße senkt sich bei *Le Lavandou* (der Name leitet sich entweder von Lavandula, dem Lavendel, oder aber, prosaischer, von einem Lavoir, einem Waschplatz, her) wieder zum Meeresspiegel hinab. Vor zwanzig oder dreißig Jahren war dieser Ort noch ein wohlhabendes Fischerdorf, in das kaum je ein Fremder kam; Walter Hasenclever, der deutsche Schriftsteller, war Ende der zwanziger Jahre lange der einzige Fremde dort. Wer kein Auto hatte – und das war die große Mehrheit – gelangte nicht hin. Heute ist es ein blühendes Seebad, umringt von Sommervillen. Mit seinem langen Sandstrand, seinen schützenden Wäldern dahinter, seiner Mole mit dem langen Kai und seiner breiten, von Bäumen überschatteten Promenade hat es eine starke Familienähnlichkeit mit Ste. Maxime. Direkt über ihm sitzt, etwa an der Stelle der verschwundenen römischen Stadt Alconis, das malerische alte Dorf Bormes.

Abgesehen von seinem Fischfang und dem Fremdenverkehr ist Le Lavandou auch der Abfahrtshafen nach der Insel Port Cros und der Ile du Levant, der östlichen Gruppe der *Iles d'Hyères* oder Iles d'Or, wie sie auch genannt werden – möglicherweise wegen des dort vorkommenden gelblichen Felsgesteins, das einen eigentümlichen metallischen Schimmer annehmen kann und einstmals irrtümlich für Gold gehalten wurde. Dieser Name – Aureae Insulae – kam jedoch erst in der Renaissance auf, als man in ihnen einen Widerschein der ›Glücklichen Inseln‹ mit ihren Hesperiden-Gärten und goldenen Äpfeln zu erblicken meinte. Die Alten nannten die ganze Inselgruppe die Stoechaden oder auch Stichaden, angeblich nach einem ›sticha‹ genannten, thymianartigen Kraut. Es scheint eine aromatische Lavendelart – lavandula stoechas – mit bitterem Geschmack gewesen zu sein, die auf den drei Inseln in reicher Fülle wuchs und von Plinius als hervorragende Medizin gegen alle Brustübel bezeichnet wird. Diese Erklärung ist jedoch allzu weit hergeholt. Die Alten waren nicht so umständlich. Sie hatten für ihre Archipele drei verschiedene Bezeichnungen, je nachdem, wie die Inseln angeordnet waren. Waren sie kreisförmig gruppiert, hießen sie Zykladen; waren sie regellos verstreut, wie der Sämann den Samen streut, hießen sie Sporaden; bildeten sie eine Reihe oder Kette, so wurden sie Stoechaden genannt. Aufgereiht sind sie in der Tat; dies gab ihnen den Namen und nicht, wie manche meinen, die Reihe griechischer Säulen, die am Ufer stand. Plinius, der über diese Gegend Bescheid wußte, denn er war Präfekt von Misenum, nennt auch die Marseille vorgelagerten Inseln Stoechaden, und zwar die ›Kleinen Stoechaden‹, während die Hyères vorgelagerten die ›Großen‹ sind.

In die Langseite der schmalen, fast völlig von Felsklippen eingeschlossenen *Ile du Levant* – der antiken Hypea – haben sich die französische Kriegsflotte und die Nacktkultur-Anhänger geteilt. Die östliche Hälfte ist eine Raketen-Versuchsstation der französischen Marine und für die Öffentlichkeit gesperrt, die westliche – geöffnete – Hälfte die 1931 gegründete Heimstätte einer der berühmtesten Naturistes-Kolonien Europas. Vom kleinen Landesteg bringt eine rote Camionnette die Passagiere und ihr Gepäck auf die Höhe der Felssteilwand; zum Dorf Heliopolis, das sein eigenes Postamt, Hotels, Läden und sogar Grundstücksmakler besitzt. Das Vormittagsboot aus Le Lavandou legt hier an, und Fahrgäste, die nicht bleiben wollen, können entweder auf einige Stunden aussteigen und die Nudisten besuchen (die übrigens Photoapparate nicht gern sehen) und am Nachmittag das Boot zurück zum Festland nehmen, oder aber gleich nach *Port-Cros* – der antiken Mese oder mittleren –, der wildesten und in mancher Hinsicht schönsten Insel der Gruppe, weiterfahren. Die Insel ist hügelig und dicht bewaldet, mit zahlreichen Spaziergängen unter den Gewölben der Pinien und Cistrosenbüsche. Sie ist Privatbesitz, gehört zwei Damen je zur Hälfte und ist seit 1963 ein ›parc national‹, was heißt, daß man auf ihr weder jagen noch zelten noch Feuer anzünden darf; überall sind Tafeln mit ›Rauchen verboten‹ angebracht, was freilich die Bar-Tabacs an dem kleinen Hafen nicht hindert, Zigaretten und Streichhölzer zu verkaufen.

Porquerolles – das alte Prote –, die westliche Insel, ist die größte. In frühchristlicher Zeit richteten die Mönche von St. Honorat auf ihr eine ›Filiale‹ ein, die bald so anwuchs, daß sie auch Port-Cros übernahm. Die Mönche von Porquerolles hielten sich auf diesen Felseninseln fünfhundert Jahre lang und wehrten die Sarazenen immer wieder ab, bis schließlich gegen Ende des 12. Jahrhunderts die Korsaren den Archipel eroberten, ihre Klöster niederrissen, die Kirchen zerstörten und die Bücher und Handschriften ihrer Bibliotheken verbrannten. Reste der viereckigen maurischen

Festungstürme sind noch zu sehen, und hier und dort sind bei neuzeitlichen Bauten die charakteristischen maurischen Ziegel und Kacheln verwendet, die noch heute auf provenzalisch ›mallouns sarrasins‹ heißen. Heute ist Porquerolles mit Pinienwäldern bestanden und rühmt sich mehrerer guter Hotels; die Südküste ist zwar felsig, aber der Sandstrand im Norden wird im Sommer viel besucht. Die Insel ist ebenso wie Port-Cros Privatbesitz einer Dame, die es sich seit langem besonders angelegen sein läßt, die üppige subtropische Vegetation zu pflegen und ebenfalls das Feueranzünden nicht erlaubt.

Die vierte Insel ist inzwischen gar keine Insel mehr, obwohl geologisch Teil der Inselgruppe. Das Boot verkehrt mehrmals am Tag zwischen Porquerolles und La Tour Fondue an der äußersten Südspitze von *Giens*, einer hügeligen, bewaldeten kleinen Halbinsel, auf der 1960 ein Ortsansässiger, der Dichter Saint-John Perse, die Kunde erhielt, daß er den Nobelpreis erhalten habe. Die vormalige Insel – die nach einem großen Gewittersturm im Jahre 1811 auf kurze Zeit wieder zur Insel wurde – ist jetzt mit dem Festland durch zwei schmale Sandstreifen verbunden, die eine Lagune und Salinen einschließen, deren hohe weiße Salzhügel im Sonnenlicht glitzern. Eine Straße verläuft den östlichen Landstreifen entlang nach dem modernen kleinen Hafen und Badestrand von Hyères-Plage und weiter landeinwärts zu dem Diadem aus mittelalterlichen Mauern und Türmen: Hyères auf seiner Anhöhe.

Hyères, der älteste Kurort Südfrankreichs, war bereits im 18. Jahrhundert beliebt, als die Engländer Nizza zu entdecken begannen, aber ebenso wie Grasse ist es seit der Jahrhundertwende aus der Mode gekommen. Robert Louis Stevenson, der von seinen Ärzten nach Südfrankreich verbannt worden war und diese Verbannung verabscheute, schrieb: »Ich war nur einmal glücklich dort, und das war in Hyères.« Von zahlreichen Villen umgeben, ist es berühmt wegen seines milden Winterklimas und seiner Alleen aus hohen Dattelpalmen. Die *Olbius-Riquier-Gärten* am unteren Ende der Avenue Gambetta sind mit ihren vielen Palmenarten und anderen exotischen Pflanzen besonders hübsch.

Die alte Stadt liegt heute rund fünf Kilometer vom Meer entfernt landeinwärts; noch im Mittelalter hatte sie jedoch einen inzwischen versandeten und zugeschütteten Hafen, von dem sich mit Vorliebe die Pilger nach dem Heiligen Land einschifften. Ludwig der Heilige ging hier 1254 bei der Rückkehr vom Siebenten Kreuzzug an Land und verrichtete als erstes sein Dankgebet in der Kirche, die jetzt seinen Namen trägt. Die *St. Louis-Kirche* steht an der Place de la République am Eingang zur Oberstadt und hat eine schöne buntscheckige romanische Fassade mit einer Rosette im italienischen Stil. Das Innere mit seinen Berceau-brisé-Gewölben (spitzbogig gebrochenen Tonnengewölben) ähnelt den Kathedralen von Grasse und Fréjus. Mittelstück der alten Stadt ist die Place Massillon, so genannt nach dem großen Hofprediger Ludwigs XIV., Jean-Baptiste Massillon (1663-1743), der gleich den berühmten Troubadours des 13. Jahrhunderts Guilhem und Raimbaut, in Hyères geboren wurde. Auf dem Platz steht eine Tempelritter-Kirche aus dem 12. Jahrhundert, die jetzt als Gerichtsgebäude dient. Von hier führt die halsbrecherisch steile Rue Ste. Catherine hinauf zur St. Pauls-Kirche, von wo man einen herrlichen Rundblick über die Stadt, die Salinen und Porquerolles hat. Neben ihr sitzt ein türmchenbesetztes Haus quer auf einem der Stadttore; denn im 12. und 13. Jahrhundert, als Hyères ein winziger unabhängiger Staat war, verliefen die Stadtmauern entlang dem Hügelkamm und der heutigen Rue Barbacane.

Die Landschaft zwischen Hyères und Toulon ist besonders reich an antiken Überresten, und sie haben lange Zeit Verwirrung gestiftet. Irgendwo in dieser Gegend mußten zwei bedeutende, von den Alten häufig erwähnte griechisch-römische Städte gelegen haben: Olbia und Pomponiana. Aber wo? *Olbia* war nacheinander ligurisch, griechisch und römisch und vermutlich eine Niederlassung von Marseille. Man hat es unterschiedlich mit Hyères selbst, mit Giens, ja mit Toulon identifiziert, konnte es aber nicht schlüssig feststellen. *Pomponiana* jedoch wurde einwandfrei direkt südlich von Hyères, am Strand von Carqueiranne und am Fuß der Anhöhe von Costebelle entdeckt, und zwar von König Friedrich VII. von Dänemark, der hier 1843 die ersten Ausgrabungen vornahm. Man fand eine griechische Akropolis und römische Thermen, Speichergewölbe, Brunnen, Zisternen und Heizräume und in jüngster Zeit unter Wasser auch die Reste einer Hafenanlage mit einer Mole.

Oberhalb des antiken Pomponiana, auf dem Hügel von Costebelle, liegen die Ruinen des sarazenisch klingenden Klosters *St. Pierre d'Al-Manare* oder l'Almanarre. Das Wort ›al-maner‹ ist arabisch und bedeutet Leuchtfeuer oder Leuchtturm, und in der Tat hat man hier sarazenische Töpfereischerben gefunden. Aber außerdem auch, seit man 1946 mit den Ausgrabungen begann, eine große Umfassungsmauer aus phokäischer Zeit, die nur dem alten Olbia gehört haben kann. So lagen wieder einmal, wie schon so oft anderwärts, römische und griechische Siedlungen nicht über-, sondern nebeneinander. Innerhalb der griechischen Umfassungsmauer steht noch die kleine, vermutlich vorromanische *Chapelle Saint-Pierre*, die zu einem 989 hier oben gegründeten Benediktiner-Kloster gehört haben dürfte. Die Benediktiner wurden anscheinend von den Sarazenen verjagt, die hier oben ihren Leuchtturm errichteten. Nach ihrer Vertreibung übernahmen im 13. Jahrhundert die Zisterzienser-Nonnen von St. Pierre das Kloster, und die Reste ihres Klosters und ihrer Kapelle stehen ebenfalls innerhalb der Mauern des griechischen Olbia. Die maurischen Korsaren jedoch kamen zurück. Die Legende erzählt, eine junge Äbtissin habe sich in einer stürmischen Winternacht einen Scherz erlaubt, der dem Kloster zum Verhängnis wurde. Doch wir kennen die Geschichte bereits. Dieselbe Legende wird vom Nonnenkloster in Roquebrune erzählt. Verschwundene Städte können nur an einer Stelle sein, Nonnen und Sarazenen hingegen überall.

Toulon

Der königliche Festungsbaumeister Sébastien le Prestre d Vauban, so heißt es, warf einen Blick auf Bucht und Hafe von St. Tropez, schüttelte den Kopf und segelte weiter nac Toulon. Dort baute er den Kriegshafen, den Ludwig XIV brauchte. Der geniale Mann starb im gleichen Jahr 1707, i dem sein Werk einer wochenlangen Belagerung zu Lan und zur See durch Eugen von Savoyen und die holländisch britische Flotte standhielt und sie schließlich zum Abzu zwang. Neunundneunzig Jahre später ließ Napoleon sein Her im Invalidendom beisetzen. Wollte man Toulon auf die kür zeste Formel bringen, in den Namen Vauban und Napoleo wäre sie enthalten.

Die Alten sahen offenbar nicht, was Vauban erkannte: da hier die idealen Voraussetzungen für den größten Kriegshafe des ganzen westlichen Mittelmeeres gegeben waren. Keine der klassischen Geographen erwähnt Toulon auch nur mi einem Wort. Weder Phönizier noch Griechen, die doch jed kleine Bucht der gallischen Mittelmeerküste zu nutzen ver standen, scheinen sich sonderlich um diesen Platz gekümmer zu haben. Erst im 2. Jahrhundert n. Chr. wird Telo Martiu als eine der offiziellen ›Haltestellen‹ der römischen Flotte er wähnt. Etwas später erfährt man, es bestehe in Telo ode Thelonium – wie auch in Narbonne – eine kaiserliche Pu pur-Färberei. Die Purpur-Farbe war so kostbar, daß si dem Kaiser vorbehalten blieb: zwölftausend Purpur- ode Murex-Schnecken werden gebraucht, um einige Gramm de Farbstoffes zu gewinnen. Die Schnecke kam nur an wenige Orten der Mittelmeerküste, vor allem bei Tyros im Heilige Land, vor; bei Toulon ist sie bis heute reichlich anzutreffe

Im übrigen wissen wir nur, daß es im Jahr 451 berei einen Episcopus Thelonensis, einen Bischof von Toulon, ga

Bis zur Mitte des 12. Jahrhunderts ist die Liste der Bischöfe
les mittelalterlichen Thelon vollständig. Dann reißt sie ab,
uf dreihundert Jahre. Während dieser Zeit wurde Thelon
o unablässig von den Mauren heimgesucht, daß es nahezu
nbewohnbar war; ja, die Einwohner scheinen es zeitweise
iberhaupt aufgegeben und verlassen zu haben. Von einem
Kriegshafen war keine Rede. Thelons wichtigste und einzige
nilitärische Einrichtung war und blieb, wie anderwärts
uch, der Wachtturm mit dem Leuchtfeuer auf der steilen,
nzugänglichen Höhe über der Stadt; später zu einer Fe-
tung ausgebaut, hieß er unterschiedlich Pharus, Farotus,
'aronum – der heutige *Faron*. Heute zieht sich dort oben
ine herrliche Panorama-Straße, die Corniche du Faron, um
lie Höhe, und es führt auch eine Drahtseilbahn in dieses
noderne Super-Toulon.

Ludwig XII. ließ 1514 von einem italienischen Baumeister
inen zweiten Turm errichten, der noch heute steht, und
war nicht auf der Höhe von Faron, sondern unten, an der
Einfahrt zur heutigen Kleinen Reede. In dieser Zeit bestand
ie Hafenanlage noch immer nur aus einem einzigen klei-
en und völlig ungeschützten Kai. Ludwigs ›Grosse Tour‹,
ieser wahrlich ›dicke‹ runde Turm mit seinem Durchmes-
er von sechzig Metern, an dem der Italiener zehn Jahre
aute, war ihre erste Befestigung. Aber er nützte nicht viel;
r war kaum fertig, als Karl V. Toulon gleich zweimal hin-
ereinander, 1524 und 1536, eroberte. Erst der Navarreser
Ieinrich IV. begriff, daß der Hafen von Thollon, wie es im
6. Jahrhundert hieß, der Angelpunkt der Verteidigung der
'rovence, ja des ganzen westlichen Mittelmeeres war. Er
erlängerte den Kai um fünfhundert Meter, hob ein Flut-
ecken aus und legte einen Binnenhafen von fünfzehn Hek-
ar Wasserfläche an – sehr beträchtlich für damalige Be-
riffe; er baute ein Arsenal, Werften, Docks, vergrößerte
as Stadtgebiet um das Doppelte und gab ihm eine neue
Iauer mit fünf Bastionen.

Das war der Anfang des großen Kriegshafens, und zugleich das Ende für manchen armen Teufel, den es hierher verschlug. Toulon wurde in der Tat eine Art Teufelsinsel Verbrecher und Landstreicher, türkische Gefangene und Negersklaven – und nach der Aufhebung des Edikts von Nantes 1685 überdies eine große Anzahl halsstarriger Protestanten – wurden hier zu Tausenden zusammengetrieben, um die Galeeren der königlichen Flotte zu rudern, die auf jeder Seite fünfundzwanzig Riemen hatten und für jeden Riemen vier Sklaven brauchten. Ein jeder Galérien lebte, aß und schlief auf seiner Ruderbank, mit einem Handgelenk an den Riemen und einem Bein an den Zwischengang gekettet. Ein Reisender aus Paris berichtete 1630, daß »die Hauptbelustigung des Fremden in der Provence darin besteht, die Galeerensklaven anzustarren und sie auf ihren Galeeren aufzusuchen. Dort erblickt man das ganze Elend, den Schmutz, Dreck und Gestank und sämtliche Krankheiten der Menschheit.« Noch bemerkenswerter für die Zustände jener Zeit als die Vorliebe für makabre ›Sehenswürdigkeiten‹, ist die Tatsache, daß sich unter diesen Elenden sogar eine Anzahl von Freiwilligen befand, die sich von den übrigen freilich nur dadurch unterschieden, daß sie das Recht hatten, Schnurrbärte zu tragen. Um diese Zeit (1656) schuf der Marseiller Pierre Puget seine berühmten zwei muskelstrotzenden, irrig als Karyatiden bezeichneten Atlanten ›Kraft‹ und ›Erschöpfung‹, die den Balkon des Alten Rathauses trugen; man hört sie unter seinem Gewicht geradezu stöhnen; sie könnten durchaus ein Sinnbild des Toulon ihrer Zeit sein.

Doch dieses Toulon sah inzwischen schon wieder anders aus. Das Alte Rathaus stand bis 1944 an König Heinrichs ›Darse Vieille‹, dem Alten Binnenhafen. Bei der Erstürmung von Toulon im Zweiten Weltkrieg wurde es zerschossen, und an seiner Stelle steht heute das Musée Naval, das Flottenmuseum; Pugets Muskelmänner entgingen der Vernichtung und zieren die Fassade des Museums, wie es sich gehört. Denn die ›Darse Vieille‹ war längst zu einem Museumsstück geworden. Fünfzig Jahre nach ihrer Erbauung war sie bereits viel zu klein. Ludwig XIV. hatte inzwischen Colbert, der nicht etwa sein Marineminister, sondern sein Finanzminister war, mit der Neuaufstellung der Flotte beauftragt. Unvergleichlich viel größere Werften und Hafenbecken, als bisher existiert hatten, wurden jetzt gebraucht, um die neuen Geschwader Tourvilles, Vivonnes und Duquesnes aufzunehmen. Vauban beschloß, alles auf Toulon zu konzentrieren und es zum größten Flottenarsenal Frankreichs zu machen. Er hob im Sumpfland von Castigneau ein zweites, größeres Flutbecken aus, verlängerte die Kais, baute neue Magazine und Werkstätten, verdreifachte das Stadtgebiet und umgab es mit einem regelrechten Festungsgürtel. So entstand die ›Darse Neuve‹, der Neue Binnenhafen. Alter und Neuer Hafen zusammen liegen in der Innenbucht von Toulon und bilden die heutige ›Petite Rade‹, die Kleine Reede. Von hier ging die Flotte in See, die 1830 Algier eroberte. Heute wird die Kleine Reede nur noch von kleinen und mittleren Handelsschiffen benutzt. Der moderne große Kriegshafen ist in den letzten hundert Jahren in der viel geräumigeren und tieferen Außenbucht, der ›Grande Rade‹, der Großen Reede, entstanden.

Zwischen Großer und Kleiner Reede liegt eine, durch zwei vorspringende Landzungen gebildete, vergleichsweise enge Durchfahrt. An der Spitze des rechten Vorsprungs steht Ludwigs XII. ›dicker Turm‹. Direkt ihm gegenüber liegt das kleine Fort L'Eguillette, an das so schwer heranzukommen war, daß die Soldaten es das ›Kleine Gibraltar‹ nannten. Hier wurde 1793, nahezu hundert Jahre nach Vauban, der Ruf des größten Feldherrn der Neuzeit begründet.

Wieder einmal wurde Toulon belagert, doch diesmal von den Franzosen selbst. Die Stadt hatte sich bei Ausbruch der Revolution für die Royalisten und gegen die Republik erklärt und Stadt und Hafen dem englischen Admiral Hood, Oberbefehlshaber der vereinigten britischen, spanischen, piemontesischen und neapolitanischen Streitkräfte, überantwortet. Hood hatte die äußeren Verteidigungswerke des Hafens verstärkt und Geschütze in allen Forts, vor allem in L'Eguillette, aufgestellt, die den Eingang zu Vaubans kleiner Reede deckten, wo die vereinigte Flotte vor Anker lag. Der vierundzwanzigjährige Artillerie-Leutnant Buonaparte – er änderte die Schreibweise seines Namens erst drei Jahre später – erklärte dem Kriegsrat, es gelte, das Fort L'Eguillette zu erstürmen; blieb die feindliche Flotte im Hafen, so könne man sie in Brand schießen und versenken; laufe sie aus und lasse eine Besatzung zurück, so sei diese abgeschnitten und müsse früher oder später die Waffen strecken. Mit anderen Worten: habe man L'Eguillette, so müsse Hood mit Flotte und Truppen Toulon aufgeben. Napoleon hatte richtig geschätzt. Am 18. Dezember 1793 erstürmte er das ›Kleine Gibraltar‹ und hißte die Trikolore. Hood versuchte vergeblich, die Stellung zurückzuerobern. Er räumte eiligst auch die anderen Forts, lichtete die Anker und gewann mit dem Rest der Flotte, der noch nicht zusammengeschossen oder versenkt war, das offene Meer. Buonaparte wurde auf der Stelle zum Brigadegeneral befördert. Sein Aufstieg hatte begonnen, – und der seines Feldwebels, eines gewissen Junot.

Hundertfünfzig Jahre nach Napoleons Handstreich wurde das Werk Vaubans und Colberts zerstört. Ein großer Kriegshafen wie Toulon mußte im Zweiten Weltkrieg unausweichlich schwer in Mitleidenschaft geraten. Im November 1942, als die Alliierten in Nordafrika landeten und die deutschen Truppen in den bisher unbesetzten Teil Frankreichs einrückten, gab die Vichy-Regierung Befehl, die in Toulon konzentrierte französische Kriegsflotte zu versenken. Sechzig Kriegsschiffe machten auf Befehl des Admirals Laborde mit ihren ›épaves‹, ihren Wasserleichen, das Hafenbecken unbenutzbar. Später kamen die alliierten Bombenflugzeuge und zerschlugen den Alten Hafen. Im August 1944, als die gaullistischen Streitkräfte des Generals de Lattre de Tassigny die Stadt von den umliegenden Höhen her angriffen, sprengten die Deutschen die Zitadelle, das Arsenal und die Docks in die Luft, ehe sie sich ergaben.

Die Hauptachse der Stadt ist der *Boulevard de Strasbourg*, der ihre beiden Hauptlebenszentren miteinander verbindet: das Bahnhofsviertel im Nordwesten, von wo die Straße zu den Höhen des Faron hinaufläuft und wo sich viele der Hotels und Restaurants befinden, und südöstlich (beim Theater links einbiegen) die Altstadt, die sich hinunter zum Wasser und den Kais des Vieux Port erstreckt. Der malerische, von Heinrich IV. erbaute Quai Cronstadt, so zu Ehren des Besuchs eines russischen Geschwaders im Jahr 1893 umbenannt, wurde zusammen mit dem dahinter gelegenen Bordellviertel 1944 zerstört, im rechteckigen neuzeitlichen ›Schuhschachtel‹-Stil wieder aufgebaut und zeitgemäß in Quai Stalingrad umgetauft. Hier, in einem der Cafés am Kai, schrieb Georges Bernanos mehrere seiner berühmten Romane. Die engen Straßen der Altstadt gruppieren sich rings um die Kathedrale, in der es nahezu stockfinster ist und ohnehin nichts Sehenswertes gibt. Besonders hübsch und voll mittelmeerischen Reizes hingegen sind die Place Puget mit ihrem Delphinen-Brunnen und die Blumen-, Obst- und Gemüsemärkte in der Rue Lendrin und dem Cours Lafayette. Die Rue d'Alger und der Quai Stalingrad hingegen sind die fröhlichen Abendpromenaden der Stadt.

Ich habe mir einmal einen regennassen Nachmittag sehr angenehm im *Museum für Kunst und Archäologie* vertrieben, aber das Museum enthält nichts, was eine Unterbrechung der Fahrt wert wäre, außer vielleicht für Liebhaber von Schiffsmodellen, die in einer reichhaltigen Sammlung im Erdgeschoß zu sehen sind. Den Ehrenplatz in der Gemäldegalerie im ersten Stock nehmen Pieter Breughels ›Flämische Sprichworte‹ ein. Auch haben mir zwei sehr hübsche Solimenas gefallen und zwei Bilder von Annibale Carracci, auf denen Ariadne auf Naxos ihre üppigen Reize in ähnlicher Weise zur Schau stellt, wie andere es heutzutage auf der Ile du Levant tun.

Die Küstenstraße schneidet die breite Halbinsel von *Cap Sicié* rückwärts ab und gelangt beim Fort de Six-Fours – dem römischen Sex Furni – wieder ans Meer. Eine Nebenstraße läuft von hier an der Westseite der Halbinsel hinab nach Le Brusc, dem die schöne Inselgruppe von Embiez vorgelagert ist. Einige Reiseführer erklären, hier gebe es etwas Interessantes zu sehen; dem ist nicht so. Die Meinung, daß ein fünfzig Meter langes Stück einer unterirdischen römischen Wasserleitung, das am Meer neben der Straße herläuft, der wahrscheinlich letzte Überrest einer berühmten verschwundenen antiken Stadt sei, ist irrig. Die Stadt gab es zweifellos; aber sie verschwand ein gutes Stück weiter westlich, und wir gelangen sogleich zu ihr. Von Six-Fours verläuft die Straße nach Marseille wieder ein Stück am Meer entlang und durch eine Folge von kleinen Küstenorten, die alle guten Sandstrand besitzen, wesentlich billiger als die Badeorte östlich von Toulon und im allgemeinen weniger überlaufen sind. An den Wochenenden freilich macht sich die Nähe der beiden großen Städte Toulon und Marseille bemerkbar.

Sanary – das provenzalische San Nary oder St. Nazaire – war bis vor kurzem noch ein Fischerdorf mit einem einzigen, in einem alten Wachtturm am Meer installierten kleinen Hotel; es ist im Begriff, zu einem eleganten Badeort zu werden – was das ein Stückchen weiter westlich gelegene *Bandol* bereits seit einiger Zeit geschafft hat. Kenner wußten von beiden Orten freilich schon vor einem Menschenalter, und von Rechts wegen gehören beide Orte in die Annalen der deutschen Literatur. Bandol hat ein besonders mildes, von den bewaldeten Hügeln windgeschütztes Klima, und hier ließ sich schon zu Beginn der dreißiger Jahre der kranke elsässische Dichter René Schickele nieder. Nach dem Umsturz im Januar 1933 rief er seine verfemten und heimatlos gewordenen Freunde hierher. Bandol und Sanary wurden in den Jahren 1933 bis 1938 zu einer Heimstätte der deutschen Exil-Literatur. Thomas Mann, der nach einem billigen Ort für längeren Aufenthalt suchte, kam Anfang Mai 1933 auf Anregung Schickeles nach Bandol: »Ich habe Frau und Kinder bei mir und die notwendigsten Bücher«, schrieb er, »das Klima ist höchst liebenswürdig, und es fehlt nicht an wohltuenden Zeichen der Sympathie und Treue.« Anfang Juni vertauschte er das Hotelzimmer mit einem Haus auf der Landzunge von Sanary, passend ›La Tranquille‹ genannt: »Seit zehn Tagen bewohnen wir dies schön gelegene und allerliebst eingerichtete kleine Haus, in dem wir vier unserer Kinder, die jüngsten, bei uns haben. Unsere Zukunftspläne sind sehr schwankend.« Und im Juli: »Hier ist jetzt die Sommerhitze auf voller Höhe, aber eigentlich furchtbar wird sie doch nie, da fast immer ein wenig Wind ist, und die Abende sind erquickend. Ich sitze oft bis spät auf der kleinen Veranda vor meinem Arbeitszimmer, rauche meine Cigarre, sehe die Sterne an und bedenke des Lebens Sonderbarkeit.« Das taten auch Arnold Zweig, Feuchtwanger, Ernst Toller, Brecht, Piscator, Hermann Kesten, Werfel, Wilhelm Herzog und andere, die sich in diesen Jahren zur einen oder anderen Zeit hier niederließen. Heinrich Mann, der später nach Nizza übersiedelte, begann in Sanary sein großes Romanwerk ›Henri Quatre‹ (den Heinrich IV. von Toulon!), dessen erster Band 1935 erschien. Thomas Mann arbeitete am zweiten Band des Joseph-Romans. So manches andere gute deutsche Buch wurde hier im billigen Gasthofzimmer oder am Marmortisch des Café de la Marine in Sanary, umschwirrt vom provenzalischen Redeschwall, zu Papier gebracht. Aller Zukunftspläne waren »sehr schwankend«; nicht alle überlebten. Julius Meier-Graefe, der bedeutende deutsche Kunstschriftsteller, starb 1935 im benachbarten St. Cyr, René Schickele 1940 in Vence.

Hinter Bandol verläßt die Straße die Küste wieder und kommt in einer an eine Sandwüste gemahnenden Dünenlandschaft bei *Les Lecques* wieder heraus. Diese Gegend nennen die Einheimischen bis heute ›Tarento‹. Einen Ort dieses Namens gibt es hier nicht. Wohl aber lag hier, im wehenden Sand, jene ›verschwundene Stadt‹, die man fälschlich bei Le Brusc vermutete. Sie hieß griechisch Tauroeis, nach dem Stier, den die Phokäer als Gallionsfigur führten, römisch Tauroentum und hatte, ehe sie endgültig unterging, wesentlich mehr aufzuweisen, als ein Stück Wasserleitung. Anders als Toulon, wird Tauroeis von allen antiken Historikern und Geographen bereits lange vor der christlichen Ära als griechische Kolonie und genau als an dieser Stelle liegend genannt. Es muß eine ansehnliche Stadt gewesen sein, denn Julius Cäsar erwähnt in ›De bello civili‹, seiner Schilderung des Bürgerkrieges gegen Pompejus, »Tauroenta, quod est castellum Massiliensium«. Massilia (Marseille) war im Bürgerkrieg auf der Seite des Pompejus, und seine Niederlassung Tauroentum schloß sich ihm an. Die große Seeschlacht des Jahres 49 v. Chr., in der Decimus Junius Brutus die massaliotische Flotte unter Lucius Nasidius vernichtend schlug, fand direkt vor Tauroentum statt. Tauroentum wurde auf Cäsars Befehl von Brutus zerstört. Seine Geschichte hört mit dem Beginn unserer Zeitrechnung auf. Seine Bewohner scheinen es nicht sofort, sondern allmählich verlassen zu haben. Münzenfunde im Sand bezeugten, daß es bis zum Ende des 4. Jahrhunderts noch bewohnt war. Dann hören auch die Münzen auf. Die Wälder des Hinterlandes waren geschlagen worden. Der Sand deckte alles zu. Dreizehnhundert Jahre lang hörte und wußte man von Tauroentum nichts mehr.

1755 begann als erster der Abbé Barthélemy im Sand zu suchen und fand einige Fußboden-Mosaike. 1781 nahm der in La Ciotat stationierte Marineoffizier Marin versuchsweise Ausgrabungen vor, fand Inschriften, zerbrochene Statuen, Münzen, die Sockel von Säulen, Reste von Gräbern, Bädern, einem Theater, beklagte sich jedoch, daß die Bauern alles stahlen, was er zu Tage förderte, und der Sand alles immer gleich wieder zudecke. »In einigen Jahren«, schrieb er, »wird es unmöglich sein, auch nur den geringsten Überrest der Stadt zu finden.« 1806 setzte der Gelehrte Millin die inzwischen halbvergessenen Ausgrabungen Marins fort; bald nach ihm nahm sie der Abbé Magloire Giraud abermals auf. Nun fand man eine Akropolis, die Reste eines Tempels der Diana, grub das große, halbkreisförmig in den unterm Sand liegenden Felsen geschlagene, nach dem Meer hin offene Theater aus, in dessen Orchesterraum man die aus der Antike bekannten mannshohen ›akustischen Vasen‹ fand, eine Basilika unweit des Theaters mit einer achtundzwanzig Meter langen Cella, die Fundamente von Häusern eines ganzen Straßenzugs, Reste von Fresken, ein ›lavarium‹, ein Stück Stadtmauer und ein riesiges ›ossuarium‹ mit zahllosen gut erhaltenen Skeletten.

Und dann deckten die zwanzig Winde der Provence wieder alles mit Sand zu. Schon einige Jahre später glaubte man Marin und Giraud ihre Angaben nicht mehr. Der Archäologe Méry schrieb spöttisch an Alexandre Dumas: »Was sehen wir denn in Tauroentum? Drei abwesende Tempel, zwei nicht anwesende Bäder, zwei nicht-existierende Promenaden, einen unauffindbaren Zirkus, dessen Sperre mit Obelisken geschmückt war, und ein verschwundenes Prätorianer-Lager. Der Besucher öffnet die Augen und gewahrt zwei Zollbeamte, die auf zwölf Morgen versteinertem Nichts sitzen.« Die Zollbeamten, die auf Altertümer-Schmuggler aufpassen sollten, hatten angeblich den Marmor der Tempel der Venus, der Diana und des Neptun selbst an die Bauunternehmer verkauft. Wie auch immer – außer ein paar kümmerlichen Mauerresten ist nichts mehr da. Tauroentum, die Stadt, die unterging und wiederauftauchte, ist endgültig im Sand untergegangen. Nur der Lageplan, den Giraud vor über hundert Jahren zeichnete, gibt noch über sie Auskunft.

Von Les Lecques führt die Küstenstraße um die nächste Bucht herum zum Badeort La Ciotat-Plage. Geht oder fährt man von hier um den halbkreisförmigen Hafen, so kommt man unversehens zu den Dock-Toren, und es geht nicht weiter. *La Ciotat* – das alte Citharista – war in den Tagen der Griechen eine Schiffswerft gewesen und ist es noch heute. Man sieht es dem malerischen und lärmfreudigen Städtchen nicht an: es kann Schiffe bis zu sechzigtausend Tonnen bauen.

Cassis ist ein sehr anziehender kleiner Fischerhafen mit drei Badestränden, die nach Norden durch hohe Kalksteinwände abgeschirmt sind. Viele reiche Marseiller besitzen hier Villen und Sommerwohnungen. Der Ort ist berühmt wegen seines schweren, leicht zu Kopf steigenden gleichnamigen Weins – grünlich wie der portugiesische ›vinho verde‹ – der nach Ansicht der Einheimischen das richtige Getränk ist, um damit die Bouillabaisse hinunterzuspülen. Früher war die Stadt bekannt wegen ihrer Erzeugung von Muskateller-Wein und Korallen; inzwischen hat sie diese beiden Luxusartikel als unergiebig aufgegeben und widmet sich heute der prosaischeren Beschäftigung des Steinbruchs und der Zementherstellung; die modernen Viertel und die Docks von Marseille sind zum großen Teil aus dem weißen Stein von Cassis erbaut.

Die Küste ist beiderseits der Bucht stark zerklüftet; die vierhundert Meter hohen Felsklippen von Cap Canaille, knapp östlich der Stadt, sind die höchsten in Frankreich. Im Westen liegen die berühmten *Calanques:* En Vau, Port Miou, Port Pin und andere – lange, tiefe Einbuchtungen wie Miniatur-Fjords, fünfzig bis hundertfünfzig Meter breit und von senkrecht abfallenden Felsklippen eingerahmt. Man kann sie mit einer gewissen Anstrengung zu Fuß oder ohne jede Mühe in einem gemieteten Motorboot aufsuchen. Die Straße macht nicht den Versuch, dieser Felsklippenküste zu folgen; man gewinnt in der Tat einen rechten Eindruck von dieser merkwürdigen Landschaft nur vom Wasser her. Die Berge des Hinterlandes steigen bis zu 600 m auf. Hinter ihnen läuft die Straße schnurstracks nach Marseille.

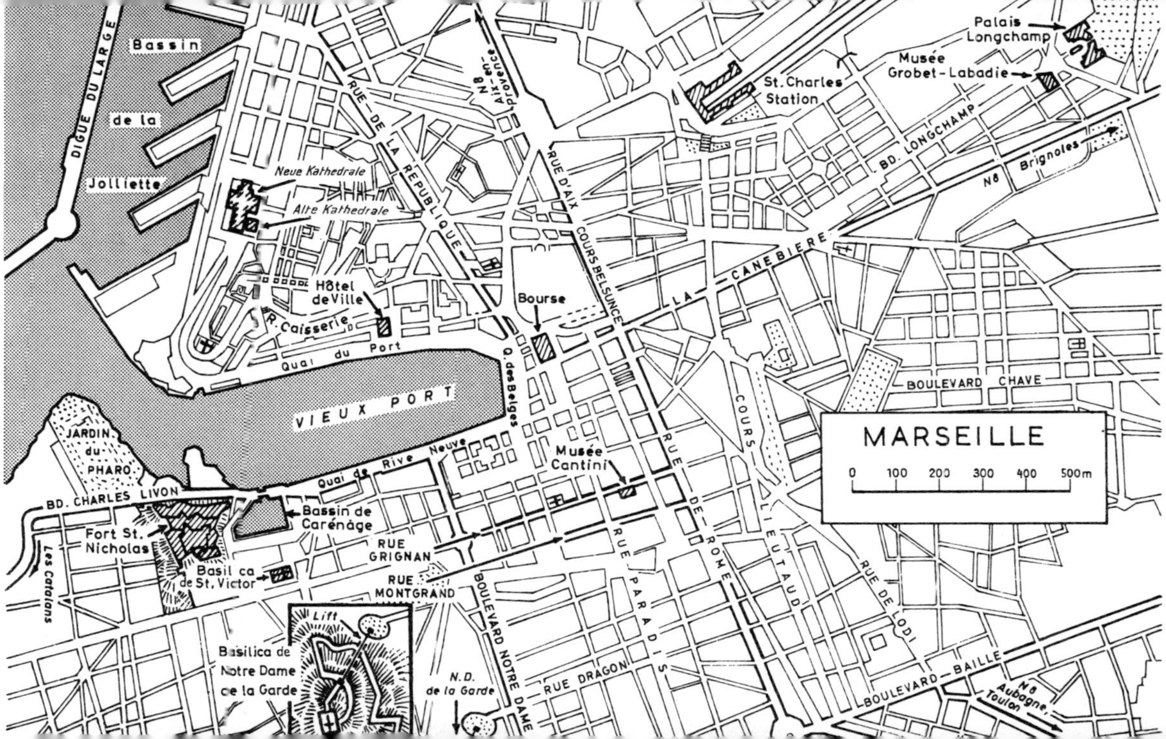

MARSEILLE
0 100 200 300 400 500m
Bassin
de la
Jolliette
DIGUE DU LARGE
RUE DE LA REPUBLIQUE
N8 Aix-en-Provence
St. Charles Station
Palais Longchamp
Musée Grobet-Labadie
BD. LONGCHAMP
N8 Brignoles
RUE D'AIX
COURS BELSUNCE
LA CANEBIERE
Neue Kathedrale
Alte Kathedrale
Hôtel deVille
R. Caisserie
Bourse
Quai du Port
Q. des Belges
VIEUX PORT
BOULEVARD CHAVE
COURS LIEUTAUD
RUE DE ROME
RUE PARADIS
Musée Cantini
JARDIN du PHARO
Quai de Rive Neuve
BD. CHARLES LIVON
Bassin de Carénage
Fort St. Nicholas
RUE GRIGNAN
RUE MONTGRAND
Basil ca de St. Victor
Les Catalans
Lift
Basilica de Notre Dame ce la Garde
N.D. de la Garde
BOULEVARD NOTRE DAME
RUE DRAGON
RUE DE LODI
BOULEVARD BAILLE
N8 Aubagne, Toulon

Marseille

In der Mitte der französischen Mittelmeerküste liegt der Anfang ihrer Zivilisation. Marseille ist die Wiege des mittelmeerischen Frankreich, und sein Alter Hafen, der Vieux Port, war die Wiege von Marseille. Man bekommt einen buchstäblich ›verkehrten‹ Eindruck vom eigentlichen Wesen, von der wahren Seele dieser Stadt, wenn man von der Landseite her in sie einfährt. Ihr Herz ist noch heute der schmale rechteckige kleine Schlupfhafen zwischen den beiden Anhöhen rechts und links, mit seiner engen, fast versteckten Einfahrt. Durch diese Einfahrt sollte man hereinsegeln, und man hätte einen leibhaftigen Begriff, wie alles entstand. Hier ist der Anfang. Hier begann die griechische Provence. Alles, was uns bisher begegnet ist, alles, was uns hinfort noch begegnen wird, nahm von hier seinen Ausgang.

Die Gründung von Marseille ist in eine liebreizende Legende eingerahmt. Um das Jahr 600 v. Chr., so heißt es, lief der griechische Seefahrer Protis aus Phokäa mit seinen Galeeren in den Schlupfhafen von Marseille ein, just an dem Tag, da König Nann, Herrscher des ligurischen Stammes der salyanischen Comanen, welcher an diesem Küstenstrich saß, nach altem Stammesbrauch seine Tochter dem von ihr erwählten Freier in die Ehe gab. Protis, der dem König mit Gastgeschenken seine Aufwartung machte, traf ein zur Stunde, da die Freier sich versammelten. Die schöne Gyptis trat, den Hochzeitskelch in der Hand, in die Runde, warf einen Blick auf die versammelten Bewerber und ging geradewegs auf den jungen griechischen Seefahrer zu und reichte ihm als dem Erwählten den Kelch. Alsbald wurde Hochzeit gefeiert, und König Nann schenkte dem jungen Paar die Anhöhe von Accoules, die sich über dem Hafen erhebt. Massalia, die Enkelin Athens und Tochter Phokäas, war ein Kind der Liebe

Es war fast so; doch nicht ganz. Marseille mag ein Kind der Liebe gewesen sein, aber es war vornehmlich ein Kind des Geschäfts. Und der Phokäer Protis war nicht der erste, der in diese versteckte Bucht einlief. Tatsächlich existierte Marseille bereits geraume Zeit vor dieser kleinen klassischen Liebesgeschichte. Es war längst vor der Ankunft der Griechen ein geschäftiger kleiner Handelshafen der tyrischen Kaufleute gewesen, und auch sie waren nicht in einer verlassenen kleinen Bucht an Land gegangen, sondern hatten bereits eine ligurische Siedlung vorgefunden. Massalia – aus dem unter den Römern Massilia wurde – ist ein verbürgter ligurischer Name, angeblich eine Zusammenziehung aus ›Mas‹ (das Haus oder Anwesen) und ›Salyorum‹ (der ligurischen Salyer). Aristoteles, Strabo und Justinus stimmen in ihren Schilderungen darin überein, daß es der phokäische Seefahrer Euxenes war, der auf einer Erkundungsfahrt im westlichen Mittelmeer in diesem Schlupfhafen den am besten versteckten und am besten geschützten Ankerplatz an der ganzen Küste entdeckte. Er suchte den Comanen-König Nann in seiner Hauptstadt Segobriga im Landesinnern auf (man vermutet, daß sie auf der heutigen Anhöhe von Allauch lag) und erhandelte von ihm eine regelrechte Konzession für eine phokäische Niederlassung auf seinem Stammesgebiet. Dann fuhr Euxenes nach Phokäa zurück und schlug dort die Gründung einer neuen Kolonie im Westen vor. Die Phokäer fragten das Orakel von Delphi um Rat; das Orakel war einverstanden und riet, eine Gesandtschaft zum Tempel der Artemis von Ephesus zu entsenden. Artemis gab ihren Segen, und alsbald ging eine kleine phokäische Flotte mit Ansiedlern westwärts in See. Sie hatte eine Statue der Artemis von Ephesus an Bord und wurde, wie es der Brauch war, von zwei Kapitänen befehligt: von einem gewissen Simos und von Protis, dem Sohn des Entdeckers Euxenes. Diese Flotte traf 594 v. Chr. in Massalia ein, und die beiden Väter Euxenes und Nann, die die ursprüngliche Abmachung getroffen hatten, befanden, daß man das Beschlossene am besten durch eine Vernunftehe zwischen ihren Kindern bekräftige und besiegele. Liebten Gyptis und Protis einander zudem, um so besser. Dann hatte die Geschichte Marseilles, der großen Geschäfts- und Handelsstadt, gut begonnen.

Die Phokäer richteten ihre Niederlassung in der ihnen zugewiesenen ›Konzession‹ von Massalia ein und gaben dem Hafenbecken den griechischen Namen ›Alycidon‹, der noch heute auf vielen Karten im Namen ›Lacydon‹ fortlebt. Auf der Anhöhe ihrer ›Konzession‹ errichteten sie ihren beiden aus Phokäa mitgebrachten Schutzgöttern, dem delphischen Apoll und der ephesischen Artemis, ihre Tempel. Die Niederlassung muß rasch zu großer Blüte gelangt sein, denn schon zweiundfünfzig Jahre später, 542 v. Chr., beschloß die gesamte Einwohnerschaft von Phokäa, unter dem Druck der Belagerung durch Meder und Perser, übers Meer hinwegzuziehen und an den neu entdeckten Gestaden ihr Glück zu suchen. Massalia wurde zum Ausgangspunkt, Mittelpunkt, Nervenzentrum der zahlreichen griechischen Kolonien entlang der Ligurer-Küste, und überall wurde das geheiligte Bildnis der Artemis von Ephesus aufgerichtet und seine Verehrung zusammen mit dem des delphischen Apoll zur Staatsreligion des massaliotischen Ligurien. Das 4. Jahrhundert sah die Ausbreitung und Handelsblüte Massalias auf ihrem Höhepunkt. Von Emporion in Katalanien die ganze Küste entlang bis nach Nizza erstreckten sich ihre Faktoreien und Niederlassungen; die Griechen von Massalia führten im barbarischen Abendland das Geldwesen ein, massaliotische Münzen mit dem Abbild der Artemis oder des Apoll auf der einen und dem Wahrzeichen des Krebses, Löwen oder Stieres auf der anderen Seite haben sich an sämtlichen Gestaden des Mittelmeeres und des Atlantik und bis tief ins Landesinnere hinein gefunden.

Zwei große massaliotische Seefahrer stießen um die Mitte des 4. Jahrhunderts in ferne, unbekannte Weltgegenden vor. Euthymenes umsegelte Marokko und scheint bis nach Senegal gelangt zu sein. Pytheas suchte nach einem einfacheren

Seeweg, um das Zinn des britannischen Cornwall, dessen die Industrie Massalias bedurfte, direkt und nicht auf dem mühseligen Landweg durch Gallien in seine Heimatstadt zu schaffen und die Verschiffung von Bernstein von der Ostseeküste nach Massalia einzurichten. Noch wichtiger als diese Handelsvorhaben waren ihm aber anscheinend die wissenschaftlichen Probleme, die er in seinem ›Periplus‹ zu lösen hoffte. Er muß etwa ein halbes Jahr unterwegs gewesen sein: er segelte durch die Säulen des Herkules (die Meerenge von Gibraltar) nordwärts die spanische Küste hinauf, umschiffte die britischen Inseln, auf denen er zahlreiche Landungen vornahm, gelangte nach Jütland, von dort an die Küste von Norwegen, entdeckte in der Gegend von Trondheim das geheimnisvolle Thule und schilderte nach seiner Rückkehr, daß er ein ›erstarrtes Meer‹ gesehen und den Umlauf der Sonne am Polarkreis beobachtet habe. Die wenigen Bruchstücke seiner Schilderung, die sich erhalten haben, genügen, um diesen Mann unter die größten Seefahrer und Geographen aller Zeiten einzureihen. Sie bezeugen den unstillbaren Drang der Massalioten jener Zeit nach Wissen und Kenntnissen, der ihre Stadt zu einem einzigartigen Zentrum der Forschung und Bildung, einem illustren Sitz der Künste und Wissenschaften machte.

Dann kamen die Römer. Sie kamen, weil die Massalioten sie riefen. Massalia war seit langem mit Rom verbündet. Es half Rom gegen Karthago; seine Flotte, unterstützt von einem römischen Geschwader, vernichtete die punische Flotte des Himilkon 217 v. Chr. östlich des Golfe du Lion und brachte damit Hannibals ganzen genialen Feldzugsplan zum Scheitern. Hundert Jahre später hatte das Blatt sich gewendet. Jetzt war die unabhängige Republik Massalia hart bedrängt. Die Kelten rückten aus dem Innern Galliens südwärts vor; keltisch-ligurische Stämme vereinigten sich zu einem salyanischen Bündnis, schlossen das Gebiet von Massalia ein und griffen die Stadt an. Die Römer, zu Hilfe gerufen, entsandten um 125 v. Chr. den Konsul Caius Sextius

Calvinus mit einem Heer, das nicht nur Massalia aus der Umklammerung befreite, sondern die ganze salyanische Föderation zerschlug, ihre Oppida zerstörte, in dreijährigem erbittertem Kampf eine ligurische ›Igelstellung‹ nach der anderen aushob und schließlich ganz Südfrankreich unterwarf. Diesmal zogen die Römer nach geleisteter Waffenhilfe nicht wieder ab. Sie blieben. Salyer und Ligurer wurden tief ins Landesinnere verwiesen, den Massalioten ein acht bis zwölf Stadien (eineinhalb bis zweieinhalb Kilometer) breiter Küstenstreifen von der Rhônemündung bis hinauf nach Monaco zugewiesen, die griechische Republik als unabhängige Verbündete Roms in der neugeschaffenen ›Provincia‹ – der ›Provence‹ – belassen. Aber im Kampf zwischen Cäsar und Pompejus setzte Massalia aufs falsche Pferd. Cäsar stürmte die Stadt 49 v. Chr. nach sechsmonatiger Belagerung, nahm ihr ihre Flotte, ihre Schätze, ihre Kontore und Faktoreien weg, und Arles, Narbonne und Fréjus bereicherten sich an dieser Plünderung. Massalia behielt seine Freiheiten, aber es war eine Freiheit unter Vormundschaft.

Vielleicht reute es die Massalioten, daß sie die Römer ins Land gerufen hatten. Der Geschichte gegenüber hatten sie nichts zu bereuen. Sie vollbrachten mit diesem schicksalschweren Schritt eine ungeheure Zivilisationsleistung, die dadurch nicht geringer wird, daß die Not sie erzwang, die Entsagung sie aufnötigte. Die Massalioten waren Seefahrer und Kaufleute, Entdecker, Wissenschaftler, Künstler – keine Krieger; sie waren Siedler, keine Eroberer. Was sie an Gebiet erwarben, dankten sie den Römern. Marius bewahrte die zivilisierteste Stadt des westlichen Mittelmeeres vor den anstürmenden Teutonen. Sie nannte (und nennt bis heute) ihre Söhne nach ihm und weiß warum. Ohne die römischen Legionen wäre der griechische Wurzelgrund des französischen Mittelmeeres von den Barbaren überrannt und spurlos hinweggeschwemmt worden. Ohne den griechischen Wurzelgrund hätten Kraft und Organisation, Ordnung und Recht der römischen Welt an den Saumgebieten Galliens nicht Fuß fassen können. Massalia erfüllte seine Mission. Die Verschmelzung griechischen und römischen Zivilisationsstils am französischen Mittelmeer hat die Provence – wir haben es auf allen Stationen unserer Fahrt gesehen – zu einem Land ohnegleichen gemacht.

Marseille stieg noch zweimal zu großer Blüte auf. Nach den Wirren der Barbareneinfälle kam seine zweite große Blütezeit mit dem Zeitalter der Kreuzzüge; es trat mit Genua, Pisa und Venedig in überaus erfolgreichen Wettbewerb um den Frachtverkehr nach dem Osten; überall in Syrien, Zypern, Ägypten, Nordafrika entstanden seine Niederlassungen; selbst in Jerusalem hatten die Marseiller ihr eigenes Viertel mit ihrer eigenen Kirche. Die Entdeckung Amerikas, die Öffnung des Seeweges nach Indien brachten schwere Rückschläge, denn jetzt verlagerte sich das Schwergewicht des Welthandels nach den Atlantikhäfen, nach Bordeaux, Nantes, La Rochelle und Le Havre. 1720 brach das Grauen herein. Auf der aus Syrien kommenden ›Saint Antoine‹ wurden mehrere Pestfälle entdeckt. Der Kapitän signalisierte den Hafenbehörden. Aber da die Fracht für mächtige Kaufleute in der Stadt bestimmt war, die sich die Handelsmesse von Beaucaire nicht entgehen lassen wollten, wurde keine Quarantäne verhängt. Einige Tage darauf brach die Epidemie aus. Das Parlament in Aix verbot der ganzen übrigen Provence jegliche Berührung mit der heimgesuchten Stadt. Es nützte nichts. Die Pest griff nach Aix, nach Arles, nach Toulon über. Sie tobte zwei volle Jahre. Hunderttausend Menschen starben an ihr in der Provence, davon fünfzigtausend allein in Marseille. Die Stadt erholte sich. Hundert Jahre später, mit der Eroberung Algiers, der Unterdrückung des nordafrikanischen Seeräuberwesens und schließlich mit der Eröffnung des Suezkanals 1869 brach die dritte Zeit der Blüte und des Wohlstandes an.

Heute ist Marseille der größte Hafen des Mittelmeeres und die zweitgrößte Stadt Frankreichs, und dabei doch wesentlich typischer als Mittelmeerhafen denn als französische

Stadt. Mehr noch als sogar Nizza ist es eher eine Stadt zum Umherschlendern, zum Betrachten von Leben und Menschen denn eine Stadt der Sehenswürdigkeiten. Obwohl die älteste Stadt Frankreichs, besitzt es praktisch keinerlei Altertümer, und für Kirchen- und Museums-Enthusiasten gibt es hier kaum ›Pflichtbesuche‹.

Das griechische und das römische, das mittelalterliche wie das neuzeitliche Marseille hat stets rund um den Lacydon, den heutigen Vieux Port, gelegen, der das Herz der Stadt ist. Auf der Nordseite, auf der Anhöhe von Accoules, lag der älteste Teil der Stadt, ein dunkles Gewirr von Gassen, das treppenförmig bergan stieg und als *Quartier du Vieux Port* bekannt war. Dies war einstmals ein aristokratisches Viertel gewesen, das allmählich herabgekommen war; doch im allgemeinen Gestank und Unrat des Verfalls konnte man noch zahlreiche schöne alte Häuser und einstige Stadtpalais der alten Kaufmanns-Aristokratie von Marseille entdecken, mit einem Wappenschild über der geschnitzten Tür, einem schmiedeeisernen Balkon, einem schönen Treppenaufgang im Innenhof. Diese letzte wirklich ›weitoffene Stadt‹, die es in Europa noch gab, dieses Hafenviertel, das schließlich durch ein Dekret Louis-Philippes offiziell zum Bordellviertel wurde, existiert nicht mehr. Es erlebte im Februar 1943 einen Schlag des Schicksals, der sich nur mit dem Wahnsinnstoben der Pestepidemie von 1720 vergleichen läßt. Seine Bewohner mußten es binnen weniger Stunden räumen, und es wurde auf Befehl der deutschen Besatzungsmacht buchstäblich in die Luft gesprengt. An seiner Stelle steht heute eine abscheulich stillose, dem Hafen zugekehrte Front moderner Wohnblocks, von der man sich mit Recht fragt, wie sie da hinkommt und was sie da zu suchen hat.

Das vernichtete ›Bordell- und Verbrecherviertel‹, das in unzähligen Schilderungen der Weltliteratur vorkommt, umfaßte den unteren und ältesten Teil der den Berghang hinaufkletternden Altstadt: etwa vierzig Straßen und Gassen bis hinauf zu der auf halber Höhe entlang laufenden Rue

Caisserie – der alten Via Decumana und einstigen Hauptverkehrsader der antiken Stadt – von denen manche uralte, seltsame, kaum mehr enträtselbare Namen trugen, wie Rue des Trois Etoiles, Rue du Coin de l'Humilité, Rue de l'Araignée, Rue de la Reynarde und – am unvergeßlichsten – die poetische Rue du Pavé de l'Amour. Hier wohnten rund vierzigtausend Menschen, kleine Ladenbesitzer, die ›patrons‹ unzähliger kleiner Bars, Cafés und Restaurants, Fischer, ausgediente Seeleute der Handelsmarine, pensionierte Beamte der Hafenverwaltung, und in ihrer Mitte zuverlässiger Schätzung nach ein rundes Tausend ›dunkler Elemente‹, Schmuggler, Zuhälter, Huren, Diebe und Messerstecher, wie sie jedes Hafenviertel kennt, die im Lauf der Zeit den übrigen durchaus ehrbaren und gesitteten Neununddreißigtausend und der ganzen Unterstadt einen schlechten Ruf verschafft hatten. Sie waren den Sicherheitsbehörden der Besatzungsmacht ein Dorn im Auge, weil zwischen ihnen, in diesem unglaublichen Irrgarten enger Gassen, Passagen und Gewölbe, im Krieg Deserteure, vogelfreie Juden, Widerstandskämpfer, Gaullisten untertauchen konnten. Um sie ›auszuräuchern‹, wurde das älteste Marseille, das seiner Lage und Ausdehnung nach ziemlich genau mit dem phokäischen Massalia identisch war, mit Dynamit zerstört.

Die vierzigtausend ausgewiesenen Bewohner wurden in das aufgelassene Senegalesen-Lager bei Fréjus – an dem wir vorbeigekommen sind – verbracht, und am Morgen des 1. Februar 1943, um neun Uhr, begannen die Sprengungen. Robert Vaucher, der Berichterstatter der Schweizer ›Gazette de Lausanne‹, ging zwei Tage später durch die Wüstenei: ›Die Detonationen haben aufgehört. Das Schweigen ist vollständig. Ich traf niemand auf meinem Weg durch die Einöde außer den Katzen, die entschlossen scheinen zu bleiben. In der fallenden Dunkelheit nahm das Ganze die halluzinatorische Größe und Geisterhaftigkeit eines modernen Pompeji an.« Massalia war untergegangen.

Die wichtigsten Gebäude von historischem oder baukünstlerischem Wert, die man bewahren wollte, wurden schwer beschädigt, so die Kirche von *St. Laurent*, die an der Stelle des antiken Apollo-Tempels steht, die *Maison Diamantée*, die *Maison de Cabre*, das Haus der Franziskaner in der Rue de la Loge und andere. Explosion um Explosion erschütterte den Boden, auf dem sie standen. Die 1552 erbaute Maison Diamantée (so genannt nach den facettenförmig geschnittenen Steinen ihrer Fassade) mit ihren Renaissance-Ornamenten und Steinmetzarbeiten drohte auseinanderzubrechen. Das herrliche gotische Haus des Konsuls de Cabre, das einzige seiner Art, das Marseille besitzt, wurde mit knapper Not vor dem Einsturz bewahrt. (1954 wurde es, wie es war, um neunzig Grad gedreht, um es in die Fluchtlinie der neuen Straße zu bringen!) Alle Hoffnung, das Hôtel Franciscou aus dem Jahr 1610 zu retten, das den schönsten italienischen Renaissancepalästen vergleichbar war, mußte aufgegeben werden. Das elegante, 1665 von Gaspard Puget, dem Bruder Pierre Pugets, erbaute *Rathaus* am Kai verlor alle seine Fenster und erlitt schwere Risse in Decken und Mauerwerk. Er blieb einsam und allein inmitten der sonnengebleichten staubigen Einöde, ein letzter morscher Zahn in einem entblößten Kiefer, und steht heute mit Recht verachtungsvoll und hochnäsig mitten in der neuen Wohnblock-Hafenfront. Auch die alten Platanen an seinem rückwärtigen Portal stehen noch und in ihrem Schatten saß ich im Juni 1947, als ich die Stadt zum erstenmal nach dem Krieg wiedersah, und blickte zu St. Laurent hinüber – St. Laurent, ein reines, nüchternes Bauwerk provenzalisch-romanischen Stils, rissig, brüchig, mit Ziegeln die Fenster vermauert, mit Brettern das Portal vernagelt, einsam inmitten von Schutt und Geröll über der Hafeneinfahrt, tot, leblos, ohne Glockenklang und bis heute nicht fertig restauriert. Zwischen uns lag das riesige, ockerfarbene, ausgebaggerte Loch, das nichts und niemand je wieder mit echtem Leben füllen konnte: eine eiserne Bettstatt, eine verfaulte Matratze, verrostete Töpfe, Fetzen von Kleidern und Gardinen schauten aus dem gebleichten Kalk, den

Charles Camoin

Der Hafen von Marseille, 1904
(Ausschnitt)
Nouveau Musée du Havre

gelb, rosa, hellblau gesprenkelten Mauerwerk-Wirrwarr hervor. Unterhalb von St. Laurent saß in der Sonne auf einem hervorlugenden Stück blauglasierten Treppensteins eine traurige, struppige Katze und besah sich glasigen Blicks die Öde tief drunten, wo Bulldozer gruben und Pumpen Grundwasser aus Fundamenten heraussogen, die seit zweitausend Jahren das Licht der Sonne nicht mehr gesehen hatten. Die Katze sah nicht aus, als interessiere sie sich für das, was man hier fand; aber es war interessant: die Reste eines griechischen Theaters und römischer Dockanlagen aus der zweiten Hälfte des 1. Jahrhunderts mit darunterliegenden phokäischen Hafenkais (die seit 1963 ein eigenes, faszinierendes Museum bilden), griechische Artemis-Statuetten und Münzen, Scherben griechischer Keramik, eine große Anzahl griechischer Getreide-Amphoren und aus Italien eingeführter Dolien, große griechische Schüsseln, römische Krüge, einen bärtigen Jupiter. Alle diese Funde sind im *Musée Borély* zu sehen und sollen in die Maison Diamantée kommen, in der man nach vollendeter Restauration ein Museum des antiken Marseille einzurichten plant. Über dem großen Loch, hart an den Abgrund gerückt, von rostigem Stacheldraht umzäunt, damit die Kinder nicht dreitausend Jahre tief fallen, stand und steht noch heute, was vom alten Massalia noch übrig ist.

Der Besucher scheue die Mühe nicht; er steige hinauf, er wandere herum; es lohnt sich. Denn was noch steht, ist unvergleichliches altes, unberührtes Marseille, brutal aus dem Ganzen gerissen, in die einsame Höhe hinaufgedrängt, vom Wasser, vom Hafen, von dem es lebte, abgetrennt, eine kleine, in sich geschlossene, vollkommen harmonische Stadt, die in den Wolken hängt. Hier oben kann der Wanderer der neuen Generation noch einen Begriff kriegen von dem, was einst unten war, was aus dem Meer entstieg, von Fischern und Schiffern in Jahrhunderten übers Wasser herangetragen und allmählich den Berg Accoules, den König Nann seiner Tochter Gyptis schenkte, hinaufgebaut wurde.

Dies hier haben wir noch: die *Montée des Accoules*, diese phantastisch lange Treppenstraße, die sich quer durch die ganze verbliebene Stadt parallel zur Brüstung der Rue Caisserie zieht. Das Lavoir in der Rue Fontaine de Caylus, wo die jungen Mädchen, von der großen Platane überschattet, dunkelhäutig, hellhäutig, in schwirrendem Stimmengewirr an den Waschbrettern stehen. Die *Place Daviel* mit ihren flachen Steinstufen unter den Kastanien, die den Eingang zum *Hôtel-Dieu* verdunkeln, das auf der Bodenerhebung des alten Artemis-Tempels steht, und gegenüber die ›Bar du Clocher‹, die wohl das kleinste Café der Welt sein dürfte – sie hat nur einen Tisch mit vier Stühlen.

Auch den Markt auf der *Place Lenche* gibt es noch, der sich steil von der Höhe herabsenkt und plötzlich vor dem gräßlichen Abhang mit seinen Wohnblocks haltmacht. Einstmals lag dieser Platz in der Mitte, nicht am Rande der Stadt; er war die Agora, das Forum des antiken Massalia; jetzt blickt man von ihm aufs offene Meer – wie absurd! Wir haben noch die dunklen, überwölbten Stufen, die, in langer Flucht durch Gassen und Häuser tauchend, von der *Rue des Phocéens* (gottlob heißt sie noch so!) in eine unterirdische Laiterie führten. Auch die bezaubernde kleine *Place des Treize Coins* ist noch da, von deren schmaler Rampe mit den verschränkt laufenden Treppen man auf die Kathedrale La Major hinschauen kann, und in der Tat: er hat dreizehn Ecken, der kuriose kleine Platz.

Hier lasse man sich Zeit; hier verweile man mit Muße: dieses Spiel von Licht und Schatten sieht man nirgendwo sonst an dieser Küste: Licht und Schatten zwischen den hohen Häusern der Rue du Petit Puits, auf den Treppenstufen der Rue Guintrand und der Rue Baussenque; das Licht und den Schatten, die auf den gebräunten Gesichtern der Männer und Frauen von Massalia spielen, Licht und Schatten ihrer dunklen, antiken Sprache und das Lachen in den phokäischen Gesichtern der Kinder, Katzen, Esel und Fische, die Sonne, das Himmelsblau und Meeresblau, das dunkle Grün der Platanen. Hier droben, aufgehängt zwischen Himmel und Erde, zwischen Wolken und Meer, leben sie weiter ihr friedliches, lärmendes Leben, unberührt, ungestört, Kirschkerne über die Straße spuckend, Wäsche waschend, im dunklen Haustor schwatzend, und das Murmeln ihrer Stimmen vereinigt sich im Abenddämmer mit dem Murmeln des Wassers, das aus vielen Brunnen quillt und über die hundert Treppengassen von Massalia rieselt.

Man wandere auch des Nachts hier ein wenig herum. Denn des Nachts steigt das zerstörte Massalia aus den Fluten des Lacydon hervor und vereinigt sich unter dem roten Mond zur Mitternachtsstunde mit seinen verbliebenen heilen Gliedern. Das erzählen einem die alten Weiber, und sie müssen es wissen. Des Nachts schreiten die Frauen von Massalia stolzen, schwebenden Schrittes die steilen Straßen von der Höhe von Accoules hinab zum Meer und kommen vom Hafen wieder herauf, die flachen breiten Körbe, mit Fischen und Langusten gefüllt, auf den erhobenen Häuptern, römischen Stolz und griechischen Witz um Lippen und Augen. Des Nachts, sagen die alten Weiber, läuten die Glokken der geborstenen Kirchen, des Nachts singen die Fische und sprechen die grauen Esel von vergangenen Tagen. Zur Mitternachtsstunde, sagen die alten Weiber, ist sie ganz und heil und ewig, die Stadt der fünf Wahrzeichen von Löwe und Fisch, Stier, Dreizack und blühendem Weinstock, die Liebestochter der Gyptis, die Enkelin Athens und Schwester Roms, Heimat, Hafen und Unterschlupf des Schiffers und Fischers, des Kaufmanns und reisenden Erkunders, der Liebenden und der Betrüger, der Weisen und Diebe, der Narren, Prediger und stattlichen Hetären – zur Mitternachtsstunde, wenn Kinder und Katzen im Traum nach ihren verlorenen Gespielen rufen und das Wasser aus den Brunnen wieder die Treppengassen hinabrinnt bis ins Meer.

Die *Kathedrale* hier oben auf der Höhe ist eine Zwillings-Kathedrale; beide Kirchen heißen La Major. Die neue ist ein riesiges, in der zweiten Hälfte des 19. Jahrhunderts errichtetes Bauwerk in byzantinischem Stil. An ihre Seite schmiegt sich die kleine, alte, teilweise romanische Kathedrale aus dem 12. Jahrhundert an, die an der Stelle eines phokäischen Artemis-Tempels steht und jetzt ein Museum für christliche Altertümer ist. Die Statuen in der *Kapelle des hl. Lazarus* im linken Querschiff sind mit Ausnahme von ›Le Spasme‹ in St. Didier in Avignon – ebenfalls das Werk des Istriers Francesco Laurana – die ältesten Renaissance-Skulpturen in der Provence. Sie wurden etwa 1480 geschaffen. Nahebei eine schöne ›Grablegung‹ von della Robbia.

Der *Vieux Port*, der bis zur Mitte des vergangenen Jahrhunderts das einzige Hafenbecken von Marseille war, wird heute nur noch von Jachten, Fischerbooten, Ausflugsmotorbooten und den kleinen ›balancelles‹ benutzt, auf denen die Orangen aus Mallorca eintreffen. An der Querseite des alten Lacydon liegt der *Quai des Belges*, von wo die ›vedettes‹ nach dem Château d'If, den ›calanques‹ und den draußen liegenden großen Becken des Haupthafens abgehen und wo die Fischer den Fang der Nacht wohlsortiert und in ansprechenden Mustern und Ornamenten auf dem Kaipflaster auslegen, um das spähende Auge der einkaufenden Hausfrau in Versuchung zu führen. Der Quai ist gesäumt von Cafés und Restaurants, deren Spezialitäten die Marseiller Fischgerichte sind, wie die ›bouillabaisse‹ (gut, aber nicht billig und für eine Person eine zu große Portion) und die ›bourride‹, beide mit Safran gewürzte Fischsuppen, und Stockfisch oder gesalzener Dorsch mit aioli, einer Knoblauch-Mayonnaise. Es gibt wohl nur wenige angenehmere Orte, an denen man an einem Sommerabend eine Mahlzeit einnehmen kann, als das Restaurant Basso an der Ecke des Quai des Belges und der Canebière, wo man unten auf der Straßenterrasse oder besser noch im ersten Stock an einem der großen Fenster sitzen und zusehen kann, wie die Sonne allmählich über dem Vieux Port sinkt und die Lichter eines nach dem anderen aufflammen und sich in den kleinen tanzenden Wellen des alten Lacydon widerspiegeln.

Die *Canebière*, die schnurgerade zum Quai des Belges und dem Vieux Port hinabläuft, ist die Hauptstraße von Marseille, mit breiten Bürgersteigen und von Geschäften, Cafés, Kinos und einigen Hotels gesäumt. Die Herkunft des sonderbaren Namens der Straße ist unklar; die Etymologen halten alle möglichen Herleitungen für denkbar, so etwa von ›cannabis‹, dem lateinischen Wort für Hanf, da im Mittelalter die Seiler hier ihre Werkstätten hatten; oder auch vom provenzalischen ›canavero‹, dem Zuckerrohr, das möglicherweise auf diesem feuchten Gelände angepflanzt wurde; aber alle sind sich einig, daß der Name nichts mit einer Kanne Bier zu tun hat. Blonde Seeleute aus den Ländern, die Pytheas entdeckte, braunäugige, goldhäutige Studenten aus Indochina, algerische Teppichverkäufer, deren sarazenische Seeräuber-Vorfahren die Kaufleute von Marseille ein Jahrtausend lang in Schrecken gehalten haben, weitäugige Neger aus den Ländern weit drunten im tropischen Afrika, die Euthymenes vor mehr als zweitausend Jahren aufsuchte, weiß uniformierte Kadetten von einem italienischen Schulschiff im Vieux Port, schlanke, geschmeidige, katzengleiche Quarterone-Mädchen aus Martinique und Guadeloupe – das alles wimmelt Schulter an Schulter die Canebière hinauf und hinab. »Wenn Paris nur eine Canebière hätte, dann wäre es ein kleines Marseille«, prahlt Marius, der typische Held so vieler Marseiller Witze und Anekdoten. Auf der linken Straßenseite der Canebière steht das riesige *Palais de la Bourse*, die älteste Börse Frankreichs, heute Sitz der Handelskammer, und genau davor ist die Stelle, an der König Alexander von Jugoslawien am 9. Oktober 1934 mitsamt dem französischen Außenminister Barthou von einem mazedonischen Terroristen erschossen wurde.

Der Boulevard Longchamp führt links von der Canebière zum großen *Palais Longchamp*, einem Zwillingsmuseum, dessen Gebäude durch eine Kolonnade miteinander verbunden sind. Zwischen ihnen verziert ein riesiger Springbrunnen das Château d'Eau, den Ausfluß des Kanals, der das Wasser der Durance nach Marseille bringt. Das Gebäude zur Rechten ist das *Naturgeschichtliche Museum;* das zur Linken das *Musée des Beaux-Arts* (dienstags und Freitag vormittags geschlossen), das einen Besuch sehr lohnt. Das Erdgeschoß ist in der Hauptsache provenzalischen Malern wie Monticelli, Ricard und Guigou gewidmet. Auch hängt hier ein halbes Dutzend Bilder der Marseiller Malerin Françoise Duparc, die in der Art Chardins malte. Drei ganze Säle sind dem größten Künstler vorbehalten, den Marseille hervorgebracht hat – dem Bildhauer, Maler und Architekten Pierre Puget (1620–1694), der seltsamerweise außerhalb der Provence so wenig bekannt ist. Sein ›Faun‹ und sein ›Louis XIV‹ offenbaren ihn als einen französischen Bernini, während sein Entwurf für eine ›place‹ seiner Heimatstadt Marseille einen der herrlichsten Plätze Europas geschenkt hätte, wenn er nur ausgeführt worden wäre.

Die Treppenabsätze sind mit zwei riesigen und recht eindrucksvollen Wandgemälden von Puvis de Chavannes geschmückt, die Marseille als griechische Niederlassung und als Tor zum Osten darstellen. Im Hauptsaal kommt, wie so oft in Provinzgalerien, der so vielseitige Künstler namens ›Anonymus‹ oder ›Unbekannter Meister‹ gut zur Geltung: einmal in seiner deutschen Verkörperung mit einer ›Auferstehung‹, zum anderen in einer französischen mit einem Bildnis des guten Königs René. Nahezu alle Werke in diesem Museum haben einen starken Lokal-Beigeschmack, sogar Peruginos edle ›Familie der Madonna‹, denn auf ihr sind außer der hl. Anna und dem hl. Joachim auch die beiden Marien von Les Saintes-Maries-de-la-Mer zu sehen. Zu beachten auch Rubens' ›Eberjagd‹ und die ›Kreuzabnahme‹ des Spaniers Antonio Pereda. In der äußersten linken Ecke des ersten Stocks ist ein Raum Daumier gewidmet, der in Marseille geboren wurde, allerdings nicht hier gelebt hat. Er enthält eine Sammlung erbarmungslos brutaler Karikaturen der Anhänger seiner ›bête noire‹, Louis Philippes. Der letzte Raum auf der rechten Seite ist Malern des 19. Jahrhunderts gewidmet wie Courbet, Isabey, Millet, Corot und Daubigny, sowie einigen modernen Provenzalen wie Seyssaud und Chabaud. Der Raum unmittelbar davor (Raum C) enthält das beste Bild der ganzen Galerie, einen kleinen Tiepolo, ›Die Ehebrecherin‹, aber er hängt inmitten einer Menge minderwertiger französischer Gemälde und man übersieht ihn leicht, wenn man nicht eigens nach ihm Ausschau hält.

Zwei sehr vielseitige und umfassende Sammlungen von Gemälden, Skulpturen, Möbelstücken, Wandteppichen, Keramiken, Musikinstrumenten und Schmiedeeisenarbeiten aus den verschiedensten Perioden und unterschiedlichsten Ländern finden sich in dem kleinen, nahe beim Palais Longchamp gelegenen *Musée Grobet-Labadie*, dessen Ausstellungsstücke 1968 neu geordnet wurden (dienstags und Freitag vormittags geschlossen) und im *Musée Cantini* in der Rue Grignan (dienstags und Freitag vormittags geschlossen). Letzteres befindet sich in dem aus dem 17. Jahrhundert stammenden vormaligen Hôtel de Montgrand, einem Palais, in dem einstmals der Graf von Grignan, der Statthalter der Provence und Schwiegersohn der Madame de Sévigné, wohnte und das der Stadt von dem Bildhauer Jules Cantini mitsamt seinen Sammlungen vermacht wurde. Es hat eine besonders gute und repräsentative Sammlung provenzalischer Fayencen, darunter Arbeiten von Künstlern wie Louis Leroy, Fauchier und La Veuve Perrin aus Marseille, ferner Clérissy und Olerys, der die neuen vielfarbigen Muster aus Spanien in Moustiers einführte. Unter den provenzalischen Gemälden der Sammlung befinden sich elf Monticellis. Im ersten Stock sind Werke von Meistern unseres Jahrhunderts wie Vuillard, Marquet und Dufy zu sehen.

Die auffallendste Eigentümlichkeit von Marseille ist der freistehende Kalksteingipfel im südlichen Teil der Stadt, auf der anderen Seite des Lacydon, gegenüber dem Berg von Accoules, der von der *Basilika Notre-Dame-de-la-Garde* gekrönt ist. Dieses weithin sichtbare Wahrzeichen, nach dem die Seeleute weit draußen auf See erwartungsvoll Ausschau halten, bietet einen prachtvollen Panorama-Rundblick über die Stadt, die Inseln und die Küste. Die Basilika ist im romanisch-byzantinischen Stil erbaut, stammt gleich der Kathedrale, der Bourse, dem Palais Longchamp, der Préfecture, der Bibliothek und nahezu allen anderen öffentlichen Gebäuden in Marseille aus der Zeit der Algier-Suez-Konjunktur des Zweiten Kaiserreichs und ist, als Architektur besehen, ebenso uninteressant und bedeutungslos wie alle diese anderen Bauten. Kirche und Krypta enthalten jedoch Tausende von Seemanns-Votivgaben, die für den Kenner der Marinemalerei nicht weniger interessant sind wie für den der modernen Primitiven. Der Boulevard Notre Dame führt vom Quai de la Rive Neuve, wie die Südseite des Vieux Port heißt, zur Basilika hinauf. Autofahrer können entweder die Anhöhe hinauffahren und ihren Wagen oben parken, oder aber den Wagen unten lassen und den Aufzug nehmen.

Der klassische Fremden-Ausflug in Marseille für jeden, der ein paar Stunden erübrigen kann, ist eine Motorbootfahrt vom Quai des Belges hinaus zum Château d'If. Man lasse sich durch seine abgedroschene Reiseführer-Popularität und die lauten Anpreisungen der Bootsbesitzer im Vieux Port nicht abschrecken: die Fahrt lohnt sich sehr; nicht zuletzt, weil man Marseille nur so ›von außen‹ zu sehen bekommt, wie man es eigentlich bei der Ankunft sehen sollte. Das Motorboot fährt den Vieux Port hinab, dem offenen Meer zu; man hat das Hôtel de Ville und die neuen Wohnblocks des alten Massalia zur Rechten und die Rive Neuve zur Linken. Das mit Zinnen und Bastionen geschmückte und wie eine Festung aussehende Bauwerk gleich hinter dem Bassin de Carénage auf der linken Seite ist die *Basilika St. Victor*, die älteste Kirche von Marseille. Sie ist der Überrest der gleichnamigen Abtei, die im 5. Jahrhundert vom hl. Cassian gestiftet wurde, also um die gleiche Zeit wie die Gründung der Abtei des hl. Honorat auf der Lerinischen Insel vor Cannes. Der hl. Victor war ein römischer Offizier, der gegen Ende des 3. Jahrhunderts den Märtyrertod erlitt. Das ursprüngliche Kloster (nach St. Honorat die zweitälteste monastische Gründung Frankreichs) soll zu seiner Blütezeit, ehe es 923 von den Sarazenen zerstört wurde, mehrere tausend Mönche gezählt haben. Die zu Ehren des hl. Victor erbaute Grabeskirche wurde ihrerseits begraben und zugedeckt, als zu Beginn des 11. Jahrhunderts die Abtei wiederaufgebaut und eine neue Basilika auf sie draufgesetzt wurde. Sie ist jetzt die Krypta mit den Katakomben, aus denen man allerdings die besten Sarkophage ins Borély-Museum gebracht hat. Von der 1040 geweihten zweiten Basilika ist nur noch wenig Mauerwerk übrig; das Hauptschiff und die Seitenschiffe stammen aus der ersten Hälfte des 13. Jahrhunderts. Die Heiligen haben in St. Victor einige Verwirrung gestiftet. Einer Legende des 12. Jahrhunderts zufolge suchten der hl. Lazarus und die hl. Maria Magdalena in den verlassenen Felsgrotten Zuflucht, in deren Stein die erste Kirche des hl. Victor zum Teil eingelassen ist, als sie aus Les Saintes-Maries nach Marseille kamen und sich hier alsbald sehr unbeliebt machten, weil sie im Tempel der Artemis (an der Stelle der alten Kathedrale) das Christentum predigten. Damit mag es seine Richtigkeit haben, aber der hl. Lazarus, der hier in der winzigen Katakomben-Grotte angeblich begraben liegt, war nicht der Mann, der zweimal starb. Das Grab, das einem hier gezeigt wird, ist das des Erzbischofs Lazarus von Aix, ebenfalls eines Heiligen, der sich um das Jahr 400 nach St. Victor zurückzog.

Nach St. Victor, auf der gleichen Seite, kommt das große *Fort St. Nicolas*, von Ludwig XIV. 1665 erbaut, um die allzeit rebellischen Marseiller nach ihrem Aufstand gegen Mazarin in Schach zu halten. Merkwürdig, sich vorzustellen, daß Daladier, der ›Mann von München‹, selbst Provenzale, in Carpentras geboren, in dieser Festung im Oktober 1939 seinen Landsmann, den berühmtesten lebenden provenzalischen Dichter Jean Giono einsperrte. Giono, der bedingungslose Pazifist, hatte bei Kriegsausbruch das berühmte

›Paix Immédiate‹-Manifest unterschrieben, und Daladier ließ ihn verhaften und in St. Nicolas internieren, wo er mit einigen ›durs‹, regelrechten Schwerverbrechern, zusammen eingesperrt war, deren Gesellschaft ihm aber nicht ungelegen kam. Nach dem Krieg (1947) hat Giono seine kurze Haftzeit in seinem Buch ›Noé‹ geschildert. Er versichert, er habe »in diesem Gefängnis einige der schönsten Stunden meines Lebens verbracht, und ich lüge nicht«; er verbrachte zwanzig Tage in Dunkelarrest, erhielt alle vier Tage einen halben Laib Brot und einen Krug Wasser – ärger dürfte es unter Mazarin auch nicht gewesen sein –, wurde Ende November 1939 entlassen und kehrte in seinen Heimatort Manosque zurück. Dort schrieb er seine ›Beschreibung von Marseille am 16. Oktober 1939‹, eines seiner rätselhaftesten Prosastücke, und am 12. Januar 1943, zwei Wochen vor der Sprengung von Marseille, warf man ihm eine Bombe vors Haus, weil man ihn für einen Nazi-Kollaborateur hielt.

Direkt gegenüber St. Nicolas, auf der anderen Seite der schmalen Hafeneinfahrt, liegt eine zweite Festung, das *Fort St. Jean*, die einstige Burg der Johanniter-Ritter von Jerusalem, deren gewaltiger viereckiger Turm, die Tour du Roi René, um 1450 erbaut wurde. Diese beiden Festungen bewachen die Einfahrt zum Schlupfhafen Lacydon, und zwischen ihnen, an der engsten Stelle, spannte sich bis vor nicht allzu langer Zeit eine der merkwürdigsten Eisenkonstruktionen, die man jemals gesehen hat: der weltberühmte Marseiller ›Transbordeur‹, eine 1905 erbaute pfeilerlose, enorm hohe Fußgängerbrücke, von der Kabel herabhingen, an denen unten, auf der Wasserfläche, eine Fähre automatisch über die Hafeneinfahrt hin- und hergezogen wurde. Diese einst berühmte und höchst sinnreiche ›armature métallique‹, die ein Wahrzeichen Marseilles war, wurde als ›veraltet und überflüssig‹ 1944–1945 von den deutschen Besatzungstruppen, die nichts Besseres zu tun hatten, in mühseliger Arbeit demontiert. Er hatte niemand gestört, der bizarre alte Transbordeur, und niemand etwas zuleide getan. Jetzt plant man, an seiner Statt unter der Hafeneinfahrt zwischen den beiden Forts einen Straßentunnel zu bauen, um den Autoverkehr abzuleiten, der jetzt rings um den Hafen herumsaust und den Fischern, die das Kaipflaster für ihre Fisch-Ausstellungen brauchen, das Leben schwer macht.

Einmal aus dem Alten Hafen heraus, steuert das Motorboot direkt auf mehrere, draußen vorgelagerte kleine Inseln zu, deren eine *Château d'If* ist, gleicherweise berühmt in der Geschichte als das Gefängnis des ›Mannes mit der Eisernen Maske‹ und in der Literatur als der Kerker von Dumas' Grafen von Monte Christo. Gleich den anderen umliegenden Inseln und überdies auch dem benachbarten Festland besteht die kleine Insel aus schneeweißem Kalkstein mit sehr wenig und kümmerlicher Vegetation. Franz I. erbaute die Burg als Teil der Befestigungswerke von Marseille, aber sie wurde in Kriegszeiten nie verwendet; bald darauf wurde entlang der Felsen über der Küste eine Mauer gezogen und das Ganze in ein Staatsgefängnis umgewandelt. Im Innern befindet sich ein Mittelhof, um den die Kerkerzellen in Stockwerken herumgeführt sind. An einigen der Mauerwände sind eingeritzte Inschriften der Hugenotten-Häftlinge zu sehen, die hier zusammengetrieben wurden, ehe man sie nach Toulon auf die Galeeren brachte. Ein Gedenkstein erinnert an die dreitausendfünfhundert Protestanten, die zwischen 1545 und 1750 zu den Galeeren verurteilt wurden; ein anderer gedenkt der Führer der Revolutionsbewegung von 1848, die hier starben. Ein schauerliches, schwarzes, fensterloses Loch diente als Kerker für Leute, denen bestimmt war, hier nicht mehr lebend herauszukommen. Wenige von ihnen hielten sich länger als ein paar Monate, doch der Führer erzählt von einem Matrosen, der hier eingekerkert wurde, weil er einen Offizier geschlagen hatte, und der einen Rekord aufstellte, indem er noch dreißig Jahre später diese verbrauchte, stinkende Luft atmete – blind, taub, ein sabbernder Schwachsinniger. Im ersten Stock sind die geräumigeren und luftigeren Zellen mit dem Blick aufs Meer zu sehen, in denen sich so bevorzugte Gefangene befanden wie der Mann mit der Eisernen Maske, Mirabeau, der durch eine ›lettre de cachet‹ hierher geriet, weil er bei den Geschäftsleuten von Aix für zweihunderttausend Livres Schulden gemacht hatte, und der tollkühne Glandevès de Niozelles, der sechs Jahre Kerker erhielt, weil er vor Ludwig XIV. mit dem Hut auf dem Kopf erschienen war.

Auf der Rückfahrt fährt das Motorboot dicht am Ufer entlang, damit die Fahrgäste die *Promenade der Corniche* bewundern können, die nahezu sieben Kilometer weit an der Avenue du Prado und dem *Parc Borély* mit seinen schönen Gärten und seinem *Archäologischen Museum* (dienstags und Freitag vormittags geschlossen) am felsigen Uferstrand entlangläuft. Das Museum enthält unter anderem eine berühmte ägyptische Sammlung und die jüngsten gallischen Funde in Roquepertuse, einer keltisch-ligurischen Nekropole in der Nähe von Velaux, zwischen Aix und dem Etang de Berre. Ein Stück landeinwärts von hier, auf dem Boulevard Michelet, steht Le Corbusiers siebzehnstöckige ›Wohnmaschine‹, *La Cité Radieuse*, aus dem Jahr 1952, die eines der großen Wahrzeichen in der Geschichte der modernen Baukunst ist.

Statt von hier direkt zum Vieux Port zurückzukehren, steuert das Motorboot nach links in das *Bassin de La Joliette*, das gegen das offene Meer hin durch die lange Mole der Digue du Large geschützt ist. Hier kann man die großen Passagierdampfer sehen, wie sie sich anschicken, nach Algier, Tunis und Oran auszulaufen (von Handelsfracht ganz abgesehen, gehen alljährlich in Marseille annähernd zwei Millionen Passagiere an Bord). Die Joliette wurde 1844 erbaut, und auf sie folgte zwischen 1866 und 1959 noch ein halbes Dutzend weiterer, neuer Bassins, die sich nordwärts bis hinauf zum L'Estaque erstrecken, dem Berg, den Cézanne so oft gemalt hat. Der Estaque ist von dem über sieben Kilometer langen Rove-Tunnel durchbohrt, durch den Schiffe von Marseille nach dem Binnenmeer des Etang de Berre mit seinen riesigen Petroleum-Raffinerien und Speichertanks durchfahren können und von dort weiter zur Rhône und einem Netz von Kanälen und zusammenhängenden Wasserstraßen, die an alle Teile Frankreichs und Mitteleuropas anschließen. Der größte Erdölhafen Europas ist in Lavéra, am anderen Ende des Rhône-Kanals, gegenüber dem Fischerdorf *Martigues*, das noch immer ein ›Klein-Venedig‹ ist und das Charles Maurras, der dort geboren wurde, so liebevoll geschildert hat. Wir werden es möglicherweise durchaus erleben, daß Marseille außer seiner historischen Rolle als Ausfallstor nach Afrika, der Levante und dem Fernen Osten noch ein südliches Rotterdam wird, das die von Bergen eingeschlossenen, mit keinem Wasserstraßennetz verbundenen italienischen Häfen hintansetzt und den ganzen Güterverkehr der Wasserwege Mitteleuropas an sich reißt. Diese phantastische alte Stadt ist noch lange nicht am Ende ihrer Möglichkeiten.

Aix-en-Provence

»A Aix, l'air est salubre et les ressources en vivres abondantes, à Aix il n'y pas à redouter les violences, les habitants sont d'humeur affable et paisible, enfin, on trouve dans cette ville, comme chacun sait, un grand nombre de savantes personnes. – In Aix herrscht eine reine, gesunde Luft, und Lebensmittel sind reichlich vorhanden, in Aix sind keine Gewalttätigkeiten zu befürchten, die Einwohner sind liebenswürdig und friedfertig, und schließlich trifft man in dieser Stadt, wie jedermann weiß, eine große Anzahl gelehrter Personen an.« Rühmende Worte aus einem Fremdenführer, einem Grundstücksmakler-Prospekt? Mitnichten. Was hätten die gelehrten Personen in ihm zu suchen? Das Abbild dieser gesegneten Stadt stammt aus der Gründungsakte der Königlichen Universität zu Aix aus dem Jahr 1413. Seit einem Jahrhundert wird Aix überschattet vom phantastischen Wachstum seines Nachbarn Marseille, aber es ist nichtsdestoweniger noch immer Sitz einer Universität – in deren Fakultäten es sich allerdings mit Marseille teilt –, eines Erzbischofs und eines Appellationsgerichts. Sogar heute noch hat sich »Ais, la cieutà reino e coumtalo«, die Stadt der Könige und Grafen, das Ansehen der historischen Hauptstadt der Provence bewahrt und dazu den Ruf, eine der elegantesten und aristokratischsten Städte Frankreichs zu sein.

Aix wird überraschenderweise genauso ausgesprochen, wie man es schreibt. Gleich Aix-les-Bains und Aix-la-Chapelle (oder Aachen) leitet es seinen Namen vom lateinischen ›aquas‹ – die Wasser – her, denn es begann seine Geschichte als römischer Badeort und ist noch heute berühmt nicht nur wegen seiner einundzwanzig sprühenden Springbrunnen, sondern auch für seine Thermalbäder auf dem Cours Sextius,

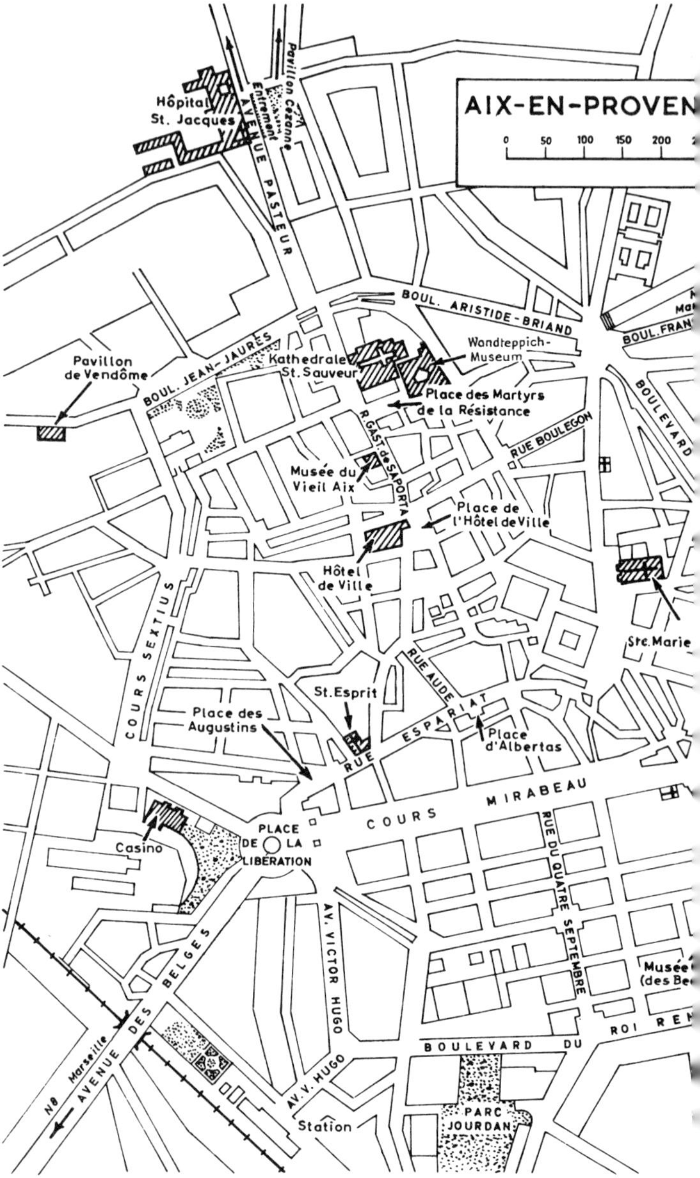
AIX-EN-PROVEN
0 50 100 150 200
Hôpital St. Jacques
AVENUE PASTEUR
Entrement
Pavillon Cézanne
BOUL. ARISTIDE-BRIAND
BOUL. FRAN
BOULEVARD
Pavillon de Vendôme
BOUL. JEAN-JAURÈS
Kathedrale St. Sauveur
Wandteppich-Museum
Place des Martyrs de la Résistance
R. GAST. de SAPORTA
RUE BOULEGON
Musée du Vieil Aix
Place de l'Hôtel de Ville
Hôtel de Ville
COURS SEXTIUS
Ste. Marie
RUE AUDE
St. Esprit
Place des Augustins
RUE ESPARIAT
Place d'Albertas
COURS MIRABEAU
Casino
PLACE DE LA LIBERATION
RUE DU QUATRE SEPTEMBRE
AV. VICTOR HUGO
AVENUE DES BELGES
N8 Marseille
Musée (des Be
BOULEVARD DU ROI REN
AV. V. HUGO
Station
PARC JOURDAN

die heute wie vor zweitausend Jahren von Menschen mit Arthritis und Kreislaufstörungen aufgesucht werden.

Aix liegt dreißig Kilometer landeinwärts und ist mit dem Autobus von Marseille in vierzig Minuten zu erreichen. Den Griechen war das offenbar zu weit. Sie waren nicht auf Eroberung und Gebietsgewinn aus und waren es zufrieden, wenn ihre Faktoreien an der Küste mit den einheimischen Ligurern in freundlichem Einvernehmen standen. So finden sich in Aix keine griechischen Spuren. Die Geschichte der Stadt beginnt sogleich mit den Römern, deren Konsul Sextius Calvinus im Jahr 123 v. Chr. das drei Kilometer nördlich von Aix, im heutigen Entremont gelegene ›oppidum‹ der einheimischen Salyer oder Salluvier niederwarf und sodann zunächst den Heilquellen zuerst ein befestigtes Heerlager und später eine Stadt errichtete, die er nach sich selbst nannte – Aquae Sextiae. Zehn Jahre später fegten die wüsten Horden der Kimbern und Teutonen, ihre Weiber und Kinder in lederbespannten Rollwagen mit sich führend, von der Ostsee herab. 102 v. Chr., nach ihrem Triumph über die Römer bei Arausio – dem heutigen Orange –, teilten sie ihre Streitkräfte. Die Kimbern zogen über den Brenner, die Teutonen gedachten entlang der Riviera nach Italien einzudringen. Beide Stämme wurden vom gleichen römischen Feldherrn zum Stehen gebracht. Marius Gaius, der sich in der Provence befand, schlug 102 die Teutonen bei Aix, im Jahr darauf die Kimbern bei Vercellae. Hunderttausend Germanen wurden damals angeblich in der Ebene von Pourrières am Fuß einer Anhöhe nahe bei Aix erschlagen und die gleiche Anzahl gefangengenommen. Diese Anhöhe heißt bis heute Montagne-Sainte-Victoire, und selbst wer sie nie gesehen hat, kennt sie aus den Bildern Cézannes. Doch ist es zweifelhaft, ob der Name sich wirklich von Marius' Sieg herleitet. Wahrscheinlicher ist, daß er auf den uralten Namen Ventour zurückgeht, der die gleiche Wurzel wie Mont Ventoux hat und lange vor Marius und den Teutonen existierte. Noch heute findet alljährlich Ende April die festliche Pilger-

Wallfahrt der ›Venturiers‹ nach der nahegelegenen Priorei von Sainte-Victoire statt, und noch heute nennen die Einheimischen die Gegend um die Anhöhe auf provenzalisch Venturi. Die Geschichte stirbt in diesem Land nicht. Sie dauert in den seltsamsten Formen in Sprache und Gebräuchen des Volkes fort. Auch Marius ist noch lebendig. Im Unterschied zu den Hunderten von Feldherren, deren Namen nur in Stein gemeißelt überliefert sind, lebt Marius, dessen Gebeine seit zweitausend Jahren in der Erde liegen, leibhaftiger denn je auf den Lippen der Provenzalen fort. Noch heute taufen sie ihre Kinder auf seinen Namen; jeder zweite Marseiller heißt Marius.

Marius machte aus Aix eine wirkliche Stadt, und als Hauptstadt der Gallia Narbonensis Secunda blühte es zu Wohlstand und Bedeutung auf. Doch vom 4. Jahrhundert ab geriet es in den Schatten von Arles, so wie es im 19. von Marseille überflügelt wurde, und 731 wurde es von den Sarazenen gebrandschatzt. Erst im 12. und 13. Jahrhundert gelangte es wieder zu einiger Bedeutung, als die aragonesischen und angiovinischen Grafen von Provence ihre Hofhaltung hierher verlegten. Sie gründeten 1413 die Universität. Nun kam das goldene Zeitalter der Provence – die Regierungszeit des ›Guten Königs René‹. Die Provence war freilich zu keiner Zeit ein Königreich; René führte den Königstitel, weil er nicht nur Graf von Provence und Herzog von Anjou, sondern außerdem der verbannte König von Neapel war. Von König Alfons von Aragon 1442 aus seinem südlichen Königreich vertrieben, regierte er in Aix bis 1480. Er stand mit seinen Untertanen in einem leutselig-freundschaftlichen Verhältnis, machte sich ein Vergnügen daraus, Volksfeste wie die Tarasque in Tarascon und die Fête-Dieu in Aix zu veranstalten, und stellte die alten Ritter- und Turnierspiele wieder her. Es heißt von ihm – was die Historiker heute allerdings stark anzweifeln – er habe gemalt, Musik komponiert und Verse geschrieben, sei des Lateinischen, Griechischen und Hebräischen kundig gewesen und habe auch Kenntnisse

ler Rechtswissenschaft, der Mathematik und Geologie be-
essen. Kurzum, er scheint ein charakteristisches Beispiel des
ultivierten Renaissance-Fürsten gewesen zu sein. Wenn er
uch schwach von Charakter und bedenkenlos in seiner Finan-
ierung gewesen sein mag, unterschied sich ›le bon Roi René‹
on der Mehrzahl seiner zeitgenössischen Herrscher-Genos-
en doch dadurch, daß ihm das Wohlergehen seines Volkes
m Herzen lag; er gestattete den Ständen, eine Anzahl wohl-
ätiger Reformen durchzuführen, und bemühte sich um den
virtschaftlichen Aufstieg seines Landes. Er betrieb die An-
flanzung von Maulbeerbäumen und führte die Zucht der
eidenraupe ein, er brachte die Muskateller-Traube ins Land,
lie der Provence so großen Wohlstand eintrug, und auch,
vie es heißt, Nelken, Rosen und Pfauen. Sein eigenes häus-
iches Leben war glücklicher als man vielleicht hätte erwar-
en dürfen. Er war kaum zwölf Jahre alt, als er Isabella von
othringen heiratete und blieb ihr dreiunddreißig Jahre lang
reu ergeben. Nach ihrem Tod heiratete er Jeanne de Laval,
in zwanzigjähriges Mädchen. Diese zweite Ehe war ebenso
lücklich wie die erste; doch wenn die Provenzalen von La
eine Jeanne sprechen, meinen sie mit ihr nicht Jeanne de
aval, sondern ihre schöne Königin Jeanne, die hundert
ahre früher lebte und die angeblich ihren Gemahl Andreas
on Ungarn erdrosseln ließ und selbst von ihrem Vetter Karl
on Durazzo erdrosselt wurde.

König René starb 1480 zweiundsiebzigjährig in Aix, und
iebzehn Monate später, beim Tod seines Nachfolgers Karl III.,
ing die Provence durch dessen Testamentsverfügung auf
udwig XI. über und wurde 1486 durch ein Königliches De-
ret mit der Französischen Krone vereinigt. Die Provence
ehielt jedoch ein beträchtliches Maß von Selbstregierung,
nd Aix blieb dreihundert Jahre lang Sitz der Provinzial-
tände, eines Parlamentes und eines Statthalters. Im 16. Jahr-
undert wurde Aix gleich dem ganzen mittelmeerischen
rankreich von den Religionskriegen hin- und hergerissen:
ler Connétable von Bourbon überfiel es 1524, und 1536

wurde es von Karl v. weggenommen, der sich hier – seltsam zu denken – zum König von Arles krönen ließ. Aber das 17. und 18. Jahrhundert brachten großen Aufschwung. Jetzt wimmelte die Stadt von den Edlen der Provence mit ihren Räten, Prälaten und hohen Staatsbeamten, ein jeder wiederum mit seinem Gefolge, und jetzt wurden die großen Hôtels, die Stadtpaläste und großen Privathäuser, erbaut, die eleganten Straßen, die Plätze und Brunnen angelegt, die Aix heute zum Musterbild einer Stadtanlage machen.

Das charakteristischste Stadtviertel ist das südlich vom Cours Mirabeau gelegene. Die riesige Place de la Libération mit ihrem auffallenden Drei-Becken-Brunnen in der Mitte und dem Kasino auf der einen Seite, ist recht eigentlich der Mittelpunkt der Stadt. Über den Platz hinweg verläuft die große Hauptverkehrsstraße zwischen Marseille und Arles, und ein kleines Stück die Avenue Victor Hugo hinauf befinden sich der Bahnhof und die Endhaltestelle der Überland-Autobusse. An der Ostseite des Platzes beginnt der berühmte Cours Mirabeau, so genannt nach dem großen Redner der Französischen Revolution, der zwar nicht in Aix geboren wurde, aber hier lebte, heiratete, sich scheiden ließ und schließlich als Abgeordneter der Stadt in die Ständeversammlung gewählt wurde. (Marseille und Aix hatten beide Mirabeau gewählt; er entschied sich für Aix.) Der Cours Mirabeau wurde im 17. Jahrhundert an der Stelle der alten Stadtwälle errichtet und ist ein breiter, schnurgerader Boulevard mit vier Reihen riesiger Platanen, darunter einigen der ältesten der Provence; trotz der großen Breite der Allee schließen sie sich zu einem kühlen grünen, baldachinartigen Dach zusammen, in dessen Laubwerk das Sonnenlicht vogelartig hin und her flitzt und seine unablässig sich verändernden Spiele treibt. Außer der Fontaine Grande auf der Place de la Libération, die von jeder Stelle entlang des Cours zu sehen ist, hat die Avenue noch drei andere Brunnen. Der erste ist die Fontaine des Neuf Canons. Ein Stück weiter steht die Fontaine Chaude, ein mit grünem Moos überwachsenes abstoßendes Gebilde, das wie ein Seepolyp aussieht, dem man die Fühler abgeschnitten hat. Wie ihr Name besagt, entfließt ihr das lauwarme Thermalwasser von Aix, und der Aberglaube verlangt, daß man bei der Ankunft in der Stadt als erstes den Finger hineintauche. Am äußersten Ende des Cours steht die Fontaine du Roi René mit einem Standbild des Königs, der ein Bündel seiner berühmten Muskateller-Trauben in der Hand hält.

Die beiden Seiten des Cours Mirabeau sind auffallend verschieden. Die Nordseite ist von Geschäften, Restaurants und Cafés gesäumt; an der Südseite stehen die Hôtels, die vornehmen Privatpalais des 17. und 18. Jahrhunderts, und das Geschäftsleben ist aus ihr fast völlig verbannt, mit Ausnahme höchstens einer gelegentlichen unauffälligen Pâtisserie, in der man die Calissons, das berühmte Mandelkonfekt von Aix, bekommt. (Aix hat die größte Mandelerzeugung der Welt.) Das vornehm-gesetzte Viertel hinter dieser aristokratischen Fassade rings um die Fontaine des Quatre Dauphins – die natürlich nicht Dauphins, sondern Delphine sind – ist fast unverändert so erhalten, wie es im 17. Jahrhundert von Kardinal Mazarin, dem Erzbischof von Aix und Bruder des großen Staatsmannes, erbaut wurde, mit Ausnahme des großen Lycée, in dem der kleine Emile Zola und der kleine Paul Cézanne zur Schule gingen.

Cézanne wurde 1839 in Aix als Sohn eines ortsansässigen reichen Bankiers geboren. Zola, nur wenige Monate jünger als er, war der Sohn des aus Italien stammenden Baumeisters François Zola und in Paris geboren, kam aber als Zwölfjähriger nach Aix, als sein Vater den Auftrag erhielt, unweit der Stadt, im Tal von Infernet, wo sich noch Reste eines römischen Aquädukts befinden, einen Staudamm zu bauen, um das moderne Aix mit Wasser zu versorgen. Vater Zola führte dieses sechsunddreißig Meter hohe Bauwerk – nach ihm Barrage Zola genannt – in den vierziger Jahren auf, und sein Sohn Emile ging bis zu seinem achtzehnten Jahr (1858) in Aix zur Schule, wo Cézanne sein Klassenkamerad war. Es war eine glückliche, romantische Kindheit und Jugend; die beiden waren innig miteinander befreundet, gingen einander nicht von der Seite und unternahmen zusammen unzählige Ausflüge hinaus ins Land, zum Montagne-Sainte-Victoire, zum grünen Stausee oder zum beliebten Gasthof im Dorf Le Tholonet, den man auch heute noch aufsuchen kann. Die Freundschaft der beiden dauerte bis ins Mannesalter fort; der verkannte und verlachte große Maler suchte den berühmten und umkämpften großen Romancier zuweilen in Médan auf; aber 1886 brach die Freundschaft unvermittelt ab, als Zola seinen Roman ›L'Oeuvre‹ veröffentlichte, dessen Hauptfigur, ein erfolgloser, nahezu geistesgestörter impressionistischer Maler, der mit Selbstmord endet, in vielen Einzelzügen als ein Porträt Cézannes zu erkennen war. Wenige Jahre darauf, 1895, gelangte Cézanne mit seiner großen Kollektivausstellung bei Vollard zu Anerkennung und Ruhm. Aber der einsiedlerische Mann blieb in Aix, wo er 1906, vier Jahre nach Zola, starb. Nicht unähnlich, wenn auch von keinem Bruch beendet, war die Freundschaft der beiden aus Aix beziehungsweise Marseille stammenden großen französischen Historiker Mignet und Thiers, die gemeinsam an der Universität Aix studierten und ihr Leben lang zusammenwirkten.

Das Viertel, in dem Cézannes und Zolas Schule steht, trägt seinen Namen nach der schönen, aus dem 13. Jahrhundert stammenden Kirche des St. Jean-de-Malte, in der sich Gemälde von Mignard und Finsonius, aber nicht von allererstem Rang, befinden. Neben der Kirche, gegenüber dem sehr schönen Glockenturm aus dem 14. Jahrhundert, steht die alte Priorei der Malteser-Ritter aus dem Jahr 1675. In ihr befindet sich jetzt das *Musée Granet* (dienstags u. während der zwei Wochen vor Palmsonntag geschlossen), so genannt nach dem aus Aix stammenden Maler Granet, einem Freund von Ingres, dessen Porträt, von ihm 1807 in Rom gemalt, in dem Museum hängt. Dies ist eine der reichsten städtischen Sammlungen Frankreichs. Granet selbst vermachte der Sammlung mehr als fünfhundert Stücke, und andere Kunstsammler in Aix standen ihm an Freigebigkeit nicht nach. In der Eingangshalle, die der Archäologie gewidmet ist, stehen ein sehr schöner ›Persischer Krieger‹ der Schule von Pergamon und andere griechische und römische Plastiken. Der besondere Stolz des Museums ist jedoch die einzigartige Sammlung keltisch-ligurischer Skulpturen aus Entremont, der alten Salyanerstadt, die zum größten Teil erst in den vierziger Jahren unseres Jahrhunderts von Fernand Benoit ausgegraben wurden. Diese Sammlung enthält die ältesten bekannten gallischen Skulpturen, und griechische und etruskische Einflüsse sind in ihnen stark spürbar, was bei der Nähe von Marseille nicht verwundern kann. Sie umfaßt unter anderem Totenmasken, Köpfe, Flachreliefs und Torsos von Kriegern, auf denen alle Details ihrer Kleidung, Rüstung und Ausstattung noch genau zu erkennen sind.

Das Museum enthält überdies die vollständigste existierende Sammlung provenzalischer Fayencen aus den Keramikwerkstätten in Moustiers, Marseille, Avignon und Apt. Houdon ist mit den Büsten zweier höchst unähnlicher Zeitgenossen, nämlich Cagliostros und des Bailli de Suffren, vertreten. Unter einer Anzahl von primitiven und anderen holländischen und italienischen Gemälden befinden sich ein Selbstbildnis von Rembrandt und zwei Bilder von Gabriel Metsu, aber die Hauptstärke der Gemäldegalerie liegt in der französischen Schule, im besonderen der französischen Renaissance, François Clouet und der Schule von Fontainebleau. Die Porträtisten des 17. und 18. Jahrhunderts, Rigaud, Largillière und Arnulphy, sind ein jeder mit mehreren Bildern vertreten und Pierre Puget mit einem Selbstbildnis. Für mich freilich wird die ganze Gemäldegalerie von Ingres' großem ›Jupiter und Thetis‹ von 1811 beherrscht.

Aix' berühmtester Maler ist in seiner Heimatstadt praktisch überhaupt nicht vertreten; doch sind inzwischen Bemühungen im Gang, einen Fond aufzubringen und wenigstens einige Cézannes für Aix zu erwerben. Man wird ihrem

Ergebnis mit einiger Skepsis entgegenblicken dürfen, wenn man die Preise bedenkt, die seine Bilder gegenwärtig erzielen, ganz zu schweigen von den Versicherungsprämien und den Sicherungsmaßnahmen, die seit der jüngsten Welle von Gemäldediebstählen in Südfrankreich notwendig geworden sind. Nach den Privatsammlungen in Villefranche und St. Paul und den städtischen Gemäldegalerien in Menton und St. Tropez kam im Juli 1961 die Cézanne-Ausstellung an die Reihe, die in Aix im Pavillon de Vendôme veranstaltet wurde. Trotz polizeilicher Bewachung stiegen die Einbrecher durch ein Fenster im ersten Stock ein und stahlen Bilder im Gesamtwert von etwa zehn Millionen Mark, darunter eine Leihgabe des Louvre, die berühmten ›Kartenspieler‹.

Der *Pavillon de Vendôme*, der in einem streng angelegten Ziergarten steht, wurde 1667 außerhalb der Kreisanlage der Boulevards von dem aus Aix stammenden Architekten und Bildhauer Rambot als Sommerhaus für den Kardinal von Vendôme, den Statthalter der Provence und Enkel Heinrichs IV. und der Gabrielle d'Estrées erbaut. Er gehörte später dem ebenfalls aus Aix gebürtigen Maler Jean-Baptiste Vanloo, der mehrere Kirchen der Stadt mit seinen Gemälden ausschmückte und 1745 hier starb. Die Fassade mit den Atlanten von Rambot, die den Balkon tragen, ist ein perfektes Beispiel des provenzalischen Stils des 17. Jahrhunderts. Der reizvolle Frauenkopf unterhalb des Wappenschilds des Kardinals wird von den Aixois liebevoll ›La belle du Canet‹ genannt. Sie hieß Lucrèce de Forbin-Solliès, stammte aus einem alten Adelshaus von Aix und war die Geliebte des Kardinals, für die er das Palais bauen ließ. Aber er starb kurz nach seiner Vollendung, und sie starb zwei Jahre darauf. Sie galt als die schönste Frau von Aix, und die Aixois sprechen noch heute liebevoll von ihrem hinreißenden Zauber. Das Innere des Palais birgt eine ungewöhnlich schöne Doppeltreppe.

Der Pavillon de Vendôme ist nur eines der vielen herrlichen Adelshäuser, für die Aix berühmt war und ist. Ein kurzer Führer nennt nicht weniger als drei Dutzend von ihnen mit Namen. Nicht alle diese Hôtels sind freilich von vordringlichem Interesse oder für das Publikum geöffnet, aber einige der lohnendsten sind dafür umso leichter zugänglich, da sie jetzt öffentliche Gebäude sind. So ist zum Beispiel das Hôtel d'Espagnet, das Haus Nr. 38 mit den riesigen Atlanten am Cours Mirabeau, jetzt das Rektorat der Universität; im Hôtel Boyer-d'Eguilles von 1675 in der Rue Espariat Nr. 6, das vermutlich von Puget entworfen wurde, befindet sich das *Naturgeschichtliche Museum* (Sonntag vormittag und montags geschlossen); das Hôtel d'Estienne de St. Jean in der Rue Gaston de Saporta, in dem sich ein sehr schönes kleines Boudoir mit einem Deckenfresko von Daret befindet, ist jetzt das Musée du Vieil-Aix, das Stadtmuseum, das Hôtel Châteaurenard nebenan, mit einem trompe l'oeil-Treppenaufgang des gleichen Künstlers, ist die Armenfürsorge, und das Hôtel Arbaud in der Rue du Quatre Septembre beherbergt das *Musée Paul-Arbaud* (mittwochs und im Oktober geschlossen). Seine gemischte Sammlung enthält alte Bücher über die Provence, Keramiken, Skulpturen und Bilder, darunter Pugets Bildnis seiner Mutter.

Um zum bezauberndsten aller der vielen entzückenden kleinen Plätze von Aix zu gelangen, gehe man von der Place de la Libération bei der Fontaine des Augustins die Rue Espariat entlang. Links steht die Kirche *St. Esprit*, in der Mirabeau 1772 getraut wurde, nachdem er auf zynische Weise die Tochter eines reichen Magnaten von Aix öffentlich kompromittiert und so die Ehe mit ihr erzwungen hatte. Ein Stückchen weiter liegt die Place d'Albertas, ein gänzlich unverdorbener kleiner Platz, umgeben von ernsten und gewichtigen Häusern des 18. Jahrhunderts, mit dem unvermeidlichen Springbrunnen in der Mitte. Von hier führt die Rue Aude in nördlicher Richtung zur Place de l'Hôtel de Ville.

Die beiden Hauptgebäude dieses großen und natürlich mit einem Brunnen geschmückten Platzes sind das *Hôtel de Ville* und das *Postamt*. Über dem Postamt befindet sich eine große Skulptur von Chastel, der im 18. Jahrhundert zahlreiche

Werke in Aix schuf. Sie stellt den Rhône-Fluß und die Göttin Cybele dar, ein Hinweis darauf, daß das Gebäude zu jener Zeit der Getreidespeicher war. Die Aixois schwören, der Fuß der Cybele sei so exquisit gemeißelt, daß man sehen könne, wie er lässig im Sonnenlicht die Zehen bewege. Das Hôtel de Ville oder Rathaus ist ein gegen Ende des 17. Jahrhunderts begonnener klassizistischer Bau. Am Eingang befindet sich ein ungewöhnlich schönes schmiedeeisernes Gittertor. Im ersten Stock rechts ist die *Bibliothèque Méjanes* untergebracht, die 1787 der Stadt vom Marquis de Méjanes vermacht wurde; sie umfaßt über dreihunderttausend Bände, tausendsechshundert Handschriften und vierhundert Inkunabeln. Zu ihren größten Schätzen gehört König Renés Stundenbuch, von dem man früher annahm, daß er es selbst illustriert habe. Neben dem Hôtel de Ville erhebt sich ein schöner Glockenturm aus dem Anfang des 16. Jahrhunderts. Eine kuriose Besonderheit dieses Turms ist sein aus dem 17. Jahrhundert stammender ›Kalender‹: vier Holzstatuen, die Jahreszeiten darstellend, die viermal im Jahr zur Wachablösung aus ihren Nischen hervorkommen.

Die nordwärts verlaufende Rue Gaston de Saporta folgt dem Lauf der alten Via Aurelia, die die Hauptstraße des römischen ›castrum‹ bildete. Im Haus Nr. 17, dem vormaligen Hôtel d'Estienne de St. Jean, befindet sich das 1933 geschaffene *Musée du Vieil-Aix* (montags geschlossen). Es ist, mit Ausnahme des Museon Arlaten in Arles, das interessanteste der zahlreichen Folklore-Museen Südfrankreichs. Es enthält eine Anzahl von Stichen, Trachten und anderen Erinnerungsstücken des Grand Siècle, und zu seinen fesselndsten Schaustücken gehören die sogenannten Velours Grégoire, Malereien auf Samt von einem gewissen Grégoire, einem Maler aus Aix, der 1751–1846 lebte. Er war offenbar der erste, der eine Methode der Malerei auf Samt erfand, aber sein Geheimnis mit ins Grab nahm. Einzigartig in diesem Museum sind zwei große Sammlungen von Modellfiguren, die in den religiösen Bräuchen der ›guten alten Zeit‹ eine bedeutende Rolle spielten. Da sind einmal die Figuren, die bei der volkstümlichen Prozession der Fête-Dieu, die zum letztenmal im Winter 1851 stattfand, durch die Straßen gezogen wurden. Noch erstaunlicher ist jedoch die Sammlung von etwa achtzig Santons oder Figuren für Weihnachtskrippen. (Aubagne in der Nähe von Marseille ist noch heute berühmt für die Santons, die dort hergestellt werden.) Diese Figuren sind etwa fünfundvierzig Zentimeter groß und mit beweglichen Gliedern und einer Uhrwerkmechanik versehen, so daß sie vor der Christkrippe eine Folge von lebendig bewegten Puppenspielen aufführen können. Sie stellen durchweg charakteristische provenzalische Volkstypen dar, vom Gendarmen bis zum Geflügelhändler, vom Scherenschleifer bis zum Betrunkenen. Die meisten haben ihre eigenen, althergebrachten Namen wie Simoun und Bartholomieu.

Etwas weiter, auf der rechten Seite der Rue Gaston de Saporta, öffnet sich die Place des Martyrs de la Résistance, und am Ende dieses Platzes steht das große, aus dem 18. Jahrhundert stammende Portal des vormaligen Erzbischöflichen Palastes. Im Innenhof des Palais finden alljährlich im Juli die Musik-Festspiele statt, die Musikliebhaber aus der ganzen Welt nach Aix locken. Im ersten Stock befindet sich das berühmte *Musée des Tapisseries.* Es ist um drei Folgen von Beauvais-Gobelins aus dem 18. Jahrhundert herum aufgebaut, die 1849 zufällig im Dachgebälk des Palais entdeckt wurden. Niemand scheint zu wissen, wie sie dahin gelangten, doch wird man annehmen dürfen, daß sie zur Zeit der Revolution dort versteckt wurden. Die erste Folge besteht aus sechs Grotesken nach Entwürfen von Berain; die zweite, nach Entwürfen von Natoire gearbeitet, stellt neun Szenen aus der Geschichte des Don Quixote dar; und die dritte vier russische Spiele nach Entwürfen von Leprince, deren Bezeichnung verwunderlich ist, denn die dargestellten Figuren sehen weit eher wie Türken und Zigeuner denn wie Russen aus. Außerdem befinden sich hier einige Gemälde, darunter eine ›Verkündigung‹ von Puget und zwei Bilder von Jean-

Baptiste Vanloo, dem in Aix geborenen Mitglied der aus Holland stammenden Künstler-Dynastie, der wir bereits in Nizza und anderwärts begegnet sind.

Nicht weit von hier steht die *Kathedrale St. Sauveur*, die Heilige Erlöser-Kirche, eine Mischung sämtlicher Baustile, vom Baptisterium des 4. oder 5. Jahrhunderts quer durch die Jahrhunderte bis zur flamboyanten Gotik des Turms und der Fassade. Das rechte Seitenschiff war ursprünglich das Mittelschiff einer romanischen Pfarrkirche, die beim Bau der gotischen Kathedrale kurzerhand in diese eingebaut wurde. Sämtliche Skulpturen der Westfront wurden in der Französischen Revolution zerstört, mit Ausnahme der Jungfrau auf dem Mittelpfeiler des Hauptportals, die gerettet wurde, weil ein geistesgegenwärtiger Kunstliebhaber ihr rasch entschlossen die rote Mütze der Freiheit aufsetzte. Die großen Türen wurden im 16. Jahrhundert von Jean Guiramand aus Toulon geschnitzt und stellen unten die vier Hauptpropheten und darüber die zwölf Sibyllen dar. Um sie vor Verwitterung und Beschädigung zu bewahren, befinden sie sich hinter hölzernen Läden, wie übrigens auch einige der wertvollsten Gemälde in der Kathedrale selbst. Der Sakristan schließt sie jedoch gegen ein Trinkgeld dem Besucher zur Besichtigung auf. Falls er nicht in der Kirche ist, findet man ihn höchstwahrscheinlich in dem kleinen gotischen Kreuzgang neben dem rechten Seitenschiff. Dort steht auch das gallischrömische Baptisterium mit einem großen Becken in der Mitte, in das der Täufling völlig eingetaucht werden konnte. Es ist von acht römischen Säulen umstanden, die wahrscheinlich zu einem Apollo-Tempel gehörten, der früher an dieser Stelle stand. Das Ganze ist von einer nicht recht dazu passenden Kuppel aus dem 16. Jahrhundert gekrönt.

Das Innere der Kathedrale ist ein kleines Museum. Rund um das gotische Mittelschiff und das romanische rechte Seitenschiff hängen sechsundzwanzig prachtvolle Brüsseler Wandteppiche, auf denen die Hauptbegebnisse im Leben Jesu und der Muttergottes dargestellt sind. Sie wurden 1511 für die

Kathedrale von Canterbury gewebt und hingen dort, bis sie von Cromwells Commonwealth-Regierung verkauft wurden; 1656 kaufte sie ein Domherr des Kapitels von Aix in Paris für ganze 1200 Ecus. An den Wänden des Mittelschiffs hängen mehrere Gemälde, deren weitaus berühmtestes Nicolas Froments ›Brennender Dornbusch‹ ist, der die Jungfräulichkeit Mariä versinnbildlicht. Das Gemälde wurde 1475 im Auftrag des Königs René ausgeführt, und auf den beiden Seitentafeln befinden sich Porträts des Königs und seiner zweiten Gemahlin Jeanne de Laval kniend im Gebet. Die Mitteltafel hat einen Text des Honorius von Autun zum Vorwurf: »Moses sah einen brennenden Busch, den die Flammen nicht zu verzehren vermochten und in dessen Mitte ihm Gott erschien. Es war ein Abbild der Heiligen Jungfrau, denn sie trägt in sich die Flamme des Heiligen Geistes, ohne vom Feuer der Fleischeslust verzehrt zu werden.« Darunter erscheint Moses, während er seine Schafe hütet, der Erzengel Gabriel. Darüber sitzen die Jungfrau und das Kind inmitten eines brennenden ›Buschs‹, der in Wahrheit ein kleines Gehölz ist. Das Kind hält einen Spiegel, der sowohl es selbst wie auch seine Mutter widerspiegelt – eine mystische, auf die Inkarnation hindeutende Darstellung. Die Burgen im Hintergrund stellen Beaucaire und Tarascon dar, wie sie zu jener Zeit aussahen. Das Bild wird ebenso wie die Türen der Kathedrale hinter verschlossenen Schutzläden gehalten, und man muß es sich vom Sakristan aufschließen lassen.

Unter den übrigen, in der Nähe hängenden Primitiven befindet sich die Mitteltafel eines Passions-Triptychons aus dem 15. Jahrhundert mit der Gefangennahme Christi und der Dornenkrönung, sowie ein hölzernes Tafelbild aus derselben Zeit, das das Martyrium des hl. Mitre darstellt, wie er mit geschlossenen Füßen dasteht und sein abgeschlagenes, aber noch von einem Heiligenschein umstrahltes Haupt gegen die Brust hält. Der hl. Mitre war gleich dem hl. Victor von Marseille ursprünglich ein levantinischer Heiliger, der eingebürgert wurde, als seine Reliquien in die Provence verschifft wurden. Die flämische Inschrift auf Finsonius' ›Der Unglaube des hl. Thomas‹ (1613) an der Wand gegenüber bezeugt eine gewisse, unter Künstlern nicht seltene Verbitterung: »Von den Dienern des Bacchus und den Gesellen der Venus wird die Malerei hier verachtet; daher der Ausspruch ›Bettelarm wie ein Maler‹, welchen man tagtäglich zu hören bekommt.« Der Altar in der Kapelle der hl. Katharina von 1470 ist möglicherweise eine Arbeit des Bildhauers Francesco Laurana, von dem man weiß, daß König René ihn an seinen Hof rief. Unter den übrigen Skulpturen rechts eine hl. Martha, wie sie die ›Tarasque‹ anführt – eine Szene, die allein schon den Altar dem König René lieb und wert gemacht haben dürfte.

Einige andere gute Gemälde befinden sich in der großen *Kirche Ste. Marie Madeleine* gegenüber dem Justizpalast, so ein hl. Paulus von Rubens und eine ›Verkündigung‹ von Jean-Baptiste Vanloo. Das bedeutendste dieser Bilder hängt am Ende des linken Seitenschiffs in der Kapelle der wundertätigen Madonna Notre-Dame de Grâce. Es ist das Mittelstück einer hinreißenden ›Verkündigung‹, auf dem die Jungfrau in einem herrlich gleißenden, glühenden Gewand aus Goldbrokat in einer reich gestalteten gotischen Kirche die erstaunliche Kunde erfährt. (Die Seitentafeln sind Kopien, deren Originale sich in England und Belgien befinden.) Das Gemälde ist verschiedentlich Colantonio, dem Lehrmeister des Antonello da Messina, einem unbekannten Burgunder und sogar Albrecht Dürer zugeschrieben worden; doch hält man es heute eher für eine Arbeit des Jean Chapus von Avignon. Auch hat man versucht, dieses merkwürdige Bild mit dem Kult des Satanismus oder zumindest mit dem Bösen Blick in Zusammenhang zu bringen, und zwar mit der Begründung, daß die Flügelfedern des Erzengels Gabriel die einer Eule sind und der Lichtstrahl, der aus den Händen Gottes fällt, über den Kopf eines Affen hinweggeht – beide, Eule und Affe, sind Tiere mit böser Vorbedeutung. Man kann sich schwer vorstellen, daß an dieser Vermutung etwas dran ist.

Von der Kathedrale verläuft eine Straße in nördlicher Richtung aus der Stadt hinaus. Sie führt am Hospital von St. Jacques vorbei, und ganz in der Nähe, auf der linken Seite, in der Avenue Paul Cézanne, steht in einem Garten das unauffällige kleine Haus, das Cézanne als Atelier diente, heute *Musée de l'Atelier Paul Cézanne*, (dienstags geschlossen). Cézanne wohnte und starb im Haus Nr. 23 der Rue Boulegon in der Stadt und kam jeden Tag hier heraus, um zu malen. Sein Atelier befand sich im ersten Stock und hatte gutes Nordlicht durch ein Fenster, das die ganze Seite des Raumes einnimmt. Außer einer oder zwei kleinen Zeichnungen befinden sich keine Arbeiten von ihm hier; wohl aber hat man seine vertrautesten Arbeitsgeräte und Gebrauchsgegenstände wie seine Staffelei, seine Palette, verschiedene seiner Briefe und Photographien hier aufbewahrt. Sein Hut, seine Mütze, seine Baskenkappe, sein Umhang und sein Mantel hängen an Kleiderhaken in der Ecke. Auch sein Rucksack, seine Geldbörse, seine Tonpfeife und die Schädel, die er so gern malte, sind alle da. Auf dem Tisch stehen Gläser und Weinflaschen, deren Inhalt längst verdunstet ist, die man aber offensichtlich halb gefüllt stehen ließ, wie sie standen, als er starb.

Ein Freund erzählte mir, als er vor einigen Jahren in Aix malte, habe er auch einen Pilgergang zu Cézannes Atelier gemacht. Da er die Tür offen fand und niemand anwesend war, trat er ein. Er befand sich im Atelier im Oberstock, als eine Stimme von unten heraufrief und fragte, wer zum Teufel sich da oben herumtreibe. Dann kam jemand die Treppe heraufgestapft. Ein zorniger bärtiger Franzose in mittleren Jahren, der eine Serviette um den Kopf gewickelt trug, schimpfte ihn unverblümt wegen seiner abscheulichen Manieren zurecht, einfach unaufgefordert in fremde Häuser einzutreten. Mein Freund, der den Meister erkannte – der damals bereits seit mehr als vierzig Jahren tot war –, murmelte eine Entschuldigung und verließ eiligst das Haus. Ich erzähle die Geschichte so, wie er sie mir erzählt hat. Ich kann mich weder für sie noch für die Fortsetzung verbürgen, die mir der gleiche Freund erzählte. Anscheinend setzte bald danach eine amerikanische Bildhauerin es sich in den Kopf Cézannes Atelier zu mieten, und wandte sich dieserhalb an die Stadtverwaltung. Die Behörde lehnte ab. Sie erklärte nicht etwa: »Er würde es nicht gern haben«, sondern: »Er wünscht es nicht.«

Obwohl der Pavillon Cézanne, wie das Atelierhäuschen genannt wird, bequem zu Fuß zu erreichen ist, würde ich doch vorschlagen, bei dieser Gelegenheit ein Taxi zu nehmen. Abgesehen davon, daß man sich Zeit und Mühe spart, das Haus zu finden, kann man anschließend die Anhöhe hinauffahren, wo sich heute eine neue Wohnsiedlung erhebt und man einen herrlichen Rundblick über die Stadt hat, die Berge dahinter in Richtung auf Marseille und – wichtigstes von allem – auf Cézannes oft gemalte Montagne Ste. Victoire, einen seltsamen Kalkstein-Höhenrücken, der von hier aus wie eine umgestülpte weiße Pyramide aussieht. (Es ist sehr schwer, ihn von der Stadt aus überhaupt zu erblicken.) Wenn man den Fahrer darum ersucht, fährt er auch die Route du Tholonet entlang, auf der Cézanne und Zola einherwanderten und die Cézanne so oft und gern malte, daß sie jetzt die Route Cézanne heißt. In der Tat ist diese ganze Gegend rings um Aix mit ihrem kalkig weißen Erdreich und den hellgrünen staubigen Bäumen, in der hier und dort ein rotes Ziegeldach oder ein bläulich-weißer Felsen aufleuchtet, so von Cézanne durchtränkt, daß es nahezu unmöglich ist, sie anders als mit seinen Augen zu sehen.

Etwa fünfzehn Kilometer von Aix entfernt liegt eingebettet in tiefe, dunkle Wälder das *Château de Vauvenargues*; es ist Privatbesitz und auch nicht von sonderlichem Interesse, außer daß Luc de Clapiers, Marquis de Vauvenargues (1715 bis 1747), der berühmte Verfasser der ›Maximes‹ hier geboren wurde und aufwuchs. Der Moralist, der schrieb, die

»höchste Vollkommenheit der Seele besteht darin, des Vergnügens fähig zu sein«, befand sich wohl im Einklang mit dem Geist des Aix des 18. Jahrhunderts. Aber er liebte sein Schloß nicht, wo er »erstickte und es nicht aushalten konnte«, und suchte es nur selten auf. 1958 kaufte Pablo Picasso das Château de Vauvenargues, und da der Besitz des Herrschaftssitzes automatisch den Titel eines Marquis mit sich bringt, wurde Picasso, obwohl er den Titel nicht verwendete, zu allem anderen auch noch Marquis de Vauvenargues. Er ist in diesem Land fast so allgegenwärtig wie die Grimaldi. Deren Spuren tauchen sogar unweit Aix noch auf: sieben Kilometer außerhalb der Stadt stehen die Ruinen des riesigen Schlosses von Puyricard, das Kardinal Grimaldi, Erzbischof von Aix, 1657 erbaute. Sein Nachfolger konnte sich diesen Aufwand nicht leisten, ließ es verfallen, und 1709 stürzte es ein.

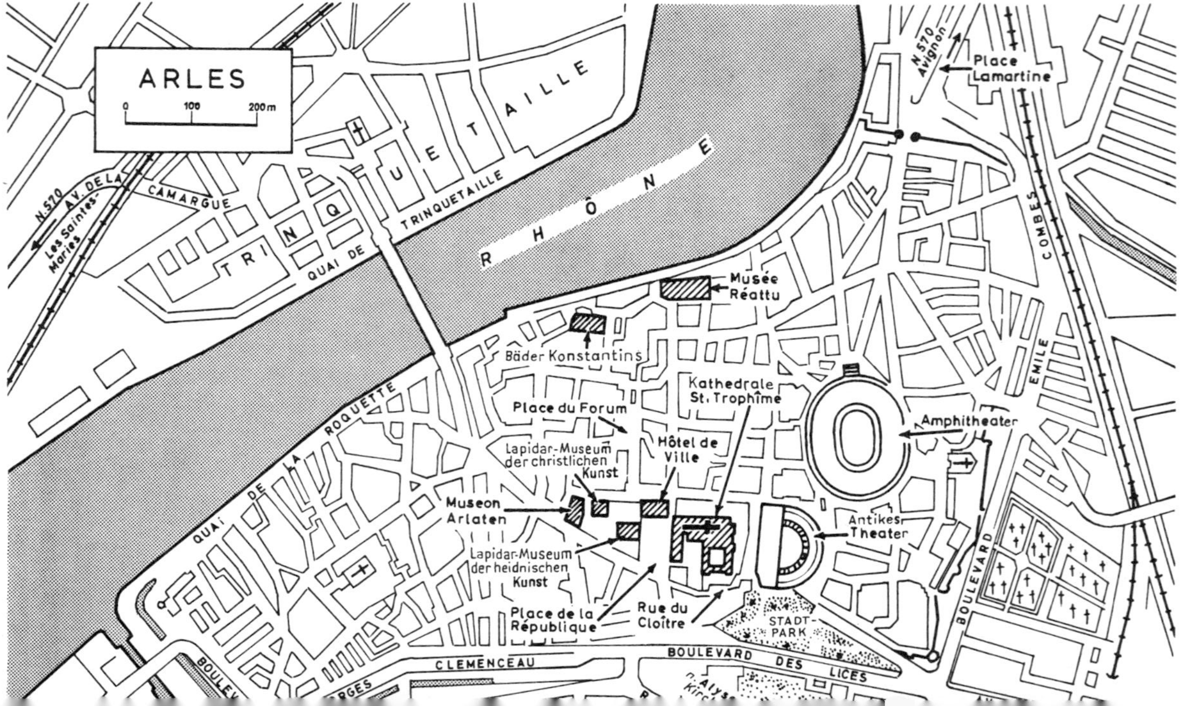
ARLES
0
100
200 m
TRINQUETAILLE
RHÔNE
QUAI DE TRINQUETAILLE
AV. DE LA CAMARGUE
N 570 Les Saintes-Maries
N 570 Avignon
Place Lamartine
EMILE COMBES
Musée Réattu
Bäder Konstantins
Kathedrale St. Trophîme
Place du Forum
Hôtel de Ville
Lapidar-Museum der christlichen Kunst
Museon Arlaten
Lapidar-Museum der heidnischen Kunst
Place de la République
Rue du Cloître
Amphitheater
Antikes Theater
STADT-PARK
BOULEVARD
QUAI DE LA ROQUETTE
CLEMENCEAU
BOULEVARD DES LICES

Arles

Wenn man mich nach einem festen Standort fragte, von dem aus man am besten das Herz der Provence und die angrenzenden Landschaften des Languedoc erkunden kann, so würde ich ohne Zögern Arles empfehlen. Ich denke dabei an jemand wie mich selbst, der gern seine Siebensachen auspakken und in Kleiderschrank und Kommode verstauen und zwei oder drei Wochen am gleichen Ort bleiben möchte, anstatt sich einer aufreibenden Folge von ›einmaligen Vorstellungen‹ zu unterziehen, wie die Theaterleute es nennen. Von Arles aus sind Aix, Avignon – zwei Städte, die einen eigenen Aufenthalt reichlich lohnen –, Nimes, die Camargue, Les Baux, St. Rémy, Tarascon, St. Gilles und Aigues-Mortes leicht zu erreichen; alle sind Tages- oder Halbtagesausflüge. Ein eigenes Auto ist nicht unbedingt erforderlich, denn abgesehen von den lokalen Autobus- und Zugverbindungen findet man auf dem Boulevard des Lices, der Hauptpromenade der Stadt, eine Anzahl von Ausflugsbüros, die während der Saison tägliche Gesellschaftsausflüge in Autobussen nach allen diesen Orten bis hinaus nach den Cevennen veranstalten. Die Stadt selbst hat soviel des Interessanten zu bieten, daß man gut beraten ist, nur jeden zweiten Tag einen Ausflug nach außerhalb zu unternehmen; die Zwischentage lassen sich aufs angenehmste mit Besichtigungen in Arles selbst ausfüllen.

Der Frühling ist die beste Jahreszeit für einen Besuch der ›rhodanischen‹, um die Rhône gelegenen Provence. Juli und August können sehr heiß sein, der Herbst häufig regnerisch und stürmisch, und im Winter kann der eisige Mistral tagelang ohne Unterlaß blasen, drei, sechs oder neun Tage oder noch länger. Die volkstümlichen Ansichten über die Gepflogenheiten des Mistral sind je nach der Gegend verschieden, aber die meisten stimmen darin überein, daß dieser Wind einem geheimnisvollen Gesetz gehorcht, das sich auf die Zahl drei gründet; flaut er am dritten Tag nicht ab, so bläst er drei Tage weiter; hat er sich am sechsten nicht gelegt, so ist mit weiteren drei Tagen zu rechnen; außerdem stirbt er ebenso unvermittelt ab, wie er sich erhebt. Der Name ›Mistral‹ leitet sich vom lateinischen ›magistralis‹ her und bedeutet der ›Meister-Wind‹, der Chef unter den Winden – ein Nordwind, der mit außerordentlicher Gewalt das Rhônetal zum Mittelmeer hinabfegt und wie der sehr ähnliche Bora in Triest seine Existenz dem bekannten Phänomen verdankt, daß heiße Luft aufsteigt und kalte herabsinkt. Steigt die warme Mittelmeerluft auf, so schießt kalte Luft durch den Trichter oder Schlauch des Rhônetals aus dem Norden herein, um den Leerraum zu füllen. Der Mistral hat schon Eisenbahnzüge zum Stehen gebracht und sogar einmal einen Zug ohne Lokomotive das Geleis entlang von Arles nach Port St. Louis geschoben. 1875 kam er mit solcher Gewalt herab, daß er die Brücke zwischen Beaucaire und Tarascon wegriß. Arles selbst liegt zwar beiderseits der Rhône, bildet jedoch keinen ausgesprochenen Kamin, da es auf allen Seiten von weitem Flachland umgeben ist – im Westen von den Salzsümpfen der Camargue und im Osten von der Geröllkies-Ebene der Crau, die ebenso wie die Maures ihren Namen aus dem Griechischen herleitet. Das Wort ›Kravos‹ mit der Bedeutung ›steinig‹ findet sich bei Homer. Charakteristisch für beide Ebenen ist, daß sie dicht mit Zypressenhecken bepflanzt sind, um die Gewalt des Windes zu brechen, die jedoch dessenungeachtet zuweilen selbst vom Wind gebrochen und quer über die Straßen und Eisenbahngeleise, die sie abschirmen sollen, umgelegt werden. Der englische Reisende Arthur Young verzeichnete in seinen ›Reisen in Frankreich‹ unter dem 3. Januar 1786: »Es herrschte ein so wütender Mistral, begleitet von so viel Schnee, daß ganze Herden vier oder fünf Meilen von ihrem Weideland hinweggefegt wurden ... Fünf Hirten waren mit achthundert Tieren nach

Marseille unterwegs; drei von ihnen und nahezu alle Schafe gingen zu Grunde.«

Bisher habe ich es absichtlich vermieden, mich in diesem Buch über die Qualität von Hotels zu äußern. Der Reisende, der mehrere Wochen in Südfrankreich zu verbringen gedenkt, wird sich bei der Unzahl von Hotels, die sich anbieten, entweder vorher über Preise und Sonstiges erkundigen oder, was wahrscheinlicher ist, dort absteigen, wo seine Freunde vor ihm abgestiegen sind; wenn er nur eine Nacht in einer Stadt verbringt, wird er es nicht so genau zu nehmen brauchen und sich aus dem Guide Michelin oder einem anderen Führer ein Hotel heraussuchen oder einfach am Ort jemand fragen, welches das beste ist. Da ich jedoch nun einen längeren Aufenthalt in Arles empfohlen habe, kann ich mich meiner Verantwortung in dieser Sache nicht mehr entziehen. Das Drei-Sterne-Hotel von Arles, das ›Jules César‹ auf dem Boulevard des Lices, ist bequem, mit guter Küche und für eine Mahlzeit oder eine Nacht zu empfehlen. Es liegt an der Hauptstraße der Stadt, hat reichlich Parkgelegenheit und spart dadurch Zeit und Mühe, was einen sonst zur Verzweiflung treiben kann, wenn man müde in einer fremden Stadt anlangt, nach seinem Hotel sucht und, wenn man es schließlich gefunden hat, womöglich vergeblich nach einem Plätzchen fahndet, an dem man den Wagen abstellen kann. Es bietet außerdem Gelegenheit, die bezaubernden alten Trachten von Arles zu sehen – was heute außer bei Volksfesten nur noch sehr selten möglich ist –, denn alle Kellnerinnen des Hotels Jules César tragen sie. Aber seien wir ehrlich: ein Mittagessen oder eine Übernachtung mag für die Reisekasse nicht mehr als ein Flohstich sein; bei längerem Aufenthalt entwickelt sich daraus jedoch leicht eine bedrohliche Extravaganz. Wer einen Maulwurfshügel auf den anderen setzt, sieht sich eines Tages unweigerlich einem Berg gegenüber.

Ich selbst habe mehrere Wochen im Hotel Mireille gewohnt, einem kleinen, neuen Hotel mit einem Stern an der Place St. Pierre jenseits der Brücke im Stadtteil Trinquetaille, zu einem Drittel des Preises, den ich im Jules César bezahlt hätte, und habe nicht den Wunsch verspürt umzuziehen. Auch gibt es zwei Hotels mit zwei Sternen an der Place du Forum, die beide zu empfehlen sind. Das Hotel du Forum ist vor einigen Jahren modernisiert worden (oder ›touringisé‹, wie es auf neufranzösisch oder ›Franglais‹ heißt) und jetzt sehr komfortabel. Das Hotel Nord-Pinus, das im rechten Winkel dazu steht, hat seine besondere Eigentümlichkeit. Es ist der beliebteste Treffpunkt der ›Afición‹ in Arles, das auf seinen Rang als Stierkampf-Hauptstadt der Provence besonders stolz ist. Die spanischen Matadore steigen stets hier ab, und die Bar des Hotels ist mit Stierköpfen und anderen Trophäen der Arena ausgeschmückt. Monsieur Bessières, der Wirt, zeigt auf Verlangen gern das Goldene Buch des Hotels; es umfaßt nahezu ein Jahrhundert, denn auf Seite 1 findet sich die Unterschrift Puvis de Chavannes' und auf Seite 393 die des Schauspielers Fernandel.

Die Place du Forum befindet sich in Wahrheit nicht an der Stelle des antiken Forums; doch die korinthischen Säulen und die in die Ecke des Hotels Nord-Pinus eingefügten Bruchstücke eines Giebelfeldes sind Teile eines Tempels, der an das Forum anstieß. Arles geht jedoch auf vorrömische Zeit zurück. Die Phokäer hatten hier bereits eine Niederlassung namens Theline, die 535 v. Chr. von den Ligurern zerstört wurde. Im 4. Jahrhundert taucht dieser Ort wieder auf, jetzt unter dem Namen Arelate – die Stadt in den Sümpfen; die Ligurer aus Entremont trafen sich hier mit den Massalioten zu ihren Handelsgeschäften. Dieser Handelsumschlagplatz war jedoch durch die Rhône mehr behindert als begünstigt, und erst als Marius im Jahr 104 einen schiffbaren Kanal ausheben ließ, der Arelate mit der Rhônemündung bei Fos verband und es damit sowohl zu einem Seehafen wie einem Binnenhafen machte, stieg die Stadt zu großer Blüte auf, besonders nachdem Julius Cäsar die Machtstellung Massalias vernichtet hatte. Unter Cäsar wurden die Veteranen der Sechsten Legion hier angesiedelt und in Trinquetaille, auf dem gegenüberliegenden Flußufer, eigene Schiffswerften errichtet. Aus Arelate wurde die Colonia Julia Paterna Arelate Sextanorum. Die römische Schiffsbrücke, welche die Stadt mit Trinquetaille verband, schloß nicht nur ein bedeutendes Handels- und Industriezentrum zusammen; sie war außerdem der letzte, südlichste Brückenübergang über die Rhône, ehe sie sich zu einem unüberbrückbaren Delta verbreiterte, und folglich ging der ganze Hauptverkehr zwischen Italien und Spanien durch die Stadt.

In den ersten Jahrhunderten unserer Zeitrechnung, unter den spätrömischen Kaisern, stieg Arelate zu großer Bedeutung auf. Konstantin der Große erwählte es zu seiner Lieblingsresidenz; Konstantin II. wurde hier geboren. Nach der Gründung Konstantinopels blieb es die zweite Hauptstadt des Kaiserreichs – Gallula Roma, das Klein-Rom der Gallier. Um 400 n. Chr., als die Einfälle der Germanen den römischen Präfekten aus Trier vertrieben, erhob Kaiser Honorius es sogar zur Hauptstadt seiner drei Gallien – Frankreich, Spanien und England. Der Kaiser selbst schrieb 418 in einem Reskript: »Arles ist so glücklich gelegen, sein Handel ist so tätig und die Kaufleute kommen in solcher Zahl hierher, daß alle Erzeugnisse der Welt hierher geleitet werden; die Reichtümer des Orients, die Wohlgerüche Arabiens, die Köstlichkeiten Assyriens . . . finden sich hier in solcher Fülle, daß man glauben möchte, sie seien Erzeugnisse des Landes.« Doch war Arles um diese Zeit bereits nahe dem Ende seiner Hochblüte. 476 brach das westliche Kaiserreich zusammen. 480 bemächtigten die Westgoten sich der Stadt; ihnen folgten Burgunder, Ostgoten, Franken; bei der Teilung des karolingischen Reichs 879 wurde es Hauptstadt eines unabhängigen Staates, aus dem das Königreich Arles wurde, das zum Deutschen Kaiserreich gehörte. Raymond Bérenger riß es 1239 an sich und gliederte es seiner Grafschaft Provence ein; wenige Jahre darauf kam es mit der ganzen Provence an das Haus Anjou; aber es blieb bis zur Vereinigung der Provence mit Frankreich eine Reichsstadt der deutschen Kaiser.

Auf der *Place du Forum* steht ein sonderbares Denkmal, eingezäunt in ein merkwürdiges schmiedeeisernes Gitter. Das Gitter hat die Form des dreizackigen Spießes, den die ›Gardians‹, die Viehhirten der Camargue, verwenden, um ihre Stiere in Schach zu halten. Der Bronze-Herr auf dem Sockel mit dem Spazierstock, dem breitkrempigen Hut und dem Mantel über dem Arm war persönlich und leibhaftig zugegen, als im Mai 1909 dieses sein Standbild hier enthüllt wurde. Die Denkmalsweihe und das gleichzeitige dreitägige Volksfest in Arles galten dem fünfzigsten Jahrestag des Erscheinens seines großen Versepos ›Mirèio‹ – französisch ›Mireille‹ –, mit dem er die alte provenzalische Sprache aus der Anonymität der Volksmundart wieder in die Höhen der Dichtersprache hinaufgehoben hatte, die ihr seit den Zeiten der Troubadours und des guten Königs René gebührte.

Frédéric Mistral (1830–1914), wird heute zumeist als ein naiver, anachronistischer Kunstgewerbler abgetan. Doch dieser Mann, der als Sohn eines Großbauern im nahegelegenen Dorf Maillane zur Welt kam, sein ganzes Leben in Maillane lebte und in Maillane starb, war weit mehr als das. Die von ihm gegründete provenzalische Dichtergruppe, die Félibrige, konnte ihr romantisches Vorhaben der Wiedererweckung der provenzalischen Sprache und Volksbräuche nur zeitweise und teilweise verwirklichen. Sie war, wie wir im Museo Arlaten sehen werden, wenn auch kein Anachronismus, so doch ein letztlich museales Unternehmen. Mistral selbst war ungleich bedeutender als seine ›Heimatbewegung‹. Er war nicht musealer als Homer, er war so lebendig wie Petrarca. Das ist heute vergessen; doch wer ›Mirèio‹ auch nur in der französischen Übersetzung liest, wird den Erfolg begreifen, den dieses Werk bei seinem Erscheinen 1859 sofort hatte: so klar und hell, mit solcher Frische und Anmut hat die Stimme der Provence tatsächlich seit den Troubadours nicht mehr gesungen. Mistrals Fähigkeit, klaren Geistes und heiteren Herzens einfach zu staunen, sich in der magischen Sphäre der Legende zu bewegen und dabei nie den Boden der Wirklichkeit, der Landschaft und ihrer Menschen zu verlassen, ist ebenso superb wie seine meisterliche Beherrschung der Versform; der alte Flußschiffer Apian in seinem aus Legenden und Lokalgeschichte gewobenen Versepos ›Lou Pouèmo dou Rouse‹ (1897) ist eine unvergeßliche Gestalt. Und die Landschaftsmalerei seiner Verse gemahnt, wenn überhaupt an etwas Vergleichbares, an die Prosa-Landschaften des großen Manzoni. Der Mann aus wassergrüner Bronze steht zu Recht, wo er steht. Er ist seines Landes größtes Kind, in jedem Sinn des Wortes.

Vincent van Goghs ›Café du Soir‹, mit den Tischen davor, stand an der Ostseite der Place du Forum, wo sich heute ein Möbelgeschäft befindet. Die Ecke des Hotels Nord-Pinus kommt rechts gerade noch ins Bild. Das berühmtere ›Café de Nuit‹ steht an der Place Lamartine in der Nähe des Bahnhofs und heißt Bar-Restaurant Alcazar. Der Billardtisch ist verschwunden, der Fußboden, die Wände, die Lampen und sogar die Fenster sind verändert. Nur die Uhr an der rückwärtigen Wand hängt noch immer so und tickt vor sich hin, wie van Gogh sie malte. Er selbst wohnte – von Februar 1888 bis Mai 1889 – mit Gauguin, der im Herbst dazu kam, auf der gegenüberliegenden Seite des Platzes in einem Bistro namens La Civette Arlésienne, das er als ›Das Gelbe Haus‹ malte und das 1944 von einer Bombe zerstört wurde. Die gegenwärtige Bar-Tabac Civette Arlésienne liegt etwa acht Meter hinter der ursprünglichen und ist im Hintergrund des ›Gelben Hauses‹ zu sehen. Hier geschah es im Dezember 1888, daß Vincent sich das Ohr abschnitt, es zur Maison de Tolérance Numero Un trug und mit der Bemerkung »Gardez cet objet précieusement« einer recht überraschten Dame namens Rachel übergab und in die Nacht hinaus davonging. Einige Tage später brachte man ihn in das Hospital von Arles.

Unweit der Place du Forum liegt die *Place de la République*, der Hauptplatz von Arles. An seiner Nordseite steht das Hôtel de Ville von Mansart, dem gleichen Architekten, der auch das nicht weniger entzückende Rathaus in Beaucaire baute. Die Statue auf dem Glockenturm aus dem 16. Jahrhundert heißt bei den Einheimischen ›Der Bronzemann‹ und stellt in Wahrheit Mars dar, was wenige Arlésiens wissen. Man präge sie sich gut ein, ehe man nach St. Rémy hinüberfährt, und es wird einem bewußt werden, wie stark der Renaissance-Architekt von dem dortigen römischen Mausoleum beeinflußt worden ist. Die Halle im Erdgeschoß, die als Durchgang und Abkürzung zwischen der Place de la République und der Place du Forum dient, ist von einem eigentümlichen abgeflachten Bogen überdacht, der die Architekten aus technischen Gründen verwundert und den Laien, weil er ein so reizvoller Anblick ist.

An der Ostseite des Platzes steht die *Kathedrale von St. Trophime*, die man geradezu als das Taufbecken des englischen Christentums bezeichnen könnte, denn an dieser Stelle wurde im Jahr 597 der hl. Augustin vom hl. Virgil, dem Bischof von Arles, zum ersten Bischof von England geweiht. Von dem alten karolingischen Bau ist nicht mehr viel übrig, aber in der gegenwärtigen, damals neu erbauten Kathedrale wurde immerhin Kaiser Friedrich Barbarossa 1178 zum König von Arles gekrönt. Das große, aus dem 12. Jahrhundert stammende Portal von St. Trophime ist eine der schönsten Blüten des südlichen romanischen Baustils – »der Himmelskreis ist in einen Steinbogen verwandelt«, schrieb Wilhelm Hausenstein. (Bei der Benutzung französischer Reiseführer darf man sich nicht irreführen lassen: romain und romaine bedeutet ›römisch‹, roman und romane hingegen ›romanisch‹.) Rings um die ganze Fassade oberhalb der großen steinernen Heiligen verläuft ein Fries, der manchem vorüberkommenden Sünder einen bangen Schauer eingejagt haben dürfte. Links kommt die Prozession der geretteten Seelen – völlig bekleidet – heran, um von einem Engel dem Schoß Abrahams übergeben zu werden. Rechts werden die Verdammten, die am Tor zum Paradies abgewiesen worden sind – splitternackt, um zu zeigen, wie verderbt sie sind – in Ketten von einem Teufel herangezerrt und ins Höllenfeuer gestoßen.

Der Fries ist ein Ballett aus Stein, das an die liebreizenden Tanzenden Frauen von Ruvo erinnert, die noch immer im Museum zu Neapel für uns tanzen.

Das dunkle, schmale Mittelschiff, das höchste in der Provence, enthält einige Aubusson-Wandteppiche und eine Anzahl gallo-römischer Sarkophage. Einer der besten, im linken Seitenschiff, ist in ein Taufbecken umgewandelt worden, und ein anderer, der die Durchquerung des Roten Meeres darstellt, dient als Altar. Die Rue du Cloître rechts von der Kathedrale führt zum Kreuzgang. (Täglich geöffnet. Man kann von den Aufsehern eine ›carte d'entrée globale‹ kaufen, die Einlaß zu den acht wichtigsten Baudenkmälern und Museen von Arles mit Ausnahme des Museon Arlaten gewährt und billiger ist als die Summe der einzelnen Eintrittskarten.) Der Kreuzgang ist berühmt wegen seiner mittelalterlichen Plastiken und Steinmetzarbeiten. Er war ursprünglich die Wohnstätte der Domherren der Kathedrale, die von hier in ihren Schlafsaal, in das Kapitelhaus und Refektorium gelangten. Man braucht ziemlich lange, um ihn gebührend genau zu betrachten, und ich würde empfehlen, von rechts zu beginnen. Nach einer einigermaßen niederschmetternden Szene am ersten Kapitell, auf der Ritter und edle Damen ins Höllenfeuer gestürzt werden, stellt der Eckpfeiler die Versuchung, die Taufe, das Abendmahl, den Verrat und die Fußwaschung dar. Die Nord- und Ostgalerien mit ihren Tonnengewölben stammen aus dem 12. Jahrhundert, die West- und Südgalerien mit den Spitzbögen aus dem 14. Jahrhundert. Wer seine Bibel kennt, vermag den Szenen ohne Mühe zu folgen; nur die Szene mit der hl. Martha, wie sie die Tarasque am Halfter führt, ist ein wenig verwirrend und nicht leicht verständlich. Wilhelm Hausenstein hat den Eindruck dieser erstaunlichen, in der zweiten Hälfte des 12. Jahrhunderts geschaffenen Bildwerke vorzüglich zusammengefaßt:

»Alles ist so in Stein gebildet, wie Barbaren es tun; die griechischen Hänge der Falten, die gescheitelten Haare, die geschlichteten Bärte können die barbarische Hand des Bildners nicht vergessen machen. Die Figuren sind gnomisch; große Köpfe sitzen auf kurzen Hälsen und winzigen, aber furchtbar gedrungenen Gestalten; die heiligen Personen scheinen ein Geschlecht arger Zwerge zu sein; chimärische Köpfe schauen aus steinernem Laubwerk, das der Antike kräftig nachstammelt, und dem Antlitz des Herrn steht der eigensinnige Kopf eines Widders gegenüber. Das Christliche und das Barbarische sind ineinander gespiegelt; ineinander verschlungen sind sie wie Sünde und Tugend; eins treibt das andere ins Relief und macht es stark. Das Reißende ergreift das Milde; die Sanftmut glättet die Gewalt, die wie der Antrieb der Tiere ist. In dieser ungeheuren Wirrnis sucht sich das Christentum; in dieser ungeheuren Wirrnis sperrt das Heidentum, das sich nicht verlassen kann, dem Christentum den Weg. Das Bild ist schrecklich und rührt.«

Arles besitzt zwei der größten Sammlungen von Steindenkmälern in Europa. Das eine ist das *Lapidar-Museum der Heidnischen Kunst* (täglich geöffnet), das sich in der aufgelassenen St. Annen-Kirche gegenüber dem großen Portal von St. Trophime befindet. Die sogenannte Venus von Arles, die 1651 im römischen Theater gefunden und Ludwig XIV. überreicht wurde, steht allerdings im Louvre, und es ist hier nur ein Abguß zu sehen. Das zweite ist das *Lapidar-Museum der Christlichen Kunst* im alten Jesuiten-College (täglich geöffnet), das an Reichtum seiner Schätze nur vom Lateran-Museum in Rom übertroffen wird. Das Heidnische Museum zeigt römische Mosaiken aus Trinquetaille und heidnische Statuen aus dem Theater und dem großen Cryptoporticus, der unter dem Museum selbst liegt und einstmals ein Kornspeicher und in jüngster Zeit ein Luftschutzkeller war. Beide Museen enthalten außerdem eine Anzahl von Sarkophagen. Es lohnt sich sehr, sie genau und im einzelnen zu betrachten. Damit der Besucher sie nicht, wie es ihm so oft geschieht, nur verständnislos anstarre, hat die Leitung der beiden Museen an jedem einzelnen der Sarkophage eine detaillierte Beschreibung dessen angebracht, was er darstellt. Nicht nur versteht man die hier aufgestellten Skulpturen ganz genau, sondern man nimmt zugleich auch einen reichen Vorrat an Kenntnissen in andere, weniger unternehmende Museen mit, der einem dort zustatten kommt. Auf keinen Fall darf man den in Trinquetaille gefundenen marmornen Hippolyt-und-Phädra-Sarkophag aus dem 2. nachchristlichen Jahrhundert im Heidnischen Museum übersehen.

Die meisten dieser Sarkophage stammen aus den *Alyscamps* (täglich geöffnet). Dies war früher eine heidnische Begräbnisstätte an der Via Aurelia und wurde, als die neue Religion sie übernahm, einer der berühmtesten Friedhöfe der Christenheit. Im Mittelalter knüpften sich alle möglichen seltsamen Legenden an ihn: daß Roland und andere Ritter Karls des Großen, die von den Sarazenen erschlagen wurden, auf wunderbare Weise nach Arles verbracht und hier begraben worden seien; daß Tote, die man vertrauensvoll mit beigefügter Begräbnisgebühr – wie Charons Obolus – in Holzsärgen die Rhône hinabtreiben ließ, von den Bootsleuten von Arles aus dem Fluß gefischt und in den Alyscamps bestattet wurden. Der Name ist nach allgemeiner Annahme eine verderbte Form der Elysäischen Felder – Les Champs Elysées – wenngleich eine andere Philologenschule ihn von einer wilden Blume namens Alyssum herleiten und daraus die Alyssum-Felder machen möchte. Während des ganzen Mittelalters waren Alyscamps die begehrenswertesten Begräbnisstätten, und zu gewisser Zeit befanden sich hier mehrere Tausende von Sarkophagen; im 16. Jahrhundert jedoch, als die klassische Kunst Mode wurde, verfielen die Stadtväter in die Gewohnheit, die besten ihrer gemeißelten Sarkophage unterschiedlichen Machthabern, Sammlern und vornehmen ausländischen Besuchern zum Geschenk zu machen. Eine ganze Schiffsladung von Sarkophagen, für Karl IX. bestimmt, war angeblich so überlastet, daß sie bei Pont St. Esprit auf den Grund der Rhône versank. Ehe es restlos zu spät war, wurden die letzten für die beiden Museen in Arles gerettet und bilden die beste derartige Sammlung außerhalb Roms.

Der Friedhof, einstmals anderthalb Kilometer lang und dreiviertel Kilometer breit, ist inzwischen durch eine Eisenbahnlinie, einen recht übelriechenden Kanal, ein Fabriksgelände und eine Wohnsiedlung zerschnitten worden; die noch erhaltenen und geretteten Sarkophage, zumeist unverzierte Steinblöcke, sind beiderseits der letzten verbliebenen Allee aufgestellt. Von den nahezu zwanzig Kapellen, die einstmals hier standen, sind noch eine oder zwei übrig, und am Ende der schattigen Pappelallee – van Gogh hat sie 1888 gemalt – steht die Ruine der romanischen Kirche des hl. Honorat, von der nur noch der Chor und der Glockenturm übrig sind. Es fällt schwer, an diesem entweihten Ort jenseits von Bahnlinie und Kanal die rechte Art sanfter, erinnerungsvoller Schwermut heraufzubeschwören; man muß sich seinen liebreizenden Namen immer wiederholen und versuchen, sich der Verszeilen Paul Jean Toulets zu erinnern:

> Dans Arles, où sont les Aliscamps,
> Quand l'ombre est rouge, sous les roses,
> Et clair le temps,
> Prends garde à la douceur des choses,
> Lorsque tu sens battre sans cause
> Ton coeur trop lourd,
> Et que se taisent les colombes:
> Parle tout bas, si c'est d'amour,
> Au bord des tombes.

Die beiden bedeutendsten klassischen Baudenkmäler in Arles sind das *antike Theater* und das Amphitheater oder Arena (beide täglich geöffnet). Vom Theater, das unter Augustus erbaut wurde, ist nicht mehr viel übrig. Als erstes taten die triumphierenden Christen ihr Menschenmöglichstes, um die Statuen zu zerschlagen oder zu verstümmeln. Dann wurde das Theater schon im 5. Jahrhundert zur bequemen Quelle von Baumaterialien für den Bau von Kirchen, zum Beispiel den Kreuzgang von St. Trophime, und im 12. Jahrhundert wurden die meisten Sitze für den Bau der Verteidigungswälle der Stadt herausgerissen. Damals hieß das Theater ganz allgemein ›der Steinbruch‹. Im 17. Jahrhundert war es bereits so weit von der Bildfläche verschwunden, daß man an seiner Stelle ein Kloster erbaute. Von den korinthischen Säulen, die vor der Bühnenrückwand standen, sind nur noch zwei übrig, die eine aus afrikanischem ›Breccia‹ – Trümmergestein –, die andere aus gelbem sienesischen Marmor. Das Theater war einstmals drei Arkaden-Stockwerke hoch und faßte sechzehntausend Zuschauer (ein gutes Drittel der heutigen Gesamtbevölkerung von Arles), aber es sind nur noch etwa zwanzig Sitzreihen erhalten, und bei den alljährlichen Festspielen Anfang Juli finden hier Freilichtaufführungen und Trachtenfeste mit Volkstänzen wie den ›farandoles provençales‹ und den ›pégoulades‹ statt.

Die *Arena* ist in besserem Zustand, wenn auch nicht so gut erhalten wie die in Nîmes. Dafür ist sie eine der frühesten und größten des römischen Weltreichs, im Jahr 46 v. Chr. erbaut mit einer Längsachse von hundertsechsunddreißig Metern und einem Fassungsvermögen, das jemand, der es ganz genau wissen wollte und die Kilometerlänge der Sitzreihen nachgemessen hat, mit 23 435 Plätzen errechnet hat. (Der Guide Bleu gibt rund 26 000 an, in welchem Fall sie zweitausend Plätze mehr gehabt hätte als die Arena in Nîmes.) Im Mittelalter wurde das Amphitheater zu einer Festung, in deren Umfassung zweihundert Häuser und eine Kirche standen. Drei der im 13. Jahrhundert über den Eingängen erbauten Türme stehen noch. Gleich dem Theater wurden seine großen, ohne Mörtel gefügten Quadern als handlicher Steinbruch für den Bau der Stadtmauern verwendet, aber es ist noch immer so viel übrig, daß im Sommer hier Stierkämpfe stattfinden können, zu denen die Menschen von weither zusammenströmen. Es ist der gleiche azurblaue Himmel, die gleiche glühende Nachmittagssonne, die gleiche Form des Stierkampfes wie in Spanien (die Plaza de Toros in Madrid ist etwa so groß wie die Arena in Arles in ihrer ursprünglichen Größe), aber es ist ein völlig anderes Schauspiel. Ist es die lockere, freiere, gelöstere Art der Menschen? Man hat das Gefühl, es liege etwas Griechisches in der Luft, das in Spanien fehlt. Einmal sah ich schräg gegenüber von mir, eingezwängt in die Menschenmenge, ohne daß sich jemand sonderlich nach ihnen umwandte, Cocteau und Picasso sitzen.

Nahe dem Ufer der Rhône stehen die *Bäder Konstantins*, in abwechselnden Reihen aus Ziegeln und Stein erbaut. Sie sind die einzigen noch sichtbaren Teile des Kaiserpalastes, der einstmals diesen ganzen Stadtteil bedeckte und in dem im Jahr 314 das berühmte Konzil von Arles stattfand. Gleich neben den Thermen steht die im 15. Jahrhundert erbaute *Priorei der Malteser-Ritter*, einstmals das Mutterhaus der Langue de Provence. Es lohnt sich, auf seine rückwärtige Seite herumzugehen, um einen Blick auf die Befestigungswerke auf der Flußseite und die Aussicht die breite Biegung der Rhône hinauf zu werfen. Das alles sieht heute recht friedlich aus, ist aber noch immer von den Trümmern einer zerbombten Eisenbahnbrücke verunstaltet. Man werfe auch einen Blick über den Fluß hinüber auf das neue Trinquetaille, das nach dem Krieg erbaut wurde, um den 1944 zerbombten Vorort zu ersetzen. Wer sich für zeitgenössische Architektur und Städteplanung interessiert, sollte ihm einen Besuch abstatten. Die neue St. Pierre-Kirche hat einige interessante abstrakte Glasarbeiten in ihren Fenstern. Eine ähnliche Kirche steht in dem zerbombten Viertel auf der rechten Seite der Straße nach Tarascon, jenseits der Eisenbahnbrücke.

Die Priorei selbst beherbergt heute das *Musée Réattu* (täglich geöffnet), so benannt nach dem aus Arles stammenden Maler Jacques Réattu (1760 – 1833), der die Priorei nach der Revolution kaufte und dort wohnte und dessen Tochter sie der Stadt vermachte. Der erste Raum enthält einige prachtvolle Brüsseler Wandteppiche, die fünf der sieben Weltwunder darstellen. Bemerkenswert, wie hier das Kolosseum geöffnet wie ein architektonischer Querschnitt eines Hauses oder Schiffs dargestellt ist, um die wilden Tiere im Innern kämpfend zeigen zu können, und wie die Männer allesamt antike römische Trachten, die Frauen hingegen die Kleidung des 17. Jahrhunderts tragen. Das Museum enthält ein Lurçat-Zimmer mit dreien seiner Wandteppiche und vier Keramiken, sowie einen weiblichen Torso aus Holz von Zadkine und fünf Bronzen von Bourdelle. Die Gemälde sind im ganzen genommen zweitrangig. Es ist offenkundig, daß Réattus wirkliche Begabung die Landschaft war, die er in der Art des frühen Corot malte; aber er bestand darauf, klassische, mythologische und historische Szenen abzubilden. Betrüblicherweise war er ein ebenso miserabler Figurenmaler wie sein Onkel Antoine Raspal, dessen Werke gleichfalls eine Menge Platz an den Wänden beanspruchen.

Wenn das Musée Réattu vielleicht enttäuscht, so ist das *Museon Arlaten* (montags geschlossen und mit der Pauschaleinlaßkarte nicht zugänglich) eine von Europas faszinierendsten Sammlungen der Lokal-Ethnographie. Den ersten Stock zu überspringen, ist ebenso unmöglich, wie ein gutgeschriebenes, mit Tatsachen zum Bersten angefülltes Buch nur flüchtig durchzublättern. Er enthält über dreißig Räume, und ich würde raten, sich für wenigstens zwei ausführliche Besuche Zeit zu nehmen. Wer wenig Zeit hat, soll lieber auf den zweiten Stock verzichten, als hastig den ersten zu durcheilen. Das Museum wurde 1906 von Frédéric Mistral gegründet und liefert gleichsam das Anschauungsmaterial zu seinem 1886 veröffentlichten ›Lou Trésor dou Félibrige‹, einem Wörterbuch der provenzalischen Sprache, das ihm unter den Händen zu einer unschätzbar wertvollen Enzyklopädie der Provence anwuchs. Mistral kaufte mit dem Geld seines Nobelpreises das aus dem 16. Jahrhundert stammende Hôtel de Castellane-Laval und brachte mehrere Jahre damit zu, für das Museum zu sammeln und die Sammlungen selbst aufzustellen und anzuordnen. Manche der Beschriftungen in provenzalischer und französischer Sprache sind in des Dichters eigener Hand – so zum Beispiel die in Raum 1, der den einheimischen Heil- und Zauberkräutern und Balsamen gewidmet ist.

Die meisten Menschen werden Nachbildungen der Trachten der Frauen von Arles auf der Opernbühne oder auf Gemälden wie van Goghs ›Arlésienne‹ gesehen haben. Sie zählen anerkanntermaßen zu den schönsten in Europa, und die ersten drei Räume des Museums sind ihrer Entwicklung vom 18. Jahrhundert bis zum Ersten Weltkrieg gewidmet, als sie auszusterben begannen. Eine lebensgroße Szene hinter Glas zeigt eine Schneiderwerkstätte mit einer Gruppe von Näherinnen, die mit der Fertigung verschiedenartiger Trachten beschäftigt sind. Die ganze Szene ist ein Gipsmodell und nach einem Gemälde von Raspal aus dem Jahr 1760 kopiert, das im Musée Réattu hängt. Der dritte Raum zeigt genau im einzelnen, wie das Haar der ›Arlésienne‹ frisiert und der Kopfputz aufgebaut wird. Die Grundlage ist ein Knoten, der oben auf dem Kopf mit einem Kamm befestigt ist; über ihn wird ein Stück Musselin gelegt und dann ein Streifen Samt oder Brokat gewunden. Gleich den Trachten und Kostümen mit ihren charakteristischen Fichus, steifen Miedern und vollen, weiten Röcken, waren diese Frisurstile lebendig und entwickelten sich fortdauernd weiter, so daß der Fachmann, der sie betrachtet, bei jeder Haartracht nicht nur die Zeit, aus der sie stammt, auf zwei oder drei Jahrzehnte genau angeben kann, sondern auch das ungefähre Alter der Frau, die sie trug, denn junge Mädchen, reife Frauen und alte Weiber trugen leicht verschiedene Stile.

Raum 7 ist den einheimischen Möbeln gewidmet, die sich in der Tradition Ludwigs XV. halten und deren charakteristisches Material das Walnußholz ist. Raum 8 beschäftigt sich mit den religiösen Bräuchen, Legenden und Aberglauben der Provence und ist so fesselnd, daß er einem kaum mehr losläßt. Sein berühmtestes Schaustück ist ›La Chevelure d'or‹, ein langer goldener Haarzopf vom Kopf einer Frau, der in einem Grab in der St. Vincent-Kirche in Les Baux gefunden wurde und den sich Mistral für sein Museum zu verschaffen wußte. (Eine Anzahl ähnlicher weiblicher Haarflechten ziert die Kirche der Santa Eulalia in Merida, aber niemand dort konnte mir den Grund dafür angeben.) Sodann ist hier eine alte Tarasque zu sehen, die früher, als das Ungeheuer alljährlich erneuert wurde, in Tarascon in einer Prozession getragen wurde. Grün, rund, schuppig und mit Stacheln bedeckt, hat sie einen Picasso-artigen Kopf, der mit rot und weiß gestreiften Stoßzähnen ausgerüstet ist. Weiterhin ein interessantes Bild eines Ochsenopfers in Barjols. Dann unzählige Santons, Weihnachtskrippen, Votivgaben, Heiligenbilder und fromme Andachtsgegenstände aus Wachs, Holz, Glas, Perlenschnüren und Terrakotta, sowie einheimische Kuchen und Brotlaibe in den traditionellen Formen, wie sie für die unzähligen festlichen Gelegenheiten gebakken werden. Und schließlich Amulette und Talismane jeglicher Art und für jeglichen Zweck, darunter Frösche, Walnüsse, Seepferdchen und Haifischzähne.

An dieser Stelle führt eine Treppe zum zweiten Stock hinauf, dessen Räume der einheimischen Malerei, soweit sie von folkloristischem Interesse ist, dem einheimischen Handwerk und Kunsthandwerk und schließlich einer Anzahl von van Gogh-Reproduktionen gewidmet sind, darunter drei der vier Fassungen von Langlois' berühmter Brücke, die 1930 abgerissen wurde.

Kehren wir in den ersten Stock zurück, so gelangen wir nach der Treppe in zwei Räume mit plastischen Kostümgruppen und Szenenbildern hinter Glas, die typische provenzalische Bräuche in typisch provenzalischem Rahmen veranschaulichen. Die Salle de la Visite à l'Accouchée ist ein Schlafzimmer in einem alten Haus, in dem ein Gratulationsbesuch bei einer Wöchnerin und ihrem neugeborenen Kind stattfindet. Die Mutter liegt im Bett, und die Nachbarn bringen die vier traditionellen Gaben: Salz, Brot, ein Ei und ein Zündholz – auf daß das Kind so klug werde wie das Salz, so gut wie das Brot, so voll wie das Ei und so gerade wie das Zündholz. Die Salle Calendale zeigt eine umständliche und reichgeschmückte Gesellschaft beim Weihnachtsmahl in einem wohlhabenden Gutshaus in der Camargue: der große

Tisch biegt sich ächzend unter den zahllosen verschiedenen Gerichten, und die Bauern tragen sämtlich ihren Sonntagsstaat.

Zwei Räume sind angefüllt mit Erinnerungsstücken an Frédéric Mistral und seine Dichtergenossen der ›Félibrige‹. Der letzte Raum befaßt sich mit der Rhône, dem Leben der Fischer und Schiffer und der Technik ihrer Gewerbe. Der allerletzte Raum ist dem Leben der Camargue gewidmet hier ist eine Nachbildung der Hütte eines Gardians zu sehen deren Außenwand teilweise weggeschnitten ist, um das Innere zu zeigen. Nicht ganz nervenfeste Besucher, so heißt es schrecken zuweilen zurück, sobald sie den Kopf eines Stiere erblicken, der sie bedrohlich aus dem Schilfrohr anstarrt.

Die Camargue

Arles ist das Eingangstor zu einer seltsamen Gegend, die nirgends in Europa ihresgleichen hat. Die Stadt selbst steht an der Spitze eines zu nahezu gleichen Teilen aus Land und Wasser gebildeten Dreiecks, dessen Seiten die beiden Hauptarme des Rhône-Deltas sind und dessen Basis das Meer bildet. Dieses Dreieck, seit antiken Zeiten als die Camargue bekannt, besteht aus hundertfünfundachtzigtausend Morgen Salzsumpf und Lagune. Das heißt, bis in jüngste Zeit war dem so; denn im Verlauf der letzten dreißig Jahre ist der größte Teil seiner nördlichen Hälfte entwässert, entsalzt und berieselt und in Reisfelder umgewandelt worden, deren Ertrag von hundertzwanzigtausend Tonnen im Jahr ungefähr den Reisverbrauch Frankreichs deckt. Der Autofahrer fährt zwischen einer Folge von rechteckigen Reisfeldern entlang, die im Frühsommer, wenn die schmalen, grünen Blätter der Reispflanzen aus der Wasserfläche hervorsprießen, wie überschwemmte Tennis-Rasenplätze aussehen.

Die südliche Hälfte jedoch gehört noch immer den Herden halbwilder Stiere und Pferde und ist die letzte Zufluchtsstätte vieler Tausender seltener Lebewesen der Wildnis. Die letzten Biber, die es in Europa, außer an der Elbe, noch gibt, haben ihre Wohnung an den Ufern der Kleinen Rhône. Der *Etang de Vaccarès* ist, soviel ich weiß, die einzige europäische Brutstätte der Flamingos, die zu Tausenden wie eine rosa und weiße Wolke in die Luft aufsteigen, sobald sich ein Fremder naht. Nahezu vierzigtausend Morgen rings um die große Lagune des Etang de Vaccarès sind Naturschutzgebiet, in dem wilde Tiere, von Wildschweinen, Iltissen und Mardern bis zu Silberreihern, Ibissen, Säbelschnäblern, Kormoranen und Störchen, frei und unbelästigt leben können. Eine sehr gute Sammlung der Fauna der Camargue ist im Musée

Baroncelli in Les Saintes-Maries-de-la-Mer zu sehen. Dort sind die Tiere ausgestopft. Lebende Exemplare kann man im Zoologischen Garten in Pont-de-Gau, etwa fünf Kilometer nördlich des Ortes sehen. Wer die *Réserve zoologique et botanique de la Camargue* besuchen und die Tiere in Freiheit sehen will, muß mehrere Tage vorher beim Direktor des Naturschutzgebietes in der Rue Honoré-Nicolas in Arles unter Angabe von triftigen Gründen um Genehmigung ansuchen. Naturforscher und Studenten der Zoologie und Botanik, die sich gebührend als solche ausweisen können, erhalten Erlaubnis, bei den Wildhütern und Aufsehern im Naturschutzgebiet zu übernachten.

Der südliche Teil der Camargue ist in etwa dreißig Viehzucht-Ranches aufgeteilt, deren Mittelpunkt jeweils eine ›mas‹ ist, das provenzalische Wort für Bauernhof oder Landhaus, das sich ebenso wie das französische Maison vom mittellateinischen ›mansio‹ herleitet. Jeder Ranch-Besitzer hat seine ›manade‹ oder Herde von schwarzen Kampfstieren und gedrungenen, weißen Camargue-Pferden, einer Rasse, die man einerseits mit den Ponys der Mongolen, andererseits mit den von den Sarazenen eingeführten Berberpferden in Verbindung gebracht hat. Zäh und ausdauernd haben sie jedenfalls zu sein, denn sie verbringen ihr Leben damit, in den schlammigen Teichen oder bis zu den Fesseln tief im Sumpfmoor der Camargue herumzuplanschen. Abseits der wenigen Straßen sind sie das einzige Fortbewegungsmittel, denn im Marschland zu Fuß zu gehen, kommt nicht in Betracht. Abgesehen von den Gräben und Wasserläufen, sind diese Marschen voll gefährlichen Treibsands und Sumpflöcher, welche die Pferde instinktsicher zu vermeiden wissen.

Die fünftausend Stiere der Camargue sind kein einträgliches Geschäft, denn sie werden ausschließlich für die Stierkämpfe gezüchtet. Die ›manadiers‹ züchten sie als Liebhaberei, aus Lokalstolz oder Prestigegründen. So gehört beispielsweise eine der größten Ranches, Méjanes bei Albaron, dem Millionär Ricard in Marseille, der seine Millionen mit den

Destillation von Pastis verdient. (Pastis ist der landesübliche Aperitif des Midi und besteht aus 45prozentigem Absinth, der mit Wasser und Eis gemischt aus einem hohen Glas getrunken wird.) Von April bis Oktober ist in Méjanes jeden Sonntag irgend etwas los, vielleicht ›courses libres‹ oder das Einbrennen von Erkennungszeichen. Im übrigen kann man im Syndicat d'Initiative (dem Fremdenverkehrsbüro) in Arles, gleich rechts von der Kathedrale, erfahren, was an bestimmten Tagen in der Camargue zu sehen ist.

Für die Corridas in Arles, Nîmes und anderen Städten der Provence, bei denen der Stier nach spanischem Stil getötet wird, werden die Stiere aus Spanien eingeführt, und auch die Matadore kommen zumeist aus Spanien. Die einheimischen Stiere werden nicht getötet. Sie werden lediglich für die provenzalischen ›courses à la cocarde‹ gezüchtet, die nicht einmal den zartfühlendsten Tierfreund verletzen können. Es ist nicht verzeichnet, daß ein Stier jemals bei einer dieser Veranstaltungen verwundet worden wäre. Der Stier trägt eine Rosette oder Kokarde an der Stirn, die mit einem Faden an seinen Hörnern befestigt ist. Er kommt zusammen mit einer Anzahl athletischer junger Mäner in weißen Hemden und weißen Hosen in den Ring, von denen ein jeder in der rechten Hand eine Art metallene Fangkralle hält. Wer als erster dem Stier die Rosette vom Kopf reißen kann, hat gewonnen. Es ist ein aufregender und gefährlicher Sport, denn ein kämpfender Stier kann sich rascher umdrehen als ein Polo-Pony und schneller aus dem Stand losrasen als ein Rennpferd. Sehr häufig ist der ›rasetteur‹, wie der Spieler genannt wird, genötigt, einen Luftsprung über die Barriere und den Laufgang dahinter mitten in die Zuschauersitze zu machen, wobei die Hörner des Stieres nur wenige Zentimeter hinter ihm her sind. Dies heißt der ›coup de barrière‹. Der Stier kann mühelos über die Barriere springen und tut es auch nicht selten. Die Rasetteurs tragen ihre Bezeichnungen nicht nach den Rosetten, auf die sie es abgesehen haben – und die ›cocarde‹ heißen –, sondern nach dem ›raset‹ oder Halbkreis, in dem sie zu laufen haben, um die Kokarde zu erwischen, ähnlich dem Bogen, den der Banderillero beschreibt, um dem Stier seine Banderillas in den Nacken zu stoßen. Die Kämpfer sind sämtlich einheimische Amateure, die das für sie nicht ungefährliche Spiel aus sportlichem Vergnügen und Ehrgeiz und um der Geldpreise willen betreiben, die dem ersten Gewinner der Kokarde winken. Diese ›courses provençales‹, die unblutige provenzalische Abart der Stierkämpfe, sind überaus beliebt und finden in den meisten Dörfern in einer ständigen oder auch improvisierten Arena statt. Wenn das ›Rennen‹ vorüber ist, werden die Stiere zurück in ihre Manade gebracht.

Das zweite beliebte Volksschauspiel ist die ›ferrade‹, bei der die einjährigen Tiere von den übrigen abgesondert, mit einem geschickten Ruck auf die Flanke geworfen und mit dem Brandstempel-Zeichen ihres Besitzers versehen werden. Dies geschehen, läßt man sie frei auf der Ranch ihres Besitzers umherwandern, wo sie sich vom Salzkraut und anderen dort wachsenden salzhaltigen Pflanzen nähren. Sie werden von den ›Gardians‹, den Viehhirten und Hütern, überwacht, die die wahren Aristokraten der Camargue sind und ihr Leben im Sattel zubringen; ich habe mit eigenen Augen gesehen, wie ein einziger Stoß mit ihrem langen Dreizack oder ›fichéroun‹ gegen die Schnauze eines anstürmenden Stiers das angriffslustige Tier kehrtmachen und davonrennen läßt. Man sieht die ›cabanes‹, die Wohnstätten der Gardians, verstreut hier und dort im Marschland stehen. Sie sind weißgetünchte kleine Häuschen mit einem einzigen Innenraum, einem Strohdach und einem Kreuz auf dem Dachfirst. Der Raum ist rechteckig langgestreckt und am Ende mit einer fensterlosen Apsis abgerundet. Am anderen Ende befindet sich die Tür. Man kann sich an ihm wie an einem Kompaß orientieren. Alle diese Cabanes blicken in die gleiche Richtung, wie Kühe bei einem Gewitter. Die Apsis ist nordwärts gegen den Mistral gerichtet, während das Türende südwärts in den Windschatten weist.

Es gibt mehrere große Besitzungen in der Camargue, wie etwa die *Mas Cacharel*, wo Besucher sich Pferde mieten, in Gruppen mit einem Gardian durch die salzverkrustete Einöde reiten und sich einen sehr schönen Reiter-Urlaub machen können. Alle möglichen Arten seltsamer Wasservögel fliegen über einem hin; hier und dort wird die Horizontlinie von einer gelegentlichen Cabane oder einer Gruppe Tamarisken unterbrochen – die Landschaft, durch die Mistrals Mireille zu ihrem letzten Abenteuer zieht:

Une plaine immense, des savanes
Qui n'ont à l'œil ni fin ni terme,
De loin en loin pour toute végétation
De verts tamaris et la mer qui paraît . . .

In der Ferne gewahrt man zuweilen eine schwarz-weiße Herde von Stieren und Pferden, die auf den ›salicornes‹ und ›saladelles‹ grasen. Man braucht keine Angst zu haben. Die Stiere werden nur dann gefährlich, wenn sie von ihrer Herde abgesondert sind. In einer Gruppe sind sie völlig friedlich und gefügig. Sie blicken einen forschend an, bis man sich ihnen auf ein paar Meter genähert hat, machen dann kehrt und traben gemächlich davon wie zahmes Rindvieh. Die beste Jahreszeit für einen Aufenthalt in der Camargue ist der Frühling: man entgeht zugleich dem Mistral des Winters, den Touristen des Sommers und den Moskitos des Herbstes.

Die Gardians führen ein einsames Leben draußen im Marschland zwischen Sonne und Wind. Ihr Jahreslauf wird nur zweimal, im Mai und Oktober, von den alljährlichen Pilgerfahrten nach *Les Saintes-Maries-de-la-Mer* unterbrochen. Dieses berühmte Dorf liegt in den Dünen zwischen dem Meer und den Lagunen in der Südwestecke der Camargue. Es ist inzwischen, da es der Arles am nächsten gelegene Badeort am Meer ist, von Sommervillen buchstäblich zugedeckt worden; aber die alten Häuser stehen noch immer dicht gedrängt rings um die hohe befestigte *Kirche*, die man wie eine Galione mit geblähten Segeln weit über das Marschland hinweg dahinziehen sieht. Die Kirche ist wie eine Burg gebaut. Ihre Fenster sind kaum mehr als Schießscharten und Sehschlitze. Rings um das Dach läuft eine mit Türmen und Zinnen versehene Promenade wie die Brustwehr einer Festung. Die ›machicoulis‹ oder Pechnasen, die aus der gerundeten Apsis herausragen, erinnern an das Heck eines Schiffs. Der Glockenturm mit seinen fünf Bogen hebt sich ragend wie ein Toppsegel gegen den Himmel ab, und die Wetterfahne auf seiner Spitze flattert wie ein Wimpel im Wind. Man kann leicht begreifen, wie der Begriff ›Schiff‹ oder ›vaisseau‹ dazu kam, auf Kirchen angewendet zu werden.

Die Kirche wurde als Zufluchtsort benutzt, sobald ein sarazenisches Segel auftauchte, und man denkt sich, daß an einem so entlegenen und verlassenen Ort, der den Seeräubern schutzlos offenlag und weit und breit keine Hilfe zu erwarten hatte, die Bevölkerung sich auf das Fassungsvermögen der Kirche beschränkt haben dürfte. Die Legende erzählt, im Jahr 869 sei der Erzbischof von Arles in Person nach Villo-de-la-Mar gekommen, wie das Dorf damals hieß, um die Verteidigungswerke zu überprüfen, und von einem plötzlichen Überfall der Sarazenen überrumpelt und hinweggeführt worden. Der Zweck der Entführung war natürlich Lösegeld. Man wurde sich handelseinig. Der Preis des Erzbischofs wurde auf hundertfünfzig Schwerter, hundertfünfzig Pfund Gold, hundertfünfzig Sklaven und hundertfünfzig Mäntel festgesetzt. Doch zum Ärger der Sarazenen starb ihnen ihr wertvoller Gefangener unter den Händen weg, noch ehe das Lösegeld bezahlt war. Sie kleideten den Leichnam in seine Erzbischofsgewänder, schnürten ihn auf einem Thronsessel fest und redeten auf ihn ein, während sie die Arlésiens in geziemender Entfernung hielten. Das Lösegeld wurde bezahlt, und die Sarazenen segelten davon – zum großen Kummer und Ärger aller, vor allem aber wohl der Sklaven.

Les Saintes-Maries-de-la-Mer, das die Einheimischen kurzweg Les Saintes oder auf provenzalisch Li Santo nennen, steht in engem Zusammenhang mit den Legenden von der

Bekehrung der Provence zum Christentum. Sie erzählen, ein Boot ohne Segel und Ruder sei im Heiligen Land aufs Meer gesetzt worden, damit es davontreibe, und wunderbarerweise im Jahr 45 an dieser Stelle an Land gegangen. Seine geheiligte Fracht bestand aus den drei Marien (provenzalisch ›Tremaie‹), nämlich Maria Magdalena, der Büßerin, Maria Jakobäa, der Schwester der Mutter Gottes, und Maria Salome, der Mutter der Apostel Jakobus und Johannes, sowie dem hl. Lazarus, dem Auferstandenen, der hl. Martha, seiner Schwester, dem hl. Maximin, dem blindgeborenen hl. Sidonius und schließlich Sara, ihrer schwarzen Dienerin. Nachdem sie an Land gegangen waren, trennten sich die Heiligen, um in der Provence das Wort Gottes zu predigen. Die Legende schickt Maria Magdalena nach Sainte-Baume, Lazarus nach Marseille, Maximin und Sidonius nach Aix und Martha nach Tarascon. Nur Maria Jakobäa und Maria Salome blieben mit Sara am Ort ihrer Landung. Pilger begannen zu ihrem Grab zu wallfahrten und später auch zu dem der Sara, der einzigen auf der ursprünglichen Passagierliste, die keine Heilige war. Trotz dieser Behinderung wurde sie zur Schutzheiligen der Zigeuner, die wohl fanden, daß ihre dunkle Haut und niedrige Stellung zu ihnen passe.

Die Kirche hat in Wahrheit drei Stockwerke. Das romanische Mittelschiff ist kahl, streng, karg und fast stockdunkel. (Hier, vor dem Altar, findet Mistrals Mireille den Tod.) In einer Kapelle auf dem Dach über der Apsis, die ursprünglich als Wachtturm erbaut worden war, befindet sich der Reliquienschrein mit den Gebeinen der beiden Marien. In der Krypta ist das Grab Saras, der Ägypterin. Die Kirche stammt aus dem 12. Jahrhundert; die Krypta wurde erst nach der Entdeckung der Gebeine der Heiligen im Jahr 1448 von König René erbaut. Sie enthält den Reliquienschrein Saras, einen Altar, der aus einem Stück eines römischen Sarkophages errichtet ist, ein mithräisches Taurobolium, welches Baroncelli zu der Annahme verleitete, der Bau sei ursprünglich ein Mithras-Tempel gewesen, und eine sehr merkwürdige Statue der Sara, deren Antlitz so viele tausend Male geküßt und befingert worden ist, daß die schwarze Farbe nahezu abgewetzt ist und es jetzt scheckig aussieht. Die Statue ist mit unzähligen Schichten von Schals und Brokatstoffen behangen, an welche die Gläubigen Photographien ihrer Lieben angeheftet haben. Daneben befindet sich ein mit noch mehr Photographien angefüllter Glasbehälter und ein zweiter voller billiger, wertloser Schmuckstücke.

Die Frühjahrs-Wallfahrt ist das große Ereignis des Jahres für die Zigeuner, die von nah und fern zu Tausenden herbeikommen. Heutzutage sind ihre Wohnwagen alle motorisiert, und unter den Hunderten, die sich in Les Saintes versammeln, ist nicht eine einzige ›roulotte‹ mit einem Pferdegespann mehr zu sehen. Die Wallfahrt beginnt am 24. Mai, und die Zigeuner versammeln sich am Vortag. Diejenigen, mit denen ich gesprochen habe, kamen sämtlich aus Frankreich, obwohl die meisten von ihnen spanischer Herkunft waren und viele untereinander noch spanisch sprachen; aber es heißt, daß sie aus allen Teilen Europas herbeikommen. Angeblich treffen sie hier alle drei oder vier Jahre zusammen, um eine Königin zu wählen, aber sie halten ihre Angelegenheiten sehr geheim und gehen, wenn man sie befragt, mit der Wahrheit sehr sparsam um. Auch heißt es, daß anläßlich der alljährlichen Wallfahrt zahlreiche Zigeunerhochzeiten stattfinden und viele junge Paare sich hier, im Rom der Zigeuner, auf althergebrachte Weise vermählen, indem sie ihre Adern ritzen und ihr Blut vermischen; aber wenn dem so sein sollte, sorgen die Zigeuner dafür, daß Neugierige diese Zeremonie nicht zu sehen bekommen.

Auch haben sie die Anwesenheit von Fremden bei der Nachtwache nicht gern, die sie am Vorabend des Festes in der kleinen Krypta abhalten und bei der sie die Schutzheilige Sara mit ihren simplen Bitten anrufen. Die Krypta ist ohnehin von Zigeunern überfüllt, und die Luft ist von der Hitze und dem Geruch des brennenden Kerzentalgs zum Ersticken. Ich habe nicht versucht, mich hineinzuzwängen, aber ein

Freund, der es getan hat, zitiert einige ihrer Bittgesuche: »Oh Sara, tröste mich ... Oh Sara, dank dir für mein Halsband ... Such mir einen Liebsten ... Hilf mir, meinen Hund wiederzufinden ... Ich brauche ein gutes braunes Pferd ... Errette ihn vom Tode ... Oh Sara, beruhige mein Herz.«

Am 24. beginnt das Wallfahrtsfest um zehn Uhr mit einer Messe, und um halb vier Uhr nachmittags findet ein Gottesdienst mit einer Predigt statt, die unablässig von Rufen »Salut aux Saintes« unterbrochen wird. Dann singt der Vorsänger eine besondere Hymne »Les Saintes de Provence«, und die dicht gedrängte Gemeinde singt den Refrain mit. Erregte Freudenrufe – »Vivent les Saintes Maries!« – ertönen, denn inzwischen hat sich die Tür der Kapelle hoch oben über dem Altar geöffnet, und der Reliquienschrein der beiden Heiligen wird von drei Männern langsam, Zoll um Zoll, an Seilen, die mit Blumensträußen verziert sind, herabgelassen. Kerzen und Hände recken sich ihm entgegen, um ihn als erste im Herabkommen zu berühren. Der Reliquienschrein wird hinter dem Altar aufgestellt, und die Gläubigen treten zu ihm hin und küssen ihn und reiben irgendeinen Gegenstand daran, etwa ein Taschentuch, das sie dann heimnehmen und als Glücksbringer bis zum folgenden Jahr aufbewahren.

Später ging ich hinunter in die Krypta, wo die Zigeuner die umfänglichen Röcke und Gewänder der hl. Sara teilten, um ihr Abbild zu küssen, und die Kinder hochhoben, damit sie das traurige schwarze Antlitz streichelten. Es herrschte noch immer ein erstickender Geruch von den zahllosen Kerzen, die die ganze Nacht hindurch gebrannt hatten. Die Krypta war wie ein Backofen, denn der geschmolzene Talg lag zolltief auf dem Fußboden, und überall brannten lustig kleine Feuerchen, wo herabgefallene Kerzen die Talgschicht in Brand gesteckt hatten.

Am Abend waren die Straßen gedrängt voll von den ›Romanichels‹ – dunklen, unbändigen, schönen Menschen. Die Frauen trugen ihre hellsten und grellsten Farben, Blumen im Haar und lange, mit Volants besetzte, getupfte Röcke im andalusischen Stil. Wie sie da entlangschritten, braunhäutig, mit klirrenden Ohrringen, in gerader, aufrechter Haltung, leicht sich in den Hüften wiegend, konnte es keinen Zweifel geben, daß die Sprachforscher recht haben mußten – sie konnten nur von einem Nomadenstamm Nordindiens abstammen, der im Mittelalter nach Europa gekommen war. Viele der Männer hatten ihre Gitarren mitgebracht, und ganz spontan begannen überall in den Straßen die Flamenco-Tänze. Das alles geschah nur zu ihrem eigenen Vergnügen und ohne Hintergedanken; niemand ließ den Hut zum Geldsammeln herumgehen oder versuchte, einem wahrzusagen. Es heißt, die Zigeuner halten, so lange die Reliquienschreine herabgelassen sind, eine Art von ›Gottesfrieden‹ ein, und ich brauchte nur einmal sanft eine kleine Hand abzuwehren, die sich gedankenloserweise in meine Jackentasche verirrt hatte.

Am nächsten Tag findet die eigentliche Wallfahrt statt. Die Feierlichkeiten beginnen um zehn Uhr vormittags mit einem Hochamt und einer Predigt in provenzalischer Sprache. Anschließend, etwa gegen elf Uhr, macht sich die Prozession mit den Statuen der Heiligen auf den Weg hinab zum Meeresstrand. Die Viehhirten – ›la nacioun gardiano‹ –, in breitkrempigen Hüten und schwarzen Samtjacken, reiten auf ihren malerischen kleinen Pferden mit den wehenden weißen Mähnen und Schweifen als Begleitmannschaft nebenher. Musikanten spielen auf ihren ›galoubets‹, der dreilöchrigen provenzalischen Flöte. Dann kommen, rosa und blau, die beiden kleinen Heiligen, nebeneinander stehend in einem kleinen blauen Boot, das einige stämmige Zigeuner auf den Schultern einhertragen. Zum Schluß, als Nachhut, kommt der Bischof mit seinen Geistlichen. Die Menschenmenge zieht mit der Prozession mit, läuft am Strand und am Seewall entlang und sucht sich einen Platz, von wo aus sie der Segnung des Meeres zusehen kann – denn alle Einwohner, die nicht Hirten sind, sind Fischer, und ihre blauen van-Gogh-Boote sind drüben am langen, verlassenen Strand auf Land gezogen. Wenn die Prozession an der herkömmlichen Stelle angelangt ist, reiten die Gardians ihre Pferdchen in die Wellen hinaus, die Heiligen werden an den Rand des Wassers getragen, und der Bischof segnet das Meer.

Am Nachmittag findet eine neuerliche Feierlichkeit in der Kirche statt, die althergebrachte Abschiedsformel ›Adieu aux Saintes‹ wird gesprochen, und die Reliquienschreine werden wieder in die Kapelle über der Apsis hinaufgezogen. Von nun an heißt es auf die Taschen aufpassen, denn der ›Gottesfriede‹ ist zu Ende.

Der religiöse Teil des Festes ist damit vorüber, und der folgende Tag ist den *Fêtes provençales* gewidmet. Um zehn Uhr vormittags findet eine Ferrade statt, die in Wahrheit nur ein Vorwand für eine Schaustellung von Kraft- und Geschicklichkeitsleistungen beim Einfangen und Umwerfen der Jungstiere ist. Danach kommt das sogenannte ›abrivado‹: die Stiere werden von einer Gruppe von Reitern wie von Zentauren, in vollem Galopp über die Sandpfade zwischen den Tamarisken, die hier als Straßen dienen, zur Arena gejagt. Am Nachmittag findet in der Arena eine ›course libre‹ oder ›course à la cocarde‹ statt. Am nächsten Tag sind die Zigeuner mit ihren Wohnwagen verschwunden und in alle Himmelsrichtungen davongezogen – bis zum nächsten Mai.

Paul Cézanne

La Montagne Ste. Victoire, 1898-1900
(Ausschnitt)
The Baltimore Museum of Art

St. Gilles und Aigues-Mortes

Aigues-Mortes, eines der wenigen vollkommenen Beispiele einer mittelalterlichen befestigten Stadt, die es in Europa noch gibt, liegt einsam und vergessen im entlegenen Marschland jenseits der Kleinen Rhône. Es gehört der Landschaft nach, wenn auch nicht verwaltungsmäßig, noch zur Camargue, denn die eigentliche Camargue umfaßt nur das Delta zwischen den beiden Armen der Rhône. Es gibt verschiedene Wege, um von Arles aus hinzugelangen. Man kann die Straße nach Les Saintes-Maries nehmen, ein Stück über Albaron hinausfahren und dann bei einem Wegweiser mit der Aufschrift ›Sylveréal‹ rechts abbiegen. Oder aber man nimmt die Hauptstraße nach Montpellier und biegt in St. Gilles oder Lunel links ab.

St. Gilles, so genannt nach dem hl. Ägidius, dem Gründer der Abtei, der hier begraben liegt, hatte im 12. Jahrhundert dreißigtausend Einwohner und hat heute weniger als sechstausend. Es war im Mittelalter einer der berühmtesten Wallfahrtsorte und überdies eine bedeutende Zwischenstation auf der großen Straße nach Santiago de Compostela. Es genoß nicht nur verschwenderische Begünstigung durch die Grafen von Toulouse, deren Haus seinen Namen von St. Gilles entlehnte, sondern war außerdem ein reicher, blühender Binnenhafen, der exotische Produkte aus der Levante einführte und seinerseits Pilger und Kreuzfahrer exportierte. St. Gilles spielte beim Ausbruch des Albigenser-Krieges eine bedeutsame Rolle: hier erschlug im Jahr 1208 ein Lehnsmann des Grafen Raimund VI. von Toulouse den päpstlichen Legaten Pierre de Castelnau – ein Verbrechen, das Innozenz III. den unmittelbaren Vorwand lieferte, um Raimund in den Kirchenbann zu tun und zum Kreuzzug gegen die Albigenser aufzurufen. Im folgenden Jahr vollzog der Graf, bis zu den

Hüften entblößt, vor dem Portal der Abteikirche von St. Gilles seine Unterwerfung und wurde mit Rutenhieben, welche ihm der neue Legat kräftig über die nackten Schultern versetzte, in die Kirche hineingepeitscht. So groß war die Menschenmenge, die herbeigeströmt war, um die Auspeitschung ihres Landesherrn mitanzusehen, daß er die Kirche nicht auf dem gleichen Wege verlassen konnte, sondern durch die Krypta und vorbei am Grab des ermordeten Legaten hinausschlüpfen mußte. Ende des 12. Jahrhunderts wurde hier der Troubadour Gui Foulques (auch Guido der Dicke) geboren, der ›Die Sieben Freuden Unserer Lieben Frauen‹ in der Langue d'Oc schrieb und Papst Clemens IV. wurde, aber nie bis nach Rom gelangte, sondern 1268 in Viterbo starb.

Während der Religionskriege wurde die Ende des 12. Jahrhunderts erbaute *Abteikirche* zweimal von den Protestanten zerstört (die sicherheitshalber auch gleich die Mönche in den Brunnenschacht warfen), und ihr Inneres ist daher nicht mehr sonderlich interessant. Glücklicherweise traf das katholische Heer 1622 rechtzeitig ein, ehe der Herzog von Rohan, der die Kirche gerade zum zweitenmal zusammenschlug, daran gehen konnte, sich mit der Westfront zu befassen. (Der gleiche Herzog von Rohan diente später unter Moritz von Sachsen und fiel 1638 in der Schlacht bei Rheinfelden.) Diese Fassade ist ein Meisterwerk mittelalterlicher Steinplastik, dem nur St. Trophime ebenbürtig ist. Sie hat drei Portale, die durch einen Säulengang miteinander verbunden und mit Skulpturen aus dem Leben Christi reich verziert sind. Nahezu alle Episoden sind dem Evangelium entnommen, mit Ausnahme einiger weniger aus dem Alten Testament, wie etwa Balaam auf seinem Esel, wie er die Hebräer verflucht. Es kommen noch zahlreiche andere, zum Teil höchst phantastische Tiere vor: Bären, Löwen, Kamele, Affen und – wenn man sie Tiere nennen kann – Zentauren. Bei genauer Betrachtung zeigt sich, daß die Skulpturen die Arbeit verschiedener Schulen sind. Das Mittelportal, das auch das früheste ist, wurde gegen Ende des 12. Jahrhunderts von Steinmetzen aus Toulouse geschaffen, während die beiden anderen, die den Sieg der Kreuzfahrer auf einen späteren Zeitpunkt verlegen, von nordfranzösischen Künstlern aus der Ile-de-France stammen. Die Statuen der Apostel, die noch später sind, scheinen Arbeiten einheimischer Kunsthandwerker zu sein.

Die *Krypta* hat dieselbe Größe wie die über ihr stehende Kirche und ist in Wahrheit eine unterirdische Kirche, eine der frühesten in Frankreich (etwa 1180) mit abgeflachten Spitzbogengewölben. Hier befindet sich das Grabmal des hl. Ägidius, des Eremiten und Wundertäters, zu dem die Pilger zu wallfahrten pflegten. Der Heilige starb 721, aber das Grabmal ist aus dem 11. Jahrhundert. Eine Klingel am Gittertor in der Nähe der rechten Seite der Fassade verschafft Einlaß in die Krypta. Hinter der Kirche stehen die Ruinen des ursprünglichen Chors mit dem nördlichen Glockenturm, in dem sich eine erstaunliche Wendeltreppe, genannt ›La Vis de St. Gilles‹, befindet. Der Kustos wohnt in der Grande Rue Nr. 4, dem letzten Haus in der Gasse links von der Kirche.

Indes man durch das endlose, schwermütige Marschland fährt, erhebt sich unversehens am flachen Horizont gleich einer Fata Morgana eine mauerumschlossene Stadt. Es ist *Aigues-Mortes*, die Stadt der ›Toten Wasser‹, von Ludwig dem Heiligen im 13. Jahrhundert erbaut. Zu jener Zeit besaß das Königreich Frankreich am Mittelmeer keinen eigenen Hafen, ja überhaupt keinen eigenen Küstenstrich. Ludwig, der den Siebenten Kreuzzug plante, beschloß, diesem Mangel abzuhelfen. Die Küstenstrecke lag im Gebiet einer Benediktiner-Abtei mit dem bezaubernden Namen ›Psalmodi‹ und ihr kaufte der König sie 1240 ab.

Er lockte Ansiedler an diesen entlegenen Ort, indem er ihnen Steuerfreiheit versprach, und erbaute die Tour de Constance, um sie vor den Seeräubern zu schützen. Die Stadt wurde gleich allen Städten jener Zeit nach dem Schachbrettmuster angelegt, mit schnurgeraden Straßen, die sich im rechten Winkel kreuzten, und hat die Form eines nahezu rechteckigen Kastens. Außerhalb der Mauern wurden Hafenbecken ausgehoben und Kanäle gezogen, um sie mit dem Meer zu verbinden, das damals zugänglicher war, als es heute ist. Im Jahr 1248 ging der König von hier mit dreißigtausend Kreuzfahrern und Pilgern an Bord einer von den Genuesen gepachteten Flotte in See und nach einer Fahrt von dreiundzwanzig Tagen vor Zypern vor Anker. 1270, als er bereits ein alter und kränklicher Mann war, schiffte er sich ein zweites Mal in Aigues-Mortes ein. Von diesem seinem zweiten Kreuzzug kehrte er nicht mehr zurück. Er starb in Tunis an der Pest, und es blieb seinem Sohn, Philipp dem Kühnen, überlassen, die Befestigungswerke von Aigues-Mortes zu errichten. Sie gelten allgemein als ein Musterwerk mittelalterlicher Festungsbaukunst, das sich nur mit jenem von Carcassonne vergleichen läßt. Aigues-Mortes ist weniger kunstreich und kompliziert angelegt, ist aber dafür ›aus einem Stück‹, denn es wurde fortlaufend zwischen 1272 und 1300 als einheitliches Ganzes erbaut. Auch ist es nicht, wie Carcassonne, weitgehend und einigermaßen phantasievoll restauriert, sondern nahezu vollkommen in seiner ursprünglichen Gestalt erhalten, nur daß der Festungsgraben zugeschüttet worden ist und die sieben Meter hohen Mauern dadurch niedriger wirken, als sie es ursprünglich waren.

Der von Lunel kommende Reisende fährt durch die Tour Carbonnière, welche die Straße sperrt; dies war der einzige Zugang zur Stadt, ehe das Sumpfland beiderseits des Dammwegs entwässert wurde. Im Westen, Süden und Osten ragten die Mauern der Stadt unmittelbar aus den Wassern der Lagunen und des Hafens empor. Aigues-Mortes konnte nur vom Norden her angegriffen werden. Die *Porte de la Gardette* an der Nordseite war folglich das stärkste der fünf Stadttore. Alle fünf Tore waren mit Zwillingstürmen, zwei Pechnasen, zwei Eisentüren und zwei Ausfallspförtchen bewehrt, aber die Porte de la Gardette hatte außerdem noch eine Zugbrücke. Etwas abseits von den Mauern und vormals von einem Burggraben umgeben, stand die große Tour de

Constance, um den Angreifer in der rechten Flanke zu fassen.

Man läßt am besten seinen Wagen im Schatten der Bäume außerhalb der Porte de la Gardette und betritt die alte Stadt zu Fuß. Das Stadtzentrum, die Place St. Louis, liegt geradeaus vor uns, aber in Wahrheit gibt es in Aigues-Mortes außer den Befestigungswerken nicht viel zu sehen. Nachdem wir das Tor durchschritten haben, gehen wir vielmehr scharf rechts über die Place d'Armes zum Châtelet, wo man die Einlaßkarten zur *Tour de Constance* bekommt. Eine Brücke über den einstigen Burggraben führt zu dem Turm. Er erhielt seinen Namen nach Konstanze, der Tochter Ludwigs VI. von Frankreich und Gemahlin Raimunds V. von Toulouse, dem Oberlehnsherrn von Psalmodi, der an dieser Stelle hundert Jahre zuvor einen Wachtturm erbaut und ihm ihren Namen gegeben hatte.

Die Tour de Constance ist ein majestätischer, kreisrunder Bergfried, der bis zur Zeit Philipps des Kühnen das einzige Verteidigungswerk von Aigues-Mortes war. Er ist dreißig Meter hoch und mißt zwanzig Meter im Durchmesser. Seine beiden Geschosse bestehen ein jedes aus einem einzigen großen Gewölberaum. Treppen, Verliese und das sogenannte Oratorium, die Betkapelle Ludwigs des Heiligen, sind in die sechs Meter dicken Mauern eingelassen. Die Brücke führt unmittelbar in die Salle des Gardes, und über ihr liegt die Salle des Chevaliers. Darüber wiederum befindet sich eine flache Dachterrasse mit einem Türmchen, das einstmals als Leuchtturm diente.

Die Tour de Constance hat nur wenige Kriegshandlungen erlebt und wurde, gleich dem Château d'If, hauptsächlich als politisches Gefängnis verwendet, zuerst für die Tempelritter von Beaucaire nach der Unterdrückung ihres Ordens, sodann für vornehme Staatsgefangene und letztlich für die Hugenotten. In der Halle der Medizinischen Fakultät in Montpellier hängt ein ergreifendes Bild von Michel Leenhardt, das weibliche hugenottische Gefangene auf dem Dach des Turms der Konstanze zeigt, und der Turm wird auch heute noch von den Protestanten des Südens im Gedenken an die Leiden und die Standhaftigkeit ihrer Glaubensgenossinnen in Verehrung gehalten. Ihre besondere Heldin war eine gewisse Marie Durand, die die Worte ›Au ciel. Réeistez‹, welche man noch in der Salle des Chevaliers sehen kann, in die Mauer ritzte. Sie befand sich bereits seit siebenunddreißig Jahren im Turm, als der Fürst von Beauvau, der Statthalter des Languedoc, das Gefängnis inspizierte und, beeindruckt von ihrem zarten, gebrechlichen Körper und ihrem unzähmbaren Geist, sie zusammen mit einem Dutzend ihrer Genossinnen aus dem Gefängnis entließ, das sie als achtjähriges Kind betreten hatte. Eine Anzahl von Häftlingen haben ihre Namen in die Mauern geritzt und ihnen den Buchstaben W vorangesetzt, welcher an diesem Ort der Klage und des lebendigen Todes nicht ›Vive‹ bedeutet, sondern ›Vae Victis‹.

Der gleiche Aufseher, der den Besucher in den Turm einläßt, öffnet auch die Tür, die zu den *Wällen* führt. Der Rundgang um die Mauern mit ihren fünf Toren, fünf Ausfallspforten und fünf Türmen beansprucht etwa eine dreiviertel Stunde. Wer jedoch die Befestigungswerke nicht im einzelnen studieren will, gewinnt vom Dach des Turms der Konstanze aus der Vogelperspektive einen völlig ausreichenden Überblick über das Ganze. Am Schluß des Rundgangs drücke man auf den Klingelknopf in der Mauer zur Rechten, damit der Türhüter herbeikommt, aufschließt und einen wieder hinausläßt.

Die Bevölkerung von Aigues-Mortes ist von fünfzehntausend im Mittelalter auf weniger als viertausend, die sie heute beträgt, zusammengeschrumpft. Es ist die alte Geschichte. Die Stadt verdankte ihre kurze wirtschaftliche Blüte dem Hafen, und sie welkte rasch, als das Meer zurückwich. Trotz aller Anstrengungen waren die Kanäle um die Mitte des 14. Jahrhunderts bereits versandet und nicht mehr schiffbar. Die Annexion von Marseille durch Frankreich und späterhin die Erbauung von Sète besiegelten schließlich ihr Schicksal. Heutzutage ist Aigues-Mortes für seinen Lebensunterhalt auf die großen Salinen angewiesen, welche die Küste und die Lagunen wie mit einem Schachbrettmuster überziehen. Das Flachland zwischen Aigues-Mortes und Les Saintes-Maries erzeugt eine Viertelmillion Tonnen Salz im Jahr.

Fünf Kilometer entfernt von hier, an der Mündung des Grande-Roubine-Kanals, liegt der fröhliche kleine Fischerhafen *Le Grau-du-Roi*, der mit seinem kilometerlangen Sandstrand, der sich zu beiden Seiten erstreckt, jetzt rasch zum Seebadeort heranwächst. (›Grau‹ ist ein provenzalisches Wort, das soviel wie Flußmündung bedeutet, die Entsprechung zum katalanischen ›grao‹, dem wir in Grao de Valencia und Grao de Castellon begegnen). Le Grau ist der nächstgelegene Badestrand für Nîmes, so wie es Les Saintes für Arles ist, und folglich schießen die Villen aus dem Boden; aber der Kanal selbst, das Rückgrat des Dorfes, ist stets dicht gesäumt mit Fischerbooten in fröhlichen Farben und voll tätigen Lebens. Von allen Häfen am französischen Mittelmeer, mit Ausnahme vielleicht von Martigues, hat Le Grau sich seinen Fischerdorf-Charakter am besten und reinsten bewahrt. Von hier kann man an der Küste entlang über Carnon und Palavas-les-Flots nach Montpellier fahren.

Les Baux und St. Rémy

In Arles bin ich oftmals des Abends zur alten Kirche La Major hinter der Arena hinaufgegangen, um über die Ebene der Crau zu den Alpilles hinüber zu blicken, einer Kette zerklüfteter nackter Hügel, die wie ein Miniaturgebirge aussieht. Dies ist die Aussicht, die van Gogh mit dem blauen Wagen im Vordergrund malte. Das Pays d'Arles ist so wenig von van Gogh zu trennen, wie die Gegend weiter südlich von Cézanne. Wer Mistral nicht lesen kann oder will, für den ist der verrückte Vincent mit seiner leidenschaftlichen Hingabe an das Licht der große Dichter der Provence.

Diese ganze Gegend hier unten stand einstmals unter Wasser. Wenn die Mönche von Montmajour sich nach Arles begeben wollten, mußten sie ein flachkieliges Boot oder eines der Flöße aus aufgeblähten Kuheutern benutzen, wie sie die Rhôneschiffer seit undenklichen Zeiten verwendeten. Den Mönchen von Montmajour war neben der Wartung des Friedhofs vor allem die Aufgabe zugewiesen, das Marschland und die Teiche zu entwässern, die sich von Arles bis zum Fuß der Alpilles und nordwärts bis nach Tarascon erstreckten. Nach vielen fruchtlosen Versuchen wurde dieses Werk schließlich um die Mitte des 17. Jahrhunderts von einem holländischen Ingenieur namens van Ens erfolgreich durchgeführt. Van Ens selbst fiel der Aufhebung des Edikts von Nantes zum Opfer und mußte in sein heimatliches Amsterdam zurückkehren, aber er ließ viele Morgen reichen Getreidebodens zurück, wo vorher nur Sumpf gewesen war. Heute ist ein guter Teil davon in Reisfelder umgewandelt und neuerlich unter Wasser gesetzt.

Auf der ersten kleinen Anhöhe links von der Straße – man muß sich vorstellen, daß sie vormals eine Insel war, die sich aus dem Marschland erhob – stehen die Ruinen der mächtigen *Abtei von Montmajour*. Sie haben eine merkwürdige Geschichte. Die fromme Legende erzählt, der hl. Trophime, von St. Peter persönlich ausgesandt, um die Provence zum Christentum zu bekehren, sei der erste Bischof von Arles gewesen und habe sich hier in Montmajour niedergelassen. Der erste historisch nachgewiesene Bischof in ganz Gallien war jedoch der hl. Marcian, der im Jahr 254 Bischof von Arles war. Der hl. Trophime dürfte eine mythische Gestalt sein. Das Domkapitel von Arles legte jedoch nachweislich im 10. Jahrhundert auf dieser Anhöhe einen Friedhof an, und eine gottesfürchtige Dame namens Teucinda erwarb sie 949 vom Kapitel und übergab sie einigen Eremiten, damit sie den Friedhof pflegten. Sie, und nicht der hl. Trophime, begründete die Benediktiner-Abtei. Die Mönche waren zu keiner Zeit sehr zahlreich – es sollen ihrer nicht mehr als sechzig gewesen sein –, aber ihre Abtei wurde reich und besaß zu Zeiten zahlreiche Prioreien überall in der Provence. Sie hatte keine Reliquien, um Pilger anzuziehen, dafür jedoch seit dem Jahr 1030 das Recht, alljährlich am 3. Mai, dem Tag der Kreuzauffindung, gegen ein entsprechendes Entgelt einen allgemeinen Sündenablaß zu erteilen. An diesem Tag pflegten über hunderttausend Menschen mit ihrem Scherflein nach Montmajour zu strömen. Der Niedergang begann im 16. Jahrhundert. Die Abtei wurde zur Kommende und verlotterte; sie zählte kaum mehr als zwanzig Mönche und mehr Höflinge und Beamte der Krone zu ihrer Gemeinde als geistliche Brüder. Im 17. Jahrhundert wurden die Benediktiner von St. Maur beauftragt, die geistliche Disziplin wieder herzustellen. Neue Mönche wurden hingeschickt, aber sie mußten das Militär zu Hilfe rufen, um die alten, verderbten Brüder hinauszusetzen, und bald waren sie ebenso verderbt wie ihre Vorgänger. Als schließlich 1786 Kardinal Rohan (1734 bis 1803), der weltlicher Titularabt von Montmajour war, in Marie-Antoinettes berühmte Halsband-Affäre verwickelt wurde, erfolgte, um ihn zu strafen, die Auflösung. 1791 wurde die Abtei, seit der Revolution Staatseigentum, verkauft. Eine Altwarenhändlerin kaufte sie für zweiundsechzigtausend Livres Papiergeld, zahlbar in zwölf Jahresraten. Aber die Trödlerin besaß in Wahrheit keinen Groschen, und um ihren Kauf abzustottern, verkaufte sie die Einrichtung – Möbel, Teppiche, Holztäfelungen, Balustraden, Marmorwerk wurde hinweggekarrt. Trotzdem geriet sie mit ihren Zahlungen in Rückstand, und zwei Jahre darauf, 1793, annullierte der Staat den Verkauf, nahm ihr die ausgeplünderte Abtei wieder weg und verkaufte sie für dreiundzwanzigtausend Livres an einen ›marchand de biens‹, der die neueren Teile abriß und die guten behauenen Steine als Baumaterial zu Geld machte, die alten an Kleinbauern der Gegend verkaufte, die sich im Turm, dem Kreuzgang, der Kirche und den Refektorien häuslich niederließen. Nach allen diesen Abenteuern nahm sich zuerst die Stadt Arles, dann der Staat der Abtei an, kaufte sie Teil um Teil von ihren zahllosen Einzelbesitzern zurück und begann 1872 mit der Restauration der aus dem Mittelalter stammenden Teile. Die im 18. Jahrhundert von Pierre Mignard erbauten Teile, das riesige Kapitelhaus und die Wohnquartiere der Mönche, waren so weitgehend abgerissen, daß ihre Wiederherstellung nur teilweise möglich war. Ihre Ruinen dienen jetzt einer Schafherde als Unterkunft.

Der hohe, 1369 vom Abt de l'Orme erbaute Donjon oder Verteidigungsturm ragt jedoch noch wie einst in ungeheurer, trotziger Majestät über der großen romanischen *Kirche*, die er beschützte, in den blauen Himmel hinauf. Der Innenraum der Kirche ist überwältigend eindrucksvoll in seiner reinen und klaren Einfachheit: ein einziges breites Haupthaus ohne Seitenschiffe mit einem Querschiff und einem, etwa im Jahr 1200 aufgesetzten Spitzbogengewölbe über der Vierung. Hier erlebte ich vor einigen Jahren etwas Unvergeßliches. Während ich mich in der Kirche umsah und die noch erhaltenen gotischen Grabdenkmäler betrachtete, kam eine Klasse französischer Schulkinder, geführt von ihrer Lehrerin, herein. Die Lehrerin war ein kleines, zartes, mausgraues Wesen unbestimmbaren Alters, das nach nichts aussah. Sie stellte sich genau in der Mitte der Vierung auf und winkte die Kinder heran, sich im Kreis dicht um sie zu versammeln. Ich stand einige Schritte entfernt und trat gleichfalls hinzu, um zu hören, was sie den Kindern erzählte. Sie erzählte nichts. Sie öffnete die Lippen und sang – zuerst nur einen einzigen Ton, der klar und rein wie ein Lerchenruf aufstieg und alsbald vielfach zurückkam, dann einen zweiten, einen dritten, und jedesmal war es, als werfe man einen Ball in die Luft und es kämen statt seiner ein halbes Dutzend zum Auffangen zurück – ein Jongleurkunststück mit Tönen. Dann sang sie – wer hätte in dieser unscheinbaren Jungfer eine so berückende Stimme vermutet? – eine ganze Tonleiter, hinauf und hinunter, und jetzt war es wie ein Feuerwerk von Tönen, ein brausender, vielstimmiger Engelsgesang, und dabei nichts als eine Tonleiter. Dann winkte sie den Kindern, zurückzutreten, den Kreis zu vergrößern, während sie weitersang. Auch ich trat zurück. In zwei oder drei Meter Entfernung vom Vierungsgewölbe war kein Ton des Himmelsgesangs mehr zu vernehmen. Die Kinder sahen sich verdutzt an. Die Lehrerin brach ab, mit einem verschmitzten Lächeln über ihre Wunderzauberei, und trabte mit der kleinen Schar wieder hinaus, als sei überhaupt nichts gewesen. War das Ganze ihr persönliches, ureigenes Geheimnis? Ich habe in keinem Führer die überirdische Akustik von Montmajour erwähnt gefunden.

In der Nähe des Haupttors im Mittelschiff befindet sich der Eingang zur *Krypta*, die zum Teil aus dem gewachsenen Felsen gehauen ist und die Form eines Kreuzes hat, mit einer Mittelkapelle und kleineren Kapellen an den Enden der Arme. Das Licht fällt durch die Fensterschlitze des außen umlaufenden Ambulatoriums ein, eine architektonische Eigentümlichkeit, die nirgends sonst in Südfrankreich vorkommt. Der *Kreuzgang* ist einer der schönsten in der Provence; an den Kapitellen seiner Säulen begegnen wir wieder den Kamelen, Bären und anderen Tieren, die auch St. Gilles verzieren. Bemerkenswert eine eigentümliche Plastik des Mistral-Windes mit aufgeblähten Blasebalg-Backen.

Einige Kilometer nördlich von Montmajour an der gleichen Straße liegt *Fontvieille*. Biegt man an der Kreuzung in der Stadt nach rechts ab und fährt die Pinien-Allee entlang, so gewahrt man alsbald links auf einer niedrigen Anhöhe Alphonse Daudets berühmte *Windmühle*. Sie ist wiederhergestellt und hat auch ihre Windmühlenflügel zurückbekommen und ist jetzt ein kleines Museum mit Andenken an den Dichter und Erstausgaben seiner Werke. Im Oberstock ist eine merkwürdige Art von Kompaß oder Windrose zu sehen, auf der sämtliche Winde, die in der Provence wehen, mit ihren einheimischen Namen verzeichnet sind, und wenn einem der gelehrte Wetterfachmann in St. Tropez erzählt hat, es seien ihrer zwanzig, wird man hier eines besseren belehrt: es sind zweiunddreißig. Der Zusammenhang der berühmten ›Lettres de mon moulin‹ mit dieser Mühle ist jedoch ein rein literarischer. Daudet schrieb das Buch gar nicht hier, sondern in Paris, und bei den seltenen Gelegenheiten, an denen er Fontvieille aufsuchte, wohnte er behaglich bei Freunden im Ort.

Die weiße Straße schlängelt sich weiter in die Alpilles hinauf, und binnen kurzem erheben sich auf einem Ausläufer zur Rechten das verfallene Dorf und die Burg von *Les Baux*. Hier saß im Mittelalter eines der ältesten und mächtigsten Feudalgeschlechter der Provence. Es nannte sich nach dem Felsplateau, auf dem es im 10. Jahrhundert eine der großartigsten Burgen des ganzen Landes errichtet hatte. ›Baou‹ ist provenzalisch für Felsen, in der Mehrzahl ›baoussé‹, und davon abgeleitet Les Baux. Die Seigneurs von Les Baux behaupteten, von Balthasar, einem der Heiligen Drei Könige abzustammen, und zögerten in ihrem hochfliegenden Stolz nicht, den silbernen Stern von Bethlehem in ihr Wappenschild zu setzen – »ein Adlergeschlecht, niemandes Untertan«, nannte sie Mistral. Im 12. Jahrhundert waren sie Herren von mehr als siebzig Städten und Dörfern zwischen der Rhône und der Durance, den Alpen und dem Meer. Die

›terres baussenques‹, die Ländereien derer von Les Baux, waren ein kleines Königreich, und Guillaume des Baux erhielt sogar 1215 vom Papst und vom König von Frankreich den Titel des Königs von Arles. Die von Les Baux waren fast so zahlreich und allgegenwärtig wie die Grimaldi: die einen waren Fürsten von Orange, andere Vizegrafen von Marseille, wieder andere, die den Angiovinen auf ihren neapolitanischen Kriegszügen folgten, wurden Grafen von Avellino, später Herzöge von Andria und begründeten, unter ihrem latinisierten Namen de Balcio, die Dynastie der Balscha von Skutari, die mehrere Generationen lang über Nordalbanien herrschte. Einer von ihnen heiratete Marie von Anjou, die Schwester der Königin Jeanne I. von Sizilien und Gräfin von Provence, der ›ersten‹ Königin Jeanne.

Im 13. Jahrhundert, unter den Nachfolgern Guillaumes, erlebte Les Baux seine Glanzzeit als der weithin berühmteste ›Liebeshof‹ der Troubadours und Inbegriff der aufs höchste verfeinerten höfischen Kultur. Wenn die hohen Damen, die hier den aus dem ganzen Süden zusammengekommenen ritterlichen Sängern die Dichterkrone aus Pfauenfedern auf die Stirn drückten und sie mit einem Kuß belohnten, nur halb so schön waren wie ihre berückenden Namen, die uns überliefert sind – Laurette de Sade, Phanette de Gantelmi –, so müssen sie sehr schön und von bestrickendem Liebreiz gewesen sein. Im nächsten Jahrhundert wurde Les Baux zu einem Räubernest. Raimund von Turenne, Vormund seiner Nichte Adelicia (Alix) des Baux, riß die Herrschaft an sich, machte sich zum Vicomte des Baux, überzog mit seinen Soldknechten das umliegende Land mit Raubzügen und entführte jeden, der auch nur das geringste Lösegeld verhieß. Wer kein Lösegeld einbrachte, wurde kurzerhand von der Burg den steilen Felsen hinab in den Abgrund gestoßen, und Raimund lachte über die Todesangst seiner Opfer, bis ihm die Tränen kamen. Zu guter Letzt wurde dieses Scheusal, das sich den Namen ›Geißel der Provence‹ so wohlverdient hatte, in der Nähe von Tarascon von den vereinigten Heeren des Königs von Frankreich, des Papstes und des Grafen von Provence gestellt, versuchte über die Rhône zu entfliehen und ertrank dabei.

Als die Dynastie mit Adelicia des Baux im Jahr 1426 ausstarb, wurde Les Baux der Provence einverleibt, und aus der Seigneurie wurde eine einfache Baronie. König René schenkte sie seiner Gemahlin Jeanne de Laval, die sich oft hier aufhielt. (Der elegante Pavillon de la Reine Jeanne drunten im Tal, der auf dem Grund des Gutshofes Mas de la Fontaine steht und gegen ein bescheidenes Trinkgeld besichtigt werden kann, ist jedoch ein Renaissancebau und stammt aus dem Jahr 1581, also hundert Jahre nach Königin Jeanne de Laval und zweihundert nach Königin Jeanne des Baux von Neapel.) 1487 wurde die Baronie mitsamt der ganzen Provence mit der französischen Krone vereinigt und hinfort vom König dem einen oder anderen Adelshaus für geleistete Dienste verliehen. So 1528 dem Connétable Anne de Montmorency und darauf der Familie de Manville, unter deren Einfluß Les Baux zu einem der Hauptstützpunkte und Widerstandsnester des südfranzösischen Protestantismus wurde. 1632 verlor Ludwig XIII. oder vielmehr sein Minister, Kardinal Richelieu, schließlich die Geduld und ließ die Stadt erstürmen. Burg und Festungswälle wurden auf Kosten der Einwohner niedergerissen, die außerdem noch eine Geldstrafe von hunderttausend Livres zu zahlen hatten. Das war das Ende von Les Baux. Der ›Adlerhorst‹, wie Richelieu es genannt hatte, war ein für allemal zerstört. Der inhaltsleere Titel der Herren von Les Baux wurde zu einem Marquisat aufgestockt und – wie könnte es anders sein? – dem Fürsten Herkules Grimaldi von Monaco verliehen. Sein Nachfahr, Fürst Rainier, hat ihn seinem Sohn verliehen, dessen offizieller Titel Marquis von Les Baux ist. Heutzutage ist der Name Les Baux, der vor sechshundert Jahren auch nur geflüstert bereits Schrecken über die ganze Provence verbreitete, Millionen von Menschen in fünf Erdteilen, die bewußt nie von ihm gehört haben, dennoch wohlvertraut, denn er kehrt in der Bezeichnung des Minerals ›Bauxit‹ wieder, das erstmals im Jahr 1822 hier entdeckt – die ›Mines de bauxite‹ sind auf der Karte verzeichnet und von der Straße aus zu sehen – und der Beginn der riesigen Aluminium-Industrie der Neuzeit wurde.

Les Baux steht auf einem nach allen Seiten steil abfallenden Plateau, das aus der südlichen Flanke der Alpilles hervorstößt. Die alte Stadt selbst, die einstmals über viertausend Einwohner zählte, hat heute nur noch fünfzig oder sechzig. Sie war schon sehr weitgehend entvölkert, als sie zur Zeit der Revolution Staatsbesitz und vom Staat verkauft wurde. Gleich Montmajour wurde auch Les Baux zum Steinbruch der Bauunternehmer. Was noch übrig ist, steht heute unter Denkmalschutz. Einige wenige Häuser sind noch bewohnt, und wer sich weder vor Gespenstern fürchtet noch davor, sich zwischen den Trümmern den Knöchel zu verstauchen, kann im Hotel La Reine Jeanne an der Place Fortin übernachten und im Mondlicht die Geisterstadt durchwandern. (Unten im Tal gibt es noch ein zweites Hotel, das hochmoderne, überaus elegante Hotel Baumanière, dessen Restaurant zu den vorzüglichsten in ganz Frankreich gehört und das entsprechend kostspielig ist.) Einige wenige verfallene Renaissance-Palais schauen aus den blicklosen Höhlen ihrer leeren Fenster in den Himmel hinauf, so das Hôtel des Porcelet, das jetzt eine Jugendherberge ist, und das Hôtel de Manville. Zu letzterem gehört eine Betkapelle mit dem in den Stein gemeißelten protestantischen Wahlspruch der Waldenser ›Post Tenebras Lux‹ und der Jahreszahl 1571. Die meisten übrigen Häuser sind nicht viel mehr als Löcher im Erdboden, wo man die Keller und Fundamente bloßgelegt hat; die Mauern sind seit langem niedergerissen, als Baumaterial fortgeschafft und anderwärts verwendet worden.

Die romanische *Kirche des hl. Vincent* ist eines der wenigen aus dem Mittelalter erhaltenen Bauwerke. Drinnen sind einige interessante Grabsteine zu sehen, sowie die Kapellen der Familie Manville und der Bruderschaften der Schafhirten und Weinbauern. In dieser Gegend ist bis heute die Herdenwanderung üblich; die Schafherden werden zu Beginn des Sommers zu den hochgelegenen Weidefluren der Alpen hinaufgetrieben und im Oktober wieder ins Flachland hinabgeführt; einige Sachkundige sind der Meinung, daß die Herren von Les Baux, die zum ersten Mal hier in einer Urkunde aus dem Jahr 975 verzeichnet sind, ursprünglich solche Herdenwanderer-Schafzüchter gewesen sein dürften. Bestimmt war die Schafzucht einstmals die Hauptbetätigung der Menschen der Alpilles und der Crau. Die Bruderschaft der Schafhirten geht ins 16. Jahrhundert zurück, und seit ihrer Gründung wird alljährlich zu Weihnachten für sie in der Kirche des hl. Vincent eine eigentümliche Messe zelebriert. Ein ›Engel‹, der hinter dem Altar verborgen steht, verkündet den versammelten, in ihre weiten Schäfermäntel gehüllten Schafhirten die Geburt des Herrn, und nun fahren sie, geführt von Trommel und Hirtenpfeifen, ein kleines, mit Bändern geschmücktes Wägelchen zum Altar. Es ist von Kerzen erleuchtet, wird von einem Schafbock gezogen und birgt ein neugeborenes Lämmchen als Opfergabe für den neugeborenen Erlöser. Dies ist die ›fête de pâtrage‹, die seit vierhundert Jahren mit allem traditionellen Zeremoniell abgehalten wird. Aber es scheint, als nahe ihr Ende jetzt rasch heran. Von allen Schäfern, die vormals ihre Schafe auf den Hügeln von Les Baux hüteten, ist nur noch ein einziger Alter übrig, um das Lämmchen darzureichen.

Die enge Rue du Trencat, in römischer Zeit aus dem gewachsenen Felsen herausgehauen, führt hinauf zu der aus dem 14. Jahrhundert stammenden *Tour de Brau*, die ein Museum von Skulpturen und Steinmetzarbeiten enthält, sowie, recht unternehmenderweise, eine fortlaufend abrollende Lichtbild-Vorführung, die eine Viertelstunde dauert und Photographien von Les Baux mit zwischengefügten Erläuterungen enthält. Hier kann man eine Eintrittskarte lösen, um zur *Burg* hinaufzugehen, die an erhöhtem Platz am äußersten Rand des Plateaus steht. Ihre Zerstörung ist sehr gewissenhaft durchgeführt worden, aber sie bietet noch immer ein seltsam unzerstörbares Bild, denn sie ist zum guten Teil aus dem Felsen gehauen und war einfach nicht niederzureißen. Die in den Felsen eingelassenen quadratischen Räume sehen wie leere Zisternen aus, und Treppenaufgänge kommen aus dem Nichts und führen ins Nichts. Es fällt schwer, sich den Luxus vorzustellen, der vor einem halben Jahrtausend in diesen Räumen herrschte. Als Adelicia des Baux, die Letzte ihres Geschlechts, im Jahr 1426 hier oben in ihrem Gemach starb, hinterließ sie nicht weniger als acht perlenbesetzte Rosenkränze, sowie zahlreiche kostbare, illuminierte Stundenbücher und in Gold und Perlen gebundene Missale. Das Inventar des Schlosses, das nach ihrem Tod aufgenommen wurde, führt Orientteppiche auf den Fußböden, Tapisserien an den Wänden, Truhen aus Zedernholz, goldene und silberne Kerzenleuchter auf. Ihre Kapelle prangte im Schmuck von kostbaren Wandteppichen, Edelsteinen und goldgefaßter Schmelzarbeit. Hallen und Korridore waren mit alten Waffen und Rüstungen verziert. Küche, Speisekammer und Weinkeller waren wohlgefüllt mit Vorräten, und auf den Wiesen unterhalb des Felsplateaus wurden Herden von Vieh, Schafen und Schweinen, gehalten. Das Schloß der Herren von Les Baux stand in seiner Glanzzeit den reichen Herrensitzen Aquitaniens, den Stadtstaaten Italiens nicht nach. Es ist schwer, sich dies vorzustellen, und doch wieder gar nicht so schwer. Die leeren Räume strahlen eine ungeheure Einbildungskraft aus. Doch der Troubadour, der heute hier oben vor sich hinsingt, muß unbelohnt zur Place Fortin hinabklettern, wenn er zu Mittag essen will. Ein Abkürzungsweg führt links vom Schloß hinab.

Auf der höchsten Anhöhe von Les Baux stehen die Reste des einstigen *Donjon*, und von hier aus hat man einen unvergleichlichen Rundblick über die Crau, die Camargue und an klaren Tagen bis nach Aigues-Mortes hinüber. Direkt zu unseren Füßen fällt die Felswand senkrecht in den Abgrund ab; hier ließ Raimund von Turenne seine ›nutzlosen‹ Gefangenen hinabspringen; doch heißt es auch heute noch vorsichtig sein und, wenn der Mistral bläst, nicht allzu nahe herantreten: der wilde Wind fegt mit solcher Gewalt über die Höhe, daß er häufig schwere Felsbrocken mit sich reißt. Der Blick auf Les Baux aus dem östlichen Tal, das man hier von oben sieht, ist unvergeßlich eindrucksvoll. Fährt man gegen Abend von St. Rémy nach Les Baux hinüber, sieht man die hinter der Felsenstadt untergehende Sonne durch die leeren Fensterhöhlen des Donjon leuchten, der jetzt wie ein Teil der zerklüfteten Felsenhöhe aussieht, und die schwarzen Gestalten, die am Rand des Abgrundes entlang gehen, wirken überlebensgroß, so daß man sich einen Augenblick lang wahrhaftig einbilden kann, die Tyrannen von Les Baux seien auf alle Zeiten verdammt, bei Sonnenuntergang auf den Zinnen ihres Kerkerturms zu wandeln.

Bei der Ausfahrt aus dem Ort kommt man rechter Hand an einer Folge hoher grellweißer Kalksteinwände vorbei, in die gewaltige viereckige Höhleneingänge wie zyklopische Portale geschlagen sind. Es lohnt sich, kurz zu halten und einen Blick in diese Steinbrüche zu werfen. Es sind keine Höhlen, es sind Hallen, riesige weiße, von bläulichem Licht duchflutete Hallen, wie von Giganten gebaut, von einer tempelartig strengen Symmetrie, nur gerade Schnitte, glatte Wände, rechteckige, quadratische Durchgänge von einer Halle zur anderen, Blöcke, große und kleine, regellos auf dem Fußboden angeordnet – regellos? oder doch nach einer geheimnisvollen Regel, einem mythischen Gesetz? Denn hier scheint nichts vom Zufall bestimmt, nichts ohne Ordnung, Regel und Bedeutung – nirgends eine Kurve, eine Rundung, eine weiche Glättung. Eine Architektur wie vor der Entdeckung des Kreises mit einem Titanenmesser geschnitten: Urformen des Kubismus. Hier drehte, als ich eintrat, Cocteau seinen letzten Film, ›Le Testament d'Orphée‹; Picasso sah zu, und sein winziges kleines Töchterchen quirlte mit kalkweißen Händen um seine Füße. Ich nahm einige Brokken des Steins von Les Baux mit; er ist weich und sanft wie Kreide.

Von hier schlängelt sich die Straße nordwärts nach St. Rémy über den Kamm der Alpilles und senkt sich dann auf ein kleines grasbewachsenes Plateau, genannt Les Antiques, nieder. Zur Rechten geht eine Straße mit dem Wegweiser ›Glanum‹ ab, und links an dieser Straße stehen ein Triumphbogen und ein Grabmal – die zwei schönsten römischen Baudenkmäler in ganz Frankreich. *Glanum* war ursprünglich eine gallisch-griechische und später eine gallisch-römische Stadt, die sich in einem taschenartigen Loch der Alpilles, die steil mit Felsklippen und Schluchten hinter ihr aufsteigen, angesiedelt hatte – an einer, wie man glauben möchte, völlig ungeschützten Stelle, die sich unmöglich verteidigen ließ. Etwa ein Zehntel des Ganzen ist bisher ans Tageslicht gekommen, seit die Ausgrabungsarbeiten 1921 in Angriff genommen wurden. In einem Schuppen am Eingang zu der Stacheldrahteinzäunung, etwa dreihundert Meter abseits der Straße, befindet sich ein Wächter, der einen gegen ein Eintrittsgeld die Ruinen besichtigen läßt.

Die Stadt wurde von den einheimischen Galliern an der Stelle eines noch älteren gallischen Heiligtums errichtet, dessen Überreste südlich der klassischen Ruinen am Eingang zu einer der Schluchten der Alpilles entdeckt worden sind. Die Erbauer waren jedoch offensichtlich stark von den Griechen im benachbarten Massalia beeinflußt: unter den bereits ausgegrabenen Resten befinden sich mehrere Häuser im griechischen Baustil, mit Säulen, Säulenvorhallen und Höfen. Sie stammen aus dem 2. oder 3. Jahrhundert v. Chr. und sind die einzigen griechischen Wohnhäuser, die bisher in Gallien gefunden worden sind. Die Massalioten machten nie den Versuch, das Gebiet ihrer Niederlassung zu erweitern oder die einheimischen Stämme zu unterwerfen, sondern legten es vielmehr zum Wohl ihres Handelsverkehrs besonders darauf an, in gutem Einvernehmen mit ihnen zu leben

Wahrscheinlich verwendeten sie Glanum nicht nur als Handelsplatz und Zwischenstation, sondern auch als ›Gebirgssommerfrische‹ während der heißen Monate. Später wurde die Stadt dann allmählich romanisiert. Die Ruinen sind durch eine breite, durchlaufende Straße getrennt; die Gebäude auf der einen Straßenseite sind hauptsächlich hellenisch, die auf der anderen römisch, mit den Bädern und dem Gymnasium, wie sie für eine römische Stadt typisch sind. Glanum wurde bereits im 3. Jahrhundert von den eindringenden Germanen zerstört und nie wieder aufgebaut.

Der *Triumphbogen* an der Straßenseite ist der älteste seiner Art in Südfrankreich und zierte vermutlich ursprünglich den Eingang zur Stadt. Er stammt etwa aus dem Jahr 20 v. Chr. und ist mit Skulpturen und Steinmetzarbeiten geschmückt: Girlanden aus Früchten und Blumen, Eichenblättern und Eicheln, und zwei Figurengruppen von Gefangenen, die an einen Baum gekettet sind. Daneben steht das sogenannte *Mausoleum*, richtiger jedoch ein Totendenkmal, das so vollkommen unversehrt erhalten ist, daß es schwerfällt zu glauben, es sei nicht erst vor zwei- oder dreihundert Jahren errichtet worden. Der quadratische Sockel ist mit Flachreliefs verkleidet, die Kriegs- und Jagdszenen darstellen, und darüber befinden sich zwischen korinthischen Säulen vier gerundete Öffnungen. Rings um den Fries darüber läuft die Inschrift: »Sextius, Lucius, Marcus, Söhne des Caius Julius, ihren Eltern.« Die beiden togagekleideten Statuen, die auf dem zweiten Geschoß in eine kreisrunde Kolonnade eingeschlossen stehen, können jedoch nicht, wie mancher fälschlich glaubt, diese Eltern darstellen, denn es sind zwei Männer. Man vermutet, daß die drei Julius-Brüder sich im 1. oder 2. Jahrhundert ein altes öffentliches Denkmal in Glanum angeeignet und zu ihrem Familiengrabmal gemacht haben. Die Schreibweise der Inschrift ist zudem mindestens ein Jahrhundert jünger als das Bauwerk selbst. Das Ganze war einst von einem steinernen Pinienzapfen gekrönt, das einzige, was an dem ›Mausoleum‹ fehlt.

Ein Stückchen weiter auf der rechten Seite ist der Eingang zur ehemaligen Priorei *St. Paul-de-Mausole*, heute die Irrenanstalt, die van Gogh am 8. Mai 1889 aufnahm. Die einstige Priorei hat eine romanische Kirche in Miniaturformat mit allem, was dazu gehört: Apsiden, Querschiff und Seitenkapellen, und rechts davon einen reizvollen romanischen Kreuzgang. Der Garten der Anstalt, den van Gogh malte, ist noch da, und man kann auch van Goghs Zelle besichtigen, an deren Wänden jetzt Reproduktionen seiner Bilder hängen.

Die kleine Stadt *St. Rémy*, so genannt nach dem hl. Remigus, dem Bischof von Reims, der Chlodwig den Merowinger taufte, liegt am Fuß des Vorgebirges. Sie ist ein bedeutender Platz der Korn- und Saatgutindustrie und umgeben von Gemüsegärtnereien, in denen ›primeurs‹, Frühobst und Frühgemüse, für die Märkte von Paris und London gezogen werden. St. Rémy ist der Geburtsort des Astrologen und Propheten Nostradamus (1503 – 1566), dessen Werk ›Die Jahrhunderte‹ noch heute immer wieder neu gedruckt und studiert wird, und dessen Grab in der St. Laurent-Kirche zu Salon in der Crau zu sehen ist. Auch Joseph Roumanille, einer der sieben Gründer von Mistrals ›Félibrige‹, wurde hier geboren. Mistral selbst liegt im nahegelegenen Dorf Maillane, wo er geboren wurde und sein ganzes Leben verbrachte, unter einer Nachbildung des Pavillon de la Reine Jeanne in Les Baux begraben. Gounod wohnte 1863 eine Zeitlang in St. Rémy, als er mit Mistral zusammen an seiner Oper ›Mireille‹ arbeitete.

Kommt man von Arles und Tarascon her in die Stadt, so steht gegenüber der Place de la République die große St. Martins-Kirche, und links von ihr führt die Rue Carnot zur stillen, von Kastanien überschatteten Place Favier. Hier steht der Renaissancebau des *Hôtel Mistral de Mondragon*, in dem sich ein Volkskunde-Museum befindet. Der Kustos dieses Museums führt einen auch über den Platz zu einem zweiten alten Adelspalais, dem *Hôtel de Sade*, in dem die

Funde der Ausgrabungen von Glanum aufgestellt sind. Die Sades waren eine alte, ortsansässige Familie, zu deren Mitgliedern nicht nur der Verfasser von ›Justine‹ und ›Juliette‹, sondern auch der Gatte von Petrarcas Laura gehörten. Es ist jedoch unwahrscheinlich, daß der berühmte Marquis de Sade je nach St. Rémy kam, da sein Zweig der Familie seit langem in der Champagne ansässig war.

Falls man es sehr eilig hat weiterzufahren, befasse man sich mit dem Glanum-Museum lieber nicht, denn der Führer ist ein über alle Maßen gewissenhafter Mann, der annimmt, man sei ein Archäologen-Kollege (sonst wäre man ja nicht hergekommen), und einem jeden Schaukasten, einen nach dem anderen, in allen Einzelheiten erklärt. Die Sammlung, die einige gute römische Porträtbüsten enthält, ist insofern besonders interessant, als die grobe Handwerkstechnik vieler der Plastiken einheimische gallische Arbeit verrät; aber nahezu alle Stücke sind ganz offenkundig griechischen und zuweilen sogar etruskischen Modellen nachgebildet (so zum Beispiel das Akroterion mit der Valetudo-Büste). Überwältigt von Rom, ist man nur zu geneigt, den zivilisierenden Einfluß der Griechen im südlichen Gallien zu vergessen. Immerhin schreibt ein gallisch römischer Schriftsteller der ersten Generation ihnen nicht nur die Einführung des Pfluges, sondern sogar der Olive zu, die seit zweitausend Jahren der charakteristische Baum der Provence und die Hauptquelle ihres ganzen Wirtschaftslebens ist.

Beaucaire und Tarascon

De Beaucaire à Tarascon
I'a qu'un pont, mais es long!

lautet das alte Lied. Und weiter:

Entre Beaucaire et Tarascon,
Ne paissent brebis ni moutons.

(Von Beaucaire nach Tarascon gibt's nur eine Brücke, aber die ist lang! – Zwischen Beaucaire und Tarascon weiden weder Lämmer noch Schafe.)

Die sehr lebhafte Phantasie der Provenzalen hat sich schon frühzeitig am dramatischen Gegenüber dieser beiden befestigten Plätze entzündet, die einander über die rasch fließende Rhône hinweg ins Antlitz blicken. Der eine befand sich im Languedoc, der andere in der Provence; diese Flußstrecke war lange Zeit hindurch die Grenze zwischen den beiden Ländern. In alten Zeiten pflegten die Kapitäne der Flußschiffe ihren Steuerleuten nicht den Befehl »Backbord« oder »Steuerbord« zuzurufen, sondern »Königreich« oder »Kaiserreich«, je nachdem, welches Ufer sie ansteuern sollten.

Beaucaire steht an der Stelle der römischen Stadt Ugernum, die unter den Merowingern und Karolingern zur Hauptstadt des ›Pagus Argenteus‹, des Landes Argence, wurde. Im 11. Jahrhundert ging diese ganze Gegend in den Besitz der Grafen von Narbonne und von ihnen an die Grafen von Toulouse über und wurde schließlich 1271 zusammen mit dem Languedoc mit der Krone vereinigt. Die große Burg auf ihrem steilen Felsen über dem Fluß wurde im 12. Jahrhundert vom Grafen Raimund VI. von Toulouse erbaut. Richelieu schleifte ihre Befestigungswerke um die gleiche Zeit, als er Les Baux und so viele andere Burgen des Südens zerstörte. Der *Donjon* krönt jedoch noch immer die Felshöhe, und man kann die pinienbeschattete Promenade zu ihm hinaufspazieren und dann die enge Treppe in der Mauer zu der eigentümlichen dreieckigen Dachterrasse hinaufklettern.

Beaucaire wird in unzähligen Liedern und Balladen der Troubadours des 12. und 13. Jahrhunderts besungen. Von ihnen allen ist die berühmteste die aus dem Beginn des 13. Jahrhunderts stammende liebreizende Liebesromanze von ›Aucassin und Nicolette‹. Sie erzählt die Geschichte der Liebe und Abenteuer Aucassins, des Sohnes des Grafen von Beaucaire, und der Nicolette, einem gefangenen Sarazenenmädchen, das sich später als Tochter des Königs von Karthago herausstellt. Die Dichtung ist überaus merkwürdig: eine sogenannte ›chantefable‹ in einundvierzig Abteilungen oder Strophen, die abwechselnd in Prosa und in Assonanz- oder Halbreimversen geschrieben sind und beim Vortrag vermutlich abwechselnd gesprochen und gesungen wurden. Ihr Verfasser ist unbekannt, und es existiert nur eine einzige Handschrift von ihr, die sich in der Nationalbibliothek in Paris befindet.

Raimund VI. begründete 1217 hier auch die größte Handelsmesse Westeuropas, die Beaucaire zur Bedeutung von Leipzig und Nischnij-Nowgorod erhob und sich bis zum Bau der Eisenbahn um die Mitte des vergangenen Jahrhunderts am Leben hielt. Alljährlich im Juli strömten an die dreihunderttausend Fremde aus dem ganzen Mittelmeergebiet und sogar von noch weiter her in dem kleinen Flußhafen zusammen. Die Stadtväter schenkten dem ersten einlaufenden Schiff ein fettes Schaf, dessen Vlies nach Jason-Art während der Dauer der Messe weithin sichtbar am Mast aufgehängt wurde. Sämtliche Häuser des Städtchens waren mit Kaufleuten und ihren Waren überfüllt; die Straßen waren ein Babel fremder Zungen; Schiffsladungen von Pelzen, Zinn und Bernstein kamen aus dem Norden den Fluß herabgeschwommen; sieben- oder achthundert fröhlich bewimpelte Schiffe lagen an den Kais vertäut. Schoner waren den ganzen langen Weg von England herbeigesegelt; Mistral schreibt in seinem ›Poème du Rhône‹ von »les goélettes anglaises et du Havre-de-Grâce«, die neben ›Brigantinen‹ aus Aleppo und den schwarzen ›Trabuchi‹ der Adria vor Anker lagen.

Das Messegelände befand sich auf der ebenen Fläche zwischen dem Burgfelsen und dem Fluß, die heute eine friedliche Wiese im Schatten riesiger Platanen ist. Inzwischen sind auf dieser Wiese, kurzweg ›Le Pré‹ genannt, ein Theater und eine Stierkampfarena errichtet worden, denn Beaucaire, einstmals der katholische Nebenbuhler des protestantischen Nîmes, fordert seine Rivalin heute um den Titel der Stierkampf-Hauptstadt des Languedoc heraus.

Stendhal hat die Handelsmesse, die er zu Beginn des vorigen Jahrhunderts aufsuchte, in seinen ›Mémoires d'un Touriste‹ geschildert. Eine jede Gasse dieser phantastischen hölzernen Stadt aus Buden und Ständen war einem bestimmten Land oder einem bestimmten Handelszweig zugewiesen. Da waren die Kaufleute aus Marseille, die Seife, Öle und Drogen verkauften; die Händler mit marokkanischem Saffianleder; die beturbanten Türken, die Teppiche und Pfeifen anboten; die Griechen in ihren roten Kappen, die mit Zuckerwerk und kandierten Früchten handelten; die Perser mit ihrem kostbaren Rosenöl; die Juweliere, die Gewürzhändler, die Zukkerbäcker, die Verkäufer von Zwiebeln und Knoblauch, Orangen und Zitronen, Feigen, getrocknete Trauben – Rosinen genannt – und Datteln, die genau wie heute in ›massapans‹ oder schmalen Holzschachteln mit ausgezacktem, geriffeltem Papier verpackt waren; Spielzeug und Puppen; Töpferwaren und Geschirr aus Moustiers und Marseille; Parfüms aus Grasse; Tauben, Papageien und andere Vögel in Käfigen; Halstücher und Kopftücher, Stoffe, indische Schals, Seide aus China; Korallenhalsbänder und Kameen-

Broschen aus Neapel; Schwerter, Degen und Messer aus Toledo; Heiligenbilder; Sattelzeug; Seile, Taue und Stricke; getrockneter Fisch aus dem Atlantischen Ozean; Zucker, Kaffee; Besen aus dem Comtat (der Grafschaft Avignon); geflochtene Rohrkörbe; Hüte, Schuhe; Pferde und Maulesel und hundert andere Dinge mehr. Zwischen ihnen allen tummelten sich venezianische Balladensänger, Springer, Purzelbaumschläger und Akrobaten, Wunderdoktoren und Zahnreißer, langbärtige Weissager nach dem Vorbild des Nostradamus, Jongleure, Schwertschlucker und Feueresser, Zwerge und bärtige Damen, Tätowier-Künstler, Wachsfiguren- und Schaubuden-Besitzer, Bärenführer, dressierte Hunde und Affen – und überall natürlich die Zigeuner.

Tarascon auf dem Flußufer gegenüber ist der Außenwelt am besten bekannt als die Heimatstadt des ›Tartarin von Tarascon‹. Dieses 1872 erschienene Buch versetzte die Tarasconnais in beträchtlichen Ärger und ärgert sie noch heute: sie seien, so erklären sie zweifellos zu Recht, nicht lächerlicher als die Leute anderwärts auch. Wenn Alphonse Daudet die unbeliebteste Gestalt in der Geschichte Tarascons ist, dann ist der gute König René, durch den rosigen Schleier von fünf Jahrhunderten gesehen, zweifellos der meistgeliebte. Er vollendete den Bau der Burg und machte sie zu seinem Lieblingsaufenthaltsort, und er war es, der 1469 das große Volksfest der ›Tarasque‹ ins Leben rief, das die Stadt berühmt machte – bis der haarsträubende Daudet daherkam, alles verdarb und den Ort zu einem Witz herabwürdigte.

Die *Tarasque* ist Teil einer seltsamen Legende um die hl. Martha von Bethanien, die angeblich mit Lazarus und den drei Marien bei Les Saintes an Land ging und von dort nach Tarascon weiterzog, das (ursprünglich eine massaliotische Faktorei namens Jovarnica) damals Nerluc hieß. Bei ihrem Eintreffen fand sie, daß die kleine Stadt von der Tarasque, einem amphibischen Drachen, in Schrecken gehalten wurde, der die Rhône heraufzukommen und die Wäscherinnen vom Flußufer wegzuschnappen pflegte. Eine von ihnen hielt er sieben Jahre lang in seiner Höhle gefangen, wo sie ihm als Amme für sein Kind, den kleinen Darc, dienen mußte. Von sechzehn jungen Männern, die auszogen, um ihn zu erlegen, hatte er acht zerfleischt und verschlungen. Die tapfersten Ritter des Landes waren von der Tarasque besiegt worden; doch die Heilige vermochte es, sie mittels Weihwasser und einem Kreuz zu besänftigen. Dann fertigte sie aus ihrem Gürtel ein Halfter und führte das Ungeheuer dreimal um die Stadtwälle und endlich zurück zur Rhône, mit strenger Weisung, bis zum Ende aller Zeiten dort zu verbleiben. Das Ungeheuer sprang gehorsam hinein, kehrte in seine Höhle zurück und ward, soweit bekannt, nie wieder gesehen. Die hl. Martha lebte weiter in Tarascon, dessen beliebteste Bürgerin sie begreiflicherweise geworden war, und ließ ihre Gebeine dort zurück. Ihr Grab in der Kirche gegenüber der Burg wurde gleich so vielen anderen im Midi zu einem Wallfahrtsort.

Die *Kirche Sainte-Marthe* wurde 1944 von Bomben schwer beschädigt, ist aber inzwischen wiederhergestellt worden. Der anziehende gotische Innenraum enthält einige gute Gemälde provenzalischer Künstler, im besonderen einen ›Hl. Franz‹ von Carle Vanloo. Das Grabmal der Heiligen befindet sich in der Krypta. Eine ungewöhnlich schöne Bildhauerarbeit zeigt sie, in ihre Gewänder gehüllt, liegend auf einer Totenbahre. Sie ist genuesische Arbeit aus dem 17. Jahrhundert, und darunter befindet sich der aus dem 5. Jahrhundert stammende Sarkophag der Heiligen selbst. Rechts von der Treppe, die in die Krypta hinabführt, steht das Renaissance-Grabmal des Jean de Cossa, König Renés Seneschall, der den Bau der Burg vollendete. Es stammt von dem istrischen Bildhauer Francesco Laurana, dessen Gönner René war.

Unmittelbar nördlich von Ste. Marthe befindet sich ein verschlagartiger Schuppen, der außen die einigermaßen überraschende Aufschrift trägt: »Ici Visitez la Tarasque!« Bei näherem Hinsehen stellt sich der Schuppen als der Stall des Papiermaché-Ungeheuers heraus, das alljährlich am letzten

Sonntag im Juni in feierlicher Prozession durch die Straßen geschoben wird – ein letzter Überrest des einstigen großen Volksfestes. Bis zum Ende des vorigen Jahrhunderts fanden zwei solche Umzüge im Jahr statt; damals wurde die Tarasque noch getragen (nicht geschoben), und zwar von acht Männern in ihrem Innern, welche die acht Jünglinge symbolisierten, die von der Tarasque aufgefressen worden waren, während weitere acht als Symbol der acht entkommenen sie draußen begleiteten und die mitziehende Menschenmenge das Festlied sang:

> Lagadigadéu! La Tarasco!
> Lagadigadéu! La Tarasco du Castel!

Beim ersten Umzug, am zweiten Sonntag nach Ostern, pflegte das wütende Untier mit seinem schuppigen Schwanz um sich zu schlagen und jedermann in Reichweite damit umzuwerfen; beim zweiten, am Tag der hl. Martha, wurde es zahm und gefügig von einer Jungfrau am Halfter geführt. Heutzutage findet nur noch eine Prozession im Jahr statt, die ›Fête de la Tarasque‹, bei welcher der Drachen auf Rädern von acht Männern geschoben wird, die ihn mittels seines feststehenden Schweifes steuern. Der Aufseher im Schuppen zeigt einem die Schnur, welche das finstere Haupt des Ungeheuers schüttelt und sein Maul öffnet und schließt. Das arme Biest ist inzwischen einigermaßen schäbig geworden. In seinen großen Tagen wurde es alljährlich neu angefertigt (wir haben eines der alten im Museum in Arles gesehen), aber das gegenwärtige tut schon seit 1840 Dienst, und man sieht es ihm an.

Ich wüßte nichts in der Provence, das so lebhaft und lebensvoll das Mittelalter heraufbeschwört wie die *Burg* von Tarascon. Sie ist wahrhaft unvergleichlich – in ihren Linien und Proportionen, in ihrer herrlichen Lage hoch oben auf dem Felsen, der in den großen Fluß hinausragt, und in dem wundervollen Zustand, in dem sie erhalten ist. Ihr Bau wurde in den letzten Jahren des 14. Jahrhunderts von Ludwig II. von Provence und König von Sizilien begonnen und um die

Mitte des 15. Jahrhunderts von seinem Sohn, König René, vollendet. Sie hat seither kaum irgendwelcher Restauration bedurft; wo man sie ausgebessert hat, sind die Erneuerungen offensichtlich, und man hat keinen Versuch der Fälschung oder Nachahmung gemacht. Nach dem Tod Renés, der abwechselnd in Aix und Tarascon residierte, diente sie viele trübselige Jahrhunderte lang als Gefängnis – die eingeritzten Graffiti der Gefangenen im Salon du Roi und anderwärts erzählen so manche herzzerbrechende Geschichte – bis die ›Beaux-Arts‹, das staatliche Amt für Denkmalschutz, 1926 sich ihrer annahmen. Seither ist die Rede davon, aus der Burg ein Museum des Rittertums zu machen. Gegenwärtig ist sie für Besucher geöffnet (nur dienstags geschlossen), und es findet jede volle Stunde, außer natürlich um zwölf und ein Uhr mittags, eine Führung statt.

Dieses ›logis seigneurial‹, dieser feste Wohnsitz des Feudalherrn, ist eine viereckige Festung mit Türmen an den Ecken, die auf der Flußseite eckig und nach der Stadt hin rund und von Zinnen auf dem flachen Dach gekrönt sind. Sie ist die mittelalterliche Burg schlechthin, wie sie im Buch steht, wie jedermann sie sich vorstellt. Sie umschließt einen Innenhof, der einer Vielzahl von Zwecken diente. Troubadours, wandernde Sänger, Jongleure und Mirakel-Schauspieltruppen gaben hier vor dem König und der Königin ihre Vorstellungen; das Königspaar sah aus einer eleganten Loggia im ersten Stock zu, auf die man vom Gemach der Königin gelangte. Die Loggia ist nicht mehr vorhanden, soll aber angeblich rekonstruiert werden. Die ›cour d'honneur‹ war außerdem eine Art Paradeplatz, und die anstoßende Kapelle hat eine Fensteröffnung, die auf den Hof hinausgeht, so daß die Bewaffneten vom Hof aus die Messe hören konnten. Auf der Flußseite hat die Burg auf jedem Stockwerk nur einen großen Saal mit großen Aussichtsfenstern auf den Fluß und das gegenüberliegende Beaucaire: dies waren die Empfangsräume. Auf der Stadtseite befanden sich die eigentlichen Wohnräume, und hier ist jedes Stockwerk in zwei Gemächer aufgeteilt. Besonders eindrucksvoll in dieser Folge prachtvoller Räume ist der große Bankettsaal mit einem offenen Kamin und Vorrichtungen zum Braten und Rösten am Drehspieß und einem engen Rauchabzug, der zu dem dreißig Meter darüberliegenden Dach hinaufführt. Hier oben tritt man auf eine große Dachterrasse hinaus, von der 1794 die Parteigänger Robespierres fünfzig Meter hinab in die Rhône geworfen wurden.

Avignon

Die alte Stadt Avignon ist in Frankreich jedem Kind vertraut als der Schauplatz eines Vorkommnisses, das sich ziemlich sicher dort nie zugetragen hat:

Sur le pont d'Avignon
L'on y danse, l'on y danse.
Sur le pont d'Avignon
L'on y danse tout en rond.

Zumindest ein Teil der alten *Brücke des hl. Bénézet* stellt sich noch heute der rasch fließenden Strömung der Rhône entgegen, aber diese Brücke, die für den Packpferd- und Lasteselverkehr bestimmt war, ist offensichtlich viel zu schmal, als daß Menschen auf ihr in der Runde hätten tanzen können. Diese Brücke, die einstmals Avignon mit Villeneuve-lès-Avignon verband, verlief rittlings über die grüne, schilfumwachsene Insel La Barthelasse, die mitten in der Rhône liegt, sie in zwei Arme teilt und ebene Bodenflächen hat, die für Ringeltänze überaus geeignet sind. Wir wissen, daß zu Petrarcas Zeiten die Bürger der Stadt des Sommers die Lustgärten auf der Insel aufzusuchen pflegten, um dort Bratfische zu essen und sie mit den schweren, leicht zu Kopfe steigenden Weinen der Côtes du Rhône hinunterzuspülen. Wir dürfen mit Gewißheit annehmen, daß sie dort auch tanzten, und zwar im Schatten der Bogen dieser Brücke – ›sous le pont d'Avignon‹, nicht ›auf‹, sondern ›unter‹ der Brücke.

Die Legende erzählt, im 12. Jahrhundert habe ein Schäferbub aus Vivarais namens Bénézet in einer Vision den Auftrag erhalten, eine Brücke zu bauen, und sei von einem Engel nach Avignon geführt worden; dort lachten die Stadtväter ihn zuerst aus, aber er gewann sie für sich, indem er ein Wunder bewirkte, und baute die Brücke, die der Stadt so blühenden Wohlstand bringen sollte. Steinbrücken waren im Mittelalter selten (sogar Arles besaß nur eine Schiffsbrücke) und hatten halbreligiösen Charakter. Der Papst selbst trug den stolzen Titel Pontifex Maximus, Oberster Brückenbauer. Die übliche Form der Flußüberquerung war die Fähre, was ein langwieriges, mühseliges, kostspieliges und gelegentlich auch gefährliches Unterfangen war, besonders wenn es einen großen Zug Maultiere oder Packpferde überzusetzen galt. Um diese Zeitvergeudung zu vermeiden, zahlten die Kaufleute von Beaucaire der Stadt bereitwilligst einen Zoll für die Benutzung ihrer Brücke. Der Schäferjunge Bénézet, der so viel Geld einbrachte, wurde, wie es sich gebührte, wenn auch nicht von der Kirche, so doch von den dankbaren Avignonnais zum Heiligen erhoben. Den größeren Teil der Brücke haben die Überschwemmungen im Lauf der Zeit hinweggerissen, aber mehrere ihrer Bogen ragen von der Avignon-Seite her noch heute in die Rhône hinein. Auf einem der Pfeiler befindet sich die St. Nicolas-Kapelle, die aus zwei aufeinander stehenden Kapellen besteht, einer romanischen unteren und einer gotischen oberen.

Die Brücke läuft direkt in die Festungswälle hinein, von denen Avignon völlig umschlossen ist. Sie wurden im 14. Jahrhundert von Papst Innozenz VI. errichtet und im 19. Jahrhundert von dem berühmten, aber oft umstrittenen Stadtbaumeister Eugène Viollet-le-Duc (1814–1879) wiederhergestellt. Sie sind, gleich denen von Aigues-Mortes, gewiß höchst eindrucksvoll, wären es aber noch um einiges mehr, wenn sie nicht durch Zuschüttung des Festungsgrabens, der sie vormals umgab, so viel von ihrer Höhe eingebüßt hätten.

Um zu verstehen, wie ein römischer Papst dazu kam, hier in der Mitte von Frankreich eine Stadt zu befestigen, heißt es, einige Schritte zurück in die eigentümliche Geschichte des Comtats Venaissin tun, dessen bedeutendste Stadt Avignon war. Obgleich auf allen Seiten von französischem Staatsgebiet umgeben, wurde das Comtat selbst doch erst in der Französischen Revolution zu einem Teil Frankreichs. Im 13.

Jahrhundert war das Comtat Venaissin als Teil des Beuteguts, der ›spolia optima‹ des Albigenser-Kreuzzugs, dem Papsttum abgetreten worden, denn es hatte dem besiegten Grafen von Toulouse gehört. Die Stadtrepublik Avignon selbst gehörte nicht zu dem Gebiet, das dem Papst übertragen wurde, denn sie schuldete dem Grafen von Provence Lehnstreue. Inzwischen hatte die von den streitsüchtigen Baronen entfesselte Anarchie nicht nur Rom, sondern überhaupt jeglichen Ort in dem vom endlosen Krieg zwischen Welfen und Waiblingern verwüsteten Italien als Sitz des Papsttums unmöglich gemacht. Dies war zumindest die Auffassung des Erzbischofs von Bordeaux, Bertrand de Got, als er im Jahre 1305 in Rom zum Papst gewählt wurde. Er entsann sich, daß er glücklicherweise an den Ufern der Rhône ein kleines eigenes Gebiet besaß, und verlegte den Päpstlichen Hof mit Sack und Pack dorthin. Die eigentliche Hauptstadt des Comtat Venaissin war Carpentras, aber im Hinblick auf die guten Verkehrsverbindungen des Flusses zog Clemens V., wie er jetzt hieß, es vor, seinen Sitz in der Enklave von Avignon aufzuschlagen, wo er im Dominikaner-Kloster Wohnung nahm. Sein Nachfolger Johannes XXII., der bis zu seiner Wahl Bischof von Avignon gewesen war, beschloß, im Bischöflichen Palast zu bleiben, der südlich der Kathedrale auf dem Rocher des Doms lag. Auf ihn folgte ein dritter Franzose, Benedikt XII., der erste Papst, der bekundete, daß er Avignon als mehr denn einen zeitweiligen Zufluchtsort betrachtete, indem er den alten Bischofspalast in Ausmaßen erweiterte und umbaute, wie sie einem Papst anstanden, jedoch im strengen und kargen Stil der Zisterzienser, deren Orden er angehörte. Sein kunstliebender Nachfolger Clemens VI., der an die großen gotischen Bauten des Nordens gewöhnt war, erbaute daneben in prunkvollerem Stil den Neuen Palast, der von Benedikts Altem Palast durch den Großen Hof getrennt war. Die Gesamtheit dieser Bauten bedeckte eine Fläche von fünfzehntausend Quadratmetern, und es kann nicht wundernehmen, daß der Historiker Froissart sie als

»das schönste und festeste Haus der Welt« schilderte. Dieses ›Haus‹ ist nach außen hin eine Festung und im Innern ein Palast.

Im Jahr 1348, als die schöne Jeanne des Baux, Gräfin von Provence, damals eine junge Frau von zwanzig Jahren, den Papst aufsuchte, um ihm für ihr neapolitanisches Reich zu huldigen und sich gegen die Anklage der Mittäterschaft bei der Erdrosselung ihres Gemahls Andreas von Ungarn zu verteidigen, ergriff Clemens die Gelegenheit, Avignon seinen Besitzungen im Comtat hinzuzufügen. Man schloß ein beiderseits profitables Geschäft ab. Die Königin wurde vom Papst von der Mitwisserschaft an dem Verbrechen absolviert und verkaufte ihm die Stadt Avignon zum Zuschlagpreis von achtzigtausend Dukaten. Jeanne verließ Avignon mit fleckenlosem Ruf, und der Stellvertreter Christi war hinfort Herr im eigenen Haus und nicht mehr auf die Gastfreundschaft seines Vasallen angewiesen.

Das 14. Jahrhundert war Avignons große, verschwenderische Blütezeit: der Reichtum der Kirche aus unzähligen Einkommensquellen, vom Verkauf von Bullen, Pardons, Dispensen und Ablässen bis zu den Gebühren der vor dem Päpstlichen Tribunal Prozessierenden, überschwemmte die Stadt, und Kardinäle, Prälaten und Sekretäre bauten sich palastartige Häuser. Aufgeregte Menschenmengen drängten sich zusammen, um den päpstlichen Segen zu empfangen, um den Papst auf seinem weißen Maultier ausreiten zu sehen oder um sich am Anblick von Schaustellungen zu weiden, wie dem der Königin Jeanne, die in blumenbestícktem Gewand und blauem Mantel der Galeere entstieg, die sie aus Neapel herbeigeführt hatte, und auf ihrem weißen Zelter, begleitet von einem Gefolge von acht Kardinälen, zum Päpstlichen Palast hinaufritt.

Die Stadt war gleicherweise berühmt für ihren Luxus und fröhlichen Überschwang, ihre religiösen Prozessionen und kirchlichen Feste, wie für ihr Verbrechertum und ihre sittenlose Verworfenheit. Die Päpste machten Avignon nicht nur zur Zufluchtsstätte für Ketzer und Juden, sondern duldeten auch Verbrecher und entflohene Sträflinge aus benachbarten Ländern in seinen Mauern. Das entsprungene Diebsgesindel fand seine Opfer ohne viel Mühe sowohl unter den leicht beschwatzbaren Pilgern, wie unter den Kaufleuten, die unterwegs von oder nach Beaucaire mit goldgefüllten Taschen über die Rhônebrücke des hl. Bénézet kamen und in der Stadt verweilten, um einiges von ihrem Geld in dieser Höhle des Lasters und der ausschweifenden Vergnügungen auszugeben, deren Ruf nur dem Venedigs nachstand. Petrarca, der viele Jahre lang am Päpstlichen Hof aus und ein ging, schilderte Avignon als »eine Stätte des Kummers, eine Schande der Menschheit, einen Pfuhl des Lasters ... eine Kloake, in der sich der Schmutz und Dreck des Weltalls angesammelt hat. Hier hat man für Gott nur Verachtung übrig, hier wird das Geld angebetet, hier werden die Gesetze Gottes und der Menschen mit Füßen getreten. Jegliches Ding hier atmet Lüge – die Luft, die Erde, die Häuser und vor allem die Schlafzimmer«.

1377 bewog die hl. Katharina von Siena Papst Gregor XI., nach Rom zurückzukehren. Die ›Babylonische Gefangenschaft‹ des Papstes, wie die Italiener sie nannten, war zu Ende. Doch Avignon, das in dieser Zeit Sitz von sieben Päpsten gewesen war, wurde nun zum Sitz von zwei Gegenpäpsten, als nämlich eine Parteigruppe von Kardinälen, welche den Fleischtöpfen Avignons den Vorzug gab, einen eigenen Gegenpapst wählte. Damit begann das große Schisma, das unrühmliche Schauspiel rivalisierender Päpste, die zwischen Rom und Avignon Bannflüche und Exkommunikationen hin und her schleuderten. Der Gegenpapst Benedikt XIII. wurde schließlich nach fünfjähriger Belagerung hinausgetrieben und zog sich 1403 nach seinem heimatlichen Spanien zurück, um von dort den Kampf weiterzuführen. Danach wurde das Comtat Venaissin von päpstlichen Legaten regiert, die von Rom ernannt wurden, bis es schließlich in der Französischen Revolution von Frankreich annektiert wurde und bei dieser

Gelegenheit durch die Gewalttätigkeit der aufgehetzten Massen beträchtliche Einbußen an Menschenleben und Baudenkmälern erlitt.

Dies ist zumindest zum Teil der Grund, warum man in Avignon nicht jene reiche Fülle alter Bauten antrifft, die man in einer Stadt mit so ruhmreicher Vergangenheit erwarten würde. Der Kreuzgang der Kathedrale, die Klöster der Franziskaner und Dominikaner, das Rathaus und die Priorei der Ordensritter zählen zu den bedeutendsten Verlusten. Es wurde sogar Befehl gegeben, den Palast der Päpste niederzureißen. Dazu kam es freilich nicht, aber das gewaltige Bauwerk wurde immerhin völlig ausgeplündert und stark beschädigt und zuerst in ein Gefängnis, dann in eine Kaserne umgewandelt. Es blieb eine Kaserne bis zum Jahr 1906; dann gelang es den Beaux-Arts, die Soldaten hinauszusetzen und die lange, mühselige Arbeit der Wiederherstellung in Angriff zu nehmen, und zwar gerade noch zur rechten Zeit, denn die Soldaten hatten nicht nur die Fresken als Zielscheibe verwendet, sondern sich auch ein besonderes Spezialmesser angefertigt, mit dem sie Stücke der Fresken herausschnitten und ablösten, die sie an die Fremden und die Händler in der Stadt verkauften.

Der Palast liegt am Südhang des *Rocher-des-Doms*, eines großen Felssteilhangs über der Rhône, der einstmals ein ligurischer und später ein römischer befestigter Platz war, Avennio oder Avenio, die Hauptstadt der gallischen Cavarer, aus der eine blühende römische Kolonie wurde. Er ist heute eine öffentliche Parkanlage mit einem kleinen See und krükkengestutzten Pinien, die der Mistral tief in die Knie gebeugt hat. Über die besondere Unleidlichkeit des Mistral in Avignon hatte schon Petrarca geklagt; daher der alte Spruch: »Avenio ventosa, cum vento fastidiosa, sine vento venenosa – Das wetterwendische Avignon ist, wenn der Wind weht, lästig, wenn er nicht weht, giftig.« Die *Kathedrale*, die zwischen dem Rocher-des-Doms und dem Palast steht, stammt aus dem 12. Jahrhundert, aber die Fresken von Simone Martini, die sie einstmals schmückten, sind bis auf jammervolle, verdorbene Reste dahin. Sie enthält das reich gearbeitete Grabmal Johannes XXII. und einen Erzbischofsthron aus weißem Marmor. Ihr Äußeres wird leider durch eine riesige vergoldete Madonna verdorben, die im 19. Jahrhundert dem Glockenturm aufgesetzt wurde und den nobelsten Platz in Avignon grausig verschandelt.

Von außen besehen, ist der *Palast der Päpste* eines der eindrucksvollsten mittelalterlichen Bauwerke Europas. Einige seiner Türme sind fünfzig Meter hoch, und seine Mauern sind nicht viel niedriger. Die Fenster sind zumeist in Spitzbogen-Nischen eingelassen, die nahezu die gesamte Höhe des Palastes hinauflaufen und das Auge senkrecht nach oben bis zum Dach führen. Sie verleihen dem Bau überdies ein eigentümlich islamisches Aussehen. Will man sich einen Begriff machen, wie das Innere des Palastes in seinen großen Tagen ausgesehen hat, so muß die Phantasie die Fresken und Wandteppiche an die Wände zurückzaubern, die Möbelstücke und Statuen wieder an Ort und Stelle setzen und das Ganze mit Kardinälen, Prälaten, Botschaftern, Advokaten und Soldaten der Leibwache neu bevölkern. Die Atmosphäre der Nacktheit wird noch besonders dadurch betont, daß der Palast sich seit mehreren Jahrzehnten in einem chronischen Zustand der Restauration befindet, was bedeutet, daß Teile von ihm stets unsichtbar sind; im Augenblick sind leider die sehr reizvollen Fresken mit Jagd- und Fischereiszenen, Vogelnestern und Falknerei an der Reihe, welche die Chambre du Cerf in der Tour de la Garderobe schmücken. Sie sind französische Arbeit, völlig verschieden von den zur gleichen Zeit geschaffenen italienischen Fresken in der Kapelle des hl. Martial, mit einem grünen Hintergrund von dicht belaubten Bäumen, und hatten wahrscheinlich flämische Wandteppiche zum Vorbild.

Der Besucher betritt den Palast durch das Tor in der Mitte der Fassade des Neuen Palastes, die in den Großen Hof führt. Hier hat man sich für die Führung zu versammeln, die wie in Tarascon täglich jeweils zur vollen Stunde, außer um zwölf und ein Uhr mittags, beginnt. Hier, im Großen Hof, finden auch alljährlich in der zweiten Julihälfte die von Jean Vilar gegründeten Theaterfestspiele, das ›Festival d'Avignon‹, statt. Hier spielten Gérard Philipe und Jeanne Moreau ihren unvergeßlichen ›Prinzen von Homburg‹. Rechts vom Großen Hof liegt der flamboyante Neue Palast Clemens' VI., links der strenge und züchtige Alte Palast Benedikts XII., der um einen Kreuzgang errichtet ist, von dem aus der Rundgang beginnt.

Der Führer begleitet die Besucher-Gruppen durch das riesige Labyrinth von Hallen, Sälen, Gemächern, Kapellen, Oratorien, Höfen und Korridoren mit ausführlichen Erläuterungen (außerdem sind fremdsprachige gedruckte Führer zu haben), so daß es unnötig ist, den Rundgang hier Raum für Raum zu schildern. Ich tue wohl besser daran, auf die besonderen Glanzlichter hinzuweisen, nach denen es der Reihe nach Ausschau halten heißt – so etwa die fünf Gobelin-Wandteppiche in der großen Salle des Festins, dem Bankettsaal; gleich neben dem Bankettsaal das Oratorium des hl. Martial in der Tour St. Jean mit bezaubernden Fresken von Matteo Giovanetti da Viterbo, einem Zeitgenossen Giottos; den riesigen Kamin im nahegelegenen Küchenturm; die wundervoll gewölbte Galerie du Conclave, in welche die Kardinäle bei der Wahl eines neuen Papstes eingeschlossen wurden – buchstäblich ›con clave‹, mit dem Schlüssel; die riesige Salle de la Grande Audience oder Palais des Grandes Causes, der Sitzungsraum des Päpstlichen Tribunals und, nach dem kreisrunden Tisch am Ende der Halle, um welchen die Mitglieder des Gerichtshofes saßen, auch die Rota genannt; und darüber die clementinische Kapelle, deren Grundrißmaße, wenn auch nicht ihre Höhe, die des Hauptschiffs der Kathedrale von Amiens sind. Auf der Höhe der Großen Treppe, die von der Kapelle Clemens' VI. hinab in den Großen Hof führt, befindet sich das Ablaß-Fenster, aus dem die Päpste den drunten im Hof harrenden Pilgern ihren Segen erteilten.

Es scheint kaum glaublich, daß dieser gigantische Palast

in zwanzig Jahren erbaut wurde, besonders unglaublich angesichts des auffallenden Unterschieds zwischen der einfachen Zisterzienser-Gotik Benedikts XII. (1334–1342) und der reichen, schwungvollen Gotik seines Nachfolgers Clemens VI. (1342–1352). Man wird in dem ganzen Palast kaum ein Fenster oder eine Tür finden, die einen im Zweifel läßt, in welches Jahrzehnt sie gehört – oder gar eine Decke, denn Benedikts Decken sind flach, während Clemens' Decken Spitzbogengewölbe sind.

Gleich vor dem Palast steht ein gutes Beispiel eines reich verzierten Palais aus dem 17. Jahrhundert, nämlich der 1616 bis 1619 erbaute Palast des Kardinal-Legaten Borghese, dessen Familienwahrzeichen, Adler und Drachen, die jedem Besucher Roms vertraut sind, die Fassade schmücken. Früher hauste hier die Münze; heute ist es die Musik-Hochschule. Andere Paläste sind das mit Baum-Ornamenten verzierte Hôtel du Roure und das aus dem 18. Jahrhundert stammende Hôtel de Villeneuve-Martignan, in dem sich jetzt das *Musée Calvet* befindet. Dienstags, am 1. Januar, 1. Mai, 14. Juli, Allerheiligen und am Weihnachtstag geschlossen.) Es ist um einen Garten oder Innenhof herum gebaut, in dem Pfauen herumstolzieren und eine Inschrift daran erinnert, daß Stendhal hier gern verweilte, um sich ein wenig auszuruhen.

Die Sammlung französischer Gemälde im Musée Calvet ist besonders reich an Werken aus Avignon stammender Meister des 18. Jahrhunderts. Sie enthält außerdem mehrere der klassischen Ansichten von Avignon und der Fontaine de Vaucluse aus der Zeit vor der Papierfabrik, aber die beste Landschaft ist eine italienische von Corot – aus der ›richtigen‹ Periode. Der Stolz des Museums ist jedoch die Sammlung der alten Meister der Schule von Avignon, deren bekannteste Nicolas Froment (um 1435–1484), Enguerrand de Charonton (geboren um 1410) und Jean Chapuis sind. Man sehe sich besonders das Porträt des jungen Kardinals von Luxemburg an (um 1440), der neunzehnjährig starb, und den ›St. Siffrein‹, der höchstwahrscheinlich von Froments eigener Hand ist.

Obwohl eine Anzahl italienischer Maler und Bildhauer nach Avignon kam, um im Auftrag der Päpste und der Legaten zu arbeiten, steht die Schule von Avignon doch spürbar deutlicher unter flämischem und burgundischem Einfluß als die gleichzeitige Schule von Nizza. Das Museum enthält einige gute klassische Skulpturen und einen wundervollen ›Knabenkopf‹ des Desiderio da Settignano. Die weltberühmte Sammlung von Schmiedeeisen- und Kunstschlosser-Arbeiten enthält über sechstausend Stücke, von denen nur einige wenige ausgestellt sind.

Im obersten Stock links befindet sich die Sammlung moderner Gemälde, die 1947 dem Museum von Joseph Rignault geschenkt wurde. Sie enthält drei frühe Dufys und zwei frühe Bilder von Matisse, die als Beispiele ihrer Stilentwicklung interessant sind. Die Offenbarung dieses Raums sind jedoch die fünf Daumiers. Man ist völlig fassungslos bei dem Gedanken, daß Daumier so lange Zeit lediglich als Zeichner und Karikaturist galt, wenn man seine ›Notre-Dame de Paris‹ und die ›Scharlatane‹ betrachtet. Auch die anderen drei Bilder, eine mythologische Szene, eine Trinkszene und ein Selbstbildnis sind bester Daumier.

Ein Ableger des Musée Calvet befindet sich in der Kapelle des vormaligen Jesuiten-Kollegs in der Rue de la République; es enthält ein Lapidarien-Museum (dienstags geschlossen) mit einer Anzahl römischer Mosaiken und Sarkophage, ferner Bildhauerarbeiten von den Galliern bis zur Renaissance. Die beiden Prunkstücke dieser Sammlung sind die ›Venus von Pourrières‹, die so lange in eisenhaltiger Tonerde begraben lag, daß sie eine höchst merkwürdige Patina bekommen hat, und die sogenannte ›Tarasque von Noves‹, eine Skulptur aus der Latènezeit (zweites Eisenzeitalter), die einen Löwen darstellt, wie er zwei bärtige Gallier mit den Klauen packt. Auch sind hier mehrere bezaubernde florentinische Flachreliefs zu sehen.

Unter den erhaltenen Bildhauerwerken in den Kirchen von Avignon ist bei weitem das eindrucksvollste der Retabel in der *St. Didier-Kirche* nahe bei der Rue de la République. Er stellt eine Kreuztragung in Hochrelief dar, stammt von dem Istrier Francesco Laurana und ist eine der frühesten Renaissance-Skulpturen in Frankreich. Wegen des überaus realistisch dargestellten Ausdrucks des Schmerzes auf dem Antlitz der Jungfrau wird er allgemein ›Notre-Dame du Spasme‹ genannt. Die Kirchen St. Pierre, St. Agricol und St. Symphorien enthalten eine Anzahl von Altargemälden von Nicolas Mignard und den Parrocels.

Auf dem rechten Rhône-Ufer liegt *Villeneuve-lès-Avignon* (das Wort ›lès‹ mit einem Accent grave bedeutet bei französischen Ortsbezeichnungen soviel wie ›bei‹ oder ›in der Nähe von‹). Es wird beherrscht von dem großen *Fort St. André*, das der König von Frankreich 1362–1368 erbaute, um die Republik Avignon am anderen Ende der Brücke in Schach zu halten und den am Ende der Brücke 1302 von Philipp dem Schönen errichteten und nach ihm benannten Wachtturm in seiner Aufgabe zu unterstützen. Das Fort mit seinen runden Zwillingstürmen beiderseits des einzigen Tores ist ein prachtvolles Stück mittelalterlicher Festungsarchitektur. Der Blick von den Festungswällen ist die ›klassische‹ Ansicht von Avignon über die Insel und den Fluß hinweg, die Corot und viele andere oft gemalt haben. Die beste Tageszeit ist der Spätnachmittag oder frühe Abend, wenn die Sonne auf die großen Mauern des Papst-Palastes niedersinkt und sich in seinen Fenstern spiegelt.

Villeneuve, seit dem Ende des 10. Jahrhunderts Sitz einer Benediktiner-Abtei, wurde zu Beginn des 14. Jahrhunderts zu einem vornehmen Vorort von Avignon; die Kardinäle, die in Avignon selbst nicht genug Platz fanden, um in Ausmaßen zu bauen, die der großen Kirchenfürsten würdig waren, und denen es wohl außerdem nicht unlieb war, sich in einiger Entfernung von den päpstlichen Späheraugen zu befinden, erbauten hier auf dem linken Flußufer ihre prachtvollen Wohnhäuser und Sommerpaläste. Früher einmal standen hier nicht weniger als fünfzehn solcher ›livrées cardinalices‹, wie sie genannt wurden, aber in der Revolution wurden die meisten von ihnen zerstört, und heute sind nur noch zwei oder drei von ihnen in der verschlafenen keinen Stadt übrig.

Die Straße aus Avignon führt in der Stadt zu einer Kreuzung, an der ein Café steht. Geradeaus links von hier liegt ein Platz, auf dem man parken kann, und neben ihm steht die Kirche *Notre-Dame*, 1333 vom Kardinal Arnaud de Via, einem Neffen des Papstes Johannes XXII., erbaut. Sie enthält einige gute Gemälde der Mignards von Avignon und von Philippe de Champaigne, aber ihr Hauptschatz ist eine aus dem 14. Jahrhundert stammende mehrfarbig bemalte Madonna aus Elfenbein in der Sakristei, deren Haltung der Biegung des Elefantenstoßzahns angepaßt ist. (Links vom Chor ist eine Klingel, um den Sakristan herbeizurufen.)

Die einzige Frage hinsichtlich des Mittagessens in Villeneuve-lès-Avignon ist, ob man genügend Geld in der Tasche hat und bereit ist, es auszugeben, denn direkt hinter der Kirche befindet sich Le Prieuré, ein Hotel mit einem Blumengarten, in dem einem aufgetischt wird. Wer es sich leisten kann, sollte zumindest einmal in seinem Leben hier an einem Table d'hôte-Menu teilnehmen und eine Flasche Châteauneuf-du-Pape 1926 trinken. (Der Ort Châteauneuf-du-Pape selbst liegt einige Kilometer nördlich von Avignon. Es gibt dort außer einer Burgruine nichts Besonderes zu sehen, aber der Ort hat ein sehr gutes Hotel, für den Fall, daß jemand damit prahlen möchte, er habe in Châteauneuf-du-Pape übernachtet und dort Châteauneuf-du-Pape getrunken.) Avignon scheint sich auf gute Hotel-Restaurants mit eher ausgefallenen Gerichten zu spezialisieren, wie etwa die Truffes du Comtat au Madère, die die Spezialität des Hotels Le Prieuré sind. Das Restaurant des vorzüglichen Hotel de l'Europe an der Place Crillon (das vormalige, aus dem 18. Jahrhundert stammende Palais Graveson) hat die einzige Speisekarte, die ich je gesehen habe, auf der Vogelnestsuppe und Palmenherzen als etwas völlig Selbstverständliches aufgeführt sind.

Wir gehen zurück zu dem Café an der Kreuzung und von dort in nördlicher Richtung die Rue de la République entlang. Links stehen das Hôtel de Conti (Nr. 45) und das Palais des Kardinals Thury (Nr. 53). Auf der rechten Seite ist das Haus Nr. 60 mit dem Monumentalportal die von Innozenz VI. 1356 gegründete *Chartreuse du Val de Bénédiction.* Sie ist eines der größten Kartäuserklöster Frankreichs, ein ganzes in sich geschlossenes kleines Dorf mit Straßen und Häuschen und unzähligen Höfen und Kreuzgängen. Man sehe sich unbedingt die Fresken in der Kapelle Innozenz' VI. an. Sie stammen vom gleichen Matteo Giovanetti da Viterbo, der das Oratorium des hl. Martial im Palast der Päpste ausgemalt hat. Wenn er auch kein Giotto ist, so hat er doch ein erstaunliches Gefühl für Form und Linie, vor allem auf dem Porträt Innozenz' VI., der Heimsuchung und der Jungfrau unter dem Kreuz. Innozenz' eigenes Grabmal ist inzwischen ins Hospiz gebracht worden, nachdem es zu gewissen Zeiten von Obdachlosen, die sich in den Klostergebäuden häuslich niedergelassen hatten, als Kaninchenstall verwendet worden war.

Um zum Hospiz zu gelangen, kehrt man zur Straßenkreuzung zurück und geht von dort geradeaus weiter. Dieses aus dem 17. Jahrhundert stammende vormalige Palais der Marquis de Montanègues ist heute das *Städtische Museum* von Villeneuve, und die meisten Besucher Avignons übergehen es überhaupt, wenn sie nicht wissen, daß sich hier Enguerrand de Charontons ›Krönung Mariens‹ befindet, eines der schönsten gotischen Gemälde Frankreichs und ganz gewiß das Meisterwerk der Schule von Avignon. Wenn es im Louvre oder in der Londoner Nationalgalerie hinge, wäre es als eines der ganz großen Gemälde der Welt berühmt. Enguerrand de Charonton – übrigens ein Nordfranzose, 1410 in Laon geboren – malte es 1453 im Auftrag des Kartäuser-Abtes de Montagnac. Es hat das beste Licht zwischen vier und fünf Uhr nachmittags.

Das unterste Achtel des Bildes, das wie eine Art Täfelung wirkt, stellt die Hölle dar, in der kleine weiße Gestalten, spindeldürr wie Heuschrecken, mit den Teufeln durch die Flammen schreiten. Dieser Teil des Bildes ist durchgehend auf senkrechten roten, weißen und schwarzen Linien aufgebaut. Die nächsten zwei Achtel darüber sind im Gegensatz dazu waagerecht angelegt. Sie zeigen die weite grüne Erdfläche mit breiten Ebenen und weißen Städten, alle so angelegt, daß sie das Auge des Betrachters hinaufführen zu Christus am Kreuz, das sich auf einem niedrigen Hügel in der Bildmitte erhebt. Die einsame weiße Gestalt des hl. Bruno, des Gründers des Kartäuser-Ordens, kniet im Gebet vor dem Gekreuzigten.

Die verbleibenden fünf Achtel der Bildfläche zeigen den Himmel. Der Blick wird mit großem Geschick auf die zentrale Figur der gekrönten, in roten und goldenen Brokat gewandeten Jungfrau gelenkt. Über ihr schwebt die Dreifaltigkeit, die weiße Taube mit ausgebreiteten Flügeln und Vater und Sohn, beide in karmesinroten Gewändern, die die Farbzusammenstellung des ganzen Bildes beherrschen. Darunter fließt der blaue Mantel der Madonna auf eine weiße Wolke über. Beiderseits der Dreifaltigkeit sind streng nach ihrer Rangordnung die Anbetenden aufgestellt. Zuoberst Engel; darunter in gehöriger Ordnung Propheten, Heilige, Päpste und Kaiser bis hinab zu den gewöhnlichen Sterblichen ganz unten. Hinter ihnen, gegen einen Goldhintergrund, singende kleine rote Cherubim und Seraphim mit gekreuzten Flügeln. Das Bild ist so komponiert, daß es einem doppelten thematischen Vorwurf dient: dem Madonnenkult und dem Triumph der Kirche.

Orange

Fünfundzwanzig Kilometer nördlich von Avignon liegt die kleine Stadt Orange. Sie kann zwei Ruhmestitel für sich in Anspruch nehmen. Einmal besitzt sie den drittgrößten römischen Triumphbogen und das besterhaltene römische Theater in Europa. Zum anderen hat diese kleine Stadt von nur rund zweiundzwanzigtausend Einwohnern dem holländischen Königshaus, Städten in Friesland und Deutschland, einer politischen Partei in Irland, einem Distrikt in Kalifornien, einem Fluß und einem Land in Südafrika und einer Stadt in New Jersey ihren Namen geliehen. Nur von der Orangenfrucht kann Orange nicht behaupten, daß sie nach ihr heiße. Die Orange wurde von den Arabern aus Asien nach Spanien gebracht und kam auf dem Weg über Nizza nach Frankreich. Ihr Name geht auf das arabische ›Narandsch‹, die spanische ›Naranja‹, zurück.

Die Stadt Orange hingegen leitet ihren Namen von Arausio, der Hauptstadt des keltischen Stammes der Cavarer, her, die unter Augustus, der hier die Veteranen der Zweiten gallischen Legion ansiedelte, zur römischen Colonia Julia Secundanorum Arausio wurde. Sie wurde schon im 4. Jahrhundert Sitz eines Bistums, und ihr Reichtum und ihre zahlreiche Bevölkerung – sie war in römischer Zeit viermal so groß wie heute – sind durch die Überreste ihrer öffentlichen Gebäude bezeugt. Sie besaß Tempel, Bäder, einen Zirkus, ein Theater, ein Amphitheater, einen Triumphbogen und ein Gymnasium oder Stadion, das vierhundert Meter lang und achtzig Meter breit war und drei hundertachtzig Meter lange Rennbahnen hatte: eine unter offenem Himmel, eine im Schatten und die dritte überdacht. Viele Jahrhunderte später, 1622, beschloß der Herr der Stadt, Prinz Moritz von Nassau, die Stadt zu befestigen und auf dem Kapitol-Hügel eine starke Zitadelle zu errichten. Leider verwendete er die damals noch erhaltenen römischen Bauwerke als handlichen Steinbruch. Einzig das Theater und der Triumphbogen sind erhalten geblieben und auch sie nur, weil sie in die Befestigungsanlage eingebaut wurden.

Der *Triumphbogen* war inzwischen bereits in einen Donjon umgewandelt worden und hieß Château de l'Arc. Er wurde bei dieser Umwandlung zwar einigermaßen hart herumgeknufft, aber dessenungeachtet ist heute die Westseite nahezu gänzlich restauriert und die Nordseite ist eines der besterhaltenen Monumente dieser Art, die wir überhaupt besitzen. Der Triumphbogen – achtzehn Meter hoch, neunzehn Meter breit und acht Meter tief – gedenkt der Siege Cäsars (49 v. Chr.) über die Gallier und über die massaliotische Flotte. Die Reliefs zeigen Kämpfe mit den Galliern, gefangene Stammesoberhäupter, deren Namen in ihre Schilde eingeritzt sind, und verschiedene Kriegstrophäen. Der Seesieg über die Griechen ist auf der Nordseite oben rechts verzeichnet, wo man verschiedene nautische Wahrzeichen wie Anker, Schiffsbuge und Tauwerk erkennen kann.

Das *Theater*, zur Zeit des Augustus erbaut, verdankt seine Erhaltung dem Umstand, daß Moritz von Nassau es als einen Teil seiner Stadtmauer verwendete. Es ist das einzige römische Theater in Europa, dessen Fassade noch steht. Sie ist siebenunddreißig Meter hoch und hundertdrei Meter lang und ein ungeheuer eindrucksvoller Anblick, wenn man auf die Place Mounet tritt. Es wundert einen nicht, daß Ludwig XIV. sie als »die schönste Mauer in meinem Königreich« bezeichnete. Auch ist dies das einzige römische Theater, an dem noch die quadratischen Kragsteine erhalten sind, in welche die Masten eingesetzt wurden, die das Velarium, das Sonnenzeltdach, trugen. Man kann sie in zwei Reihen ganz oben an der Außenseite der Fassade sehen; die oberen Steine sind zum Einstecken der Masten mit einem kreisrunden Loch durchbohrt, während auf die unteren die Masten aufgesetzt wurden. Hierdurch hatten die Masten Halt und schwankten nicht hin und her. Nach der Anlage anderer römischer Theater zu schließen, befand sich auf dem Platz vor dem Theater wahrscheinlich ein großer Garten und ein überdachter Vorbau.

Die Ausmaße des Theaters sind die gleichen wie die des Theaters in Arles, nur fällt es hier leichter als in Arles, sich vorzustellen, wie es einmal ausgesehen haben muß. Das drei Meter hohe Standbild des Augustus steht wieder in seiner Nische in der Mitte der großen, aus mächtigen Blöcken aufgeführten inneren Bühnenrückwand, die einstmals aus drei Stockwerken von Nischen, Statuen und Säulen bestand. Es sind noch Reste eines Zentauren-Frieses zu sehen und Bruchstücke von Säulen aus Granit, ›Breccie‹ und ›Rosso affricano‹, die sich gegen den rostbraunen und rötlichen Sandstein abheben. Die Sitze, die etwa zehntausend Menschen Platz boten, sind aus dem Abhang des Kapitol-Hügels herausgehauen, an den sich das Theater anlehnt. Seitwärts vom Theater sind die Fundamente eines Tempels, des größten, den man bisher in Gallien gefunden hat, freigelegt worden. Er stand wahrscheinlich am Ende des großen Sportplatzes. Von ihm führen Treppenstufen zum Kapitol hinauf, das einstmals mit Tempeln und Portikus gekrönt war. Das Ganze muß ein Bild abgegeben haben, wie es außerhalb von Rom wohl kaum seinesgleichen hatte.

An dem Platz gegenüber dem Theater befindet sich ein merkwürdiges kleines Museum – aber es ist im Grunde nicht merkwürdiger als die Geschichte der Stadt selbst, die Jahrhunderte lang eine winzige Enklave in dem kaum größeren Comtat Venaissin war. Es war etwa, als liege Monaco eingebettet im Großherzogtum Luxemburg. Hier regierte 1150 bis 1175 der Troubadour Raimbaut d'Aurenga, Graf von Orange, ein weithin berühmter Meister komplizierter Kombinationen von schwierigen Reimen. Seine Kunst ließ die Gräfin Beatrice de Die, die Gemahlin des Grafen Wilhelm von Poitiers, in heißer Liebe zu ihm entbrennen, und dieser Liebesleidenschaft entsprossen die fünf noch erhaltenen berühmten Lieder dieser Dichterin, die zum reinsten, schmucklos-ergreifendsten gehören, was die Troubadours uns hinterlassen haben. Als das Comtat Venaissin 1274 an den Papst abgetreten wurde, blieb die Seigneurie Orange, die 1173 an das Haus des Baux gekommen war, aus dieser Vereinbarung ausgeklammert. Durch Heirat ging sie 1413 auf die Familie Chalon über und schließlich 1559 auf den Erben Philiberts de Chalon, dessen einzige Tochter Claude de Chalon (oder Châlons) den Grafen Heinrich von Nassau, den Feldherrn Karls v., geheiratet hatte, und dieser Erbe war kein anderer als Wilhelm der Schweiger, Fürst von Nassau, Statthalter der Vereinigten Provinzen und Begründer der Republik Holland. Das kleine Fürstentum Orange wurde solcherart mit den Niederlanden vereinigt und sogar einige Jahre lang, während der kurzen Regierungszeit Wilhelms III., auch mit England. Schließlich wurde es durch den Vertrag von Utrecht 1713 an Frankreich abgetreten. Das holländische Königshaus durfte jedoch den Namen Oranien behalten, und Königin Juliane von Holland stattete der Stadt 1952 sogar einen offiziellen Besuch ab. Auf der Colline St. Eutrope, wo früher das Kapitol stand, ist ein Platz nach ihr genannt. Das kleine *Städtische Museum*, zu dem die Einlaßkarte des Theaters Zutritt gewährt, enthält einen Raum mit Porträts des Hauses Nassau-Oranien, einige römische Reste, darunter einige einzigartige Marmor-Bruchstücke eines Katasterplans der Stadt.

Einen besseren, leibhaftigeren Begriff von der Anlage einer kleinen römischen Stadt in Südfrankreich gewinnt man jedoch einige Kilometer nördlich von Orange in *Vaison-la-Romaine*. Denn dort wurde die malerische kleine mittelalterliche Stadt außerhalb der antiken Stadt erbaut und nicht auf sie draufgesetzt. Dadurch wurde es möglich, das antike Vasio Vocontiorum, die vormalige Hauptstadt der keltischen Vokonen, freizulegen. Das Flüßchen Ouvèze trennt sie säuberlich voneinander: die gallisch-römische Stadt auf dem rechten, die mittelalterliche auf dem linken Ufer. Beide Seiten lohnen einen gründlichen Besuch. Auf dem römischen Ufer hat man ein überaus reiches und geräumiges römisches Familienhaus ausgegraben, mit Privatbädern, drei Wohnräumen, einer Küche mit sogenannten Zwillingsherden und einem großen Empfangsraum; sodann ein römisches Theater (ein wenig kleiner als das in Orange und Arles, mit einer aus dem Felsen heraus gehauenen Bühne), eine große gepflasterte Hauptstraße mit seitlichen Gehsteigen, eine Querstraße, die offenbar überdacht war und als gedeckter Markt diente, was aus den Säulensockeln zu schließen ist, zwei offensichtlich reiche Bürger- oder Kaufmannshäuser (die Maison du Dauphin und die Maison au buste d'argent). Sehr sehenswert ist auch die Kathedrale Notre-Dame, deren Fundamente, die erst 1949 entdeckt wurden, auf die Merowinger-Zeit, also ins 6. oder 7. Jahrhundert, zurückgehen. Sie wurde nach den Barbareneinfällen im 11. Jahrhundert wieder aufgebaut, aber im Inneren finden sich noch merowingische Reste, vorromanische Bogenstellungen, die auf Säulen ruhen, welche von römischen Baudenkmälern herrühren. Der vorromanische Hauptaltar ist nichts anderes als ein großer römischer Marmortisch, der auf vier kleinen Säulen ruht. Ein merkwürdig eindrucksvoller Ort, einstmals eine der reichsten Städte der Gallia Narbonensis, in dem nicht die Jahrhunderte, sondern die Jahrtausende sich sichtbarlich die Hände reichen.

Nîmes

Nîmes ist Aix darin ähnlich, daß es nicht an einem Fluß, sondern bei einer Quelle erbaut ist. Hier freilich ist es keine Heilquelle, sondern eine ›source vauclusienne‹, die mit voller Kraft dem Felsgestein am Fuß des Mont Cavalier entspringt und aus diesem Grund die alten Gallier mit abergläubischer Ehrfurcht erfüllte. Im 18. Jahrhundert wurde die Quelle gezähmt und ringsherum ein kunstreicher terrassenförmiger Ziergarten angelegt, der *Jardin de la Fontaine*, und hier muß sich die Phantasie heute schon beträchtliche Mühe geben, um den Nemausus, den alten keltischen Quellgeist, heraufzubeschwören. Möglicherweise wurde die Ansiedlung des Nemausus wegen des geheiligten Charakters der Quelle zur Hauptstadt eines belgischen Stammes, der sich die Arecomischen Volkier oder Volkonen nannte. Ihr Gebiet war ungefähr das des heutigen mittelmeerischen Languedoc.

Nach dem Sieg des Oktavius über Antonius und Kleopatra siedelte sich eine Anzahl Veteranen des ägyptischen Feldzuges hier an (oder kehrte hierher zurück) und verlieh der ›Colonia Augusta Nemausensis‹ ihr exotisches Sinnbild oder Wahrzeichen, nämlich ein Krokodil, das an eine Palme gekettet ist. Im Jardin de la Fontaine steht denn auch mitten auf einer Rasenfläche eine Palme, zu deren Füßen ein Krokodil in Form eines Blumenbeetes kauert (oder vielmehr ein Blumenbeet in Gestalt eines Krokodils). Eine lustige und wirkungsvolle Spielerei.

Nach seinen Baudenkmälern zu schließen, war das südliche Gallien wahrhaftig ein Klein-Rom, wie Ausonius von Arles sagte. Es ist geradezu ein Wunder, daß sich auf diesem vergleichsweise kleinen Raum am Unterlauf der Rhône so vieles praktisch unversehrt erhalten hat. In ganz Italien gibt es kaum irgendwo eine solche Gruppe römischer Bauwerke,

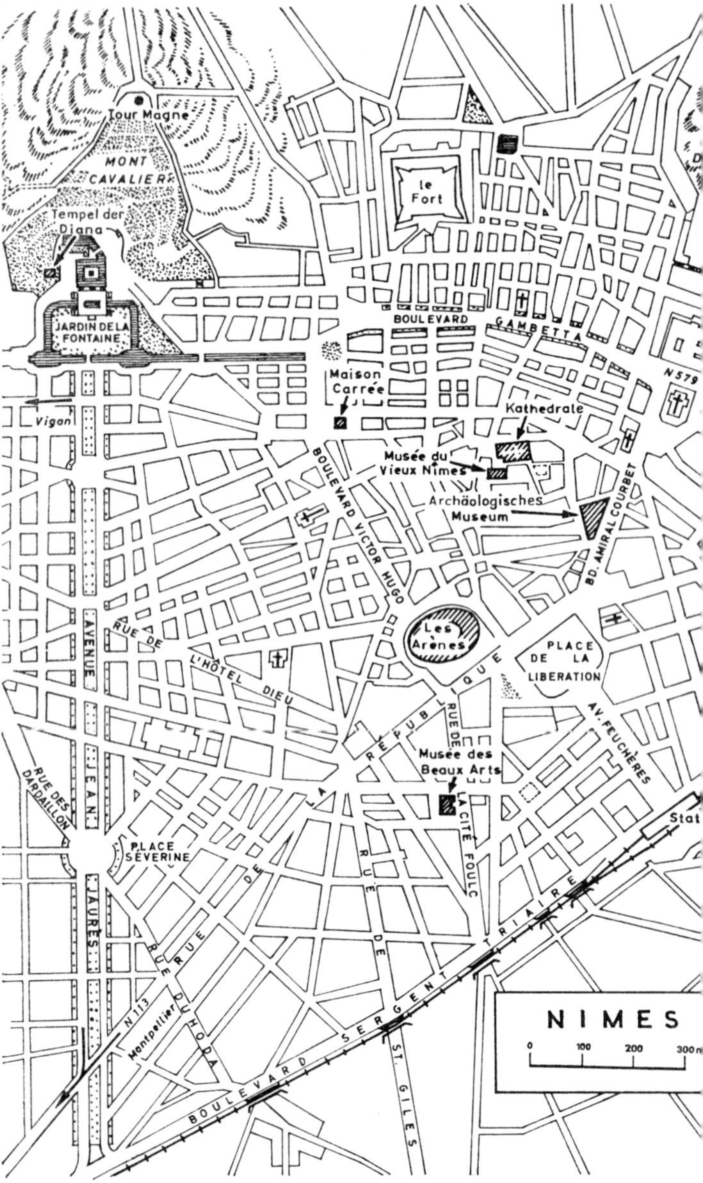
Tour Magne
MONT CAVALIER
Tempel der Diana
JARDIN DE LA FONTAINE
le Fort
BOULEVARD GAMBETTA
Maison Carrée
Vigan
Kathedrale
N 579
Musée du Vieux Nîmes
Archäologisches Museum
BOULEVARD VICTOR HUGO
BD. AMIRAL COURBET
Les Arènes
PLACE DE LA LIBERATION
AVENUE JEAN JAURES
RUE DE L'HÔTEL DIEU
RUE DE LA REPUBLIQUE
RUE DE LA CITÉ FOULC
Musée des Beaux Arts
AV. FEUCHÈRES
RUE DES DARDAILLON
PLACE SEVERINE
N 113
Montpellier
BOULEVARD SERGENT TRIAIRE
ST. GILES
NIMES
0 100 200 300

die so gut erhalten ist wie die Arena und der Tempel in Nîmes, das Theater in Orange, die Triumphbogen in Orange und St. Rémy, das Mausoleum in St. Rémy und das Aquädukt des Pont du Gard. Und dabei lassen sich alle sieben ohne Mühe an einem einzigen Tag aufsuchen. Sie liegen alle nur wenige Kilometer voneinander entfernt, in einer Landschaft, die unablässigen Wirren ausgesetzt war, zuerst den Einfällen der Barbaren und danach den endlosen, erbitterten Bürgerkriegen. Auch gab es hier nicht die endlosen Jahrhunderte trockenen Treibsandes und das völlige Fehlen jeglicher Bautätigkeit, die uns die großen Theater von Leptis Magna und Sabratha in Nordafrika gerettet haben. Diese Bauwerke hier im Languedoc haben stets und zu allen Zeiten kühn, aufrecht und weithin sichtbar über der Erde gestanden, und die Menschen hier haben Baumaterialien gewiß ebenso nötig gebraucht wie in Italien.

Les Arènes, das große Amphitheater von Nîmes, ist praktisch eine Wiederholung oder Nachbildung des Amphitheaters in Arles. Es ist um ein geringes kleiner – rein der Größe nach steht es unter den siebzig erhaltenen Amphitheatern an zwanzigster Stelle –, aber dafür besser erhalten. Seinen guten Zustand verdankt es dem Umstand, daß es schon zu Zeiten der Westgoten in eine Festung umgewandelt worden war und folglich nie zu einem Steinbruch wurde wie das Kolosseum. Im späteren Mittelalter war es das Hauptquartier einer Miliztruppe von jungen Rittern, die sich die ›Milites Castri Arenarum‹ nannte und deren Offiziere im Amphitheater selbst wohnten. Drei zugemauerte Arkaden mit kleinen Fensterlöchern an der Ostseite gegenüber dem Justizpalast lassen noch erkennen, wo sich ihre Quartiere befanden. In der Arena selbst wurde eine Kirche erbaut und dem hl. Martin, dem Soldaten-Heiligen, geweiht. Nach der Vereinigung von Nîmes mit Frankreich wurde das Amphitheater immer mehr zu einer Elendswohngegend, in der zweitausend Menschen in hundertfünfzig Häusern wohnten. Als man sie 1809 schließlich hinaussetzte, um das Amphitheater wiederherzustellen, mußte eine sieben Meter hohe Schicht von Schutt und Abfall ausgehoben und weggekarrt werden, bis man auf den Boden der Arena stieß.

Pferde- und Wagenrennen fanden in der Arena statt, aber das Hauptschauspiel waren zweifellos die Gladiatorenkämpfe, Mann gegen Mann oder Mann gegen wildes Tier. Auch heute noch wird die Arena mehrmals im Jahr wieder zu ihrem ursprünglichen Zweck verwendet; ich habe dort einmal die großen Stierkämpfe gesehen, die jedes Jahr zu Pfingsten stattfinden. Die Gladiatoren waren drei der größten Espadas Spaniens, Antonio Ordoñez, Gregorio Sanchez und Jaime Ostos. Lange vor Beginn mußte ich sechzig Francs hinlegen, um die letzte Eintrittskarte zu erwischen, die im Schleichhandel noch zu haben war. Die große Arena war bis auf den allerletzten Platz, bis ganz oben hinauf gefüllt, wo die Menschen sich um Stehplätze drängten und schubsten, ohne auf die zwanzig Meter Tiefe zu achten, die senkrecht unter ihnen lag. Auf jedem herausragenden Stück Mauerwerk saß jemand – und saß dort bereits seit frühmorgens. Der Eindruck war noch stärker, noch unmittelbarer als in Arles. Das uralte Bauwerk wurde nach einer Zwischenzeit von fünfzehnhundert Jahren wieder zu dem Zweck verwendet, für den es ursprünglich gebaut worden war, und eine antikische Atmosphäre kehrte wieder, als zwanzigtausend Menschen plötzlich den Atem anhielten und einige Sekunden lang in der Arena eine Totenstille herrschte, die urplötzlich zu einem ohrenbetäubenden Gebrüll explodierte.

Die *Maison Carrée*, so genannt, obwohl sie nicht quadratisch, sondern ein Rechteck ist, ist ein Tempel, der von Agrippa, dem Schwiegersohn des Augustus, im reinsten hellenischen Stil erbaut wurde. Er galt dem Andenken seiner zwei Söhne Caius und Lucius, ›den Prinzen der Jugend‹, und war vermutlich Jupiter, Juno und Minerva geweiht, wenn es mit dem herkömmlichen Namen ›Kapitol‹, mit dem er bis zum 16. Jahrhundert bezeichnet wurde, seine Richtigkeit hat. (In Glanum wurden bei den Ausgrabungen 1951 in einem Brunnenschacht zwei wundervolle römische Frauenköpfe gefunden, von denen einer mit Bestimmtheit als Augustus' Schwester Octavia, der andere mit großer Wahrscheinlichkeit als Julia, die Tochter des Augustus und Mutter der Prinzen, identifiziert wurde – das einzige Abbild von ihr, das wir kennen.) Der Tempel ist nicht nur, wie die meisten Kenner bestätigen werden, der schönste und besterhaltene römische Tempel, der überhaupt existiert, sondern kann es auch mit den schönsten Tempeln in Hellas und Magna Graecia aufnehmen. Daß er erhalten ist, ist um so mehr (oder wenn man es recht bedenkt, um so weniger) bemerkenswert, als er zwanzig Jahrhunderte lang ununterbrochen täglich benutzt wurde – als Versammlungsort der Bürger, als Rathaus, als Privathaus, als Stall, als Kirche und während der letzten hundertfünfzig Jahre als Museum. Die Herzogin von Uzès versuchte 1576, ihn als Familiengrabstätte zu erwerben, und ein Jahrhundert später erwog Colbert den Gedanken, ihn Stein für Stein auseinandernehmen und nach Versailles schaffen zu lassen.

Das Kapitol war der Mittelpunkt der Stadt und stand dem Forum gegenüber, von dem alle großen Hauptverkehrsstraßen ausgingen. Nîmes verdankte einen guten Teil seines Wohlstandes seiner Lage als Straßenknotenpunkt. Von hier strahlte eine Anzahl großer Straßen nach Mittelfrankreich und der Atlantik-Küste aus, und von hier machte die Via Domitia sich auf ihren langen staubigen Weg nach Spanien.

Der Tempel steht auf einem erhöhten Stylobat, und Treppenstufen führen zu einer Vorhalle, die auf kannelierten korinthischen Säulen mit doppelten Akanthus-Kapitellen ruht. Die Cella ist geschlossen, die Zwischenräume zwischen den Halbsäulen sind zugemauert. Am Hauptsims entlang läuft ein Zierfries mit stilisiertem Rankenwerk. Dies alles hat im Lauf der vielen Jahrhunderte kaum gelitten; allerdings mußten natürlich sowohl drinnen wie außerhalb allerlei mönchische Zutaten entfernt werden, als die Augustiner in der Französischen Revolution hinausgewiesen wurden und der Tempel zuerst ein Aktenspeicher für die städtischen Archive und schließlich ein Museum wurde.

Die Cella enthält eine (täglich geöffnete) archäologische Sammlung antiker Kunstwerke, die in Nîmes gefunden wurden. Sie ist klein, aber sehr gewählt. In der Mitte des Raums befindet sich ein großes Mosaik aus acht Tafeln. Mehrere der hier ausgestellten Dinge wurden bei den römischen Bauten an der Quelle des Nemausus gefunden, so der Bronzekopf und die Statue des Apollo. Die beiden bekanntesten Stücke sind die ›Venus von Nîmes‹ und der Adler-Fries, der vormals Hadrians Basilika in Plotina schmückte.

In den übrigen Museen in Nîmes habe ich, ehrlich gestanden, nicht viel gefunden, was man nicht genau so gut oder gar besser anderwärts sehen kann. Die französischen Reiseführer sind hierüber allerdings sehr verschiedener Meinung: der Guide Bleu erklärt, man brauche für den Besuch der Stadt einen ganzen Tag, der Guide Michelin findet, daß eineinhalb Stunden genug sind. Ich selbst würde sagen: zwei Stunden. Trotzdem und anscheinend paradoxerweise ist Nîmes so absolut unerläßlich und unausweichlich, wie es nicht einmal Arles ist, aus dem einfachen Grund, weil es zwei Meisterwerke klassischer Baukunst enthält, an denen kein Reisender, so eilig er auch nach der Riviera unterwegs sein mag, vorübergehen darf, wenn er sie noch nie gesehen hat. Wenn er sie gesehen hat, dann hat er so ungefähr alles gesehen. Arles hingegen, das keine Glanzstücke wie diese beiden Bauten aufzuweisen hat, läßt sich in weniger als zwei oder drei Tagen nicht wirklich genießen. Wenn man in Nîmes die Maison Carrée und die Arena betrachtet hat, bleibt einem kaum mehr etwas zu tun, außer einem Spaziergang in den Gärten bei der Quelle, während in Arles St. Trophime und sein Kreuzgang allein zwei oder drei Stunden erfordern, und das Museon Arlaten noch einmal so viel.

Nîmes war der Hauptsitz und die Hauptstadt der Hugenotten, und seine *Kathedrale* wurde in den Religionskriegen zweimal zerstört, zum erstenmal 1567, als die Hugenotten die ortsansässigen Katholiken niedermachten, und das zweite Mal im Jahr 1621. Sie ist größtenteils im 19. Jahrhundert neu erbaut worden. Von dem romanischen Fries an der Fassade sind nur die acht Szenen aus der Genesis noch die ursprünglichen. Die anderen sind spätere Kopien.

Neben der Kathedrale, im vormaligen Bischofspalast, befindet sich das *Musée du Vieux Nîmes* (sonnabends und Sonntag nachmittags geschlossen), das Trachten, Kostüme, Möbelstücke, Töpfereien, Geschirr und Muster feinster Stoffe – Wolle und Seide – enthält, für die Nîmes stets berühmt gewesen ist. Zwei Räume sind den Stieren gewidmet, einer den spanischen Stierkämpfern und der andere den Stieren der Camargue; hier kann man Muster der Dreizacks der Gardians und ihre eigentümlichen, käfigartigen Steigbügel sehen, sowie die Rosetten, ihre Befestigungsarten und die kammartigen Klauen, mit denen die Kämpfer versuchen, sie den Stieren von den Hörnern zu reißen.

Das *Archäologische Museum* (Sonntag vormittags geschlossen) enthält ein höchst lebendiges Mosaik des Bellerophon, wie er auf dem Pegasus reitet und die Chimäre tötet. Das Museum wird zur Zeit umgestaltet und reorganisiert. Der erste Stock enthält eine gut aufgestellte und gut beleuchtete Sammlung von Gebrauchsgegenständen, die das tägliche Leben in einem gallisch-römischen Haushalt veranschaulichen – Toilettengegenstände, Spielzeug, Spiele, Kochgeräte, Schreibmaterialien, Parfümflaschen aus Glas und ähnliches. Im Mittelraum des *Musée des Beaux-Arts* (dienstags geschlossen) ist ein prachtvolles gallisch-römisches Mosaik zu sehen, das 1883 unter dem Marktplatz gefunden wurde und vermutlich die Hochzeit des Admetus darstellt. In der Gemäldegalerie sind überdies einige Watteaus, Lancrets und Bouchers, sowie Rodins Büsten von Clemenceau und Dalou zu finden.

Die Ruine des *Tempels der Diana* ist nahezu alles, was von den römischen Bauten bei der Quelle, wo sich früher ein Nymphäum, Bäder und ein Theater befanden, noch übrig ist. Auf der Höhe des Mont Cavalier, der sich hinter der

Quelle erhebt, steht die *Tour Magne*. Niemand scheint genau zu wissen, was ihr Ursprung oder ihr Zweck war, aber alle sind sich darin einig, daß dies das älteste römische Baudenkmal in Gallien ist. Es kann ein Wachtturm gewesen sein, ein Fort, ein Grabmal oder auch eine ›Trophäe‹ wie die in La Turbie. Im Jahr 1601 wäre der Tour Magne um ein Haar ein absurdes Mißgeschick widerfahren. Ein Gärtner namens Traucat, der sich nebenher mit Archäologie befaßte, war überzeugt, daß im Fundament des alten römischen Turms ein Schatz verborgen sei. Diese Überzeugung wurde zu einer Besessenheit, als er in den Prophezeihungen des Nostradamus las, ein Gärtner werde durch die Entdeckung eines vergrabenen Schatzes berühmt werden. Er gab keine Ruhe, bis er von König Heinrich IV. Erlaubnis erhielt zu graben; allerdings mußte er die Kosten der Ausgrabungen selbst bezahlen, und zwei Drittel des Schatzes, falls Traucat ihn fand, sollten der Krone gehören. Der Gärtner grub, aber noch ehe sich ein Schatz fand, begann der Turm bedrohlich zu schwanken und Risse aufzuweisen. Die Grabungen wurden eiligst eingestellt, ehe er einstürzte. Der ruinierte Schatzsucher kehrte zu seiner Gärtnerei zurück. Nostradamus im nahen St. Rémy mußte wohl etwas anderes gemeint haben. Eine Treppe mit hundertvierzig Stufen führt hinauf zu einem Umgang, der dreißig Meter hoch ist und früher noch zehn Meter höher war. Man hat von hier oben eine sehr schöne Aussicht und kann angeblich, an klaren Tagen, die Pyrenäen sehen.

Die *Quelle* schießt aus dem Fuß des Mont Cavalier in ein tiefes Becken mit strahlend klarem Wasser, auf dessen Grund grünes Blattwerk schimmert. Dicke Goldfische kommen eiligst herzugeschwommen, um etwaige Brotkrümel zu schnappen, und Schwäne ziehen anmutig zwischen ihnen hin. Von hier aus wird das Wasser in eine Anzahl weiterer Bekken geleitet. Überall in den Gärten stößt man auf Terrassen und Balustraden, Urnen und Statuen. Das Ganze wurde im 18. Jahrhundert von einem gewissen Mareschal, dem Festungsbaumeister des Languedoc, geschaffen, dessen ursprünglicher grandioser Plan nicht nur die Anlage dieser Gärten vorsah; er wollte den ganzen Mont Cavalier bis hinauf zur Tour Magne in Terrassen aufgliedern und bepflanzen. Als die Arbeiten jedoch bereits zehn Jahre im Gang waren, anstatt der vorgesehenen drei, bewilligten die beunruhigten Bürger keine Gelder mehr, so daß nur der Garten und die erste Terrasse vollendet wurden.

Die Quelle des Nemausus erwies sich bald als unzureichend, um die wachsende Stadt mit Wasser zu versorgen, und Agrippa baute folglich im Jahr 19 v. Chr. ein fünfundvierzig Kilometer langes Aquädukt, um von den Quellen der Eure in der Nähe von Uzès quer über die Garrigues Wasser heranzuführen. Die *Garrigues* sind charakteristisch für das Languedoc. Sie sind niedrige, mit Höhlen durchsetzte Kalksteinhügel, die mit einer sehr dünnen Erdschicht bedeckt sind – eine typische Karstbildung. Sie waren in früheren Zeiten mit Steineichen und Aleppo-Kiefern bedeckt; aber es wurde Holz gebraucht, um die Städte zu erbauen, und als sie erbaut waren, um sie zu heizen, so daß die Garrigues durch die Abholzung allmählich zu einem Maquis wurden, bestehend aus spärlicher Zwergeiche, Buchsbaum, Wacholder, Zistrose, Ginster und aromatischen Pflanzen wie Rosmarin, Thymian und Lavendel. Die Flußläufe haben tiefe Schluchten in den Kalkstein eingegraben, und über eine solche Schlucht, das Flußbett des Gard oder Gardon, mußte Agrippas Wasserleitung hinübergeführt werden. Das Problem wurde mit dem Bau der großen Brücke gelöst, die wir heute als den Pont du Gard kennen.

Künstler, Archäologen und Baumeister sind sich darin einig, daß der *Pont du Gard*, dessen gelber Stein sich flimmernd hell gegen den blauen Himmel abhebt, den Fluß überspannt und beiderseits in den Wäldern verschwindet, eine der ganz großen Sehenswürdigkeiten Frankreichs ist. Tief drunten tummeln sich Badende und Ruderboote in den blauen Wassern des Gard, denn die Brücke ist ein beliebter

Ausflugsort. Es gibt ganz in der Nähe zwei Hotels und auch ausgedehnte Zeltlager-Gelände unter den Kiefern. Den besten Blick auf die Brücke hat man aus einer Entfernung etwa zwei- bis dreihundert Meter stromaufwärts vom rechten Ufer, in der Nähe des Eingangs zum Château de St. Privat.

Die Brücke besteht aus drei aufeinander gestellten Bogenreihen; die beiden unteren Stockwerke stehen genau aufeinander, während das oberste aus fünfunddreißig kleineren Bogen besteht, etwa je drei auf jedem der großen Stützbogen. Die Brücke ist fünfundfünfzig Meter hoch und dreihundert Meter lang, und auf ihrer Höhe läuft der Wasserleitungskanal entlang. Wer sich vor großen Höhen nicht fürchtet und nicht leicht schwindlig wird, kann oben entlanggehen. Um hinauf zu gelangen, folge man dem mit roten Pfeilen bezeichneten Fußpfad, der sich die bewaldete Anhöhe auf dem Ostufer hinaufschlängelt. Nachdem man zum Westufer hinübergegangen ist, klettert man eine Wendeltreppe hinab und einen zweiten rot bezeichneten Fußweg entlang, der unten in der Nähe der Straßenbrücke herauskommt.

Die riesigen Steinquader des Aquädukts, von denen einige sechs Tonnen wiegen, sind ohne Mörtel oder Zement oder sonstige Bindemittel zusammengefügt, nur die oberste Bogenreihe ist aus Backsteinen; und es spricht in der Tat für das Können der römischen Baumeister, daß der Pont du Gard nicht längst eingestürzt ist. Denn zu Beginn des 16. Jahrhunderts wurden die Stützpfeiler des zweiten Bogengeschosses zur Hälfte weggeschnitten, damit Packpferde die Brücke überqueren konnten, und als man sie 1747 wiederherstellte, klebten die Baumeister an die Brücke selbst in der Höhe des ersten Stockwerkes noch eine Straßenbrücke an, so daß die römische Brücke heute vom Auto- und Lastwagenverkehr, der zwischen Nîmes und Uzès hin- und herrollt, unablässig erschüttert wird.

Die historische Stadt *Uzès* liegt nur etwa fünfzehn Kilometer vom Pont du Gard entfernt, und wer ein wenig Zeit hat, sollte diesem ›Ersten Herzogtum Frankreichs‹ einen Besuch abstatten. Es ist ein edler, trutziger Anblick, wenn man an einem schönen Sommertag darauf zufährt, wie es da auf seiner kleinen Anhöhe liegt mit seinen himmelwärts ragenden Türmen, von deren höchstem des Herzogs weiße Standarte flattert. Enge Arkadengassen und alte Adelspaläste drängen sich dicht um das Schloß.

Der *Duché*, wie das Schloß heißt, ist für Besucher täglich geöffnet. Er ist um einen Donjon aus dem 12. Jahrhundert herumgebaut, und ein Besuch lohnt sich schon allein wegen der herrlichen Renaissance-Fassade, die angeblich im Auftrag des ersten Herzogs 1563 von Philibert Delorme geschaffen wurde. Der aus dem 12. Jahrhundert stammende, runde, vielfenstrige, sechsstöckige Kampanile der St. Theodorit-Kathedrale, die *Fenestrelle*, ist in Frankreich einzig in seiner Art, wiewohl er in Norditalien nicht ungewöhnlich ist.

Der Maler Nicolas Froment, genannt ›von Avignon‹, wurde in Wahrheit hier in Uzès geboren, und Racine verbrachte als junger Mann zwei Jahre hier, um bei seinem Onkel, dem Generalvikar, Theologie zu studieren. Das Verschen, mit dem er der satten, behäbigen kleinen Philister-Stadt Lebewohl sagte, lautete:

Adieu, ville d'Uzès, ville de bonne chair,
Où vivraient vingt traiteurs, où mourrait un libraire.

(Lebe wohl Uzès, du Stadt, in der gut aufgetischt wird, wo zwanzig Gastwirte leben könnten und ein Buchhändler verhungern würde.)

MONTPELLIER
0 100 200 300 400 500m
RUE AUGUSTE BROUSSONNET
N586 Ganges
Quissac
BOUL. PASTEUR
BOUL. LOUIS BLANC
Jardin des Plantes
R. DU FAUB. ST. JAUMES
BOULEVARD HENRI IV
Kathedrale St. Pierre
RUE DE L'UNIVERSITÉ
Musée Fabre
Lycée
RUE DU CARRÉ DU ROI
RUE PITOT
PROMENADE DU PEYROU
Porte du Peyrou
RUE FOCH
RUE CLAPIES
RUE DE LA VALFÈRE
BOUL. LEDRU-ROLLIN
RUE ST. GUILHEM
RUE DE LA LOGE
Rue des Trésoriers de France
RUE JACQUES CŒUR
BOUL. SARRAIL
R. DE L'ARGENTERIE
GRANDE RUE JEAN MOULIN
PL. DE LA COMÉDIE
RUE DU FAUBOURG DE COURREAU
BOUL. DU JEU DE PAUME
Lodève Lavérune
COURS GAMBETTA
RUE MAGUELONE
R. DE LA RÉPUBLIQUE
RUE DU GRAND ST. JEAN
RUE CHAPTAL
Béziers
N113

Montpellier

Montpellier ist einzigartig unter den Städten des mittelmeerischen Frankreich: es hat keine antike Geschichte. Nicht die geringste Spur von Kelten, Griechen, Römern. Die Stadt ist eine Gründung nicht des Altertums, sondern des Mittelalters. Der Grund liegt fünf Kilometer entfernt, in südwestlicher Richtung. Dort lag im Altertum auf einer Nehrung eine blühende kleine Stadt namens Maguelone, aus dem phokäischen Magalona und der römischen Siedlung Substantio hervorgegangen, die schon im 3. Jahrhundert ein Bistum war. Karl Martell entriß sie 737 den Sarazenen und zerstörte sie hierbei so gründlich, daß ihre christlichen Bewohner sich landeinwärts nach einem geeigneteren, besser zu verteidigenden Platz umsahen. Ein niedriger ovaler Sandhügel, der vermutlich den Namen Mons Pessulus oder Pessulanus trug, sich gut befestigen ließ und inmitten fruchtbaren, wasserreichen Bodens lag, bot bessere natürliche Voraussetzungen als der nackte und unfruchtbare Basalt von Maguelone, und hier entstand die befestigte Stadt Montpellier, die erst im 10. Jahrhundert zum erstenmal urkundlich erwähnt wird. Für südfranzösische Begriffe eine ›neue‹ Stadt, kaum tausend Jahre alt, gehört Montpellier dennoch zu den traditionsreichsten Städten Frankreichs. Denn es besitzt eine der ältesten und ruhmreichsten Universitäten des Abendlandes. Heute hat die Stadt etwa hunderttausend Einwohner; von ihnen sind zwölftausend Studenten, und von diesen wiederum ist ein gutes Zehntel Ausländer. Montpellier ist ganz ausgesprochen eine Stadt der jungen Menschen.

Mittelpunkt der Stadt ist die *Place de la Comédie*, so genannt nach dem Theater, das an einer Seite des Platzes steht. Hier läßt sich auf der Terrasse eines der vielen Cafés gut sitzen, den schönen Brunnen der Drei Grazien aus dem 18.

Jahrhundert in der Mitte des Platzes bewundern und der quirlenden Menge junger Menschen zuschauen, die sich auf der Suche nach Wissen aus allen Weltgegenden hier versammeln – Europäer, Afrikaner, Araber, Inder, Indochinesen, Nordamerikaner, Südamerikaner – und allesamt das gleiche tun wie man selbst, nämlich über einer Tasse Kaffee oder einem Glas Bier sitzen und schwatzen und diskutieren. Leicht kann einem dabei der Gedanke kommen, daß ein Treffpunkt wie Montpellier vielleicht wertvoller für den Weltfrieden ist als so manche andere, wesentlich kompliziertere und kostspieligere Organisation.

Die Place de la Comédie öffnet sich an der Nordseite auf die breite, schnurgerade Esplanade, die über einen Kilometer lang und mit vier Reihen Platanen bestanden ist. Sie folgt dem Verlauf der alten Stadtwälle, die 1622 nach der Eroberung der Stadt von Ludwig XIII. geschleift wurden, und rechter Hand grenzt eine sehr hübsche Garten- oder Parkanlage mit einem See an sie an, eine Verschönerung des vormaligen Marsfeldes oder Paradeplatzes. Dahinter wiederum erhebt sich die *Zitadelle*, die Ludwig XIII. um die gleiche Zeit erbaute, als er die Stadtwälle niederriß, um die rebellische protestantische Bevölkerung in Schach zu halten. (Toulouse, Carcassonne und Beaucaire waren damals praktisch die einzigen katholischen Städte des Languedoc. »Pater Bourdaloue«, schrieb Madame de Sévigné 1685 in einem Brief, »begibt sich auf Befehl des Königs nach Montpellier, um dort und in der Umgegend zu predigen, wo so viele Menschen übergetreten sind, ohne zu wissen, warum. Der Pater Bourdaloue wird es ihnen beibringen und gute Katholiken aus ihnen machen.«) In der Zitadelle befindet sich heute das Lycée. Auf der Westseite liegt die Altstadt von Montpellier, die Jahrhunderte lang die Hauptstadt des Unteren Languedoc war. Damit ist der Landstrich bezeichnet, der sich von der Rhône hinab, an Narbonne vorbei, zwischen den Cevennen und dem Meer erstreckt. Die Hauptstadt des Oberen Languedoc ist Toulouse.

Das Languedoc dürfte unter den französischen Landschaften insofern eine Besonderheit sein, als hier eine Gegend nach ihrer Sprache genannt ist, anstatt umgekehrt. Im Mittelalter sprach Nordfrankreich die ›langue d'oïl‹, in der das Wort für ja ›oïl‹ war, während man in Südfrankreich die ›langue d'oc‹ sprach, in der ja ›oc‹ hieß. Die Langue d'oc war die Sprache, in der die Troubadours schrieben und sangen. Sie wurde am Hof der Hohenstaufen in Palermo gesprochen, und Dante erwog ernstlich, ob er nicht die Göttliche Komödie in ihr schreiben solle. (Die Adjektivform von ›langue d'oc‹ ist ›languedocien‹, und diese Form wird nicht nur auf die Sprache, sondern auch auf die Bevölkerung des Languedoc angewendet.) Mit der Einigung Frankreichs vom Norden her wurde die Langue d'oïl die offizielle Staatssprache, während die Langue d'oc in eine Anzahl von Dialekten und Mundarten zerfiel – in Frankreich in das Provenzalische, das Nizzaer Patois und den Dialekt des Limousin, in Spanien in das Katalanische und die Mundarten von Mallorca und Valencia. Frédéric Mistral und die Dichter des Félibrige bemühten sich, sie wieder zu beleben (und fanden gerade in Montpellier einen besonders starken Widerhall), und sie hält sich noch heute als offizielle Sprache in der kleinen katalanischen Republik Andorra lebendig.

Montpellier verdankte sein rasches Wachstum der Tatsache, daß es ein Umschlagplatz an der römischen Via Domitia war, die von Nîmes nach Narbonne und den Pyrenäen und später zu der großen Pilgerstraße von St. Gilles nach Santiago de Compostela führte. Seit 1141 mit den Privilegien einer Stadt ausgestattet, blühte es vor allem als Einfuhrplatz für Gewürze, und die Handelsverbindungen seiner Kaufleute, die sich über Italien und die ganze Levante erstreckten, überflügelten sogar die von Marseille. Aber als Marseille im 15. Jahrhundert von Frankreich annektiert wurde, welkte sein Handelsleben rasch dahin und erstarb schließlich.

Die Gewürzkaufleute hatten sich jedoch schon seit langem mit den Heilkräften und therapeutischen Eigenschaften ihrer exotischen Waren beschäftigt; einige von ihnen hatten die Schriften des Galenus und des Hippokrates studiert und schon um das Jahr 1100 oder noch früher begonnen, Schüler in der medizinischen Wissenschaft heranzubilden. Eine große Hilfe waren ihnen hierbei natürlich ihre Verbindungen zu Arabern und Juden, mit denen sie Handel zu treiben gewohnt waren. Zu Beginn des 13. Jahrhunderts taten sich diese Lehrer zu einer Universitas Medicorum zusammen, der Vorläuferin der berühmten Medizinischen Fakultät. Fakultäten der Philosophie und der Rechtswissenschaften kamen bald hinzu, und 1292 wurde die Universität Montpellier, die drittälteste Frankreichs nach Paris und Toulouse, durch eine Bulle Papst Nikolaus' IV. anerkannt. Als Montpellier aufhörte, eine bedeutende Handelsstadt zu sein, war es bereits zu einer Stätte der Gelehrsamkeit geworden und ist es bis heute geblieben.

Petrarca ist der erste große Dichtername in den Annalen dieser altberühmten Universität. Er studierte hier um 1320 die Rechtswissenschaften. Zweihundert Jahre später kam François Rabelais (1494–1553) aus seiner heimatlichen Touraine nach Montpellier, vorerst als Student der Medizin, einige Jahre darauf (1537), um hier seinen Doktorhut zu empfangen, 1538 nochmals für kurze Zeit als Professor. Zusammen mit anderen Medizinern führte er hier, auf dem kleinen Platz an der Kreuzung der Rue de la Loge, der Grande-Rue und der Rue Jacques Cœur, die Farce ›La Femme Muette‹ (Die stumme Frau) auf – die Studenten errichteten an dieser Stelle häufig eine improvisierte Bretterbühne unter freiem Himmel und spielten auf ihr alle möglichen Komödien – und er hat uns im fünften Kapitel des ersten Buches seines ›Pantagruel‹ nicht nur die Handlung dieses Stückes, sondern auch die Namen der Kollegen seines Verfassers überliefert, zu denen der berühmte Medizinprofessor Guillaume Rondelet, der Verfasser einer ›Geschichte der Fische‹, gehörte. Auch der große Astrologe der Provence, Michel Nostradamus (1503–1566), studierte hier Medizin und erhielt seinen Doktorhut im gleichen Jahr 1530, in welchem Rabelais seine Studien begann. An kaum einem Ort Europas, außer vielleicht in Oxford oder Bologna, vermögen allein schon einige Namen mit solch voller Lebenskraft das buntbewegte geistige Leben einer spätmittelalterlichen Universität heraufzubeschwören. Rabelais und Nostradamus als Medizinstudenten in Montpellier kann man sich vorstellen; sie sind geradezu greifbare Wirklichkeit.

Es gibt in Montpellier keine mittelalterlichen Kirchen, denn mit Ausnahme des restaurierten *Mittelschiffs der Kathedrale* sind sie in den Religionskriegen des 16. Jahrhunderts, die hier so wütend tobten wie nur irgendwo im Midi, sämtlich zerstört worden. (Gleichsam zur Entschädigung gibt es in Montpellier jedoch eine interessante moderne Kirche, die wegen ihrer Fenster und ihrer Mosaiken bemerkenswert ist, nämlich *Ste. Thérèse de l'Enfant Jésus*, in der Avenue d'Assas im Nordwesten der Stadt. Man fahre zwischen dem Peyrou und dem Jardin des Plantes entweder die Rue Pitot oder die Rue du Carré du Roi entlang). Baukünstlerisch gesehen, ist Montpellier eine Schöpfung des Grand Siècle. Nach der Wiederherstellung des Friedens 1622 wetteiferte die Zahl der Adelspaläste sehr bald mit denen von Aix, denn um diese Zeit wurde der Sitz der Generalstände endgültig von Pézenas hierher verlegt. Die Ständeversammlung setzte sich aus zweiundzwanzig Prälaten, der gleichen Anzahl Barone und vierundvierzig Deputierten der Städte zusammen. Die meisten dieser großen Herren fühlten sich natürlich verpflichtet, sich in Montpellier prunkvolle Stadthäuser zu bauen.

Die Hôtels oder Stadtpalais von Montpellier üben auf den flanierenden Spaziergänger nicht die gleiche Anziehungskraft aus wie die von Aix, da viele von ihnen eher arabischen Palästen ähneln und der Straßenseite eine glatte Außenwand zukehren. Man tritt durch die Haupttür ein, geht durch einen überwölbten Durchgang zum mittleren Innenhof und erblickt erst dann die Fassade selbst, die häufig einen großen freskengeschmückten Treppenaufgang abschließt, welcher die gegenüberliegende Seite dieses Innenhofes ausfüllt. Besonders sehenswerte Hôtels finden sich in den folgenden Straßen: Rue de l'Argenterie in der Nähe des Hôtel St. Côme (die Häuser Nr. 3 und 8), Rue de Valfère (Nr. 5 und 6), Rue Jacques Cœur (Nr. 4 und 16) und Rue de Cannan (Nr. 1, 3, 6 und 8). Das Haus Nr. 8, das Hôtel Deydé, wurde von dem bedeutenden Architekten Daviler geschaffen und ist charakteristisch für den neuen Stil, den er 1691 bei seiner Rückkehr in seine Heimatstadt Montpellier einführte.

Die Adelspaläste Montpelliers des 17. Jahrhunderts waren in hohem Maß vom italienischen Einfluß beherrscht; viele von ihnen weisen eine starke Familienähnlichkeit mit den Palazzi Roms und Genuas auf. Säulen, Pilaster und Gesimse waren die große Mode. Kunstvolle Stuckverzierungen rahmten allegorische Gemälde von einheimischen Künstlern wie Antoine und Jean de Troy ein. Mit dem Eintreffen Davilers verschwanden die klassischen Säulenordnungen und machten abgeflachten Bogen (nach ihm ›davilertes‹ genannt) und einem leichteren, lockeren Stil Platz. Das Hôtel Deydé ist eines der frühesten Beispiele dieses neuen Stils. Charakteristisch für den älteren Stil hingegen ist das schöne Hôtel St. Côme, das an einem kleinen Platz knapp westlich der Grand-Rue Jean Moulin steht. Es wurde ursprünglich für das Chirurgen-Collegium gebaut und ist heute die Handelskammer; man kann es folglich ohne weiteres betreten, wie auch das Hôtel Richer-Belleval, das jetzt das Rathaus ist. Die meisten dieser Palais kann man im allgemeinen ohne große Schwierigkeiten betreten, wenn man dem Portier ein Trinkgeld gibt, denn sie sind heute fast alle in Büros und Wohnungen aufgeteilt.

Das *Hôtel Lunaret* in der Rue des Trésoriers de la France Nr. 5 lohnt ganz besonders einen Besuch. Es hat eine Fassade aus zwei aufeinandergesetzten Kolonnaden, die auf den Innenhof gehen, und ein prachtvolles Treppenhaus mit einem Deckengemälde von Jean de Troy, das die Entdeckung der Wahrheit durch die Gerechtigkeit darstellt. Es ist in ein Archäologisches Museum umgewandelt worden und enthält außer frühgeschichtlichen Schätzen auch Muster heimischer Volkskunst und Folklore.

Der Stolz und das Prunkstück von Montpellier ist das *Musée Fabre*, das nach Ansicht französischer Kenner nicht nur die beste Gemäldegalerie des Midi ist, sondern unter den französischen Provinzgalerien nur dem Musée des Beaux-Arts in Lille nachsteht. Es ist leicht zu finden, denn ein kurzes Stück den Boulevard Sarrail hinauf (der an der Esplanade entlang läuft) weist ein Schild mit der Aufschrift ›Musée Fabre‹ in die Rue Montpellieret. Das Museum befindet sich in dem vormaligen Hôtel de Massilian, in dem Molière im Winter 1654–1655 ein Gastspiel gab und zum erstenmal das Ballett ›Les Incompatibles‹ aufführte.

Der Ursprung des Museums ist ausgesprochen romantisch. Der Maler François-Xavier Fabre, ein Schüler Davids, befand sich bei Ausbruch der Französischen Revolution in Rom und beschloß klugerweise, dort zu bleiben. In Rom hatte er das Glück, der Nachfolger des verstorbenen Dichters Ottavio Alfieri (1749–1803) in der Gunst der Gräfin von Albany zu werden, der Witwe des Charles Edward Stuart, des in der Verbannung lebenden Sohnes des englischen Kronprätendenten, den die Jakobiten Jakob III. von England nannten. Mitsamt Alfieris beinahe-königlicher Herzensdame erbte er auch seine unermeßlich wertvolle Sammlung von Gemälden und Büchern. Der Dichter hatte alles der Gräfin hinterlassen, und sie hinterließ es zu gegebener Zeit Fabre. Er kehrte nach der Wiederherstellung der französischen Monarchie nach Montpellier zurück und machte 1825 diese großartige Sammlung seiner Heimatstadt zum Geschenk. Andere freigebige Vermächtnisse, wie die Sammlungen Valdau, Bruyas und Bazille, kamen mit der Zeit hinzu. Die reichhaltigen Albany- und Alfieri-Bibliotheken, die Fabre ebenfalls der Stadt übergab, befinden sich in der Bibliothèque de la Ville, der Stadtbibliothek, gleich nebenan, an der Ecke des Boulevard Sarrail.

Das Erdgeschoß dieses herrlichen Museums enthält hauptsächlich Skulpturen, wenngleich einige Säle den Werken

Fabres und Alexandre Cabanels gewidmet sind, der gleich Fabre aus Montpellier stammte. Hier ist ein ganzer Raum voller Houdons zu sehen, darunter auch die berühmten Marmorstatuen ›Sommer‹ und ›Winter‹ (letztere den Franzosen besser bekannt als ›La Frileuse‹, was sowohl das fröstelnde Mädchen wie das Kopftuch bedeutet, das sie trägt). Unter seinen Marmor- und Terrakottabüsten befinden sich die Köpfe Voltaires, Jean-Jacques Rousseaus und Benjamin Franklins. In Glaskästen rings um die Plastiken von Maillol, Bourdelle und Despiau ist eine ganze Menagerie von kleinen Bronzetieren von Barye zu sehen.

Der erste Raum, den man die Treppe hinauf im Oberstock betritt, ist der modernen Malerei gewidmet. Utrillo und Othon Friesz sind besonders gut vertreten. Auch hängt hier ein interessanter früher Matisse und ein reizvolles Selbstbildnis von Berthe Morisot. Für mich ist das hervorragendste Bild dieses Raums jedoch das ›Porträt der Madame X‹, eine Gouache von Caillebotte. Anschließend an den Raum der Modernen kommt man in die Salle Bazille, die acht Bilder von Frédéric Bazille zeigt, einem jungen Mann aus Montpellier, der ein Freund der Impressionisten war und in ihren Reihen im ›Jeu de Paume‹ vorkommt. Er fiel neunundzwanzigjährig im Krieg von 1870. Zwei oder drei seiner Bilder, zum Beispiel ›Die Negerin mit den Päonien‹, die ›Ansicht von Castelnau‹ und ›Die Toilette‹ lassen ihn als hoffnungsvollen Maler ahnen.

Der anschließende Saal enthält die wundervolle Sammlung Alfred Bruyas. Bruyas war ein reicher und kenntnisreicher Kunstsammler und außerdem ein persönlicher Freund der besten Maler seiner Zeit; zudem hatte dieser rotbärtige Mann anscheinend eine geradezu narzißtische Leidenschaft, sich malen zu lassen (einmal ließ er sich von Verdier sogar als Christus mit einer Dornenkrone abbilden). Im Musée Fabre hängen nicht weniger als siebzehn Porträts von ihm, sieben davon an den Wänden der Galerie Bruyas, davon eines von Delacroix, zwei von Glaize und vier von Courbet, der ihn wie eine seltsame Kreuzung aus Garibaldi und D. H. Lawrence dargestellt hat. Die Glanzstücke der Sammlung, wenn nicht gar des ganzen Museums, sind unzweifelhaft die dreizehn Courbets und acht Delacroix. So hängt hier Courbets berühmtes Selbstbildnis ›Der Mann mit der Pfeife‹ und das herrlich ausgeleuchtete Baudelaire-Porträt. Und vor allem das lustigste und vergnügteste aller Bilder ›Die Begegnung‹, auch ›Bonjour, Monsieur Courbet‹ genannt, auf welchem Courbet mit kühn vorgestrecktem Bart, seinen großen Wanderstab in der Hand und seine Malsachen auf dem Rükken, eine Landstraße entlangwandert – und wem begegnet? Natürlich Alfred Bruyas. Andere Meisterwerke in diesem mit Meisterwerken vollgestopften Raum sind Delacroix' ›Mulattin‹, Ingres' ›Stratonice‹, eines seiner letzten Werke, ein ganz unidealisiertes Byron-Porträt von Géricault und ein ›Bildnis des Monsieur Joubert‹ von J.-L. David, dessen Maltechnik eigentümlich modern anmutet.

Von den französischen Malern des 19. Jahrhunderts gehen wir – räumlich vorwärts, zeitlich rückwärts – weiter zu einem großen überfüllten Saal mit französischer Malerei des 18. Jahrhunderts. Wenige der Bilder in diesem Raum sind allerersten Ranges, aber direkt neben der Tür hängt immerhin Madame Vigée-Lebruns Porträt der jungen Großfürstin Elisabeth Alexejewna, das im Vergleich mit den zehn kränklichen Greuzes, die sich zwischen die Vernets und Natoires an den überfüllten Wänden zwängen, in seiner Ehrlichkeit und Aufrichtigkeit ganz besonders triumphiert. Es zeigt ein schlankes blondes Mädchen, in kühles Weiß und Grau gekleidet, das sich gegen ein rotes Kissen lehnt, den einzigen lebhaften Farbfleck in dem ganzen Bild, und ist von einer atemraubenden Schlichtheit und Einfachheit.

Von hier gelangen wir in die eigentliche Galerie Fabre, die hauptsächlich aus italienischen Gemälden der Alfieri-Sammlung besteht. Sie spiegeln begreiflicherweise den Geschmack Alfieris und seiner Zeit wider, der nicht der unsere war – Carlo Dolci, Salvator Rosa, Guercino, Guido Reni und ähnliches. Aber unter ihnen findet sich auch eine prächtige ›Mystische Hochzeit der hl. Katharina‹ von Paolo Veronese, ein ungewöhnlich sadistisches ›Massaker in Hippo‹ von Palma Giovane und ein bezauberndes Bild der Lombardischen Schule, auf dem Leda mit erhobenem Finger den Schwan daran erinnert, daß er versprochen hat, sich wie ein wohlerzogener Herr zu benehmen. Auch war ich gerührt, an einem florentinischen Gemälde noch die Beschriftung ›Ecole d'Amico di Sandro‹ zu entdecken, ein schattenhafter Maler, den Bernard Berenson erfand und dann selbst in den zwanziger Jahren wieder vernichtete. (Ich erinnere mich, daß die gelehrten Witzbolde in Florenz zu jener Zeit alle möglichen Maler mit Namen wie ›Amico d'Ignoto‹ und ›Amico di Nessuno‹ erfanden.) Unter den französischen Gemälden fallen ein Porträt Fontenelles von Rigaud und ein Selbstbildnis von Largillière auf. Wenn man mir jedoch sagte, ich dürfe aus der Galerie Fabre ein Bild mitnehmen und es behalten, so würde ich keinen der Italiener oder Franzosen nehmen, sondern einen entzückenden Zurbaran an der linken Wand des Vorraums. Auf ihm trippelt eine vergnügte, schnippische kleine hl. Agathe über die Leinwand und trägt ihre Brüste, die Symbole ihres Martyriums, auf einer Schüssel vor sich her, gerade als sei sie eine Kellnerin, bei der man zwei halbe Zitronen bestellt hat. Eine Folge von kleinen Räumen links vom Vorraum enthält die Valedau-Schenkung von 1836, hauptsächlich flämische, holländische und deutsche Bilder, darunter zwei Breughels und neun Teniers.

Von der Nordwestseite der Place de la Comédie läuft die Hauptverkehrsstraße der Stadt, die Rue de la Loge (wo früher die Grande Loge des Marchands stand) zur Place des Martyrs de la Résistance, und von dort geht im stumpfen Winkel nach links die Rue Foch ab, die an der *Porte du Peyrou* endet, dem großen Triumphbogen, den Daviler 1691 zum Gedenken der Triumphe Ludwigs XIV. errichtete. Die Flachreliefs stellen Ludwigs Siege über die Engländer und Österreicher, die Eroberung von Namur und die Aushebung des Canal des Deux Mers dar, sowie seine ärgste Tölpelei, die Aufhebung des Edikts von Nantes. Jenseits des Triumphbogens befindet sich der Eingang zum *Peyrou*, einer breiten, erhöhten Promenade, die den höchsten Punkt von Montpellier krönt. Sie wurde von Daviler begonnen, aber erst 1776 von Jean Etienne Giral vollendet. In ihrer Mitte erhebt sich ein riesiges Reiterstandbild Ludwigs XIV. Der Peyrou findet seinen Abschluß in einem Schmuckwasserbecken und Girals hübschem Château d'Eau oder Wasserschlößchen, einem sechseckigen Pavillon auf korinthischen Säulen, der auf vorzügliche Weise das ästhetische Problem der Wasserleitung in die Stadt löst, denn er ist der Endpunkt eines achthundertachtzig Meter langen, 1753–1766 erbauten und dem Pont du Gard nachgebildeten Aquädukts. Es heißt, daß man von der erhöhten Terrasse oder Belvedere hinter dem Wasserschloß an einem klaren Morgen sowohl den Mont Ventoux, den nächstgelegenen Alpengipfel, und den Canigou, das östlichste Bollwerk der Pyrenäen, sehen kann.

An der Nordseite der Promenade du Peyrou liegt Frankreichs ältester botanischer Garten, der *Jardin des Plantes*, der 1593 auf Veranlassung Heinrichs IV. vom Botaniker Richer de Belleval geschaffen und im 19. Jahrhundert erweitert wurde. Er ist einer der bedeutendsten naturwissenschaftlichen Gärten Südeuropas und enthält eine Anzahl seltener akklimatisierter Bäume und Pflanzen. Auch wenn man kein Botaniker ist, kann man noch immer an einem kühlen Sommerabend sich seiner bezaubernden Spazierwege und lauschigen Ecken erfreuen. Der hinter der Orangerie gelegene und La Montagne genannte Teil enthält die Flora der Garrigues des Languedoc.

In der Nähe der Orangerie befindet sich auch eine Marmortafel mit zwei lateinischen Inschriften: ›Inter flores Narcissa perlucet‹ und ›Placandis Narcissae Manibus‹. Es heißt, der englische Dichter Edward Young (1683–1765), der Verfasser der berühmten ›Nachtgedanken‹, sei 1736 mit seiner schwindsüchtigen Tochter Narcissa auf der Reise nach Nizza hierher gekommen, in der trügerischen Hoffnung, der Klimawechsel werde ihr das Leben retten. Als sie dennoch starb, wurde sie angeblich in dem schönen Garten, den sie so geliebt hatte, begraben. Es verhielt sich nicht ganz so. Das junge Mädchen war nicht seine Tochter, sondern seine Stieftochter, sie hieß Eliza und nicht Narcissa, und sie starb im Krankenhaus in Lyon. Doch inspirierte diese imaginäre vorromantische Grabstätte ein schönes französisches Gedicht: Paul Valérys Erstling ›Narcisse‹. Valéry trat 1884 als Schüler ins Lycée von Montpellier ein und studierte anschließend an der Universität Rechtswissenschaft. Er erging sich mit Vorliebe auf den romantischen Wegen des Botanischen Gartens und traf hier 1890 André Gide, der in einer Straße in der Nähe der Esplanade in einer »kleinen, häßlichen, elendiglichen und schäbig möblierten Wohnung« hauste, welche seine Mutter für ihn gemietet hatte. Gide machte Valéry mit Pierre Louys bekannt, und Louys veröffentlichte Valérys ›Narcisse‹ in seiner Zeitschrift ›La Conque‹. André Gide hat diese Jünglingsjahre der drei Dichter in Montpellier in seinem autobiographischen Werk ›Si le grain ne meurt‹ geschildert.

Vor dem Botanischen Garten, auf dem Boulevard Henri IV, steht die einzige noch erhaltene Bastion der mittelalterlichen Stadtwälle. An ihr ist eine neuzeitliche, in der mittelalterlichen ›langue d'oc‹ abgefaßte Inschrift angebracht zur Erinnerung daran, daß hier im Jahr 1208 König Jayme I. von Aragon geboren wurde – ein bedeutsameres Ereignis, als man vielleicht auf den ersten Blick meinen möchte. Montpellier war jahrhundertelang von einer ortsansässigen Familie von Feudalherren, den Guilhems, regiert worden, bis die Herrschaft schließlich 1204 durch die Ehe der letzten Guilhem-Erbin namens Marie mit König Pedro von Aragon an das Haus Aragon überging. Die Legende erzählt, er habe sie zwei Jahre darauf verlassen und sie habe sich aufs Land zurückgezogen. Die Konsuln von Montpellier, begreiflicherweise über die Thronfolge besorgt, heckten einen Plan aus, um das königliche Paar auszusöhnen. Sie erwischten den König in guter Laune, als er gerade von einem erfolgreichen Jagdausflug zurückkehrte. Er war bereitwilligst einverstanden, mit seiner Gemahlin zusammenzutreffen, und als er gewahrte, wie traurig sie war, hob er sie, gerührt von ihrem Kummer, zu sich aufs Pferd, während alles Volk vor Freude um sie herumtanzte. Wie es denn nicht anders sein konnte, wurde ihnen übers Jahr ein Sohn geboren, eben dieser Jayme, und die Thronfolge war gesichert. Das glückliche Ereignis wird bis in die heutige Zeit alljährlich in Montpellier mit der ›danse du chevalet‹ gefeiert, bei der weißgekleidete Tänzer mit bebänderten Federhüten um einen Mann auf einem Steckenpferd herumtanzen.

Das Volk von Montpellier wußte gar nicht, welch guten Grund es hatte, um seinen König herumzutanzen: einzig der Umstand, daß Montpellier aragonesischer Besitz war, bewahrte es vor den Schrecken des Albigenser-Kreuzzuges, der in Kürze das Languedoc heimsuchen sollte. Als das Königreich Aragon 1262 unter den Söhnen Jaymes I. geteilt wurde, wurde die Seigneurie Montpellier Teil des Königreichs Mallorca und blieb es, bis Jayme III. in seiner Geldnot sie 1349 König Philipp von Frankreich für hundertzwanzigtausend Goldkronen verkaufte. Hinfort gehörte sie, gleich dem ganzen übrigen Languedoc, zu Frankreich.

Ein Stückchen weiter den Boulevard Henri IV hinunter liegt die berühmte *Medizinische Fakultät*, die im Mittelalter die St. Benedikts-Abtei war. Später wurde sie zum Palast des Erzbischofs und während der Revolution ein politisches Gefängnis. Ihre Bibliothek umfaßt über dreihunderttausend Bücher, Doktor-Dissertationen und Zeitschriften. Von ihren sechshundertvierundzwanzig Handschriften stammen viele aus dem 8. und 9. Jahrhundert. Im ersten Stock befindet sich das *Musée Atger*, eine Sammlung von über dreihundert Zeichnungen, die Xavier Atger zusammengetragen und der Universität 1833 vermacht hat: in der Hauptsache Arbeiten von Künstlern Südfrankreichs, wie Puget (von dem auch zwei Plastiken da sind), Mignard, den Parrocels, Rigaud, Bourdon, Vernet und Vanloo.

Gleich neben der Medizinischen Fakultät steht die *Kathedrale*. Ihre charakteristische Besonderheit ist ein Paar eigentümlicher, sich konisch verjüngender, halb freistehender Türmchen, die das Eingangsportal bilden. Nur der eine stammt aus dem Mittelalter. Der andere wurde 1567 von den Protestanten zerstört, und mit seinem Fall stürzte die ganze Fassade herab. Im Inneren ist nichts besonders Interessantes zu sehen. Die Kathedrale war ursprünglich die Kapelle der St. Benedikts-Abtei und wurde zu ihrem gegenwärtigen Rang erhoben, als der Bischofssitz 1536 von Maguelone nach Montpellier verlegt wurde.

Maguelone, das in enger Beziehung zu Montpellier stand, erholte sich nie völlig von der Zerstörung durch Karl Martell, obwohl es im 11. Jahrhundert neu besiedelt wurde und noch weitere vier Jahrhunderte lang Bischofssitz blieb. Die *Kathedrale* war der Legende zufolge von der aus dem altfranzösischen und deutschen Volksbuch bekannten ›Schönen Magelone‹ erbaut worden, die Tieck die Vorlage für seine ›Wundersame Liebesgeschichte der schönen Magelone und des Grafen Peter von Provence‹ lieferte. In Wahrheit ist sie älter als die Sage. Bischof Arnaud baute sie bereits 1030 wieder auf und befestigte sie. Im 12. Jahrhundert suchte der Papst selbst hier Zuflucht vor seinen Feinden und erhob sie zum Rang einer Hauptbasilika. Aber Maguelone lag äußerst ungeschützt und ungesichert, und seine Einwohner wanderten allmählich wieder nach Montpellier ab. Das Ende kam 1633, als Ludwig XIII., um die Protestanten auszutreiben, die Befestigungswerke schleifte und die verbliebenen Häuser abreißen ließ.

Heute steht vom alten Maguelone nur noch die romanische Kathedrale in einem Pinienhain auf der kleinen Anhöhe der Halbinsel, die das Privateigentum der Familie Fabrège in Montpellier ist. Die Fabrège restaurierten die Kathedrale im 19. Jahrhundert und sorgen auch weiter für ihre Instandhaltung. Besucher werden donnerstags, sonntags und an Feiertagen eingelassen, und der Wächter wohnt direkt gegenüber der Fassade. Das Bauwerk ist ebensosehr eine Festung wie eine Kirche, mit enorm dicken Mauern, in die hier und dort ohne ersichtliche Regel Fensterschlitze eingeschnitten sind, und gekrönt von Senkscharten und Pechnasen. Das mit einer einzigen Tonne überwölbte Schiff, in dem ein Papst einstmals die Messe las, ist von höchst eindrucksvollen Proportionen, mit Nischen für das Kirchengestühl, in denen vor Zeiten zweiundsiebzig Chorherren saßen.

Maguelone war vormals eine kleine Insel, aber heute führt auf einer mit Tamarisken bestandenen sandigen Landzunge eine schlechte Straße hinüber zu dem etwa fünf Kilometer entfernten Fischerdorf Palavas, das hauptsächlich vom Thunfischfang lebt. *Palavas-les-Flots* ist der Seebadeort von Montpellier an der Mündung des kleinen Flusses Lez, der den Ort in der Mitte durchschneidet. Weiter nördlich die Küste hinauf liegt die sich rasch entwickelnde ›plage‹ von Carnon, und dahinter führt die Straße zwischen dem Meer und den Sanddünen weiter nach Le Grau-du-Roi, Aigues-Mortes und schließlich nach Arles.

Die ganze Küste von der Rhônemündung bis hinunter nach Collioure, die man heute um der Fremdenverkehrswerbung willen ›La Côte Dorée‹ und ›La Côte Vermeille‹ nennt, ist eine zweihundertfünfundzwanzig Kilometer lange Strecke reinen Sandstrandes. Die flache Küstenebene wird nur bei Sète und Agde von kleinen Hügeln und Anhöhen unterbrochen. Hinter dem Uferstrand erstreckt sich eine lange Folge von seichten Brackwasser-Lagunen oder Etangs, stehenden Gewässern, die das zurückweichende Meer hinterlassen hat, so daß die Uferstrände häufig nicht sehr viel mehr als sandige Landzungen oder ›barres‹ sind, wie die Einheimischen sie nennen. Sie haben sich zumeist erst in historischer Zeit durch die Mengen Treibsand gebildet, welche die Rhône herabgeführt und die südwestliche Meeresströmung wieder ans Ufer gewaschen hat. Es gibt an dieser Küste zwei Dutzend kleiner, neu erbauter, weiß getünchter Badeorte, die alle recht gleichartig sind. Sie sind ziemlich billig, denn die Quartiere sind einfach, aber nahezu alle, mit wenigen Ausnahmen wie La Tamarissière bei Agde, leiden an einem Mangel an Schatten. Nichtsdestoweniger dürften sie genau das richtige sein für Menschen, die nichts weiter suchen als Sonne, Sand und Meer und sich auf ein Weilchen vom Klang ihrer eigenen Sprache entfernen wollen. In Canet-Plage bei Perpignan, zum Beispiel, habe ich einen sehr glücklichen und ungetrübten Urlaub verbracht.

Dies alles wird sich voraussichtlich in naher Zukunft drastisch ändern. Die Hauptattraktion dieses langen, schattenlosen Küstenstreifens ohne reizvolles Hinterland war für die Touristen bisher die Route Nationale, auf der vom Frühling bis Herbst Tag und Nacht ohne Aufenthalt ein Autostrom von und nach Spanien durchbraust. Diese schätzungsweise vier Millionen Touristen gedenkt die französische Regierung künftig hier festzuhalten. Aufforstung des Hinterlandes, Entwässerung der Sümpfe, Ausrottung der Mückenplage, Fluß- und Meeresregulierung, der Bau neuer Zufahrtsstraßen und neuer Vergnügungshäfen ist im Gang. Vierzig Millionen Quadratmeter Bauland, das die französische Regierung nach und nach in eigene Hand gebracht hat, um es der Spekulation zu entziehen, steht zur Verfügung; sechs neue ›synthetische‹ Fremdenstädte, nach einheitlichen Architekturprinzipien entworfen und angelegt, sind an der Küste im Entstehen, von denen zwei, La Grande Motte bei Montpellier mit seinen mächtigen Pyramidenhäusern und Leucate-Barcarès an der spanischen Grenze, längst das Stadium der Planung hinter sich haben und bereits als berühmte Ferienzentren aufgesucht werden. Es ist ein gigantisches Vorhaben, das nahezu eine halbe Million neuer ›Fremdenbetten‹ aus dem einsamen Sandboden zu stampfen gedenkt, und wenn es gelingt und nicht ›versandet‹, wird in einigen Jahren diese Küste nicht mehr wiederzuerkennen sein.

Béziers

Vorerst noch ist das Languedoc viel weniger besucht als die Provence, und folglich darf man nicht so selbstverständlich wie in der Provence damit rechnen, daß es überall bequeme Hotels gibt. Es gibt sie jedoch in Montpellier und Perpignan, und ich würde dem Besucher, der halbwegs gut untergebracht sein möchte und dem es auf zehn Francs mehr oder weniger auf seiner Hotelrechnung nicht ankommt, den Rat geben, sich im voraus im Grand Hotel in Perpignan oder im Hotel Métropole in Montpellier ein Zimmer zu bestellen, sich so einzurichten, daß er nach Narbonne kommt, wenn die Kathedrale und das Museum geöffnet sind (im Sommer täglich bis 18 Uhr, außer natürlich während der zwei Mittagsstunden von 12 bis 14 Uhr) und in Béziers in einem der guten kleinen Restaurants an den Allées Paul Riquet, dem Hauptboulevard der Stadt, zu Mittag zu essen. Auf diese Weise kann er alles Sehenswerte in Muße aufsuchen und ist gegen mißliche Überraschungen gefeit.

Es gibt zwei Möglichkeiten, von Montpellier nach Béziers zu fahren. Die landeinwärts verlaufende Straße führt durch *Pézenas*, eine Stadt, die erstaunlich wenig bekannt ist, wenn man bedenkt, daß sie auf der Hauptverkehrsstraße nach Spanien liegt und möglicherweise überhaupt einzig in ihrer Art ist. Nicht weniger als siebenundsiebzig ihrer Gebäude stehen unter Denkmalschutz. Das gesamte alte Viertel der Stadt ist wie von der Zeit versteinert; die Turmuhr ist in den Tagen Ludwigs XVI. stehengeblieben. Die Stadthäuser der großen Adelsfamilien der Gegend aus dem 14. bis 17. Jahrhundert stehen unverändert so da, wie sie erbaut wurden und sind bewohnt wie eh und je; ihre schweren geschnitzten Türen, ihre schmiedeeisernen Balkone, ihre Treppenaufgänge und Innenhöfe sind unangetastet. Das Syndicat d'Initiative hat ausnahmsweise einmal seinen Namen wahrgemacht und tatsächlich Initiative an den Tag gelegt: es hat einen Rundgang der Hauptsehenswürdigkeiten zusammengestellt, der an der Place du 14 Juillet beginnt (dicht bei der Hauptstraße, mit einem Parkplatz) und dessen Nummernfolge dem vom gleichen Fremdenverkehrsamt ausgegebenen Führer entspricht.

In der Nähe der Maison des Consuls befindet sich das *Museum*. Es enthält unter anderem das bis ins 10. Jahrhundert zurückreichende Stadtarchiv und einen Molière gewidmeten Raum. Der achtundzwanzigjährige Molière war noch gänzlich unberühmt, als er mit seiner Wandertruppe durch Südfrankreich zog und im Winter 1650 zum erstenmal in Pézenas spielte. Pézenas war damals gemeinsam mit Montpellier die Hauptstadt des Languedoc, und hier tagte alljährlich von Oktober bis Januar die Ständeversammlung. Die kultivierte und vergnügungssüchtige Gesellschaft, die sie herbeilockte und die Pézenas zu einer Art Klein-Aix machte, lieferte den Komödianten ein ausgezeichnetes Publikum. Molière wohnte im Haus des Barbiers Gély am Platz vor der Maison des Consuls, wo die Versammlung tagte, und hier konnte er vorzüglich nicht nur das Volk, das in die Barbierstube kam, sondern auch die aus- und eingehenden hohen Herren studieren, die in solcher Vielzahl bald darauf in seinen Komödien auftreten sollten. Als er im September 1653 zu einem zweiten Gastspiel kam, wurde er dem Statthalter des Languedoc, dem Prinzen Armand de Bourbon-Conti (dem Bruder des großen Condé) vorgestellt, der gleich ihm ein ehemaliger Zögling des Collège de Clermont in Paris und mithin sein Schulkamerad war. Der Prinz nahm die Truppe unter seine Protektion, und sie durfte sich hinfort seine Schauspielertruppe nennen. Danach kam Molière jeden Winter zur ›Saison‹ nach Pézenas. Bisher hatte er nur leichte Farcen verfaßt; jetzt entstanden seine zwei ersten vollgültigen Verskomödien. ›Le Médecin volant‹ erlebte am 4. November 1655 im Hôtel d'Alphonce in Pézenas, wo man mondäne literarische Soireen abhielt, seine Uraufführung; ›Le Dépit amoureux‹ 1656 im nahegelegenen Béziers. Im Winter darauf überwarf sich Molière mit dem Prinzen Conti, der plötzlich sittenstreng geworden war und wütend gegen die Komödianten eiferte. Doch schon kurze Zeit später brachten ihm ›Les Précieuses ridicules‹ in Paris den ersten großen Erfolg; die Wandertruppe zog nicht mehr umher, und Molière kam nie wieder nach Pézenas.

Man kann das Hôtel d'Alphonce, in dem Molière spielte, heute besichtigen. An sich ist keines dieser Palais besonders bemerkenswert; aber die Tatsache, daß ihrer so viele in einer so kleinen Stadt sind, daß sie eine seltene Einheitlichkeit und Geschlossenheit besitzen (sie sind alle aus dem gleichen grauen Stein erbaut) und daß seit dem 18. Jahrhundert an ihnen nichts geändert oder hinzugefügt worden ist, verleiht Pézenas einen ganz eigenen und unverwechselbaren Charakter. Kein Wunder, daß die Filmregisseure es inzwischen als Kulisse entdeckt haben.

Die andere Straße von Montpellier nach Béziers führt hinunter nach *Sète*, dem zweitwichtigsten Hafen des französischen Mittelmeeres. Es ist eine geschäftige Hafenstadt, die im 17. Jahrhundert als östlicher Endpunkt von Riquets Canal du Midi oder Canal des Deux Mers erbaut wurde, der den Atlantischen Ozean mit dem Mittelmeer verbindet. Pierre-Paul de Riquet (1604-1680) führte dieses große, für seine Zeit erstaunlich kühne Bauvorhaben, das die Garonne knapp unterhalb von Toulouse mit dem Mittelmeer verband, völlig auf eigene Kosten (vierunddreißig Millionen Francs) durch. Hier am Endpunkt, bei Sète, stach er einen Kanal durch die vorgelagerte Sandsperre, die den Etang de Thau vom Meer trennte, und die ›Ville Neuve‹ von Sète ist folglich auf einer Anzahl von Inseln erbaut, die durch allerlei unerwartete Wasserläufe voneinander getrennt sind, so daß die Schiffe praktisch in den Straßen der Stadt vor Anker gehen. Dies ist der Hafen, über den das Département Hérault einen großen Teil seiner Riesenerzeugung von sechshundert Millionen Litern Wein im Jahr exportiert. Das ›Bassin Nouveau‹

kann große Schiffe aufnehmen, und es gehen von Sète Schifffahrtslinien nach Afrika und dem Fernen Osten.

Der *Vieux Port* ist der bunteste und lebendigste Teil der Stadt; hier liegen die Fischerboote, und auf den Kais sortieren die Fischer ihren Fang. Sète ist der größte Fischerhafen an der Mittelmeerküste, und der größte Teil der Fische, die an der Côte d'Azur verzehrt werden, vor allem Sardinen, Makrelen und Thunfisch, wird hier gefangen. Bouzigues und Marseillan am Etang de Thau sind berühmt für ihre Austern und Miesmuscheln, die besonders gut sind, wenn man den einheimischen Weißwein von Frontignan dazu trinkt.

Sète ist der Geburtsort Paul Valérys, und sein berühmtes Gedicht ›Le Cimetière Marin‹ gilt dem Friedhof hier in Sète, am Abhang des Mont St. Clair, auf dem er selbst (in der Familiengruft seiner Mutter, einer Grassi) begraben liegt. Auf seinem Grabstein stehen zwei Zeilen aus dem Gedicht:

> O récompense après une pensée
> Qu'un long regard sur le calme des Dieux.

Das *Musée Paul Valéry* an der Place Victor Hugo hat einen Raum, der besonders dem Dichter gewidmet ist und Originalmanuskripte, seltene Erstausgaben seiner Werke, Zeichnungen und Photographien enthält. Das Geburtshaus Valérys hatte durch Bombenschaden im Krieg so stark gelitten, daß es 1954 abgerissen werden mußte.

Von Sète verläuft die Straße in südlicher Richtung an einem zehn Kilometer langen Sandstrand entlang bis nach *Agde*. Dieser kleine Ort ist eine der ältesten Städte Frankreichs: das antike Agathe – der Gute Ort –, wahrscheinlich der früheste Ableger der Griechen von Massalia. Es wurde im Mittelalter nacheinander von Vandalen, Westgoten, Sarazenen, Franken und schließlich Albigenser-Kreuzfahrern erobert und zerstört, und seine Hauptsehenswürdigkeit ist die *Kathedrale*, ein Kirchenfestungsbau aus dem 12. Jahrhundert mit Zinnen, Pechnasen und einem viereckigen Donjonähnlichen Turm. Gleich den benachbarten Gebäuden ist diese Kathedrale aus einem schwarzen Lava-Basalt erbaut, der das Ganze noch finsterer und unheimlicher macht. Der Stein stammt aus dem erloschenen Vulkan des Mont St. Loup, an dessen Fuß Agde liegt. Das kreisrunde Loch im Dach des Mittelschiffs, wo heute der Leuchter hängt, war für Belagerungszeiten bestimmt, damit die Verteidiger auf dem Dach sich mit den Flüchtlingen in der Kirche verständigen und Lebensmittel und Munition heraufholen konnten. Katholiken und Protestanten suchten während der Religionskriege gleicherweise hier Zuflucht.

Die Kathedrale stößt an den Quai du Chapitre an, wo im Hérault-Fluß Schiffe und Boote vertäut liegen und an dessen friedlichen baumbeschatteten Ufern man die grimmige schwarze Festungs-Kathedrale fast vergessen kann. Im alten Stadtviertel befindet sich ein kleines Lokalmuseum, das *Musée Agathois*, das wie so viele der persönlichen kleinen Museen, die man in Frankreich antrifft, von seinem gegenwärtigen Kustos 1935 gegründet wurde. Seine Spezialität sind die Volkstrachten der Gegend, besonders der ›sarret‹, der traditionelle Kopfputz der Agathoises. Von Agde führen zwei Straßen zum Meer: die eine am rechten Ufer des Hérault entlang nach La Tamarissière mit seinem Zeltlagerplatz unter den Pinien, und die andere das linke Ufer hinab zum Sandstrand von Le Grau d'Agde.

Landeinwärts führt die Straße direkt nach *Béziers*. Freilich sollte man sich Béziers eigentlich von Narbonne her nähern, und nicht von Montpellier. Der vom Süden heraufkommende Reisende sieht sich ursplötzlich und völlig unerwartet der befestigten Kathedrale von *St. Nazaire* gegenüber, die auf der Höhe eines steil abfallenden Felsens oberhalb des Flusses Orb steht; und dieser herrliche, ungeheuer eindrucksvolle Anblick entgeht dem von Norden kommenden Reisenden völlig. Einen nahezu ebenso großartigen Blick hat man von der Terrasse der Kathedrale selbst, von wo man über das liebliche Weinbauland hinblickt, das sich sanft bis zu den niedrigen Bergen am fernen Horizont hinwellt, grün im Sommer, rot und golden im Herbst, nackt und knorrig im Winter. Béziers ist die zweitwichtigste Stadt des Hérault und erzeugt fünfzehn Prozent der gesamten französischen Weinernte. Freitag nachmittags kann man dem Weinmarkt auf den Allées Riquet zusehen, auf dem die Weinbauern aus der ganzen Umgegend in ihren besten schwarzen Sonntagsanzügen erscheinen.

Die Einwohner von Béziers heißen die ›Biterrois‹ – ein Nachklang des Ursprungs der Stadt. In römischer Zeit stand hier die keltische Stadt Beterra, die unter den Römern zur Militärkolonie ›Julia Beterrae Septimanorum‹ wurde. Im 12. Jahrhundert war es ein fester Platz der Grafen von Carcassonne und ein berühmter Sitz der Troubadours. Der berühmteste von ihnen, Matfre Ermengan, verfaßte hier sein ›Breviari d'Amor‹, eine Art Enzyklopädie in 37597 achtsilbigen Verszeilen und wohl eines der absonderlichsten Bücher, die je geschrieben wurden. Die gotische Kathedrale stammt aus dem späten 13. Jahrhundert, und man muß sie unbedingt besuchen, wenn auch nur wegen ihrer sieben bezaubernden Fenster am Ostende. Wer sich für Geschichte interessiert, muß die Liste der Bischöfe von Béziers studieren, die in einer Kapelle des rechten Seitenschiffs zu sehen ist. Von 1576 bis 1659 war das Bistum anscheinend praktisch erblich: fünf Mitglieder, aus der Familie Bonzi stammend, hatten das Bischofsamt nacheinander inne. Im Musée Fabre in Montpellier hängt übrigens ein Porträt von einem von ihnen, des Kardinals Jean de Bonzi, von Domenichino – ein hartes, schlaues, scharfsinniges, keinen Unsinn duldendes Gesicht, wie man sich denken kann. Noch aufschlußreicher ist die Bischofsliste des 13. Jahrhunderts, aus der sich die Albigenser-Wirren jener Zeit ablesen lassen. Allein im Jahr 1212 gab es nicht weniger als drei Bischöfe von Béziers, während im fünften Jahrzehnt zwei andere nur mit den geheimnisvollen Angaben »R ... 1242« und »P ... 1245« aufgeführt sind.

1209 ereignete sich der große Massenmord von Béziers: die Katholiken brachten die gesamte Einwohnerschaft der Stadt um, und der Legat Arnald Amalric berichtete dem Papst, daß »nahezu zwanzigtausend Bürger der Stadt ungeachtet ihres Alters und Geschlechts mit dem Schwert niedergemacht wurden«. Die Albigenser waren, wie wir hierorts einfügen müssen, eine so irrgläubige religiöse Sekte, daß man sie nur mit äußerster Dehnung des Begriffs überhaupt Christen nennen kann. Sie stellten praktisch eine mit dem Christentum rivalisierende Religion dar. Für sie war das Zentralproblem, um das sich alles drehte, die Frage des Bösen. Die Existenz eines allmächtigen und allbarmherzigen Gottes ließ sich für sie mit dem elendiglichen Zustand der Menschheit, den sie tatsächlich hienieden erblickten, nur in Einklang bringen, wenn man annahm, daß die Welt nicht von Gott, sondern vom Teufel erschaffen worden sei. So einleuchtend und vernünftig einem eine solche Hypothese vorkommen mag, kann man sie doch schwerlich eine christliche nennen. Sie lehnten das Abendmahl und alle anderen Sakramente ab (außer dem Handauflegen), das Alte Testament, Bilderverehrung, Kirchen, Gottesdienst, ja sogar das Symbol des Kreuzes selbst, und nannten sich selbst bei keinem besonderen Namen, nur ganz einfach ›Christen‹. Sie waren des Glaubens, die Welt, welche Satan nach seiner Verstoßung aus dem Himmel geschaffen hatte, sei in Wahrheit das Fegefeuer. Ihre Gegner verfolgten sie und verbrannten sie bei lebendigem Leibe, um ihnen zu beweisen, wie sehr sie sich im Irrtum befanden.

Die Katharer, um die richtige Bezeichnung zu verwenden, leiteten sich ursprünglich von den Gnostikern Alexandriens des 3. Jahrhunderts her, aber auf ihrer Wanderung nach Kleinasien, wo sie nach ihrem Propheten Manes die Manichäer genannt wurden, vermischten sich ihre Lehren mit dem zoroastrischen Dualismus und dem ewigen Kampf zwischen den beiden Prinzipien des Lichts und der Finsternis. Sie waren fast ebensosehr Parsen wie Christen. Sie wanderten weiter nach Westen, durch Armenien, wo sie unter dem Namen Paulizianer auftauchten, durch den Balkan als Bogomilen und durch die Lombardei als Patarener und bekehrten schließlich im Languedoc, wo man sie unter dem Namen Albigenser kannte, eine große Anzahl von Menschen zu ihrem Glauben. Sie erfreuten sich des Schutzes der ortsansässigen Feudalherren, vor allem des jungen Raimund Roger Trencavel, des Vizegrafen von Carcassonne und Béziers, und seines mächtigen Oberlehnsherrn, des Grafen Raimund VI. von Toulouse.

Im Jahr 1208 verkündete der Papst einen Kreuzzug gegen sie, und im folgenden Jahr griffen die Kreuzfahrer Béziers an; denn Raimund Roger Trencavel, aufgerufen, die Ketzer zu unterdrücken, hatte trotzig erwidert: »Ich biete eine Stadt, ein Dach, eine Zuflucht, einen Laib Brot und mein Schwert allen den geächteten und ausgestoßenen Menschen, die in Bälde ohne eine Stadt oder ein Dach oder eine Zuflucht oder Brot durchs Land ziehen werden«. Seine tapferen und hochherzigen Worte sollten sein Volk teuer zu stehen kommen. Béziers wurde im Sturm genommen. Die waffenlose Bevölkerung, halb katholisch und halb albigensisch, suchte Zuflucht in den Kirchen. »Wie sollen wir zwischen den Katholiken und den Ketzern unterscheiden?« fragten die Soldaten. »Tötet sie alle. Gott wird die Seinen erkennen«, antwortete der päpstliche Legat, der massenmörderische Abt von Cîteaux. Selbst wenn diese von Cäsarius von Heisterbach überlieferte Geschichte apokryph sein sollte, gibt sie noch immer den grausamen, blindwütigen Geist dieses Kreuzzuges wieder. Es ist nicht verzeichnet, daß ein einziger Mann, eine Frau oder ein Kind, katholisch oder albigensisch, lebendigen Leibes aus Béziers entkommen sei. Siebentausend Menschen wurden, einem zeitgenössischen Chronisten des Kreuzzuges zufolge, an jenem schicksalsschweren 22. Juli 1209 allein in der Madeleine-Kirche, wo sich heute der Markt befindet, niedergemacht.

In der Nähe der Kathedrale befinden sich zwei kleine Museen. Das *Musée des Beaux-Arts* (montags und Sonntag vormittags geschlossen), das vor einigen Jahren umgestaltet und erweitert worden ist, enthält bedeutsame Werke von Martin Schaffner (›Jungfrau mit Kind‹), Holbein (›Bildnis eines Mannes‹), Domenichino (›Gregor xv.‹), Bourdon (›Die Königin Christine von Schweden‹), Géricault (›Susanne‹ und ›Studie eines grauen Pferdes‹), Delacroix, Corot und Goya. Wenn man mehr Goyas sehen will, fährt man landeinwärts nach *Castres*, dessen Museum ein halbes Dutzend besitzt, darunter die ›Sitzung der Philippinen-Kommission‹, das größte Bild, das der Meister überhaupt gemalt hat. Von Castres führt die Straße weiter nach *Albi*, das gleicherweise wegen seiner großen befestigten Kathedrale und seines Toulouse-Lautrec-Museums berühmt ist.

Das zweite kleine Museum in Béziers, das *Musée du Vieux Biterrois* (täglich geöffnet), ist das lokale Volkskunde-Museum, das eine besondere Weinbau-Abteilung hat; außerdem befinden sich dort Unterwasserfunde des Altertums, wie römische und griechische Wrackteile.

Sehr lohnend ist auch noch ein Spaziergang entlang den großen Allées Paul Riquet, so genannt nach dem Sohn der Stadt, der den Canal du Midi und den Hafen von Sète erbaute. Fünfhundert Meter lang, mit vier Reihen Platanen und einer Esplanade in der Mitte, wie die Ramblas in Barcelona und Tarragona, ist er eine erste Mahnung, daß Katalanien nicht mehr weit ist.

Narbonne

Gallia Narbonensis – der Name hat uns seit langem, fast seit Beginn unserer Reise begleitet, anfangs ein Klang aus weiter Ferne, dann kraftvoller, immer näher, immer gegenwärtiger. Jetzt, eine halbe Wegstunde von Béziers entfernt, gelangen wir an den Ort, wo er seinen Ausgang nahm: auf einer vereinzelten Anhöhe inmitten der kargen, sonnengedörrten, in ihrer Strenge fast bitter schmeckenden Ebene unweit des Meeres liegt Narbonne, das der römischen Provinz ihren Namen gab und einstmals mit Lyon um den Rang der bedeutendsten Stadt des römischen Gallien wetteiferte.

Das alte Narbo war schon in vorrömischer Zeit ein bedeutender Handelsplatz und Ausgangspunkt für den Verkehr vom Mittelmeer nach dem Atlantik gewesen. Unter den Römern, die es zu ihrer ersten außeritalienischen Bürgerkolonie erhoben und ihm 118 v. Chr. den Namen Narbo Martius gaben, stieg es zu großer Blüte auf; es war Sitz des Prokonsuls der Provinz und behielt den Rang der Provinzialhauptstadt der Gallia Narbonensis bis in die letzten Tage des Römerreichs hinein. Die Römer dämmten einen Arm des Aude-Flusses ab, leiteten ihn durch die Stadt und verbanden so die nord- und westwärts gehenden Inland-Wasserstraßen mit den Seen, welche damals die Stadt umgaben, und diese mit dem Meer. Nun strömte ein Reichtum und mit ihm eine Kultur in die Stadt, die Marseille kaum nachstanden. Martial, der 103 n. Chr. starb, nannte sie bereits »pulcherrima Narbo«; Sidonius Apollinaris rühmte, als er in Narbonne weilte, seine herrlichen Bauten, Theater, Tempel, Kapitol, Thermen, Triumphbögen, und das hohe Niveau seines geistigen Lebens; und Ausonius schrieb in den ›Clarae Urbes‹: »Du richtest als erste in den Gallien den römischen Namen auf und die Liktorenbündel eines Prokonsuls von

Latium. Wer wird deine Häfen, deine Berge, deine Seen ins Gedächtnis zurückrufen?... Und den alten Marmortempel des Paros? In deinen Schoß ergießen die Meere des Orients und der Ozean Iberiens ihre Waren und ihre Schätze ...« Ausonius, in Bordeaux geboren, war Konsul von Gallien gewesen und hatte gesehen, was er schilderte. Er starb 392, und zwanzig Jahre nach seinem Tod hatten die Westgoten Narbonne erobert und besaßen es dreihundert Jahre lang, bis die Sarazenen es ihnen wegnahmen, denen es wiederum Pippin der Kleine nach siebenjähriger Belagerung entriß.

Hier haben die Barbaren gründliche Arbeit getan. »Wenn man seine Thermen, seine Arenen, seine Amphitheater ausgrübe«, schrieb Charles Nodier, »dann wäre Narbonne ein zweites Pompeji.« Doch nichts davon. Vom Forum, vom Theater, von der Arena, von den Tempeln, Thermen und Palästen der Narbo Martius, die Ausonius schildert, ist nichts mehr übrig außer ein paar zerbrochenen Steinen in den Museen, nämlich Bruchstücken von Inschriften und Skulpturen, die Franz I. beim Bau der (1867 niedergelegten) Stadtmauern verwendete. Vom ganzen römischen Narbonne existiert nur noch ein einziger Brückenbogen, heute mit Häusern und Läden vollgebaut; man sieht ihn vom Cours Mirabeau aus, wie er sich über den Canal de la Robine spannt, der durch die Stadt fließt und sie mit den großen vorgelagerten Etangs oder Lagunen und dem Meer verbindet. Ehe der Golf versandete und sich die beiden Lagunen bildeten, war Narbonne ein blühender Hafen gewesen; der Troubadour Bertran de Born, der um die Wende des 12. Jahrhunderts lebte und dessen Heldenlied ›Aimeri de Narbonne‹ Victor Hugo zu seinem ›Aymerillot‹ anregte, konnte noch singen von »den großen Schiffen mit Eisennägeln und den Galeeren, die mit Reichtümern beladen den Wohlstand dieser guten Stadt schaffen«. 1320 brach der von den Römern gebaute Damm; der umgeleitete Flußarm der Aude schlug wieder seine alte Richtung ein; die Stadt hatte nun auch ihre Verbindung mit den Inlands-Wasserwegen verloren, und ihre Bedeutung sank rasch. Nur den weißen Honig von Narbonne, der schon im Altertum berühmt war, erzeugt sie auch heute noch.

Die Fürstbischöfe von Narbonne zählten zu den mächtigsten und reichsten Kirchenfürsten Frankreichs und waren die Träger großer Namen wie Lothringen, d'Amboise, Beauveau und Crillon. Sie waren kraft ihres geistlichen Amtes Präsidenten der Ständeversammlung des Languedoc; ihr Palast soll dem Palast der Päpste in Avignon als Modell gedient haben; ihre *Kathedrale* wäre, wenn sie je vollendet worden wäre, den großen gotischen Kirchen Nordfrankreichs ebenbürtig gewesen. Ihren Grundstein ließ Papst Clemens IV., vormals Erzbischof von Narbonne, eigens aus Rom senden; aber tatsächlich erbaut wurde 1272–1332 nur der Chor. Seine Scheitelhöhe von vierzig Metern wird in ganz Frankreich nur von Amiens und Beauvais übertroffen. (Die beiden Türme am Querschiff sind aus dem 15. Jahrhundert.) Dieses erstaunliche, kühne Bauwerk türmt sich über dem flachen Narbonne wie eine Festung auf. Leider ist sein prachtvolles Ostende mit seinem Reichtum an Fialen und Strebebogen so dicht von Häusern umstellt, daß man es nur von benachbarten Hausdächern oder Oberstockfenstern aus sehen kann. Den besten Eindruck bekommt man tatsächlich, ob man's glaubt oder nicht, von einer Ansichtskarte.

Das Innere, mit seinen himmelwärts strebenden Gewölben, dürfte so hoch sein, wie es lang ist, und wird farbig durchglüht von den herrlichsten Fenstern aus dem 14. bis 16. Jahrhundert. Auch finden sich hier einige eindrucksvolle Grabdenkmäler, vor allem das makabre Grabmal des Kardinals Briçonnet: zu unterst die Knochen zerstückelter Skelette, darüber Mönche in ihren Kapuzen und zuoberst abwechselnd Cherubim und Totenköpfe. Kein Zweifel: Spanien kommt immer näher. In der ersten Kapelle des rechten Seitenschiffs steht eine bemerkenswerte, aus dem frühen 13. Jahrhundert aus Bayern stammende Gruppen-Skulptur, die die Grablegung Christi darstellt und aus neun lebensgroßen Figuren aus bemalter Terrakotta besteht – Jesus, den drei Marien, dem hl. Johannes, zwei Leichenträgern und zwei Kriegern. Die aus dem 16. Jahrhundert stammenden Wandteppiche an den Wänden der Kathedrale tun noch ein übriges, um eine überwältigende Atmosphäre gedämpfter Pracht zu schaffen. In der Schatzkammer der Kathedrale befinden sich noch mehr solche Wandteppiche, die man besichtigen kann, wenn es einem gelingt, des schwer zu fassenden Sakristans habhaft zu werden, der die Schlüssel hat.

In der Nähe der Kathedrale steht der *Erzbischofs-Palast*, oder vielmehr die Paläste, denn es sind ein Alter Palast und ein Neuer Palast, zwischen deren Türme aus dem 13. Jahrhundert Viollet-le-Duc überdies im 19. sein ›gotisches‹ Rathaus eingebaut hat. Im Neuen Palast befanden sich die Staatsgemächer der Erzbischöfe von Narbonne, und sie enthalten heute das *Musée d'Art et d'Histoire* und sind den Anstieg von achtundachtzig Stufen die monumentale Louis-treize-Treppe hinauf wert. Die Erzbischöfe begaben sich auf Maultieren die Treppe hinauf; die Stufen sind so breit und flach, daß man hinaufreiten kann. Die Räume des Museums geben einen sehr lebhaften Begriff vom Aufwand, den diese Kirchenfürsten während des Ancien régime trieben. Im Speisesaal des Erzbischofs mit seinen reichen, kunstvollen Stuckverzierungen, die Wild, Geflügel, Speisen und Gerichte darstellen, ist auf dem Eßtisch ein prunkvoll gearbeitetes Silber-Service aufgestellt. Im übrigen hat das Museum eine der schönsten Keramik- und Porzellan-Sammlungen Frankreichs. Die französischen Maler des Midi, wie Mignard und Rigaud, sind gut vertreten. Provinz-Galerien besitzen im allgemeinen besonders gute und reichhaltige Porträt-Sammlungen, und auch hier finden sich einige gute Köpfe von David, Nattier und Greuze. Für meinen Geschmack ist das bei weitem überragendste jedoch das ›Porträt eines Mannes‹ von Philippe de Champaigne.

Wenn das Kunstmuseum wenig wirklich Erstklassiges enthält, so darf am Archäologischen Museum, das man vom gleichen Hof des Palastes aus betritt, niemand vorübergehen, der nicht geradezu allergisch gegen Steinzeit-Geräte ist. Dieses *Musée Régional de l'Histoire de l'Homme*, wie es mit seinem vollen Namen heißt, verfolgt und belegt die Entwicklungsgeschichte des ›homo narbonensis‹ von den frühesten vorgeschichtlichen Steinwerkzeugen bis zum Anbruch der Barbaren-Einfälle. Man fürchte sich nicht vor endlosen Regalen voller staubiger Knochen- und Steinbrocken. Davon ist hier keine Rede. Dieses Museum ist modern, wundervoll angeordnet, gut beleuchtet und überall klar und deutlich beschriftet. Die Türen werden für jeden Besucher eigens aufgeschlossen und hinter ihm wieder verschlossen, und ein melancholischer Mann mit einer Filzkappe folgt einem in gebührendem Abstand überall hin und paßt auf, daß man nicht plötzlich einen Schaukasten einschlägt und eine Pfeilspitze in die Tasche steckt.

Die Schaukästen beginnen mit Tierknochen und Abdrükken von Fußspuren und führen weiter über Gegenstände, die man noch kaum als Artefakte erkennen kann, zu den primitiven paläolithischen Geräten aus Bize, La Crouzade und anderen großen Höhlen der Narbonnaise. Von dort geht es weiter durch die Jahrtausende zum Jungsteinzeitalter, während derer die Handwerksarbeit stetig besser wird, bis zum frühesten Morgendämmern der Kunst, einem grob bemalten Stein der Azilien-Stufe. Nun kommen die ersten Töpfereien, zuerst noch einfach und unverziert, später schon reich ornamentiert. Wir sehen die Anfänge der Chirurgie in Gestalt eines trepanierten Schädels, in den ein säuberliches rundes Loch gebohrt ist. Die ersten Axtschneiden aus importiertem Jadeit bezeichnen den Beginn des Handelsverkehrs. Im Bronze- und Eisenzeitalter wird es an der hochentwickelten Ornamentik, an Waffen und sogar Vasen offenkundig, daß die einheimischen Stämme lebhaften Handel mit den Griechen trieben. Der allerletzte Raum ist den Römern gewidmet. Hier darf man keinesfalls den Cippus (eine simslose Halbsäule) übersehen, die eine reizende häusliche Szene abbildet: einen Esel, der eine Mühle dreht, während ihm, vor einem Hausaltar sitzend, ein Hund zuschaut; oder die höchst merkwürdige Steinmetzarbeit, die einen Mann im Bad zeigt, der von einem Bären angegriffen wird; was sie zu bedeuten hat, konnte mir, als ich ihn fragte, nicht einmal der Mann mit der Mütze sagen.

Die besten Stücke dessen, was vom römischen Narbonne noch übrig ist, sind für dieses Museum abgesondert worden. Alles übrige befindet sich im *Lapidarien-Museum* in der alten gotischen Lamourguié-Kirche. Hier liegen in sechs Etagen aufeinandergetürmt Tausende von zerbrochenen Steinen und Inschriften, aber diese Sammlung, obwohl die größte ihrer Art in ganz Frankreich, ist nur für den Fachkenner von wirklichem Interesse. Nicht weit von der Lamourguié-Kirche steht die seltsame *Maison des Trois Nourrices*, in welcher der Marquis de Cinq-Mars von Richelieu verhaftet wurde. Das Haus trägt seinen ausgefallenen Namen nach einem Fenster, das auf fünf (nicht drei – die Narbonnais haben falsch gezählt) bemerkenswert fülligen Karyatiden ruht, welche die Bewohner mit vollbrüstigen Ammen verglichen.

Ein Stückchen weiter steht die alte gotische *St. Pauls-Kirche*, die einen jener geheimnisvollen ekklesiastischen Scherze enthält, wie man sie zuweilen antrifft. Im Weihwasserbecken nahe der Tür im rechten Seitenschiff sitzt ein marmorner Frosch. Die dazugehörige Geschichte besagt, an einem hohen kirchlichen Festtag habe der Frosch versucht, mit seinem eigenen groben Gesang in die Musik der Lauten einzustimmen. Der Anmaßung und nicht etwa übermäßiger Frömmigkeit für schuldig befunden, wurde er zur Strafe zu Stein verwandelt und in das Becken gesetzt.

Carcassonne

Wer von Montpellier nach Perpignan und wieder zurück fährt, braucht nur auf ein ganz kurzes Stück, nämlich die knapp dreißig Kilometer zwischen Béziers und Narbonne, zweimal die gleiche Straße zu benutzen. Zwischen Montpellier und Béziers kann er auf der Hinfahrt über Pézenas und auf der Rückfahrt über Sète und Agde fahren oder umgekehrt. Von Narbonne nach Perpignan geht nicht nur eine direkte Straße, sondern auch ein Umweg über Carcassonne, von wo eine malerische Straße über Quillan hinab nach Perpignan führt. Es ist eine bequeme Fahrtstunde landeinwärts von Narbonne, bis unversehens in der Ferne die Mauern und Türme, Zinnen und Türmchen von Carcassonne den Horizont zerklüften.

Doch sei der Reisende, der auf diesen unvergeßlichen Anblick zufährt, sogleich gewarnt und vor späterer Enttäuschung bewahrt: was er hier sieht, ist der Anschein einer großen mittelalterlichen Festung und (zum größten Teil) nicht ihr tatsächliches altes Mauerwerk. Vor seinen Augen erhebt sich nicht die auf wunderbare Weise besterhaltene, sondern die am besten wiederhergestellte mittelalterliche Stadt Europas. Vor hundert Jahren war die *Cité von Carcassonne*, wie sie genannt wird, um sie von der neuen Stadt Carcassonne an den Ufern der Aude zu unterscheiden, gleich so vielen anderen nicht mehr als ein Ring zerbröckelnder Mauern und eingestürzter Türme. Eine Regierungsverordnung, sie abzureißen, war bereits erlassen (die Abbrucharbeiten hatten an der Tour de Trésau, die dem örtlichen Krankenhaus für zweihundert Francs verkauft worden war, sogar schon begonnen), als ein einheimischer Altertumsforscher, der aus Carcassonne gebürtige J. P. Cros-Mayrevieille (1810–1876), eine erfolgreiche Agitation in Bewegung setzte, sie nicht nur zu bewahren, sondern sogar zu restaurieren. Hierfür hat der verdienstvolle Mann auf der Place du Château sein Denkmal erhalten.

Die Aufgabe der Restauration wurde 1844 dem berühmten Architekten Viollet-le-Duc anvertraut, der bereits die große Abtei Vézelay in Burgund restauriert und die Stadtwälle von Avignon wieder aufgerichtet hatte. Er baute die zerbröckelnden Wälle von Carcassonne wieder zu ihrer vormaligen Höhe auf, erbaute die eingestürzten Türme neu und setzte ihnen ihre ursprünglichen Lichtputzscheren-Türmchen wieder auf. Beim Schließen der Dächer scheint er sich freilich geirrt zu haben; er nahm an, daß die aus dem Norden stammenden, an die Verwendung von Schiefer gewöhnten Erbauer der Türme die Dächer mit Schiefer gedeckt hatten, während Fachleute inzwischen entdeckt haben, daß sie in Wahrheit mit flachen gebrannten Ziegeln versehen waren. Doch sei dem, wie ihm wolle, Viollet-le-Duc war auf jeden Fall ein guter Kenner der mittelalterlichen Baukunst und leistete im ganzen genommen erstaunlich gute, wenn auch vielleicht allzu phantasiebeflügelte Arbeit.

Heute, da die Restaurationskunst große Fortschritte gemacht hat, stehen seine Wiederherstellungen in schlechtem Ruf, und er hat gewiß anderwärts manche unverzeihliche Scheußlichkeit verbrochen; doch ist es sehr die Frage, ob um die Mitte des vorigen Jahrhunderts irgendjemand in Carcassonne Besseres geleistet hätte. Auf das Für und Wider der Restauration alter Bauwerke wird es natürlich nie eine endgültige, schlüssige Antwort geben. Den Puristen schaudert bei allem, was über die allernotwendigsten laufenden Reparaturarbeiten hinausgeht. Die meisten Menschen aber werden vermutlich finden, daß man unter den Hunderten verfallener alter Städte und Burgen in Europa durchaus eine auswählen durfte, um sie zum vollkommenen Musterbeispiel der mittelalterlichen Festungsbaukunst auf ihrem Höhepunkt zu machen. Abgesehen von den bedauerlichen Schieferdächern sieht man heute Carcassonne wahrscheinlich ziemlich genau so, wie es um die Mitte des 14. Jahrhunderts

a Derain

André Derain

Landschaft bei Collioure, 1904-1905
Museum Folkwang, Essen

dastand. Museen stellen schließlich Modellrekonstruktionen verfallener oder verschwundener Bauwerke her. Warum nicht ein Stadtmodell in Lebensgröße unter freiem Himmel? So lange niemand getäuscht wird.

Das Mittelalter liebte etymologische Legenden. Eine solche Legende wird auch von Carcassonne erzählt: Die edle Dame Carcas, Witwe Balaks, des letzten sarazenischen Statthalters, verteidigte Carcassonne gegen Karl den Großen, und als die Stadt nach einer Belagerung von fünf Jahren am Verhungern war, befahl sie, man solle das letzte überlebende Schwein mit dem letzten noch vorhandenen Sack Korn füttern. Sodann ließ sie das aufgeblähte Tier über die Zinnen hinabwerfen. Das Schwein explodierte wie eine Bombe und streute das Korn unter die belagernden Franken, die natürlich die beabsichtigte Schlußfolgerung zogen, daß nämlich keine Aussicht bestand, eine Stadt auszuhungern, die ihre Schweine mit Korn fütterte. Karl der Große war im Begriff, die Belagerung aufzuheben, als ein Trompetenstoß ertönte zum Zeichen, daß man zu unterhandeln bereit sei, und alles rief: »Carcas sonne!« Karl der Große verheiratete die findige, um keine Auskunft verlegene Dame mit dem Ritter Trencavel, einem seiner tapfersten Edlen, und schenkte ihnen die Stadt als Hochzeitsgabe.

Das ist die Legende. Ähnliche Geschichten werden vom alten Rom erzählt, von Perugia, als es im 6. Jahrhundert von Totila und den Goten belagert wurde, von Kufstein, Innsbruck (wo Herzog Friedrich mit der leeren Tasche ähnliches erlebte) und vielen anderen mittelalterlichen Festungsstädten. In Wahrheit war der erste Ort namens ›Carcaso‹ eine kleine Festung der arecomischen oder tectosagischen Volkier, und die Westgoten saßen hier bereits von 418 bis 725, während das Haus Trencavel erst einige Zeit nach Karl dem Großen im 11. Jahrhundert in seinen Besitz kam. Die Trencavels herrschten jedoch noch über Carcassonne und Béziers, als 1209 die Kultur der Troubadours von fünfzigtausend Eindringlingen aus dem Norden auf alle Zeiten zerschmettert wurde – von Burgundern, Normannen, Flamen und Deutschen, die unter dem Banner des Kreuzzuges sich nach Süden ergossen, das Land ausplünderten und seine alteingesessenen Familien zugrunde richteten. Nach Béziers kam Carcassonne an die Reihe. Raimund Roger Trencavel wurde, als er sich unter sicherem Geleit zu Unterhandlungen begab, hinterrücks ergriffen, die führerlose Stadt ergab sich, und als der junge Vizegraf drei Monate darauf in der Gefangenschaft starb (wie es Gefangenen damals zu geschehen pflegte), wurde die durch Verrat und Hinterlist gewonnene Herrschaft Carcassonne nacheinander vom Herzog von Burgund und den Grafen von Nevers und St. Pol, denen man sie anbot, verachtungsvoll zurückgewiesen. Schließlich nahm sie der Kreuzritter Simon von Montfort, der Vater jenes Simon von Montfort, Grafen von Leicester, der die Revolte der englischen Barone gegen Heinrich III. anführte, als französisches Kronlehen.

Der letzte Trencavel, Raimund Rogers Sohn, der ein Schützling König Pedros von Aragon war, unternahm 1240 einen vergeblichen Versuch, die Stadt durch eine Revolte zurückzugewinnen; Ludwig der Heilige machte daraufhin die Vorstädte, die sich für ihren rechtmäßigen Fürsten erklärt hatten, dem Erdboden gleich, erlaubte aber sieben Jahre später ihren Bewohnern, zurückzukehren und auf dem gegenüberliegenden Ufer der Aude die *Ville Basse*, die Unterstadt, zu erbauen. Sie wurde ebenso wie Aigues-Mortes und alle im späten Mittelalter erbauten Städte nach einem strengen Schachbrettplan angelegt. (Vallauris und Valbonne sind zwei Beispiele unter vielen von alten Dörfern an der Riviera, die in den Kriegen gegen Ende des 14. Jahrhunderts zerstört und mit geraden Straßen und rechtwinkligen Straßenkreuzungen wieder aufgebaut wurden.) Sodann machte der König sich daran, die Befestigungswerke der Stadt zu verstärken, die zu jener Zeit noch aus wenig mehr als den einfachen, von den Westgoten erbauten Mauern bestanden. Die meisten Mauerwerke, die wir heute sehen, stammen, soweit sie nicht das Werk Viollet-le-Ducs sind, von Ludwig dem Heiligen und seinem Sohn Philipp dem Kühnen. Sie machten die Stadt für damalige Begriffe völlig uneinnehmbar und gegen jeden Eindringling gefeit, was ihr den Beinamen ›Jungfrau des Languedoc‹ eintrug. Als die Engländer unter dem Schwarzen Prinzen sich 1355 ihren Doppelmauern, Vorwerken und fünfzig Türmen gegenübersahen, wagten sie den Angriff nicht, sondern zogen ab, nachdem sie die Unterstadt niedergebrannt hatten. Mit der Entwicklung der Artillerie im 15. Jahrhundert wurde die Stadt kriegstechnisch unbrauchbar. Das Zeitalter der Feudalburgen war vorüber; Karl VII. nahm mit Hilfe seiner neuen Waffe den Engländern im Lauf eines einzigen Jahres sechzig solcher befestigten Plätze weg. Auf sie folgten im nächsten Jahrhundert die niedrigen, breit-behäbigen Festungen mit ihren unglaublich dicken Mauern, die wir in Antibes, St. Paul und Marseille gesehen haben. Mit der Annexion des Roussillon durch Ludwig XIV. im Jahr 1659 verlor die Festung schließlich auch ihre strategische Bedeutung.

Der Ausgangspunkt für eine Besichtigung dieser einzigartigen Neuschöpfung einer mittelalterlichen Stadt ist die Unterstadt am anderen Ufer der Aude. (Das *Musée des Beaux-Arts* in der Rue de Verdun Nr. 1 ist übrigens das einzige mir bekannte städtische Museum, das einen Surrealisten-Raum hat, mit Werken von Salvador Dali, Max Ernst, André Masson und Yves Tanguy.) Ist man zu Fuß, so geht man eine lange Rampe hinauf und betritt die Stadt durch die Porte d'Aude in der Nähe des Château Comtal; wer im Wagen kommt, fährt zur großen Porte Narbonnaise hinauf und läßt den Wagen dort vor dem Stadttor stehen; hat man jedoch die Absicht, im bequemen Hotel de la Cité zu übernachten, wartet man, bis die Verkehrsampel von rot auf grün umschaltet und fährt dann durch die Porte Narbonnaise ein, denn es herrscht in der Cité – auch wenn die alten Eichenbalken aus Beton und Stuck sind – nur Einbahnverkehr.

Die *Porte Narbonnaise* wurde zur Deckung des ungeschütztesten Teils der Stadt erbaut, der sogenannten ›Kehle‹ oder Isthmus, wo das halbinselartige Plateau der Cité an das hochgelegene Gelände anstößt. Sie stammt aus der Regierungszeit Philipps des Kühnen. Der Baustil ist der gleiche wie in der Zeit seines Vaters, mit dem wichtigen Unterschied, daß an die Stelle der flachen rechteckigen Steine der Zeit Ludwigs des Heiligen jetzt mit Bossen und Nocken versehene Steine treten, um das Abprellen der Pfeile und die Wirkung der Rammböcke abzuschwächen. An diesem Unterschied lassen sich die Bauten der beiden Regierungszeiten mit einem Blick erkennen. Die an den beiden Flankentürmen außen angebrachten ›Schnäbel‹, die wie Schiffsbuge aussehen, dienten als Schutz gegen Steinschleudermaschinen und Rammböcke, ganz besonders gegen eine Art Rammbock, die als ›Bohrer‹ bekannt war. Das Ganze ist eines der schönsten und besterhaltenen Bauwerke in der Stadt und bedurfte keiner Aufstockung durch Viollet-le-Duc, mit Ausnahme der Schieferdächer, die, wie gesagt, wahrscheinlich ein Irrtum sind.

Die enge Straße führt hinauf zum *Château Comtal*, der Burg der Trencavels mit ihren neun Türmen. Sie ist aus gelbem Sandstein erbaut und war der Donjon der großen Gesamtfestung Carcassonne, nämlich eine selbständige Zitadelle, von der Stadt durch ein Vorwerk, einen Festungsgraben und Ausfallspforten abgesondert und vom ganzen übrigen Befestigungskomplex getrennt, so daß sie, falls dieser erobert wurde, allein weiter aushalten konnte. Dies war das letzte Verteidigungsbollwerk Carcassonnes, in das die Verteidiger sich zum letzten Widerstand zurückziehen konnten, wenn alles andere bereits verloren war. Die eigentümlichen hölzernen Auswüchse am Oberrand einiger Türme sind die von Viollet-le-Duc angebrachten Brustwehren, vorgebaute hölzerne ›Maschikulis‹ – Senkscharten und Pechnasen –, die es den Verteidigern ermöglichten, kochendes Öl oder flüssiges Blei auf die Köpfe der Angreifer drunten hinabzugießen. Im Innern befindet sich ein *Museum* mit einer interessanten

Sammlung lokaler Altertümer. Die Salle du Donjon ist mit einem feurig-lebhaften Fresko eines Reitergefechts zwischen Franken und Sarazenen ausgeschmückt.

In der Burg selbst löst man eine Einlaßkarte und versammelt sich zur Führung durch die innere Umwallung. Etwa ein Drittel dieser *Innenwälle*, die nördlichen und nordwestlichen Teile, sind westgotisch, im 5. Jahrhundert auf hier und dort noch erkennbaren römischen Mauerresten errichtet; das übrige wurde um 1280 von Philipp dem Kühnen erbaut. Die von den Westgoten erbauten Teile lassen sich leicht an ihren eher kleinen, würfelförmigen grauen Steinen erkennen, die in regelmäßigen Abständen durch Zwischenlager aus rotem Backstein im Fischgrätenmuster unterbrochen sind. Die westgotischen Türme sind alle nach außen gerundet und im Innern flach, und die Dicke der Mauern beträgt jeweils die Hälfte der Höhe. Ein gutes Beispiel hierfür ist vom Garten des Hotel de la Cité aus zu sehen, neben dem die (restaurierte) Tour Visigothe steht.

Die große *Tour St. Nazaire* (von Viollet-le-Duc nach Philipp dem Kühnen) steht an der höchsten Stelle der Stadt, und von hier bekommt man einen guten Begriff von der Anlage des ganzen Befestigungswerkes. Die bedeutendste Hinzufügung Ludwigs des Heiligen war die *äußere Umwallung* mit ihren neunzehn Türmen und ihrem Vorwerk und die Einebnung des abfallenden Geländes zwischen den beiden Ringmauern, wodurch ein freier Raum, ›les Lices‹, geschaffen wurde. Wir sind diesen Lices schon zuvor in Arles und St. Tropez begegnet. In diesem ebenen freien Raum zwischen der inneren und äußeren Umwallung wurden häufig Lanzenstechen und Turniere abgehalten. Diese äußere Umwallung, die viel niedriger ist als die imposantere innere, damit der Angreifer, falls er sie nehmen sollte, keine günstige Ausgangsstellung erhielt, war es vor allem anderen, was Carcassonne uneinnehmbar machte. Zum ersten schützte sie die Hauptumfassungsmauer vor der Untergrabung, die für die Verteidiger einer Burg stets die größte Gefahr darstellte. (Das Verfahren war höchst einfach: die Belagerer gruben einen Stollen unter der Mauer, stützten ihn mit Holzbalken ab und zündeten diese im rechten Augenblick an, so daß der Stollen einstürzte und die Mauer mit sich riß.) Zum zweiten bedeutete sie, daß jeder, der die äußere Mauer tatsächlich durchbrach, in die Todesfalle der engen Lices geriet, wo er den Verteidigern auf der über ihm aufragenden Innenmauer und den Besatzungen der Türme dahinter schutzlos und ohne Deckung ausgeliefert war. Einige dieser Türme waren nach allen Seiten hin völlig abgedichtet und besaßen ihre eigenen Zisternen, Küchen und Vorratskammern, so daß sie weiter aushalten konnten, auch wenn sie abgeschnitten wurden.

Carcassone enthält eine große baukünstlerische Kostbarkeit: die vormalige Kathedrale und heutige *St. Nazaire-Kirche*, die sich zwischen dem Château Comtal und der Tour St. Nazaire erhebt. Ihre Gründung geht ins 5. Jahrhundert zurück. Ihr heutiges Langhaus und die Krypta stammen noch von der ursprünglichen romanischen Kathedrale, deren Bau 1096 begonnen und 1150 beendet wurde. Unter ihrem Gewölbe hielt 1213 der hl. Dominik die Fastenpredigt. Chor und Querschiff wurden nach dem Sieg der Kreuzfahrer im reinsten gotischen Stil der Ile de France erbaut und atmen in ihren geradezu perfekten Proportionen eine exquisite Anmut und Leichtigkeit. Alles hier ist eindeutig das Werk von Baumeistern, Bildhauern und Glasarbeitern aus dem Norden, obwohl kein einziger der Kunsthandwerker, die zu diesem kollektiven Meisterwerk beitrugen, irgendwo seinen Namen verzeichnet hat oder auch nur dem Namen nach bekannt ist. Gislebertus von Autun war einer der sehr wenigen mittelalterlichen Bildhauer, die ihre Arbeiten signierten. Die aus dem frühen 14. Jahrhundert stammenden Statuen auf den schlanken Säulen wären in den großen Kathedralen Nordfrankreichs nicht fehl am Platz. Die Querschiffe mit ihren großen Rosettenfenstern scheinen denen von Notre-Dame nachgebildet, während der Chor mit seinen hinreißenden gotischen Fenstern an den Stil der Sainte-Chapelle Ludwigs des Heiligen gemahnt. Diese beiden Pariser Kirchen wurden nur einige Jahre vor St. Nazaire erbaut, und es ist durchaus denkbar, daß St. Nazaire vieles von ihnen übernommen hat oder zumindest doch von den gleichen Kunsthandwerkern geschaffen wurde.

Die meisten Glasmalereien im Chor und den Querschiffen stammen aus der gleichen Zeit wie der Bau selbst, nämlich aus dem 13. und frühen 14. Jahrhundert. Wie in Notre-Dame in Paris sind die Rosettenfenster in den Querschiffen Christus und der Muttergottes gewidmet. Das Mittelfenster des Chors zeigt Szenen aus dem Leben Christi, und auf den Fenstern zu seinen beiden Seiten sind die Taten der Heiligen Petrus und Paulus und der Heiligen Nazaire und Celsus, der Schutzheiligen der Kirche, abgebildet. In den Kapellen beiderseits des Chors befinden sich zwei besonders schöne Fenster. Das auf der linken Seite stellt den Stammbaum Christi dar, das auf der rechten den Baum des Lebens mit Adam und Eva zu seinen Füßen, ein Sinnbild der Zeit zwischen Sündenfall und Erlösung.

Unter den schönen Statuen und Grabdenkmälern in der Kirche steht an erster Stelle eine überaus eindrucksvolle flämische Pietà aus dem 16. Jahrhundert im nördlichen Querschiff. Aus der gleichen Zeit wie die Kirche stammen die Gräber des Bischofs Pierre de Roquefort und des Bischofs Radulphe, die um eine ergreifende Totenbettszene gruppiert sind. Die ungewöhnlichste Skulptur, die zugleich für Carcassonne besonders charakteristisch zu sein scheint, ist die sogenannte ›Pierre du Siège‹, das Bruchstück eines Flachreliefs in der Rodier-Kapelle, auf dem die Belagerung einer Stadt mit einigen jammervoll wenigen Verteidigern hinter ihren Mauern in der rechten Ecke oben abgebildet ist. Um welche Stadt und welche Belagerung es sich handelt, ist nicht zu ersehen. Es könnte Carcassonne im Jahr 1213 sein. Man ist daran erinnert, daß die Kreuzfahrer Carcassonne dem letzten Trencavel, dem tapferen jungen Vizegrafen Raimund Roger, mit fünfzehnfacher Übermacht wegnahmen. Und selbst dann hätten sie es ohne die Beihilfe der Dürre nicht zuwege gebracht, denn es war August und sämtliche zweiundzwanzig Brunnen der Stadt waren versiegt. Verrat und Hinterlist kamen der Dürre zu Hilfe und machten der Freiheit Carcassonnes ein Ende. Sein neuer Herr war der fanatische Simon von Montfort, und man hält es für möglich, daß dieses Flachrelief ein Bruchstück von seinem Grabmal ist. Er wurde bei der Belagerung von Toulouse 1218 vom Geschoß einer Steinschleuder tödlich an der Stirn getroffen, und sein Leichnam wurde hierher verbracht und hier begraben.

Carcassonnes lange Kriegsgeschichte war jedoch mit der Erfindung der Kanone noch nicht endgültig zu Ende. Während des Ersten Weltkrieges befanden sich dreihundert deutsche Offiziere als Kriegsgefangene im Château Comtal, und im Zweiten Weltkrieg, im März 1944, machten die deutschen Besatzungstruppen die Cité zu einem Hauptquartier, wiesen die Einwohner hinaus und mauerten alle Stadttore außer der Porte Narbonnaise zu. Sie waren noch immer emsig dabei, Stollen unter den Lices zu graben, als die Befreiung am 20. August ihrer Maulwurfstätigkeit ein Ende setzte.

PERPIGNAN
0
100
200 m
Têt
PROMENADE DE LA PÉPINIÈRE
AV. DU GÉN. LECLERC
G. CLÉMENCEAU
BOULEVARD
RUE DU REMPART VILLENEUVE
COURS LAZARE
ESCARGUEL
AV. DE GAULLE
Puigcerda
QUAI
Q. DE BARCELONE
PLACE G. PÉRI
VAUBAN
QUAI SADI-CARNOT
RUE JEAN PAYRA
Carcassonne
Narbonne
PL. DE LA VICTOIRE
le Castillet
BOULEVARD WILSON
PROMENADE DES PLATANES
BOULEVARD JEAN BOURRAT
JARDIN PUBLIC
Kathedrale St. Jean
RUE L. BLANC
Hôtel de Ville
Place de la Loge
Loge de Mer
PL. DE LA RÉPUBLIQUE
Musée (Rigaud)
Plage du Canet
RUE MARÉCHAL FOCH
BOUL. DES PYRENÉES
Thuir
le Boulou
Citadelle
BOUL BRIAND
AV. GUYNEMER
Port-Vendres

Perpignan

Von Carcassonne läuft die Straße südwärts an der Aude entlang und bei Quillan über die niedrige, rebenbestandene Hügelkette der Corbières, berühmt wegen ihres merkwürdig bitteren Weines, und dahinter beginnt ein anderes Land. Hier fließt Spanien nach Frankreich über. Das Roussillon ist der französische Teil Katalaniens, das nach einem langen, schicksalvollen Hin und Her schließlich durch den Pyrenäen-Vertrag von 1659 zwischen Frankreich und Spanien geteilt wurde. Katalanisch ist die Sprache der Landbevölkerung, und auch in der Stadt Perpignan wird es, außer in den eleganten Geschäften und den Cafés, heute noch ganz allgemein gesprochen. So gibt es an der Place François Aragon zwei nette Bistros, wo man sitzen und zuhören kann, wie jedermann ringsum sich auf katalanisch über den Fußballsport ereifert. Doch heißt es hier mit den Getränken vorsichtig sein; im Roussillon sind alle ›Pastis‹ doppelt; die Katalanen sind leicht beleidigt, wenn man abwehrt, daß sie sich ›revanchieren‹, und ein doppelter Pastis ist stärker als man glaubt.

Die Atmosphäre von Perpignan ist eine glückliche Mischung aus Frankreich und Spanien. Die Roussillonnais sind zwar überaus stolz darauf, Katalanen zu sein, aber sie halten nicht minder treu zu Frankreich und verspüren nicht den geringsten Wunsch, sich mit ihren Landsleuten jenseits der Grenze zu vereinigen. »Nous sommes des Catalans français«, erklären sie einem bündig. Sie besitzen den ganzen natürlichen Frohsinn der Katalanen, ohne, wie so viele spanische Katalanen, durch Politik, Bürgerkrieg und Niederlage verbittert zu sein. Tatsächlich besteht die Bevölkerung von Perpignan nahezu zur Hälfte aus spanischen Katalanen. Perpignan ist zwar die alte Hauptstadt des Roussillon, aber die eigentliche Metropole dieser Landschaft ist Barcelona, und die Menschen kommen und gehen über die Grenze, ohne sie als Sperre zu empfinden. Viele der spanischen Katalanen kommen ins Roussillon herüber, weil hier die Löhne höher und die Lebensbedingungen besser sind.

Die beiden Haupthotels von Perpignan, das Grand-Hotel und das Hotel de France, liegen am Quai Sadi-Carnot, wo die Route Nationale 9 in die Stadtmitte einmündet, und dies ist denn auch ein guter Ausgangspunkt für einen Erkundungsgang durch die Stadt. Platanen säumen die Kais auf beiden Seiten der Basse, eines Flüßchens, das gemächlich zwischen gepflegten Rasenflächen und Blumenbeeten dahinfließt. An seinem Ende, knapp jenseits des Hotel de France, steht das *Castillet*, ein mit Zinnen und Pechnasen versehener massiver Bau aus warmem roten Backstein, halb Festung, halb Stadttor, der den Abbruch der Stadtmauern im Jahr 1904 überlebt hat. In die Mauer ist eine Nische eingelassen mit einer sehr schönen, gewöhnlich von flatternden Tauben gekrönten Muttergottes. Die Könige von Aragon erbauten das Castillet 1368 ursprünglich, um die Stadt nach Norden hin zu verteidigen; später jedoch wurde aus ihm ein Gefängnis. Die Akten des Gefängnisses aus dem 17. und 18. Jahrhundert, die sogenannten ›Justiz-Annalen‹, sind erhalten und enthüllen manch fesselnde Einzelheit. So wies beispielsweise im Jahr 1698 eine ›Volkszählung‹ der Insassen des Castillet außer einer Anzahl von Sträflingen und Weibsbildern von lasterhaftem Lebenswandel auch die folgenden aus: einen baskischen Pilger, einen italienischen Pilger, einen alten Pilger, welcher der Spionage angeklagt war, einen weiteren Pilger, der festgenommen wurde, weil er keinen Paß besaß, zwei Türken, den Diakon von Toul und ein Mädchen namens Marion, die Bedienstete eines Offiziers, der sie hier einsperren ließ, um zu verhindern, daß sie einen Soldaten heiratete – eine wahrhaft gemischte Gesellschaft und vielleicht, so denkt man sich, kein ganz unfideles Gefängnis. Oder vielleicht doch nicht? Die Gebühren des Scharfrichters, so erfährt man aus den gleichen Annalen, betrugen außer seinem festen Gehalt von vierhundert Livres: sechzig Livres für Verbrennung auf dem Scheiterhaufen, Erdrosselung oder Aufs-Rad-Flechten; dreißig Livres für Hängen oder ›die hochnotpeinliche Frage‹; fünfzehn Livres für Auspeitschen oder Brandmarken; sieben Livres für das Halseisen oder eine Verstümmelung. Der Mann mußte schauen, daß er seinen Lebensunterhalt zusammenbekam.

Hundert Meter die Rue Louis Blanc hinauf verbreitert sich die Straße zur *Place de la Loge*, auf der eine Bronze-Venus von Aristide Maillol steht. Hier versammelt sich an warmen Sommerabenden nach dem Abendessen das Volk von Perpignan, um die ›Sardana‹, den katalanischen Nationaltanz, zu tanzen. Dies ist ein merkwürdiges und eindrucksvolles Schauspiel. Irgendwo hebt plötzlich Musik an. Zwei oder drei Menschen stehen von ihren Tischen auf, fassen sich an den Händen und tanzen. Alsbald kommen andere hinzu. Kein Lächeln, keine Begrüßung, kein Zeichen, daß man sich kennt, niemand fragt um Erlaubnis. Der Kreis erweitert sich und ist unversehens auf zwanzig Menschen angewachsen. Für gewöhnlich sind mehrere Rundtänze gleichzeitig im Gang. Die Ringe spalten sich voneinander ab und machen sich selbständig. Wird der Ring für den zur Verfügung stehenden Platz zu groß, so bilden die Tänzer in der Mitte des ursprünglichen einen zweiten. Zuweilen bewegen sich zwei oder drei konzentrische Ringe umeinander. Es ist ein ernster und schöner Tanz, in dem Würde und Frohsinn gleicherweise zum Ausdruck kommen. Er beginnt langsam und gemessen, mit komplizierten Folgen von Schritten und Figuren nach links und rechts. Dann plötzlich wird die Musik rascher. Die verschränkten Hände heben sich in die Luft über die Köpfe der Tänzer, der Tanz verwandelt sich aus einem Ritual, einer Weihehandlung, zu einer wirbelnden Gigue. Die Musik hört ebenso plötzlich wieder auf, wie sie begonnen hat, und die Tänzer verlieren sich in der Menge ebenso ernst und schweigsam, wie sie gekommen sind.

Die *Loge* oder Llotja ist die vormalige Loge de Mer, im

14. Jahrhundert für das Consulat de Mer erbaut, vor dem alle Schiffahrts- und Kauffahrtei-Streitsachen verhandelt wurden: ein schöner Bau aus grauem Stein, im Stil eher venezianisch, mit gotischen Spitzbogen und romanischen Arkaden im Innenhof und im Erdgeschoß einer offenen Loggia, die jetzt ein Café ist. Perpignan liegt heute etwa dreizehn Kilometer vom Meer entfernt, aber im Mittelalter war es noch ein blühender Hafen, und auf einem eher phantasievollen und unwahrscheinlichen Bild in der St. Jacques-Kirche spülen die Wellen des Meeres sogar über die Stufen der Loge selbst. Wahrzeichen, die noch an die einstigen maritimen Funktionen der Loge erinnern, sind der eiserne Wetterhahn in Form eines Schiffs und eine sonderbare gerahmte Skulptur an der Wand, die die Meereswellen darstellt. Früher segelte auf diesen Wellen noch eine Karavelle, die aber abhanden gekommen ist. Nebenan, ebenfalls an der Place de la Loge, steht das *Hôtel de Ville* aus dem 13. Jahrhundert. Im Hof ist eine, das Mittelmeer darstellende, liegende Bronzefigur von Maillol aufgestellt. Die drei aus der Mauer herausragenden Bronzearme stellen die ›drei Stände‹ Perpignans dar.

Die Fassade der *Kathedrale St. Jean* aus dem 14. Jahrhundert ist ebenso wie das Hôtel de Ville und der Palast der Könige von Mallorca aus einem Material erbaut, das die spätmittelalterlichen Baumeister Perpignans mit besonderer Vorliebe verwendeten, nämlich rundgeschliffenen Kieseln aus dem Flußbett, die mit roten Backsteinlagen abwechseln. Im Innern der Kathedrale lassen die kleinen Fenster nur gerade mit knapper Not genug Licht ein, daß man die verschiedenen schönen Altaraufsätze, vor allem die Muttergottes in der rechten Apsis, erkennen kann und den bereits vollgültig spanischen Stil der Kirchenausschmückung bemerkt: die flamboyanten vergoldeten Altaraufsätze mit ihren bemalten Heiligenfiguren, Engeln, Weinranken, Girlanden und Blumen, die Christusstatuen mit kurzem Rock und echtem Menschenhaar, die Madonnen in Samt und schwerem Brokat. Die spanischste von allen Kirchen Perpignans ist wohl *St. Jacques*, aus der am Karfreitag die Bruderschaft der ›Sanche‹, eine Prozession schwarzgewandeter Büßer in hohen, spitzen Kapuzen, hervorkommt und mit ihren Heiligenbildern und Tragaltären der Fünf Schmerzensreichen Mysterien im echten Sevilla-Stil durch die Stadt zieht, wie sie es schon seit vierhundert Jahren tut.

Wenn man die Kathedrale durch die Tür im rechten Seitenschiff verläßt, tritt man in eine Seitenstraße, in der links eine Kapelle steht. In dieser Kapelle befindet sich eines der kaum bekannten, atemberaubend großen Kunstwerke Europas: ein dunkles, holzgeschnitztes Kruzifix, hierorts der ›Dévot Christ‹ genannt. Die Christusfigur ist ausgemergelt und abgezehrt, als habe man ihr die Haut abgezogen; die Rippen stehen heraus wie die Eisenringe einer längst verfaulten Tonne; die Adern treten aus den gespannten Muskeln wie Schnüre hervor; die Zehen sind von Todesqual gekrümmt und zusammengekrampft. Das Haupt mit der Dornenkrone ist tief auf die Brust gesunken, und die Einheimischen glauben, wenn es schließlich so tief herabsinke, daß es das Brustbein berührt, stehe das Ende der Welt bevor. Man hat dieses Kruzifix lange Zeit für eine spanische Arbeit gehalten, hält es neuerdings jedoch eher für eine deutsche Arbeit aus dem frühen 14. Jahrhundert.

1659 wurde Perpignan von Frankreich annektiert, und im gleichen Jahr wurde der berühmteste Sohn der Stadt geboren, nämlich Hyacinthe Rigaud (1659–1743), der Hofmaler Ludwigs XIV. Im *Musée Rigaud* in seiner Vaterstadt hängen im Hauptsaal fünf Bilder des Meisters, sämtlich mit hartnäckigem Lokalpatriotismus »Jacint Rigau i Ros, dit Hyacinthe Rigaud« beschriftet. Für eine Provinzgalerie ist die Gemäldesammlung ausgesprochen gut und sehr umfassend; sie reicht von Luca Giordano und Nicolaes Maes bis zu Ingres. Besonders bedeutsam unter den katalanischen und valencianischen Primitiven ist die aus dem 13. Jahrhundert stammende katalanische Folge aus dem Leben des hl. Christopherus und die ›Dreifaltigkeit‹ des Meisters von Canapost aus dem 15. Jahrhundert. Und da schon von Primitiven die Rede ist: der schmutzgeschwärzte Fries, der an dem mittelalterlichen Haus in der Rue de la Main de Fer entlangläuft, ist angeblich, wie die Einheimischen versichern, eine pornographische Darstellung, aber ich konnte nichts dergleichen entdecken – ja, es ist überhaupt kaum etwas von ihm zu erkennen. Vielleicht könnte die Stadtverwaltung ihn reinigen lassen?

Vaubans große *Zitadelle* auf der Höhe über der Stadt umschließt den alten Palast der Könige von Mallorca. Es mag nicht so ohne weiteres verständlich sein, warum die Könige von Mallorca Perpignan zu ihrer Hauptstadt machten; doch verhält es sich hiermit folgendermaßen: Jayme (oder Jakob) I. von Aragon, genannt der Eroberer, der im 13. Jahrhundert die Mauren aus Mallorca vertrieb, vereinigte unter seiner Herrschaft alle katalanischen Länder (sowie auch eines oder zwei, die nicht katalanisch waren). Bei seinem Tod vermachte er Aragon, Barcelona und Valencia seinem älteren Sohn Pedro III. und Mallorca, das Roussillon und Montpellier seinem zweiten Sohn Jayme II. Insgesamt regierten drei Könige von Mallorca von Perpignan aus, ehe das Roussillon wieder an Aragon fiel. Der in jüngster Zeit restaurierte Palast ist um einen riesigen Innenhof mit gotischen Spitzbogen-Arkaden gebaut, und in der Mitte der Ostseite stehen zwei aufeinandergesetzte Kapellen – eine zweistöckige Kapelle. Die große Salle de Majorque, der einstige Thronsaal, der von drei riesigen offenen Kaminen geheizt wurde, nimmt die gesamte Länge der Südseite ein.

Von Perpignan führen drei Straßen nach Spanien. Die eine läuft durch das Conflent-Tal hinauf nach der Cerdana, und zwar über *Prades*, früher der Wohnsitz Pablo Casals' und Ort eines Musikfestspiels, das alljährlich hier zu seinen Ehren stattfindet. Zwischen dieser und der zweiten Straße erhebt sich der Canigou, der letzte große Ausläufer der Pyrenäen, auf dem ich noch im Juni Schnee erblickt habe. Die zweite, am meisten benutzte Straße geht über Le Boulou und überquert die spanische Grenze bei Le Perthus. Nicht weit von dort ist Thuir, wo der Dubonnet-Aperitif hergestellt wird und wo sich angeblich die größten Keller Europas befinden.

In Le Boulou zweigt rechts eine Straße ab nach der friedlichen kleinen Stadt *Céret*. Dies war in den ersten Jahren unseres Jahrhunderts einer der Geburtsorte des Kubismus; das *Musée d'Art Moderne* der kleinen Stadt enthält Arbeiten der Künstler, die damals, vor dem Ersten Weltkrieg, hier arbeiteten. Es hat einen eigenen Picasso-Raum und einen, der dem Spanier Manolo gewidmet ist, dem einzigen von der Kolonie, der in Céret seßhaft blieb; außer ihnen sind Matisse, Juan Gris, Marchand und Lhote vertreten. Auf der Place de la Liberté steht Maillols Denkmal für die Gefallenen des Ersten Weltkrieges, eines der drei, die er den kleinen Orten des Roussillon zum Geschenk gemacht hat (das in seinem Geburtsort nicht gerechnet). Die beiden anderen stehen in Elne und Port-Vendres. Das von Céret ist bei weitem das großartigste und ergreifendste: eine einfache Frau aus dem Volk, die mit aufgestützter Hand dasitzt und um ihre verlorenen Söhne trauert; die Figur aus hellgrauem Stein steht in der Mitte eines weiten, schattigen Platzes, unter mächtigen Platanen, hinter denen sich gewaltig das Gebirge erhebt. »Hier in Céret«, schrieb Maillols Freund Graf Keßler, »ist ihm eines der wenigen ganz befriedigenden modernen Denkmäler geglückt.«

Die dritte Straße nach Spanien verläuft nach Argelès und kommt unterwegs durch die alte Stadt *Elne*, das einstige iberische Illiberis, unter dessen Mauern Hannibal sein Lager aufschlug, und das römische Castrum Helenae, angeblich so genannt nach der Mutter des Kaisers Konstantin. Es ist heute ein stilles, verschlafenes Landstädtchen, war aber einstmals die Hauptstadt des Roussillon und steht noch heute dicht gedrängt um seine *Kathedrale* aus dem 11. Jahrhundert. Auf dem Platz vor der Kathedrale steht Maillols Kriegerdenkmal, eine Variante der berühmten ›Pomona‹. Der reizvolle

Innenraum der Kathedrale enthält nichts von überragendem Interesse, aber der Kreuzgang, dessen südliche, der Kathedrale zunächst gelegene Galerie aus dem 12. Jahrhundert stammt, ist eines der Meisterwerke der katalanischen Kunst des Mittelalters. Die romanischen Skulpturen und Steinmetzarbeiten schöpfen aus dem Vollen einer überquellenden Einbildungskraft: Phantasiegebilde von Seejungfrauen, Delphinen und Schlangen, die Frösche verschlucken. Die seltsamen Männlein, die über eine Mauer mit einer großen Tür spähen, stellen den (dreimal wiederholten) St. Peter im Gefängnis dar. Ganz besonders schön sind die Kreuzabnahme, die Erschaffung Adams und Herodes, wie er die Heiligen Drei Könige empfängt und ihnen mit königlicher Verachtung begegnet.

Von Elne läuft die Straße weiter über Argelès nach Collioure, wo sie das Meer erreicht. *Collioure* ist einer der malerischsten kleinen Häfen des Mittelmeers und wurde schon früh von Derain, Friesz, Lhote und den Fauves-Malern entdeckt. Läge es irgendwo östlich von Marseille, so hätte es längst das Schicksal von St. Tropez geteilt, so aber, abgelegen wie es ist, ist es vergleichsweise unverdorben geblieben. Wie der Lokalführer sehr richtig bemerkt, besitzt es »beaucoup de gloire artistique, de snobisme et de véritable beauté«. Es besitzt überdies drei wie ein Kleeblatt angeordnete Strände. Die beiden ersten, auf welche die Fischerboote auf den Kieselstrand heraufgezogen werden, sind durch die große Burg voneinander getrennt, und der Mittelstrand ist seinerseits wieder vom Badestrand, der Plage St. Vincent, durch die Kirche abgetrennt. Die *Kirche* ist wie die in Agde aus schwarzem vulkanischem Lavagestein erbaut, und ihr runder Turm mit der hellroten Kuppel, der an Palermo erinnert, war einstmals der Leuchtturm an der Hafeneinfahrt. Das Innere der Kirche ist völlig spanisch, Hochaltar und Seitenaltäre im überladenen, schwer vergoldeten Stil Churrigueras. Von der Anhöhe über dem Ort, dem Balcon de Madeloc, habe ich im Umkreis nicht weniger als acht Burgen und Festungen gezählt. Diese Gegend war jahrhundertelang Grenzgebiet, und auf ihrem Boden ist so mancher Konflikt zwischen Frankreich und Spanien ausgetragen worden.

Port-Vendres, der antike Hafen der Venus, ist heute Ausgangs- und Endhafen einer Schiffahrtslinie nach Algier und Oran. Einige Kilometer südlich, jenseits der Korkeichen-Wälder, liegt die Bucht von *Banyuls*, Frankreichs südlichster Seebadeort und berühmt für seinen schweren Süßwein. Man fährt am besten um die Bucht herum bis zum anderen Ende des Ortes und läßt den Wagen am Anfang des Kais, beim *Institut François Arago*, stehen. Arago (1786-1853), bei Perpignan geboren, war zwar Astronom, aber das Institut, das seinen Namen trägt, ist der Meeresbiologie gewidmet. Es besitzt ein der Öffentlichkeit zugängliches Aquarium, das – was die Fische des Mittelmeeres angeht – sogar noch besser ist als das von Monaco. Hier erblickt man das ganze Leben in seinen großen Gegensätzen: schreckliche Einsiedler-Krebse kämpfen unablässig einen grauenerregenden Existenzkampf, während im nächsten Behälter zartgetönte Seeanemonen in müder Lässigkeit wie Chrysanthemen ihre Blattwedel schwenken.

Banyuls ist der letzte Ort des mittelmeerischen Frankreich. Hier wurde 1861 Aristide Maillol geboren. Hier verbrachte er bis an sein Lebensende alljährlich einige Winter- und Frühjahrsmonate. Er besaß draußen vor dem Ort, zuoberst eines Geröllhangs, den man hinaufklettern mußte, ein kleines Atelierhäuschen, wo er, während der Wind über Meer und Gebirge brauste, mit dem Blick auf die Berge arbeitete. »Am späten Nachmittag«, notierte Keßler, der ihn einmal im Januar 1925 hier besuchte, »mit Maillol spazierengegangen in der zartgrauen Landschaft, in der alle Töne wie mit Silber gemischt sind. An der alten romanischen Kirche der Friedhof ganz antik, eine Gräberstraße mit Grabkapellen und Zypressen, die ganz an die von Pompeji erinnert. Maillol zeigte mir draußen zwischen Feldern das Grab, das er als das schönste der Gegend bezeichnete, eine niedrige

Gruft, um die herum ein kleiner Hain von Ölbäumen und Zypressen gepflanzt ist, mitten im Feld.«

Am Ende der Mole von Banyuls liegt vorgelagert im Meer eine kleine Insel. Als die Gemeinde Banyuls von ihrem berühmten Sohn ein Denkmal für ihre Toten des Weltkrieges erbat, willigte Maillol ein, machte aber zur Bedingung, daß es auf dem kleinen meerumspülten Felsen errichtet werde. Der Bürgermeister lehnte das ab; doch Maillol setzte es durch. Das Totendenkmal steht in der Tat auf der Insel im Meer vor Banyuls: »Ein niedriger, grabartiger Bau auf der Spitze der felsigen Insel, aus graublauem Stein, mit drei Reliefs, in der Mitte die lebensgroße Figur des toten Kriegers.« Im April 1932 gab sein Heimatstädtchen ihm zu Ehren ein Fest. Er war einundsiebzig. Auf Bildern, die er aufbewahrte, sieht man ihn »inmitten der Mädchen und Fischer; man sieht ihn tanzen, man sieht vier Hammel, die im Wald am Spieß gebraten werden, man sieht die Reigen der Mädchen«.

»C'était tout à fait grec«, sagte Maillol. Es war ganz griechisch. Das war für ihn das höchste Lob. Es war Frankreich am Mittelmeer.

Register

Der Verlag dankt den Besitzern der Bilder für ihre liebenswürdige Genehmigung zur Reproduktion, für die Werke von Bonnard, Derain und Matisse auch der COSMOPRESS, Genf.

Wellness

Mehr Lust auf Leben

Prof. Dr. Brigitte Schellenberger

WELLNESS

Verlag Gesundheit

Inhalt

Mehr Lust auf Leben

Seite 5

Man müsste mal wieder …

Seite 33

Lebensfreude durch die Kraft der Gedanken

Seite 43

Durch Entspannung Wohlbefinden und Belastbarkeit steigern

Bewegen – aber wie?

Erfolgreich und zufrieden leben mit Stress

L

Mehr Lust auf Leben

Ewige Jugend, Gesundheit und Lebensfreude sind ein uralter Traum der Menschheit. *Wellness* scheint das Zauberwort für die Erfüllung dieses Traums zu sein. Die zahlreichen Offerten, die mit dem Begriff *Wellness* verbunden werden – Wellness-Landschaften, Wellness-Drinks, Wellness-Hotels, Wellness-Brot, Wellness-Strümpfe – erwecken den Eindruck, dass man nur eintauchen oder zugreifen muss, um mehr Lebensfreude zu erreichen – wie im Schlaraffenland, in dem Milch und Honig fließen und gebratene Tauben in den Mund fliegen. »Schön wär's«, seufzen einige, »langweilig wär's«, sagen andere, »unmöglich«, meinen dritte.

Wellness leitet sich vom englischen Begriff well (gut, wohl) ab

Einer meiner Bekannten pflegt seinen Anspruch an Wohlbefinden mit drei Bedingungen zu beschreiben:

»Ein frisches Weissbrot, französischen Käse und eine gute Flasche Rotwein – mehr brauche ich nicht zum Glück.« Wir und auch er wissen nur zu genau, dass dieses Bedingungsgefüge ausgesprochenes Wohlbefinden auslösen kann, aber ganz sicher nicht dauerhaft in ein zufriedenes und ausgefülltes Leben führt.

Wellness – neuer Modetrend oder alter Wein in neuen Schläuchen?

Mit Wellness zu mehr Lust auf Leben – was ist tatsächlich dran an diesem Konzept?

Historische Wurzeln des Wellness-Gedankens

In der Geschichte der Menschheit hat es zahlreiche Ansätze gegeben, die Lebensphilosophie und die Ganzheitlichkeit des Menschen auf dem Weg zu mehr Gesundheit, Leistungsfähigkeit und Lebensfreude in den Mittelpunkt stellten. Für Epikur war das vernünftige Genießen eine wesentliche Grundlage für die Lebensgestaltung, die Stoiker sahen im Einklang mit der Natur, in Leidenschaftslosigkeit, Gerechtigkeit und Tugend die Säulen für ein glückliches Leben. Hippokrates schuf mit seinen sechs Regelkreisen ein Modell, das den Menschen in seiner psychophysischen Einheit und in seinem natürlichen und sozialen Umfeld betrachtet. Im Mittelalter war es Hildegard von Bingen, die ganzheitliche Lebensprinzipien für die Gestaltung der Lebensweise in den Mittelpunkt ihrer Überlegungen stellte. Bei Immanuel Kant führt die Fähigkeit zum Umgang mit sich selbst zur sinnerfüllten Lebensgestaltung. Der Pfarrer Sebastian Kneipp gab den Menschen nicht nur die Regeln für die Kneippschen Wasserkuren, er propagierte auch die bewusste, naturverbundene Lebensweise als Voraussetzung für Gesundheit und Wohlbefinden.

Antonovsky entwickelte mit dem Saluto-Genese-Modell ein Konzept, in dem die stabile Orientierung des Menschen in Bezug auf seine Umwelt und das eigene Leben als Grundlage für Gesundheit und Lebensfreude eine entscheidende Rolle spielt.

Die sechs Komponenten des Europäischen Wellness Modells:
- körperliches Fitsein
- geistige Beweglichkeit
- seelische Belastbarkeit
- positive Arbeitseinstellung
- harmonisches Privatleben
- Einklang mit der Umwelt

Das Wellness-Konzept hat sich in den letzten 30 Jahren in den USA als fester Bestandteil der Gesundheitsförderung entwickelt und Eingang in die Forschung und Ausbildung an vielen Universitäten und Hochschulen gefunden. Im Mittelpunkt steht die aktive, gesundheitsorientierte Lebensgestaltung.

Inzwischen hat sich *Wellness* auch in Europa als Begriff für vielfältige Programme zur Förderung von Gesundheit, Leistungsfähigkeit und Wohlbefinden entwickelt. In Deutschland sind es vor allem die Europäische Wellness Union (Präsident: Siegfried Malich) und der Deutsche Wellness Verband, die sich für die Umsetzung des Wellness-

Gedankens engagieren. *Siegfried Malich* hat mit der Entwicklung des »Europäischen Wellness Modells« wesentlichen Anteil an der Verbreitung des ganzheitlichen Ansatzes des Wellness-Konzepts in Europa. Dass die Lebensweise und die Ganzheitlichkeit des Menschen wieder verstärkt im Mittelpunkt von Programmen zur Verbesserung von Gesundheit, Leistungsfähigkeit und Wohlbefinden stehen, ist vor allem auf **drei Faktoren** zurückzuführen:

Drei Faktoren für ein neues Herangehen

1. Zunehmend setzt sich die Erkenntnis durch, dass viele gesundheitliche Probleme in unzweckmäßigen Verhaltensweisen der Menschen begründet liegen und durch eine aktive, gesundheitsfördernde Lebensweise reduziert werden können.

Gefährdeten früher vorrangig Mangelerscheinungen, Seuchen und akute Erkrankungen die Gesundheit der Menschen, so sind es heute eher der Überfluss, technische und wissenschaftliche Errungenschaften und die Schnelllebigkeit unserer Zeit, die unsere Lebensweise und damit unsere Gesundheit maßgeblich beeinflussen.

Erkrankungen des Bewegungsapparates sowie durch Stress und psychische Belastung begünstigte Erkrankungen beeinträchtigen zunehmend den Gesundheitszustand der Menschen

Wandel der Todesursachen in den letzten 100 Jahren

Todesursache	1901	1980
Akute Erkrankungen	50 Prozent	1 Prozent
Chronische Erkrankungen	46 Prozent	80 Prozent

2. Immer deutlicher wird erkannt und akzeptiert, dass der Umgang mit sich selbst, spezifische Denk- und Verhaltensweisen und die bewusste mentale und körperliche Entspannung maßgeblich am Entstehen und am Verlauf von Krankheiten beteiligt sind.

Denken Sie ganz intensiv an eine Situation, in der Sie sich so richtig wohl fühlen, entspannt und glücklich. Spüren Sie Ihr Lächeln und Ihr gutes Gefühl? Jetzt verlassen Sie die Situation und stellen sich ein Ereignis vor, über das Sie sich sehr geärgert haben. Beobachten Sie die Veränderung der Anspannung in Ihrem Gesicht.

Erproben Sie selbst den Einfluss Ihrer Gedanken auf Ihren körperlichen Zustand

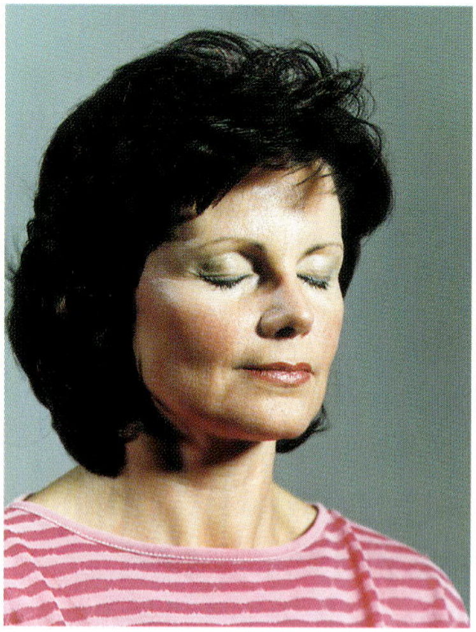
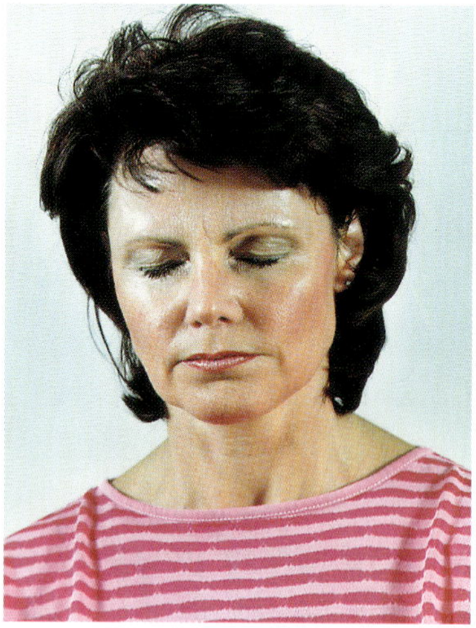

Unsere Gedanken beeinflussen unseren körperlichen Zustand

Gehen Sie am besten noch einmal zurück in die Situation, in der Sie sich wohl fühlen. Bestimmt gelingt es Ihnen, die Unterschiede wahrzunehmen.

Unsere Gesellschaft hat den Übergang vom Muskelzeitalter zum Nervenzeitalter vollzogen

3. Die Anforderungen unserer Zeit haben sich geändert gegenüber denen in der Vergangenheit. Die Belastung durch körperlich schwere Arbeit in Beruf und Alltag wurde ersetzt durch zunehmend hohe geistige und seelische Beanspruchung. Die in den letzten 40 Jahren vorrangig auf körperliche Aspekte orientierte Fitnessbewegung hat zwar ihre Berechtigung als Ausgleich für die zunehmende Bewegungsarmut, wird aber den Anforderungen unserer Zeit nicht mehr ausreichend gerecht und muss durch Programme zur Stabilisierung der psychischen und mentalen Belastbarkeit ergänzt werden.
Mit dem Wellness-Konzept wird den veränderten Lebensbedingungen und Erwartungen an das Leben Rechnung getragen.

Fest steht: *Das* beste Konzept für mehr Lust am Lebens gibt es nicht. Zu unterschiedlich sind die Arbeits- und Lebensbedingungen, die sozialen Kontakte, Wünsche und Einstellungen der Menschen, zu vielfältig die Wege, die zu mehr Gesundheit, Leistungsfähigkeit und Wohlbefinden führen können.

Wenn du für kurze Zeit glücklich sein willst, betrinke dich.
Willst du für länger glücklich sein, dann heirate.
Wenn du aber für immer glücklich sein willst, dann werde Gärtner.
(Aus dem Chinesischen)

Ganz vorbehaltlos kann man der alten chinesischen Weisheit heute sicher nicht mehr zustimmen, aber modifiziert für unsere Zeit und unsere Lebensbedingungen, ergibt sich ein Leitfaden, der schon als Orientierung für die Lebensgestaltung gelten kann:
Wenn du für kurze Zeit glücklich sein willst, gehe ins Theater, lies ein gutes Buch, entspanne dich in der Sauna, genieße eine Massage, …
Wenn du für länger glücklich sein willst, gönne dir Urlaub, miete eine neue Wohnung, kauf dir etwas Schönes, …
Wenn du aber für immer glücklich sein willst, verändere deinen Lebensstil.

TIPP

Leben nach dem Wellness-Konzept bedeutet nicht Askese, Verzicht auf die Freuden des Lebens oder ängstliches Besorgtsein um die Gesundheit. Leben nach dem Wellness-Konzept bedeutet aktive, gesundheitsorientierte und freudbetonte Lebensgestaltung.

Wellness – Ziele und Wege

In der Natur strebt alles nach Gleichgewicht und Ausgleich. Tiefdruck zieht hohen Druck an, dem Tag folgt die Nacht, dem Werden das Vergehen. Als Teil der Natur ist der Mensch diesem Naturprinzip ganz effektiv angepasst. Viele physiologische Funktionen, das Ein- und Ausatmen, das Wachsein und Schlafen, die Kontraktion und Erschlaffung des Herzmuskels, folgen dieser natürlichen Regel.
Das menschliche Leben aber war und ist nicht immer harmonisch und ausgeglichen. Vieles stürmt tagtäglich auf uns ein und bringt uns aus dem inneren Gleichgewicht. Das ist unproblematisch und auch gut so, denn ein Leben ohne Höhen und Tiefen wäre doch recht langweilig. Um uns richtig wohl zu fühlen, brauchen wir die aktive Auseinandersetzung mit uns selbst, mit der Natur und unserem sozialen Umfeld, solange wir sie bewältigen können, uns im Gleichgewicht befinden.

Doch in unserer Zeit die richtige Balance zu finden und zu halten ist gar nicht mehr so einfach.

Finden Sie heraus, was Ihnen gut tut, was Sie in Ihrem Wohlbefinden beeinträchtigt, und gestalten Sie Ihr eigenes, individuelles Wellness-Programm.

Verschaffen Sie sich einen Überblick über Ihr individuelles »Balance-Verhalten«

Bewerten Sie die im folgenden Test zur Selbsteinschätzung vorgegebenen Aussagen mit der für Sie zutreffenden Punktzahl:

absolut zutreffend:	5 Punkte	eher nicht zutreffend:	2 Punkte
eher zutreffend:	4 Punkte	absolut unzutreffend:	1 Punkt
teilweise zutreffend:	3 Punkte		

Test zur Selbsteinschätzung

		Punkte
1	Ich habe ein Hobby, bei dem ich Entspannung finde.	
2	Ich leide unter Beschwerden, die ich auf chronischen Stress zurückführe.	
3	Ich verzicht bei kurzen Wegen auf das Auto und gehe zu Fuß.	
4	Ich habe das Gefühl, ständig unter Zeitdruck zu stehen.	
5	Ich habe ein Hobby, bei dem ich mit vielen Menschen in Kontakt komme.	
6	Ich vergesse häufig schon nach kurzer Zeit wichtige Informationen.	
7	Ich habe Angst, Fehler zu machen.	
8	Ich bin mit meinem Äußeren nicht zufrieden.	
9	Es fällt mir schwer, Ruhe zu genießen.	
10	Ich mache mir Sorgen über meine Gesundheit.	
11	In meiner Arbeits- und Lebensplanung setze ich klare Prioritäten.	
12	Ich fühle mich in geselligen Runden meist nicht wohl.	
13	Ich kann mir wichtige Daten nicht merken.	
14	Ich bin unzufrieden mit dem, was ich bisher im Leben erreicht habe.	
15	Ich halte die meisten Menschen für attraktiver als mich.	
16	Ich habe ein Entspannungsverfahren erlernt, das ich in hektischen Zeiten nutze.	
17	Ich fühle mich wie ausgelaugt.	

18 Ich traue mir nicht zu, 5 Kilometer zu Fuß in einer Stunde zu bewältigen.

19 Ich achte in meiner Ernährung auf fettarme Kost und viel Vitamine und Ballaststoffe.

20 Ich fühle mich durch die Vielfalt meiner Aufgaben überfordert.

21 In schwierigen Situationen habe ich oft niemanden, mit dem ich reden kann.

22 Ich kann mich nicht über einen längeren Zeitraum konzentrieren.

23 Ich vergleiche meine bisher gebrachten Leistungen mit denen anderer.

24 Ich schaue nicht gern in den Spiegel.

25 Ich werde nachts manchmal wach und fange an zu grübeln.

26 Wenn ich mich nicht ganz gesund fühle, reduziere ich meine Belastung.

27 Ich komme bei zügigem Gehen schneller außer Atem als meine Begleiter.

28 Ich habe den Eindruck, niemals mit meiner Arbeit fertig zu werden.

29 Ich bemühe mich darum, mit verschiedenen Menschen in Kontakt zu kommen.

30 Ich beschäftige mich mindestens einmal in der Woche mit kreativen Aufgaben.

31 Ich versuche, das Urteil anderer über mich zu erfahren.

32 Ich finde ausreichend Zeit für meine Gesichts- und Körperpflege.

33 Ich kann nach der Arbeit schlecht abschalten.

34 Ich nutze Vorsorgeuntersuchungen zur Früherkennung von gesundheitlichen Problemen.

35 Ich kann nicht zügig ohne eine Pause bis in die 4. Etage gehen.

36 Mein Zeitplan hat Spielraum, um auf aktuelle Probleme reagieren zu können.

37 Ich verbringe so viel Zeit wie möglich mit meiner Familie und Freunden.

38 Ich nehme mir Zeit für Konzentrations- und Gedächtnisübungen.

39 Ich bin häufig von mir enttäuscht und ärgere mich über mein Verhalten.

40 Ich achte darauf, gut gekleidet zu sein.

41 Wenn ich Ruhe nötig habe, ziehe ich mich zurück und entspanne.

42 Ich nutze den Urlaub für aktive Erholung und Entspannung.

43 Ich bringe mindestens einmal in der Woche meinen Kreislauf in Schwung.

44 Ich plane meine Aufgaben und die dazu notwendige Zeit langfristig.

45 Ich fühle mich oft alleingelassen.

46 Ich probiere ab und zu aus, ob ich mir Zahlen und Namen merken kann.

47 Ich versuche, mir ein reales Bild über meine Leistungsfähigkeit zu machen.

48 Ich achte durch vernünftige Ernährung und ausreichende Bewegung auf meine Figur.

Machen Sie mit!

- Erstellen Sie Ihr Profil zur Selbsteinschätzung des gegenwärtigen Zustandes und Ihrer Aktivitäten zum Erhalt oder zur Veränderung dieses Zustandes. Dazu addieren Sie die Punkte, die Sie bei der Bewertung der einzelnen Aussagen vergeben haben.
  Zu jedem Bereich gehören drei Aussagen. Die Nummern der Aussagen sind unter dem jeweiligen Bereich aufgeführt.
  Die linke Hälfte erfasst Ihre Selbsteinschätzung, die rechte Ihre Aktivitäten zur Veränderung der aktuellen Situation.

Die in den einzelnen Themenbereichen gesammelten Punkte werden zusammengefasst

	Meine Selbsteinschätzung		Meine Aktivitäten zur Veränderung		
	Punktwert	*Summe*	*Punktwert*	*Summe*	
Gesundheit Nr. 2, 10, 17					**Gesundheit** Nr. 26, 34, 42
Herz, Kreislauf Nr. 18, 27, 35					**Herz, Kreislauf** Nr. 3, 19, 43
Selbstvertrauen Nr. 7, 14, 39					**Selbstvertrauen** Nr. 23, 31, 47
Soziale Beziehung Nr. 12, 21, 45					**Soziale Beziehung** Nr. 5, 29, 37
Mentale Fitness Nr. 6, 13, 22					**Mentale Fitness** Nr. 30, 38, 46
Belastung Nr. 4, 20, 28					**Belastung** Nr. 11, 36, 44
Entspannung Nr. 9, 25, 33					**Entspannung** Nr. 1, 16, 41
Attraktivität Nr. 8, 15, 24					**Attraktivität** Nr. 32, 40, 48

Um besser vergleichen zu können, empfehle ich Ihnen, die Punktwerte in ein vorbereitetes Schema (S. 13) einzutragen.

- Tragen Sie dazu in jede Spalte (Bereich) ein **S** (für Selbsteinschätzung) und ein **A** (für Aktivitäten) ein – jeweils entsprechend der Summe der in diesen Kategorien gesammelten Punkte.
- Verbinden Sie jeweils alle **S** und alle **A** zu einer Kurve, und Sie erkennen die Schwerpunkte für Ihr Wellness-Konzept.

Was uns die Kurven sagen

Je niedriger Ihre **S**-Werte (Selbsteinschätzung) ausgefallen sind, um so zufriedener sind Sie mit Ihrem aktuellen Zustand in dem jeweiligen Bereich. Niedrige **A**-Werte in diesem Bereich sind dann nicht so problematisch.
Liegen Sie jedoch unter 6 Punkten, sollten Sie etwas mehr tun, um den guten Zustand zu stabilisieren.
Bereiche mit hohen **S**-Werten und niedrigen **A**-Werten sind für Sie die Schwerpunkte für eine Veränderung des Verhaltens. Sie deuten darauf hin, dass Sie zwar unzufrieden sind mit Ihrem aktuellen Zustand, aber in Ihrem Alltagsverhalten wenig unternehmen, um diesen Zustand zu verändern.

Beispiel Frau Str.

Beispiel für den möglichen Verlauf von S-Kurve und A-Kurve

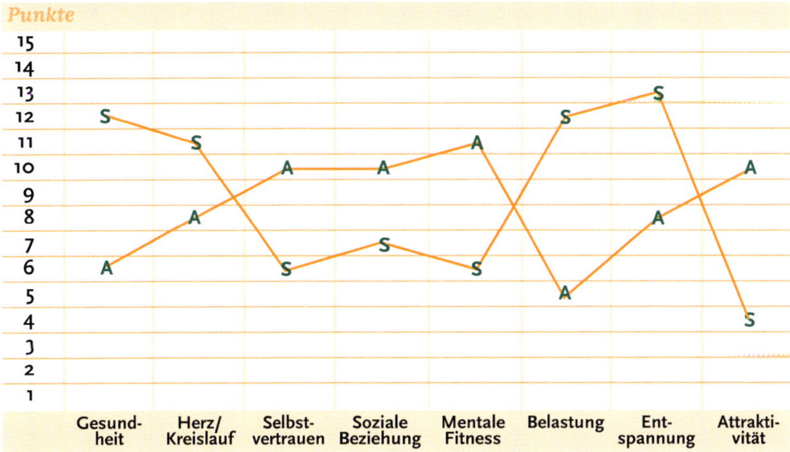

Am Beispiel von Frau Str. wird deutlich: Sie fühlt sich hoch belastet. Sie erlebt gesundheitliche Probleme und kann sich nicht ausreichend entspannen. Aber sie gönnt sich gerade in diesen Bereichen zu wenig Zeit und Freiraum für Aktivitäten zur Verbesserung ihrer aktuellen Situation.
Wie sieht es bei Ihnen aus? – Es gibt so viele Ansatzpunkte für mehr Lebensqualität.

Das strebe ich an:

Mehr Lebensqualität

- Selbstvertrauen
- Gesundheit
- Erfolg
- Leistungsfähigkeit
- Belastbarkeit
- Attraktivität
- Beliebtheit
- Ausgeglichenheit
- Gelassenheit
- Optimismus
- Geistige Frische

Das führt mich ans Ziel:

Mehr Lebensfreude

- Lebensweise
- Bewegung
- Entspannung
- Ernährung
- Zeitmanagement
- Kommunikation
- Positives Denken
- Körperpflege
- Kosmetik
- Selbstmanagement

Welche Ziele Sie anstreben und welche Wege Sie gehen werden, können nur Sie selbst entscheiden.

Zum Glück ist es im menschlichen Leben nicht so, dass ein Weg immer zum selben Ziel führt. Das Leben ist viel interessanter.
Es heißt zwar so schön: »Immer den gleichen Weg zu beschreiten führt nicht zu neuen Zielen, sondern nur zu Trampelpfaden«, aber auch in dieser »Weisheit« liegt ein Körnchen Unwahrheit.
Der Förster sieht und fühlt auf einem Spaziergang ganz andere Dinge als ein Spaziergänger, und der Fernfahrer in seinem Brummi sieht und erlebt die Strecke auf der Autobahn anders als der Urlaubsreisende (und ganz sicher nicht in erster Linie wegen der anderen Sitzposition).
Jeder Weg führt nicht nur zu einem anderen Ort, er bringt neue Erfahrungen, Erkenntnisse, Emotionen, Einstellungen.
Und auch die Wirkung der uns umgebenden Bedingungen ist nicht so einfach in positive und negative zu unterteilen.

Luft, Wasser, Licht und Wärme – so wurden in früheren Zeiten die Grundlagen für Gesundheit und Wohlbefinden aufgelistet.

Wieviel Gutes braucht der Mensch?

Nun, **Luft** kann man unbesehen akzeptieren. Ein Zuviel an Luft kann es kaum geben.
Anders sieht es mit Wasser, Licht und Wärme aus:
Wasser ist lebensnotwendig für den Menschen. Zu wenig Wasser bedeutet Ausdörren von Pflanzenwelt, Tier und Mensch, zu viel Wasser führt unter Umständen zu katastrophalen Überschwemmungen.
Licht braucht der Mensch nicht nur für das subjektive Wohlbefinden, sondern für das Funktionieren vieler physiologischer Prozesse. Zu viel Licht und Helligkeit ohne Unterbrechung kann zu ernsthaften gesundheitlichen Störungen führen.
Wärme bereitet Wohlbehagen, zu viel Wärme – Hitze – ist genau so unangenehm wie zu wenig Wärme – Kälte.
Erfolge sind angenehm, Misserfolge wohl kaum. Und trotzdem sind Misserfolge wichtig im Leben, um Verhaltensweisen zur Bewältigung schwieriger Situationen zu erlernen.
Die hohe **Belastung** in unserer Zeit wird von vielen Menschen als Problem erlebt. Aber ohne Belastung, ohne Mobilisierung der Leistungsvoraussetzungen des Menschen kann es keinen Lernprozess, keine Weiterentwicklung geben.

Wenn Sie sich jetzt einen Überblick über die vielfältigen Faktoren für Gesundheit, Leistungsfähigkeit und Wohlbefinden verschaffen, sollten Sie beim Lesen immer einen Gedanken im Kopf haben: Könnte ich mit diesem Verhalten oder durch diese Bedingungen meine Lebensqualität verbessern?

Essen und Trinken hält Leib und Seele zusammen

Die meisten Menschen vernachlässigen die fantastischen Möglichkeiten, die eine Umstellung des Ernährungsverhaltens bietet

»Essen und Trinken hält Leib und Seele zusammen« und »Liebe geht durch den Magen«. Ergänzen wir diese häufig gebrauchten Redewendungen durch »Essen und Trinken sorgen für geistige Frische und ein gepflegtes Aussehen«, dann haben wir es in der Hand, durch unsere Ernährung die wesentlichen Faktoren für Gesundheit, Leistungsfähigkeit und Wohlbefinden zu beeinflussen.

Ernährung und Gesundheit

Nur durch die Ernährung kann der Körper mit den Stoffen versorgt werden, die er zum Funktionieren braucht. Die **Nährstoffe** (Eiweiße, Kohlenhydrate, Fette) liefern die notwendige Energie für den Erhalt des Lebens und die spezifischen Grundstoffe für die unterschiedlichen Körperfunktionen.

Krankheiten, die durch Ernährung gelindert werden können:
- Bluthochdruck
- koronare Herzerkrankungen
- Fettstoffwechselstörungen
- **Diabetes**
- **Arthrose**
- **Gicht**
- **Osteoporose**

Ballaststoffe harmonisieren die Verdauung und verbessern die Funktionsfähigkeit des Magen-Darm-Kanals. **Vitamine**, **Mineralstoffe** und **Spurenelemente** sind für den Ablauf der unterschiedlichen Stoffwechselprozesse unentbehrlich.

Eine abwechslungsreiche Kost, genügend Flüssigkeit und täglich frisches Obst und Gemüse reichen für eine gesunde Ernährung völlig aus.

Dennoch steigt in den Ländern, in denen Hunger kein gesellschaftliches Problem mehr ist, die Anzahl der durch Fehlernährung verursachten, zumindest aber begünstigten Erkrankungen.
Die **Hauptwege für mehr Gesundheit durch Ernährung** lassen sich in *fünf Schlagworten* zusammenfassen:

- Weniger Fett, mehr Kohlenhydrate
- viel frisches Obst und Gemüse
- weniger Zucker
- mehr (alkoholfreie) Getränke
- mehr Ballaststoffe

Ernährung und Leistungsfähigkeit

Der Körper braucht auch bei völliger Ruhe Energie zum Erhalt der lebensnotwendigen Funktionen (Grundumsatz). Werden wir aktiv, steigt der Energiebedarf in Abhängigkeit von der Höhe der körperlichen und geistigen Beanspruchung. Die regelmäßige Energiezufuhr sichert auch den Erhalt des für die Leistung notwendigen Blutzuckerspiegels. Eine ausreichende Versorgung mit Vitaminen beeinflusst Konzentrationsfähigkeit und Sehvermögen positiv.

TIPP

Sorgen Sie mit kohlenhydratreichen Zwischenmahlzeiten für eine ausreichende Versorgung.

Mittlerer Energiebedarf bei ausgewählten Tätigkeiten	kcal/h
Autofahren	140
Büroarbeit	180
Hausarbeit	230
Schnelles Gehen (6 km/h)	390
Tanzen (Foxtrott)	400
Radfahren (20 km/h)	600
Treppensteigen	950

Spätestens drei Stunden nach der letzten Mahlzeit sinkt der Blutzuckerspiegel, verbunden mit einem Nachlassen geistiger Leistungsfähigkeit.

Ernährung und Attraktivität

Für die meisten Menschen ist der Zeiger auf der Waage der erste Anstoß, um über Veränderungen im Ernährungsverhalten nachzudenken. Es gibt in der Tat **nur eine** dauerhafte Möglichkeit für den Erhalt des Wohlfühlgewichts durch Ernährung: *Eine langfristige Umstellung des Ernährungsverhaltens*, um Energie*zufuhr* und Energie*verbrauch* in Balance zu bringen.

Doch die Ernährung bietet noch eine weitere wichtige Möglichkeit: die Verbesserung der **Hautstruktur**.

Beispiel
Jeanette F., 30 Jahre alt

Frau F. begann in unserem Institut ein individuelles Programm zum Erreichen des Wohlfühlgewichts, nachdem sie schon die verschiedensten »Diäten« ausprobiert hatte. Ihre Ernährungsanalyse ergab eine tägliche Kalorienaufnahme unter 1000 kcal, die Kalorienzufuhr durfte also auf keinen Fall noch mehr reduziert werden. In den nächsten Wochen legte sie den Schwerpunkt ihrer Ernährung auf Nudeln (Nudeln schmeckten ihr von allen kohlenhydratreichen Nahrungsmitteln am besten) und frischen Salat. Eines Tages kam sie freudestrahlend ins Institut und berichtete über den »Befund« ihrer Kosmetikerin: Die Haut sei straffer und reiner geworden.

Eine Grundsatz, der immer gilt: Viel trinken (mindestens 2 bis 2,5 l am Tag)!

Eine vitaminreiche Ernährung mit hohen Anteilen an Kohlenhydraten und Ballaststoffen fördert die Durchblutung der Haut, intensiviert die Stoffwechselprozesse, sorgt für einen besseren Abtransport der Stoffwechselprodukte und trägt damit wesentlich zur Reinigung und Straffung der Haut bei.

Ernährung und Wohlbefinden

Verbesserung von Gesundheit, Leistungsfähigkeit und Attraktivität – diese drei Positiva kennzeichnen die Bedeutung der Ernährung für das Wohlbefinden schon ausreichend. Hinzu kommt:

Essen macht Spaß. Anblick, Duft, Geschmack, das Ambiente, die gesellige Runde – all diese Faktoren bereiten Genuss und erhöhen das

Wohlbefinden und die Lebensfreude. Nicht umsonst werden wichtige Verträge oft bei einem Geschäftsessen besprochen, ist bei Familientreffen das gemeinsame Essen ein Höhepunkt.

Bewegt durchs Leben

Leben war körperliche Anstrengung

Um ihr Leben zu sichern, brauchten unsere Vorfahren viel Bewegung. Pflanzen mussten gesammelt, später angebaut, geerntet und zubereitet werden. Tiere mussten gejagt, erlegt und verarbeitet werden. Holz für den Bau von Hütten und für das wärmende Feuer musste geschlagen, transportiert und bearbeitet werden. Lange Wege waren zu gehen, schwere Lasten zu tragen.

Der menschliche Organismus ist für diese Anforderungen bestens konstruiert. Und er braucht diese Belastung für sein gutes Funktionieren.

Aber in der heutigen Zeit werden uns die meisten dieser Aufgaben von der Technik abgenommen bzw. maßgeblich erleichtert. Die für Bewegung konstruierten Organe des Körpers werden dadurch unterfordert und damit in ihrer Funktionsfähigkeit nicht ausreichend entwickelt. Bewegung kann bei vielen gesundheitlichen Problemen helfen.

Doch Bewegung kann noch mehr:

Bewegung hilft bei:
- Übergewicht,
- Stoffwechselerkrankungen,
- Herz-Kreislauf-Störungen,
- Osteoporose,
- muskulären Dysbalancen

Mein Tipp

Bringen Sie mehr Bewegung in Ihren Alltag, ohne dafür zusätzliche Zeit aufwenden zu müssen.
- Verzichten Sie auf den Fahrstuhl bei weniger als vier Etagen.
- Gehen Sie Strecken unter einem Kilometer zu Fuß.
- Ersparen Sie sich die Suche nach einem Parkplatz unmittelbar vor Ihrem Zielort, parken Sie das Auto etwas weiter entfernt und gönnen Sie Ihrem Körper etwas Aktivität.

Bewegung bringt den Kreislauf in Schwung

Die Stoffwechselprozesse im Körper werden angeregt, der Energieverbrauch steigt, Energiedepots werden abgebaut, die Muskulatur wird

besser durchblutet, der Sauerstoffaustausch in der Lunge beschleunigt. Der Organismus wird leistungsfähiger und arbeitet ökonomischer.

Bewegung kräftigt die Muskulatur

Organe und Muskeln, die nicht beansprucht werden, verkümmern. Sehr gut beobachten können Sie diesen »Muskelschwund«, wenn ein Arm oder Bein durch einen Gipsverband über längere Zeit »still gelegt« wurde. Der Arm- bzw. Beinumfang ist nach Abnahme des Verbandes sichtlich geringer. Besonders problematisch ist es, wenn die Kraft der Rumpfmuskulatur nachlässt, weil dann die Wirbelsäule nicht mehr genügend abgestützt werden kann. Rückenschmerzen sind dann vorprogrammiert.

Bewegung lockert verspannte Muskeln

Wer kennt nicht die Situation: Nach einem anstrengenden Arbeitstag oder einer langen Autofahrt bereitet es Mühe und manchmal schon Schmerzen, den Kopf zu bewegen. Nacken-, Hals- und Schultermuskulatur sind verspannt. Wird die Muskulatur nicht gelockert, kommt es allmählich zur Verkürzung der Muskeln, zur Eingeschränkung der Bewegungsfreiheit und zu Gelenkbeschwerden.

TIPP

Nehmen Sie sich Zeit für Ihren Körper, wenn Sie Verspannungen spüren. Lockern Sie verspannte Muskeln durch sanfte Bewegungen, Dehnen der Muskeln, Massagen oder mit einer warmen Dusche.

Bewegung hilft Stress abbauen

Im Stresszustand setzt der Körper Energien frei, die uns helfen sollen, Gefahrensituation besser zu bewältigen. Wird diese Energie nicht gebraucht (und das ist meistens der Fall, weil in der heutigen Zeit – im Gegensatz zur Frühgeschichte der Menschheit – selten hohe körperliche Anstrengungen zur Abwendung von Gefahren erforderlich und sinnvoll sind), dann muss der Körper diese Energie abbauen, um nicht unter Daueranspannung zu bleiben. Körperliche Belastung durch Bewegung ist dabei ein ausgezeichneter Helfer.

Bewegung hilft überflüssige Pfunde abbauen

Neben der Ernährungsumstellung ist Bewegung die zweite entscheidende Säule für eine Gewichtsreduzierung. Die Stoffwechselprozesse werden angeregt, Kalorien werden verbraucht. Aber nicht jede Bewegung ist gleichermaßen wirksam für eine Gewichtsreduktion. Wollen Sie an Ihre Fettreserven, müssen Sie sich mindesten 20–30 Minuten ohne Pause bewegen. So lange reicht der Vorrat an Kohlenhydraten für die Energiebereitstellung aus, erst danach werden die Fettreserven in stärkerem Maße in Anspruch genommen.

TIPP

Geeignet sind alle Formen der Ausdauersportarten, vor allem Schwimmen, Rad fahren und Walking, aber auch Gymnastik. Beginnen Sie nicht zu schnell. Finden Sie das Tempo, das Sie mindestens 30 Minuten durchhalten können.

Bewegung hält den Körper in Form

Mit gezieltem Muskelaufbau können Sie Ihren Körper »modellieren«, ihm die gewünschte Form geben. Spezielle Muskelpartien können verstärkt oder verschlankt werden. Die für den einen oder den anderen Zweck erforderlichen Bewegungsprogramme unterscheiden sich vor allem hinsichtlich der eingesetzten Kraft und der Anzahl der Übungswiederholungen. Für den *Aufbau* der Muskulatur ist ein Training mit hohem Krafteinsatz und wenigen Wiederholungen erforderlich. *Schlanke* Muskelpartien erhalten Sie durch eine Vielzahl von Wiederholungen mit relativ geringem Krafteinsatz.

Durch Entspannung Balance halten

Vielen Menschen fällt es schwer, ihren Körper zu entspannen und sich von belastenden Gedanken zu lösen. Zu viele Informationen stürzen auf uns ein, zu viele Probleme sind zu bewältigen, Zeit für Erholung und Entspannung fehlt. Doch Zeit für die Entspannung zu verwenden bedeutet letztendlich Zeitgewinn durch schnelleres und effektiveres Arbeiten im entspannten Zustand.

Weil ich mir Zeit für die Entspannung nehme, schaffe ich trotz Zeitmangel meine Aufgaben besser

Entspannung fördert die Gesundheit

Ein permanent unter Hochspannung arbeitender Organismus ist frühzeitig verschlissen. Das immer mehr um sich greifende Burn-out-Syndrom ist ein Alarmsignal für diesen Prozess. Durch Entspannung hingegen verlangsamen sich Puls, Atemfrequenz und Stoffwechselprozesse, und der Blutdruck sinkt – der Organismus arbeitet harmonischer und ökonomischer.

Entspannung schafft Ausgeglichenheit

Ein hoher Erregungszustand birgt immer die Gefahr von emotionalen Fehlreaktionen. Der berühmte Tropfen, der das Fass zum Überlaufen bringt, ist nichts anderes als eine kleine, unbedeutende Begebenheit, die bei hoher innerlicher Anspannung zu ungewollten Reaktionen führt. Durch rechtzeitige Entspannung beugen Sie dieser Gefahr vor.

TIPP

Bewährte Entspannungsverfahren:

- **autogenes Training**
- **progressive Muskelrelaxation**
- **konzentrative Entspannung**
- **entspannendes Atmen**

Kleine Helfer für die Entspannung:

- Musik
- Massage
- Aromen
- Sauna
- Bäder

Entspannung und Attraktivität

Psychische Anspannungen sind immer mit muskulärer Verspannung verbunden, die vor allem im Gesicht ihre Spuren hinterlässt. Sorgenfalten im Gesicht, tiefe Furchen auf der Stirn und um die Mundwinkel und die »Krähenfüße« um die Augen sind sichtbare Anzeichen dafür.

Probieren Sie folgende kleine Übung:

ÜBUNG

Setzen Sie sich bequem. Sie schließen die Augen und denken an einen lauen Sommerabend. Der sanfte Abendwind streicht über Ihr Gesicht, und Sie fühlen die angenehme Wärme. Mit jedem Ausatmen spüren Sie diesen Windhauch, das Gesicht wird weicher und glatter. Die Augenbrauen fließen auseinander, die Augenlider liegen locker auf den Augäpfeln, die Lippen lösen sich leicht.

Entspannung erhöht die Leistungsfähigkeit

Wer kennt es nicht: Eine wichtige Aufgabe ist zu erledigen, aber störende Gedanken lenken immer wieder ab. Das ist normal. Konzentriertes Arbeiten erfordert ein hohes Erregungsniveau in jenen Gehirnabschnitten, die an der Aufgabenlösung beteiligt sind. Diese Konzentration der Hirnaktivität gelingt jedoch nicht, wenn sich das *gesamte* Gehirn in einem hohen Aktivitätszustand befindet. Entspannung senkt die *allgemeine* Hirnaktivität und erleichtert die Herausbildung von Konzentrationszentren.

Superlearning-Programme nutzen diese Erkenntnis. Mittels akustischer und optischer Reize wird die allgemeine Hirnaktivität gesenkt. Das Gehirn arbeitet insgesamt auf einem niedrigen Aktivitätsniveau, aber die durch die Lernprogramme speziell angesprochenen Hirnbereiche sind aufnahmebereiter und dadurch »lernfähiger«.

Genießen Sie in Ihren Gedanken den schönen Sommerabend noch einmal

Das Gehirn in Schwung halten

Über Jahrhunderte hat sich die Meinung verfestigt, dass mit zunehmendem Alter die Gehirnleistung unaufhaltsam nachlässt. Besonders beeindruckende Belege gab es dazu vor allem aus der Gedächtnisforschung. Und tatsächlich ist es ja auch so: Wir stellen fest, dass wir uns mit zunehmendem Alter schlechter konzentrieren können und Zahlen und Namen nicht mehr so gut im Gedächtnis behalten wie in jungen Jahren. Neulich rief mich ein Bekannter an und bat um die Telefonnummer meines Sohnes. Es war mir zwar sehr peinlich, aber im ersten Moment musste ich passen.

Was nicht gefordert wird, verkümmert

Geht es Ihnen auch so, dass Sie früher die Telefonnummern Ihrer engsten Verwandten und Freunde im Kopf hatten und heute angestrengt und oft erfolglos nachdenken, wenn Sie nach einer Telefonnummer

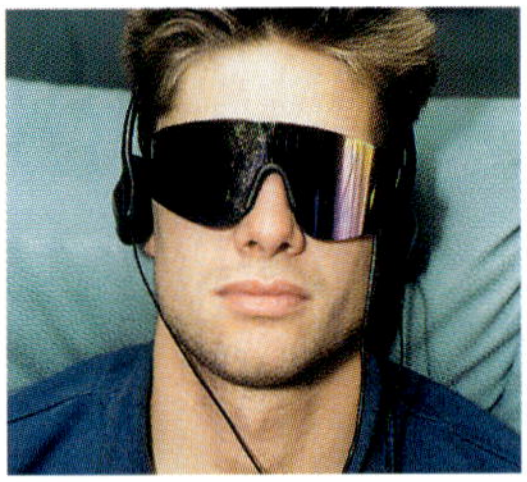

Superlearning in Aktion: Bestimmte Hirnbereiche sind besonders leistungsbereit, weil die allgemeine Hirnaktivität gedämpft wird

gefragt werden? Ist unser Gedächtnis schlechter geworden? Vielleicht. Aber in meinem Fall kenne ich die Ursachen genau. Früher musste ich die Rufnummern *wählen*, entweder vorher im Adressbuch nachsehen oder – was bei den häufig genutzten Verbindungen immer der Fall war – aus dem Gedächtnis abfragen. Heute ist alles viel einfacher: Ich drücke die Taste, unter der die gewünschte Rufnummer eingespeichert ist, und den Rest erledigt die Technik. Das ist sehr schön, spart Zeit und entlastet das Gehirn. Aber gleichzeitig schränkt es die Möglichkeiten zum Trainieren des Gedächtnisses ein.

Die moderne Gehirnforschung hat längst nachgewiesen, dass die nachlassende Leistungsfähigkeit nicht vorrangig durch biologische Alterungsprozesse begründet ist, sondern durch mangelndes Training der geistigen Prozesse.

Ein aktuelles Beispiel:

Seit der Taschenrechner zur Grundausstattung jedes Schülers gehört, ist die Fähigkeit der Kinder und Jugendlichen zum Jonglieren mit Zahlen im Kopf drastisch gesunken.

Gehirntraining fördert die geistige Leistungsfähigkeit

In zahlreichen Programmen konnte nachgewiesen werden, dass sich vor allem Konzentrations- und Gedächtnisleistungen durch spezifische Trainingsprogramme enorm steigern lassen. Die eingeprägten Fakten sind im Gehirn meist noch gespeichert. Sie sind nur tief vergraben, und wir haben verlernt, sie wieder hervorzuholen.

Machen Sie die Probe

- Notieren Sie alle Flüsse, die durch Deutschland fließen! – Fertig?
- Gehen Sie jetzt in Gedanken über eine Landkarte. Sie werden schnell merken, wie die Verbindung mit anderen geografischen Daten Ihr Gedächtnis aktiviert:
- An welchen Flüssen liegen die wichtigsten Großstädte Deutschlands?
- Welche Flüsse kommen aus den Alpen und welche aus den deutschen Mittelgebirgen?

- Welche Nebenflüsse haben Donau, Elbe und Rhein?
- Welche Flüsse münden in die Nordsee, welche in die Ostsee?

Gehirntraining verändert die Struktur des Gehirns

Jede geistige Tätigkeit ist mit biochemischen Prozessen im Gehirn verbunden. Verbindungen zwischen den einzelnen Nervenzellen und -zentren werden geknüpft, stabilisiert oder unterbrochen, die elektrische Aktivität verändert sich.

Diese Prozesse braucht das Gehirn, um seine Funktionsfähigkeit zu erhalten.

Ähnlich wie beim untrainierten Muskel sinkt die Leistungsfähigkeit des Gehirns durch längere Inaktivität.

Gehirntraining schafft Spaß, Geselligkeit und Lebensfreude

Spiel mal wieder! Spielend das Gehirn fit zu halten gehört zu den besten Möglichkeiten für ein Gehirntraining. Am besten sind Spiele, für die Sie keine »Technik« benötigen – umso mehr muss der Kopf ran. Spielen schafft freudvolle Emotionen und entlastet das Gehirn von störenden Gedanken. Das Gehirn wird aufnahmebereiter, kreativer und lernfähiger. Dabei sind es oft ganz einfache Spiele, mit denen wir unser Gehirn so richtig in Schwung bringen können, die Konzentration, Gedächtnis und Kreativität fordern.

TIPP

Ein aus zwei Wörtern zusammengesetztes Wort wird vorgegeben, zum Beispiel *Landschaftsbilder*. Der letzte Wortteil ist jeweils der erste Teil für das nächste Wortgefüge:
»Landschaftsbilderrahmenfarbengeschäftspartnervermittlungsgebührenzählernummernschildbürgersprechstundenhilfeschreihalskette …«

Die Kraft der Gedanken nutzen

Das Glück deines Lebens hängt von der Beschaffenheit deiner Gedanken ab. – So beschrieb *Mark Aurel* schon im 2. Jahrhundert die ungeheure Kraft der Gedanken. »Positives Denken« ist heute fast zu einem Schlagwort für erfolgreiche Lebensweise geworden. Besser wäre es, von

Mark Aurel (Marcus Aurelius Anoninus): römischer Kaiser (*121, †180 n. Chr.)

realem Denken zu sprechen, denn es geht um nichts anderes als um eine optimistische und aktive Einstellung zu sich selbst, zu seinem Leben, zu seiner sozialen und natürlichen Umwelt.

Die Einstellung filtert Wahrnehmung und Erleben

Ein Gedankenexperiment

Sie sitzen in einer gemütliche Runde, und das Gespräch dreht sich um die Bedeutung des attraktiven Aussehens für die weitere berufliche Entwicklung. – Wie fühlen Sie sich?

- *Sie fühlen sich großartig,* weil Sie von Ihrer Attraktivität überzeugt sind.
- *Sie fühlen sich sehr unwohl,* weil Sie mit Ihrem äußeren Erscheinungsbild nicht zufrieden sind.
- *Sie verfolgen das Gespräch mit wenig Anteilnahme,* weil Sie der Attraktivität keine große Bedeutung für die berufliche Entwicklung beimessen.
- *Sie reagieren ärgerlich* darüber, dass auf Äußerlichkeiten so viel Wert gelegt wird und die wichtigen Voraussetzungen unterschätzt werden.

Ob Sie es wollen oder nicht, Ihre Einstellung, Ihre Denkweise wirkt wie ein Filter, durch den Sie alles wahrnehmen und bewerten.

Die angehende Oma und die vielen Kinderwagen

Eine meiner Bekannten äußerte sich neulich erfreut über die vielen Kinder, die jetzt geboren werden. Ich war etwas verwundert, weil die Statistiken anderes aussagen. Woher dann diese Meinung? Meine Bekannte erwartet in Kürze ihr erstes Enkelkind. Sie bemerkt jetzt jeden Kinderwagen, der ihr auf der Straße begegnet – und das sind (mit ihren Augen) viel, viel mehr als im vorangegangem Jahr.

Positives Denken mobilisiert Kraft für die Aufgabenlösung

Positives Denken bedeutet nicht, unangenehme Dinge »schön« zu denken« oder Negatives nicht zur Kenntnis zu nehmen. Positives Denken bedeutet die Möglichkeiten zur Veränderung einer unangenehmen Situation zu suchen und die Kraft auf die Veränderung zu richten.

Wenn die Bürde von morgen mit der von gestern heute getragen werden muss, wankt auch der Stärkste. *(Dale Carnegie)*

Dale Carnegie: Autor des amerikanischen Bestsellers »Sorge dich nicht – lebe!«

Gedanken an gestern helfen uns nur, wenn sie mit Überlegungen zu Konsequenzen für das Leben heute und morgen verbunden werden. Natürlich ist es legitim und durchaus verständlich, verärgert über die schlechten Zensuren des Juniors zu sein. Und manchmal ist es auch hilfreich zu denken »Einstein war in der Schule auch nicht der Beste und ist doch ein hervorragender Wissenschaftler geworden.« Positives Denken in einer solchen Situation heißt aber eher: »O. k., das Schuljahr ist gelaufen, daran kann ich nichts mehr ändern. Was machen wir im nächsten Jahr anders?«

Positives Denken – ganz konkret

Lebensfreude durch Kommunikation steigern

Nichts im menschlichen Zusammenleben geht ohne Kommunikation. Dabei sind es nicht nur die Worte, die ausgetauscht werden (verbale Kommunikation), sondern oft die vielen kleinen, meist ungewollten Informationen, die wir durch unsere Stimme, Mimik, Gestik und Körperhaltung (nonverbale Information) senden.
Versuchen Sie einmal den Satz: »Mir geht es heute nicht gut« laut auszusprechen und dabei verschiedene Informationen auszudrücken:

- Sie informieren, dass Sie leiden.
- Sie geben eine sachliche Erklärung zu Ihrem Verhalten.
- Sie lehnen eine Bitte oder einen Auftrag ab.
- Sie wollen in Ruhe gelassen werden.

Beobachten Sie dabei Lautstärke, Betonung und Ihren Gesichtsausdruck.

Enge soziale Beziehungen stärken Sicherheit und Selbstvertrauen und helfen, Stress abzubauen

Oft reicht es schon aus, einen Menschen zu finden, der bereit ist zuzuhören. Über belastende Probleme reden zu können, befreit vom inneren Druck. Die Gewissheit, in schwierigen Situationen Menschen um sich zu haben, die Unterstützung geben, zumindest aber Verständnis aufbringen, schafft Sicherheit und hilft schwierige Situationen leichter zu ertragen.

Sir Francis Bacon: englischer Philisoph und Staatsmann (*1561, †1626)

Keine Arznei erschließt das Herz so sehr wie ein treuer Freund, dem man seine Leiden und Freuden, Ängste und Hoffnungen, seine Sorgen und Geheimnisse und alles, was sonst noch das Herz bedrückt, bekennen kann. (Francis Bacon)

Erwin Ringel: österreichischer Psychiater und Publizist (*1921)

Enge soziale Beziehungen steigern die Effizienz der Arbeit

Es geht nicht nebeneinander und schon gar nicht gegeneinander, es geht nur miteinander. (Erwin Ringel)

Eine effektive Zusammenarbeit ist an das gegenseitige Kennen, Verstehen und Akzeptieren gebunden. Oft scheuen wir uns, selbst erkannte Schwächen gegenüber anderen Menschen einzugestehen, auf Stärken hinzuweisen oder Vorlieben und Abneigungen zu erkennen zu geben. Oft spielt dabei die Angst, »durchschaut« zu werden, eine große Rolle. Das ist verständlich. Andererseits klappen ein Zusammenleben und eine Zusammenarbeit nur in dem Maße, in dem sich die beteiligten Partner gegenseitig auf ihre Besonderheiten einstellen.

Mein Tipp

Geben Sie sich zu erkennen. Nur dann können Sie von Ihrem Partner eine angemessene Reaktion erwarten.

Wenn Frau Pf. ihrem Mann eine besondere Freude machen möchte, wird ein Apfelkuchen aus Hefeteig gebacken. Selbstverständlich schneidet sie die Ränder ab, bevor der Kuchen auf den Tisch kommt. Kuchenränder sind minderwertig, das weiß sie aus ihrer Kindheit, denn da gab es beim Bäcker für wenig Geld eine ganze Tüte voll solcher abgeschnittener Ränder zu kaufen. Jahrelang lässt sich Herr Pf. den Kuchen munden, bis er eines Tages die Ränder im Abfalleimer entdeckt. Da lagen die Kuchenränder, die er leidenschaftlich gern isst. Im ersten Moment war er sehr verärgert über seine Frau. Aber woher sollte sie von seiner Begeisterung für Kuchenränder wissen?

Wie Kuchenränder zum Problem werden können

Soziale Beziehungen helfen, Probleme zu erkennen und Lösungswege zu finden

Wie oft drehen wir uns im Kreis und können keinen Ausweg finden. Immer wieder kehren die Gedanken zum Ausgangspunkt zurück. Gerade in solchen Situationen kann ein Außenstehender mit seiner ganz anderen Sicht auf die Dinge wertvolle Denkanstöße geben.

Mein Tipp

Versuchen Sie einem Bekannten das Problem zu erläutern, wenn Sie sich »festgefahren« haben. Der Zwang, das Problem einem Unbeteiligten verständlich zu erklären und auf unerwartete Fragen eine Antwort formulieren zu müssen, führt oft zu überraschenden Erkenntnissen.

Das Leben selbst bestimmen

Selbstmanagement kann Probleme nicht verhindern, aber einschränken und helfen, mit Problemen im Leben besser fertig zu werden.

Selbstmanagement: *bewusste* Gestaltung des eigenen Lebens

Wie viel Zeit verbringen Sie mit Tätigkeiten, die Sie belasten und wenig Spaß machen, wie viel Zeit bleibt für die angenehmen Dinge?

Eine Frage, die Sie sich unbedingt stellen sollten

Ab und zu kann es durchaus reizvoll sein, eine Tour mit dem Auto oder eine Wanderung zu starten, ohne sich vorher über Ziel und Strecke Gedanken zu machen, und sich einfach treiben zu lassen von den Dingen, die uns auf dem Weg begegnen. Auch im Leben kann eine solche kurze Auszeit recht angenehm sein. Für die Gestaltung des Lebensweges aber brauchen Sie eine Landkarte und eine Tourenplanung, um ans Ziel zu kommen, wollen Sie nicht Spielball der Bedingungen werden.

Bewusst genießen – auch das gehört zu einer aktiven Lebensgestaltung

Den Lebensweg durch realistische Ziele führen

Ziele zu setzen – langfristig, mittelfristig und kurzfristig –, den Weg zum Ziel bewusst zu planen, zu gestalten und zu genießen, aus Erreichtem Kraft zu schöpfen und aus nicht Erreichtem Impulse für die Veränderung zu erhalten – darin liegen die Grundlagen für eine aktive Lebensweise und ein selbst bestimmtes Leben.

Ohne Hafen bzw. Ziel vermögen wir noch nicht einmal die vielen günstigen Winde zu nutzen, geschweige denn, etwa gegen den Wind zu segeln. *Seneca*

Mit Zeitmanagement das Leben überschaubarer gestalten

Nimm dir Zeit, um endlich Zeit zu haben

Das Wort, das in Verbindung mit »Zeit« am häufigsten gebraucht wird, ist das Wörtchen »keine«. Geht es Ihnen auch so, oder haben Sie zu viel Zeit? Überlegungen zum Zeitmanagement sind in beiden Fällen hilfreich, bei Zeitmangel und bei Zeitüberschuss. Zeitmanagement hilft, sich auf die wichtigen Dinge im Leben zu konzentrieren, Freiräume für die Entspannung und Erholung zu finden und flexibel auf ungeplante Dinge zu reagieren.

Schaffen Sie sich Zeit, um aus dem Seufzer: **»Man müsste mal wieder«** ein **»ich werde«** machen zu können!

Man müsste mal wieder …

Sind Sie mit Ihrem Leben rundum zufrieden, oder geht Ihnen auch ab und zu oder sogar häufig der Gedanke »Man müsste mal wieder« durch den Kopf?

Man müsste mal wieder

- etwas mehr für die eigene Gesundheit tun.
- alte Bekannte und Freunde treffen.
- ins Konzert gehen oder ein gutes Buch lesen.
- einen ausführlichen Einkaufsbummel machen.
- einen Abend in der Sauna genießen.
- ein Wochenende nur für die Familie da sein.
- mit dem Fahrrad durch die Umgebung radeln.

Erster Schritt zur Veränderung: den guten Gedanken niederschreiben

Legen sie den Gedanken »Man müsste mal wieder …« beiseite und sagen Sie laut und deutlich: **»Ich werde ab heute …«** Nehmen Sie gleich noch ein Blatt Papier und einen Kugelschreiber und bringen Sie diesen Gedanken zu Papier.

Warum Sie das machen werden? Um sich wohler zu fühlen, Ihr Leben mehr zu genießen und mit Ihrem Leben zufriedener zu sein!

Nur wer es gut mit sich selber meint, kann viel geben

Vielleicht finden Sie das egoistisch. Doch müssen sich Freude am Leben und Einsatz für die Probleme anderer ausschließen? Ist es nicht eher so, dass persönliches Wohlbefinden unerlässliche Grundlage für dauerhaft hohe Leistungen ist?

Zahlreiche Untersuchungen und Erfahrungen in der Praxis belegen den engen Zusammenhang zwischen Wohlbefinden, Gesundheit und Leistungsfähigkeit.

Wissenschaftliche Untersuchungen zeigen:
- Lernen ist erfolgreicher, wenn es Spaß macht.
- Ein gutes Betriebsklima senkt den Krankenstand.
- Freude auf zu Hause beschleunigt die Genesung im Krankenhaus.

Sie haben auch schon gemerkt, dass alles besser von der Hand geht, wenn Sie sich wohl fühlen, nur haben Sie keine Zeit, kein Geld, keine Lust, keine Gelegenheit, um mehr für Ihr eigenes Wohlbefinden zu tun? Diese Antworten habe ich schon oft von Kursteilnehmern gehört, wenn ich Ihnen empfohlen habe, über Veränderungen in ihrem Leben nachzudenken.

Beispiel Frau F. – 45 Jahre, seit 20 Jahren verheiratet, Mutter zweier Töchter, beruflich stark engagiert

So antwortete auch Frau F. Sie fühlte sich durch Beruf und Alltag überfordert, litt unter Schlafstörungen und kam in unser Institut, um das autogene Training zu erlernen und damit ihre Probleme besser in den Griff zu bekommen.

Frau F. war zunächst enttäuscht über meine Reaktion: Das autogene Training ist eine sehr gute Methode, um abzuschalten und zu entspannen, reicht aber nicht aus, um mit den Belastungen des Lebens fertig zu werden. Dazu angeregt, über ihren Tagesablauf nachzudenken, hat Frau F. viele Möglichkeiten gefunden, um durch Veränderung in der Lebensgestaltung die Bedingungen für mehr Wohlbefinden zu schaffen und wieder zu mehr Ruhe zu finden.

Beispiel Frau M. – 34 Jahre, kämpft gegen ihr Übergewicht

Frau M. hatte schon mehrere Diäten ausprobiert, die ihr immer geholfen haben, schnell ein paar Pfunde zu verlieren. Natürlich trat auch bei ihr ein, was mit allen »schnellen« Diäten verbunden ist: Nach wenigen Wochen war das ursprüngliche Gewicht wieder da und leider noch

etwas mehr. Jetzt hatte sie sich entschlossen, doch eine langfristige Ernährungsumstellung in Angriff zu nehmen.
Frau M. war zwar etwas verwundert, als wir zuerst über ihr Leben und nicht über ihre Ernährungsgewohnheiten sprachen, merkte aber sehr schnell, dass eine Umstellung der Ernährung nur gelingt, wenn sie gleichzeitig ihr Leben so gestaltet, dass sie sich wohl fühlt.

Lust auf Leben ist die Grundlage für Leistung, Belastbarkeit und Gesundheit, ob wir das rational akzeptieren oder nicht.

Nur wer sich wohl fühlt, kann das Leben für sich und seine Umwelt aktiv gestalten.

Wann fühlen Sie sich wohl?

In einem Seminar für Wellness-Trainer baten wir die Teilnehmer, Bedingungen zu beschreiben, die für ihr persönliches Wohlbefinden bedeutsam sind. Die Ergebnisse zeigten – wie erwartet – eine äußerst breite Palette von Bedingungen, Orten, Situationen, Personen und Tätigkeiten:
Mit einem guten Buch an einem schattigen Plätzchen, mit dem Surfbrett bei Windstärke 6 auf dem Wasser, eine entspannende Massage unter den einfühlsamen Händen eines Physiotherapeuten, bei einer fordernden Klettertour in wilder Berglandschaft, in einem gut klimatisierten Konzertsaal bei angenehmen Klängen, auf einer sonnigen Parkbank spielenden Kindern zuschauen, in der Sauna schwitzen, durch einen schattigen Wald radeln, an einer kniffligen Aufgabe arbeiten, beim Kochen, in geselliger Runde in einem guten Restaurant, auf der Autobahn bei 180 km/h, beim Verlassen des Büros, singend am Lagerfeuer, frühmorgens barfuß im taufrischen Gras.
Fragen Sie 100 Menschen, und Sie erhalten 100 verschiedene Antworten!

Wann fühlen Sie sich wohl? Bei einer fordernden Skitour …

… oder barfuß morgens am Strand?

Zwölf Prozent der Autofahrer in Deutschland fühlen sich im Stau wohl. Hätten Sie das für möglich gehalten?
Wann haben Sie sich das letzte Mal so richtig wohl gefühlt? Was brauchen Sie, um sich rundum wohl fühlen zu können? Sind Sie eher der passive Typ, dem es besonders gut geht, wenn er sich verwöhnen lassen kann, oder mehr der aktive Typ, der sich am wohlsten fühlt, wenn er etwas unternehmen kann und sich möglichst bis an die Grenzen seiner Belastbarkeit verausgabt?

Nehmen Sie sich etwas Zeit, Papier und einen Bleistift und ziehen Sie Bilanz!

Wann fühlen Sie sich wohl? Finden Sie es heraus!

1. Schritt • **Schreiben Sie** alle Situationen, Bedingungen und Tätigkeiten, in oder mit denen Sie sich wohl fühlen, untereinander. Notieren Sie dabei auch die Bedingungen, die Sie noch nicht erlebt haben, sich aber als äußerst wohltuend vorstellen können.
In den ersten fünf Minuten werden die Ideen nur so aus Ihrem Kopf sprudeln, danach werden Sie etwas Mühe haben.

TIPP

Bleiben Sie dran und nehmen Sie sich etwa 15 Minuten Zeit. Nach kurzer Flaute werden Sie auf neue, vielleicht ganz ungewohnte Überlegungen kommen.

Wie viele Bedingungen haben Sie gefunden?
Wenn es *weniger als fünf* sind, sollten Sie wirklich über Ihre Lebensphilosophie und Ihre Lebensgestaltung nachdenken.
Sie gehen ganz offensichtlich an vielen schönen Dingen des Lebens achtlos vorüber.
Haben Sie es auf *30 oder mehr* gebracht, sind Sie ein Optimist, der aus den vielfältigen Dingen des Lebens Kraft schöpfen kann. Ihnen wird es nicht schwer fallen, Freude am Leben zu finden.

2. Schritt • **Fragen Sie sich** bei jeder der genannten Bedingungen: Wenn ich das mein ganzes Leben lang machen müsste oder hätte, wäre es dann immer noch schön und erstrebenswert?

- Sortieren Sie Ihre »Wohlfühlbedingungen« in die drei Gruppen:
  - Ja, ohne Abstriche, ein ganzes Leben lang.
  - Ab und zu schon, aber nicht ein Leben lang.
  - Ein ganzes Leben lang? Das wäre ein Graus!
- Konzentrieren Sie sich bei den nächsten Schritten auf die Bedingungen der ersten Gruppe, denn das sind die Kernpunkte für Ihr Wohlbefinden, und legen Sie die Bedingungen der dritten Gruppe erst einmal tief in schwer zugänglichen Bereichen Ihres Gedächtnisses ab.
- **Legen Sie für sich fest:** 3. Schritt
- Welche Bedingungen schaffe ich mir, um Wohlbefinden und Lebensqualität zu steigern?
- Was brauche ich dazu an Zeit, Geld, natürlichem/sozialem Umfeld?
- Was werde ich an meinem Verhalten ändern?

Fassen Sie zusammen:

Mein Weg zu mehr Lust auf Leben

Ich werde:

____

____

____

Greifen Sie wieder zu Papier und Bleistift!

Es gibt auch Bedingungen und Situationen, die Ihr Wohlbefinden einschränken.

- Notieren Sie alle Bedingungen, die Ihr Wohlbefinden beeinträchtigen — 1. Schritt
- Überlegen Sie: Wie oft sind Sie mit diesen Bedingungen konfrontiert? — 2. Schritt
- Entscheiden Sie: Welche dieser Bedingungen können Sie künftig meiden, verändern oder durch eine andere Sichtweise mit weniger Unbehagen ertragen? — 3. Schritt

Mein Weg zu mehr Lebensfreude:

Nehmen Sie wieder Ihr sehr persönliches Stück Papier und schreiben Sie Ihr Vorhaben nieder: Ich werde …

Sie haben soeben zwei wichtige Hürden zur Verbesserung Ihrer Lebensqualität erfolgreich genommen:

- Sie haben sich entschieden, in Ihrem Leben etwas zu verändern, und
- Sie haben die Schwerpunkte und Ziele festgelegt, die Sie in Angriff nehmen wollen.

Verhaltensänderungen gehören zu den schwierigsten Sachen auf der Welt, und zwischen dem ersten Schritt und dem Erreichen des Ziels liegen oft viele Hindernisse.

Die sechs »goldenen Brücken«:
- positive Ziele
- konkrete Aktivitäten
- kurze, überschaubare Etappen
- unkonventionelle Wege
- Unterstützung durch Freunde und Partner
- Akzeptanz von Rückschlägen

Auch wenn man der alten Weisheit »Wo ein Wille ist, ist auch ein Weg« vorbehaltlos zustimmen kann, weiß jeder aus Erfahrung, dass es nicht immer leicht ist, diesen Weg zu finden und ihn bis zum Ende zu gehen. Mehr oder weniger lange Unterbrechungen, kleine und große Umwege und auch gelegentliche Rückschritte werden nicht ausbleiben.

Die sechs goldenen Brücken

In der Arbeit mit unseren Kursteilnehmern haben wir »sechs goldene Brücken« gebaut, um immer wieder auftretende Hindernisse leichter zu überwinden.

Positive Ziele formulieren

Ein kleines Experiment:

Heben Sie den linken Arm und bitten Sie Ihren Partner, nicht auf Ihre linke Hand zu schauen. Was macht Ihr Partner? Er schaut natürlich auf Ihre linke Hand.
Ähnlich geht es uns, wenn wir uns auf Dinge konzentrieren, die wir vermeiden wollen.

Mein Tipp

Lenken Sie Ihre Aufmerksamkeit nie auf das Problem, sondern stets auf die Lösung, die Sie anstreben.

Beispiele für positives Herangehen

»Ich werde 10 Minuten früher aufstehen« statt:
»Ich will nicht mehr zu spät kommen.«

»Ich werde ruhig mit meinem Partner sprechen, wenn wir Meinungsverschiedenheiten haben« statt:
»Ich will mich nicht mehr aufregen.«

»Ich werde ins Kino gehen« statt:
»Ich will nicht immer zu Hause sitzen.«

Ziele mit konkreten Aktivitäten verbinden
Ziele bleiben Träume, wenn sie nicht mit konkreten Aktivitäten verbunden werden. »Ich will ab sofort mein Leben mehr genießen« ist ein guter Entschluss. Sie werden Ihre Freude am Leben aber nur dann erhöhen, wenn Sie *konkret* festlegen, was Sie in Ihrem Leben verändern werden (und es auch tatsächlich tun).
Ich werde mein Leben mehr genießen und deshalb einmal im Monat ins Konzert gehen, ein Museum besuchen, mich einmal in der Woche mit Freunden treffen.

Große Ziele in kleine Etappen aufteilen

Ein Vorteil kurzer Etappen

Kleine Ziele auf einem langen Weg haben eine wunderbare Wirkung. Sie spornen an und geben Gelegenheit zur Belohnung. Beides ist hilfreich, wenn wir einen weiten Weg erfolgreich beschreiten wollen.
Kennen Sie die Situation auf einer langen und anstrengenden Wanderung? Der Körper ist wie zerschlagen, und die Füße lassen sich kaum noch vom Boden heben. Und dann taucht hinter der nächsten Wegbiegung das Ziel auf. Wie ein Ruck geht es durch den Körper. Reserven werden mobilisiert, alles geht leichter.
Warum sollten wir uns die Freuden beim Erreichen eines Zieles dadurch einschränken, dass wir die einzelnen Etappen so lang wählen?
Eine zweite Überlegung ist genau so wichtig für das Abstecken von

Ein zweiter Vorteil kurzer Etappen

kleineren Etappen: Nicht immer können wir wissen, ob der eingeschlagene Weg auch ans Ziel führt. Kurze Etappen geben uns immer wieder die Möglichkeit zu prüfen, ob wir auf dem richtigen Weg sind, und helfen uns, lange Märsche in die falsche Richtung zu vermeiden.

Unkonventionelle Wege gehen

Denken Sie auch einmal »rückwärts«. Setzen Sie sich Ihr Ziel und stellen Sie sich vor, wie es ist, wenn Sie in vier Wochen das Ziel erreicht haben. Gehen Sie von der Zukunft aus zurück und überlegen Sie, wie Sie dorthin gelangt sind. Lassen Sie dabei Ihre Gedanken ruhig weit über die Grenzen Ihres gegenwärtigen Lebens und Verhaltens schweifen.
Zuweilen fällt es wie Schuppen von den Augen, auf welchem Weg ein Ziel erreicht werden kann.

Eine Denkaufgabe (Sie finden die Lösung nur, wenn Sie Grenzen überschreiten.

- Verbinden Sie die neun Punkte – ohne abzusetzen – mit vier geraden Linien:

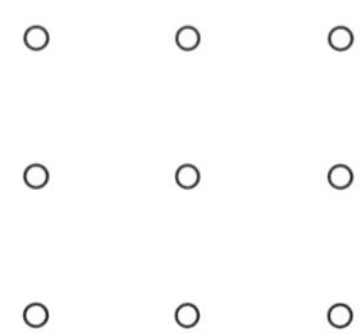

(Lösung auf Seite 112)

Unterstützung durch Freunde und Partner organisieren

Beispiel Frau M., 28 Jahre alt

Frau M. musste mit einem Body Mass Index von 33 ernsthaft daran gehen, einige Pfunde abzubauen. Sie hatte es schon einige Male probiert und nie lange geschafft. Um sich eine neue »Blamage« zu ersparen, nahm sie heimlich an unserem Kurs zum Erreichen des Wohlfühlgewichts teil. Es klappte auch diesmal nicht so richtig. Verzweifelt erzählte sie uns, dass ihr Freund regelmäßig ihre Lieblingspralinen mitbringt, um ihr eine Freude zu machen, und sie es weder fertig bringt, die Süßigkeiten abzulehnen, noch ein klärendes Gespräch zu führen.

Frau M. gab nach fünf Wochen auf. Und das war zu erwarten. – Die **Schlussfolgerung** daraus? Informieren Sie Ihnen nahe stehende Personen über Ihre Ziele und die Wege, auf denen Sie diese Ziele erreichen wollen. Erklären Sie ihnen, warum das Vorhaben für sie so wichtig ist. Nur dann können Sie Unterstützung, zumindest aber Verständnis erwarten.

Body-Mass-Index (BMI): Setzt das Körpergewicht ins Verhältnis zur Körperhöhe
$BMI = \frac{kg}{m^2}$
Für Frauen bedeutet ein BMI von 19–24 »Normalgewicht«

Aus Rückschlägen neue Kraft schöpfen

Verständlicherweise sind Sie enttäuscht, wenn Sie ein angestrebtes Ziel nicht erreicht haben. Dabei ist es doch ganz normal, dass nicht alle Erwartungen gleich in Erfüllung gehen. Überdenken Sie den zurückgelegten Weg. Wann waren Sie erfolgreich? Unter welchen Bedingungen sind Rückschläge eingetreten? Sind Sie noch in der gleichen Situation oder haben sich einige wesentliche Bedingungen geändert? Versuchen Sie sich genau zu erinnern, was und wer Sie bei Ihren bisherigen Bemühungen beflügelt oder gebremst hat. Was können Sie anders machen als beim letzten Mal? Sie haben durch die neuen Erfahrungen bessere Voraussetzungen, um beim nächsten Versuch erfolgreich ans Ziel zu kommen.

P

positiv denken

Lebensfreude durch die Kraft der Gedanken

Denken Sie sich glücklich und gesund! Spätestens seit dem Erscheinen des viel gelesenen Buches von Carnegie »Sorge dich nicht – lebe« sind wir Zeugen einer erbitterten Auseinandersetzung über Sinn und Unsinn des »positiven Denkens«.

Positives Denken – Wundermittel oder Irrweg?

Durch positives Denken lassen sich alle Probleme lösen und sogar Krankheiten heilen, behauptet die eine Seite. Positives Denken führt zu Genügsamkeit, Inaktivität und ungerechtfertigten Schuldzuweisungen wegen »falschen« Denkens, meinen die anderen.
Beide Extrempositionen sind – wie immer bei verhärteten Fronten – nicht geeignet, das Leben besser zu meistern. Natürlich kann man durch positives Denken keine »Wunder« bewirken, dennoch können Gedanken Erstaunliches zuwege bringen.
Gehen Sie mit mir auf eine kleine Erkundungsfahrt, und Sie werden an vielen Beispielen, die Sie aus Ihrem eigenen Leben kennen, die Kraft der Gedanken entdecken.

Die Kraft der Gedanken

Die Zitrone oder »Mir läuft das Wasser im Munde zusammen.

Stellen Sie sich vor …

Nehmen Sie in Gedanken eine Zitrone zur Hand. Mit einem scharfen Messer schneiden Sie die Zitrone in zwei Hälften. Auf der Schnitt-

fläche sehen Sie den leicht glitzernden, frischen Saft perlen. Sie halten eine Hälfte über den offenen Mund, drücken sie leicht zusammen und lassen einige Tropfen des köstlichen Saftes auf Ihre Zunge tropfen. Spüren Sie, wie die Kraft der Gedanken (hier die Vorstellung) Ihren Speichelfluss in Gang gesetzt hat? Sie können dieses kleine Experiment mit vielen Speisen und Getränken ausprobieren, die Sie gern mögen. Stellen Sie sich den Anblick, den angenehmen Duft und den Genuss beim Essen vor und Sie werden spüren, wie Ihnen »das Wasser im Munde zusammenläuft«.

Der »Schlangenlinienfahrer«

Beispiel

Ein geübter Fahrradfahrer weicht bei gerader Fahrstrecke nur etwa 10 cm nach rechts oder links von seiner idealen Fahrlinie ab, er fährt »schnurgerade«.

Erhält der gleiche Fahrer die Aufgabe, auf einem 20 cm breiten, auf dem Asphalt liegendem Band zu fahren, fällt ihm das schon schwerer. Ganz unmöglich wird es, wenn er über einen 20 cm breiten Balken in luftiger Höhe fahren sollte.

Dabei ist die Bewegung doch die gleiche, unterschiedlich sind »nur« die ablaufenden mentalen und emotionalen Prozesse. Im ersten Fall achtet der Fahrer gar nicht auf mögliche Abweichungen nach links oder rechts, er radelt vorwärts, seinem Ziel entgegen.

Wenn etwas unbedingt vermieden werden soll …

Im zweiten Fall (Spurhalten auf dem Band) richtet sich die Konzentration auf das schmale Band: »Ich darf nicht zu weit nach links oder nach rechts abweichen.« Vorrangig ist in seiner Vorstellung nicht mehr die Richtung: »nach vorn«, sondern die Vermeidung der Richtung: »nicht nach rechts« und »nicht nach links«. Diese Vorstellung bewirkt eine unbewusste Steuerung des Fahrrades zur jeweiligen Seite.

Wenn Emotionen dazukommen …

Im dritten Fall (Spurhalten in luftiger Höhe) geht gar nichts mehr. Durch die Angst, vom Balken fallen zu können, ist der Fahrer aus

seiner Balance gebracht. Die bei einer normalen Radtour unbewusste Steuerung der fein abgestimmten Bewegungsabläufe ist aufgrund der durch die Angst ausgelösten Überaktivität gestört.
Auch Sie haben ganz sicher diese *Störungen der Feinmotorik in Angst- oder Stress-Situationen* schon erlebt.

Ein Beispiel aus dem Alltag

Normalerweise ist es kein Problem, den Schlüssel aus der Tasche zu ziehen, ihn ins Schloss zu stecken und die Tür zu öffnen. Diese Bewegung läuft automatisiert – ohne bewusste Steuerung – problemlos ab. Was passiert aber, wenn Sie spät dran sind, einen wichtigen Anruf erwarten, vor der Tür stehen, und drinnen klingelt das Telefon?

Die sich selbst erfüllende Prophezeiung

Zwei Freunde haben sich zu einer langen Wanderung durch eine anspruchsvolle Bergwelt verabredet. Beide sind in gleich guter körperlicher Verfassung. Peter ist sich sicher, dass er die Strecke bewältigen kann. Hans hat Bedenken, ob seine körperlichen Kräfte ausreichen. Was passiert mit beiden, wenn die ersten Anzeichen der körperlichen Anstrengung spürbar werden? Der Atem wird knapper, die Pulsfrequenz steigt an. Peter spürt wie Hans diese Anzeichen. Während Peter sicher ist, dass er die Strecke schaffen wird, und die ersten Ermüdungserscheinungen als etwas Normales wertet, ist für Hans jedes Anzeichen von Ermüdung eine Bestätigung seiner Bedenken, den Anforderungen nicht gewachsen zu sein. Er muss einen Teil seiner Kraft für die Überwindung seiner Bedenken verausgaben und hat dadurch tatsächlich eine wesentlich höhere Belastung zu bewältigen.

TIPP

Wenn es aber so ist, dass wir mit unseren Gedanken Einfluss auf unseren Körper, unsere Bewegungen und unsere Gefühle nehmen können, dann ist es doch eine ganz sinnvolle Schlussfolgerung, diese Kraft der Gedanken für mehr Lebensfreude zu nutzen.

Die eigenen Stärken erkennen

Selbstgewissheit spart Kräfte, Selbstgewissheit gibt Kraft

Nichts beeinflusst das Denken, Fühlen und Handeln so nachhaltig wie das Vertrauen zu sich selbst.

Denken Sie an die Wirkung der sich selbst erfüllenden Prophezeiung. Die Sicherheit, einer Aufgabe gewachsen zu sein, mobilisiert Kräfte, gestattet die volle Konzentration auf die Lösung der Aufgabe und lässt Schwierigkeiten auf dem Weg leichter überwinden.
Zweifel am Gelingen nimmt einen Teil der Kraft für die Aufgabenlösung, lenkt die Gedanken immer wieder auf die Folgen eines Misserfolgs. Rückschläge und Schwierigkeiten werden unter diesen Bedingungen als Bestätigung für das eigene Unvermögen registriert und verstärken die Unsicherheit.

Erkennen Sie Ihre Stärken durch Rückbesinnung

Nehmen Sie sich wieder etwas Zeit, Papier und einen Stift und gönnen Sie sich einen Rückblick auf die letzten 10 Jahre Ihres Lebens

Machen Sie sich bewusst, welche Probleme Sie im Verlaufe Ihres Lebens schon erfolgreich gelöst haben.

- Was haben Sie begonnen und erfolgreich bewältigt? Aufgrund welcher Voraussetzungen waren Sie erfolgreich?
- Wem haben Sie in den letzten Jahren geholfen? Warum waren Sie dazu in der Lage?
- Was haben Sie in den letzten Jahren in Angriff genommen und nicht erfolgreich zu Ende geführt? Lagen die Ursachen in Ihren persönlichen Voraussetzungen oder in von Ihnen nicht beeinflussbaren Bedingungen?

Mein Tipp

Nehmen Sie sich Zeit für dieses Auflisten und vergessen Sie vor allem nicht die vielen kleinen Dinge, die zur Bewältigung des Alltags gehören.

Erkennen Sie Ihre Stärke durch das Urteil anderer

Vor allem unsichere Menschen unterschätzen sich oft

In meinen Seminaren zum Selbstmanagement lösen die Diskrepanzen zwischen Fremd- und Selbsteinschätzung immer wieder Verwunderung aus. Da wird Frau Sch. von den Seminarteilnehmern als sehr kreativ eingeschätzt, traut sich aber selbst keine kreativen Leistungen zu. Herr K. hält sich für unausgeglichen, die Seminarteilnehmer aber schätzen an ihm sein immer freundliches Verhalten. Herr W. bewertet seine Konzentrationsfähigkeit als unzureichend, von den Kollegen wird er als sehr ausdauernd beurteilt.

Die Sicht von außen ist anregend, aber nicht unbedingt objektiv

Die Diskrepanzen zwischen Selbsteinschätzung und Beurteilung durch andere Menschen weisen natürlich nicht immer auf eine unzutreffende Selbsteinschätzung hin, es können auch die »von außen« Beurteilenden mit ihrer Bewertung falsch liegen. Es lohnt sich aber immer, die Beurteilung der eigenen Person mit der Bewertung, die man durch andere erhält, zu vergleichen, um zu einer realeren Einschätzung zu kommen.

Machen Sie die Probe!

Wie werden Sie von anderen gesehen? Legen Sie Ihrem Lebenspartner, den Eltern (oder den Kindern) und guten Freunden eine Liste mit für Sie wichtigen Eigenschaften vor und bitten Sie um eine Beurteilung Ihrer Person. Am besten verwenden Sie dabei Ihre im vorangegangenen Abschnitt (»Erkennen Sie Ihre Stärken …«, Seite 46) angefertigte Zusammenstellung.

Nehmen Sie sich Zeit für ein ausführliches Gespräch, wenn Sie die Einschätzung mit Ihrer eigenen Bewertung verglichen haben. Sie werden viele Impulse bekommen, um sich mit anderen Augen zu sehen.

Ein Vergleich der Selbsteinschätzung mit der Beurteilung durch andere unterstützt nicht nur die Selbsterkenntnis, er trägt auch oft dazu bei, durch das Aufdecken von Missverständnissen gestörte zwischenmenschliche Beziehungen zu verbessern.

Zuweilen schmerzhaft, aber auf lange Sicht wertvoll

Natürlich wird es auch vorkommen, dass die eine oder andere Verhaltensweise oder Eigenschaft von Ihrem Partner kritischer bewertet wird als von Ihnen selbst. Das stärkt ganz sicher in der aktuellen Situation nicht Ihr Selbstbewusstsein, ist aber langfristig eine ganz wichtige Rückmeldung, um sich – nach sachlicher Verarbeitung – selbst real einschätzen zu können.

Schreiben Sie's auf!

Erkennen Sie Ihre Stärken durch den Vergleich mit anderen Personen

• Wählen Sie zehn Personen aus Ihrem Bekanntenkreis aus und beurteilen Sie sich im Vergleich mit diesen Personen.

Zur Anregung gebe ich Ihnen einige Kriterien vor.

Ergänzen Sie um Eigenschaften und Verhaltensweisen, die wichtig für Sie sind

	Ich bin:	besser	gleich gut	schlechter
Eigenschaften/Verhaltensweisen				
In die Lage anderer Menschen versetzen				
Mit Geld umgehen				
Kochen				
Andere Menschen motivieren				
Zuhören				
In kritischen Situationen klaren Kopf bewahren				

Das Positive im Negativen entdecken

Gedanken des Pessimisten und Optimisten vor einem halb gefüllten Glas

Am treffendsten lässt sich dieser Sachverhalt mit den viel zitierten Gedanken des Optimisten und des Pessimisten beim Anblick eines halb gefüllten Glases verdeutlichen.

Ist das Glas nun halb leer oder halb voll?

Der Pessimist: »Oh je, das Glas ist schon halb leer.« Der Optimist: »Oh fein, das Glas ist noch halb voll.« Beide haben noch die gleiche Menge zu trinken. Wer fühlt sich besser? Der Optimist, der sich freut, noch ein halbes Glas trinken zu können, oder der Pessimist, der bedauernd feststellt, nur noch die Hälfte zu haben?

Wenn Sie ein bisschen in Ihrem Leben stöbern, werden Sie viele Situationen finden, in denen Sie durch eine andere Sichtweise viel für Ihr Wohlbefinden tun können.

Ein Beispiel aus unserem Seminar zur Stressbewältigung

Eine Lehrerin klagte über die enorme Belastung, die mit der Verteilung ihrer Unterrichtsstunden auf drei verschiedene Schulen verbunden ist. Sie leide sehr unter dieser Situation, aber eine Veränderung ist nicht möglich.
Meine Frage »Welche Vorteile sind damit verbunden, dass Sie an drei verschiedenen Schulen unterrichten?« löste zuerst Ablehnung, dann Verwunderung, Nachdenken und zum Schluss ein am entspannten Gesichtsausdruck ablesbares freudiges Erkennen aus.
Was war passiert?
Frau K. hatte sich immer nur mit der unangenehmen Seite des Unterrichts in verschiedenen Schulen beschäftigt, mögliche Vorteile kamen ihr dadurch gar nicht in den Sinn. Ganz sicher bringen die spezifischen Arbeitsbedingungen von Frau K. eine ganze Reihe von Problemen mit sich, und Vorrang hat immer das Bemühen, diese Probleme zu lösen. Wenn ich aber in der gegenwärtigen Situation alles versucht habe, um Änderung zu schaffen, und einsehen muss, dass es momentan keine Lösung gibt, wird alles noch komplizierter, wenn ich mir laufend das Schlimme an meiner Lage bewusst mache.

Sie fühlen sich besser und finden eher die Kraft für Veränderungen, wenn Sie die positiven Aspekte einer misslichen Lage herausfinden.

Versuchen Sie Situationen, die Sie gegenwärtig belasten, unter positiver Sicht zu betrachten.

Mein Tipp

Ich gebe Ihnen wieder einige wenige Anregungen – konzentrieren Sie sich auf die Probleme, die für Sie wichtig sind.

Greifen Sie wieder zum Stift

Das schlimme Ereignis	*Und das ist daran positiv*
Eigene Krankheit	
Streit mit dem Partner	
Autopanne	
Geldsorgen	

Kleine Veränderungen registrieren und akzeptieren

Beispiel Frau M. – Mutter zweier Kinder (14 und 16 Jahre), beruflich stark engagiert

Frau M. hat seit längerer Zeit Probleme mit ihren heranwachsenden Kindern. Für die umfangreichen privaten Verpflichtungen bleibt ihr nur wenig Zeit. Als die Kinder noch klein waren, war es für Frau M. selbstverständlich, alle anfallenden Aufgaben zu erledigen. Jetzt sind die Kinder selbstständiger geworden und durchaus in der Lage, Aufgaben im Haushalt zu übernehmen. Doch die erhoffte Entlastung trat nicht ein, weil beide durch ihre vielfältigen Interessen voll ausgelastet sind. In einer »Krisensitzung« im Familienkreis wurde das Problem diskutiert, die Kinder akzeptierten ihre Mitverantwortung, und jeder übernahm seine spezifischen Aufgaben.

In unserem nächsten Gespräch zeigte sich Frau M. zutiefst enttäuscht. Das Programm hatte nicht funktioniert. Klaus räumt jetzt zwar regelmäßig den Geschirrspüler aus, und Elke kümmert sich um die Blumen, aber das war's dann auch. Die anderen versprochenen Arbeiten werden nicht erledigt. Frau M. war sehr unglücklich darüber, hatten doch beide Kinder mehr Hilfe zugesagt.

»Es hat ja doch keinen Zweck«?

Natürlich ist es nicht schön, wenn Versprechen nicht eingehalten werden, natürlich ist die Enttäuschung von Frau M. zu verstehen. Die häufig anzutreffende Reaktion nach solchen Erfahrungen ist: »Es hat ja doch keinen Zweck, also bleibt alles beim alten.«

Wir haben gemeinsam die Situation durchgesprochen, und Frau M. hat sehr schnell das Positive am veränderten Verhalten der Kinder erkannt.

Drei Aspekte waren dabei besonders wichtig für sie:

1. Die Kinder **akzeptieren** ihre Mitverantwortung für die gesamte Familie – sie haben sich bemüht.
2. Das gemeinsame Besprechen von Aufgaben ist ein **richtiger Weg** – erste Auswirkungen sind da.
3. Frau M. wird von einem Teil ihrer Aufgaben **entlastet** – wenn auch nicht so umfangreich, wie erhofft – und hat dadurch etwas mehr Zeit für sich gewonnen.

Das Registrieren und Akzeptieren der ersten kleinen Veränderungen gibt Ihnen Zuversicht und Kraft, auch die nächsten Schritte erfolgreich gehen zu können.

Wie sagte doch *Mark Twain?*
Alte Gewohnheiten lassen sich nicht einfach aus dem Fenster werfen. Sie müssen Stufe für Stufe abgetragen werden, die ganze Treppe hinunter.

Mark Twain: amerikanischer Schriftsteller (*1835, †1910)

Unerfreuliche Gedanken »abschalten«

Kein Mensch kann den ganzen Tag lustig sein. Doch quälende Gedanken rauben Kraft, die wir für andere Aufgaben dringend brauchen. Und sie rauben zu viel Kraft, wenn wir uns zu lange damit beschäftigen. Unerfreuliche Gedanken lassen sich aber nicht einfach aus dem Kopf vertreiben.

Es gibt nur **zwei Wege**, mit solchen Gedanken fertig zu werden:

1. Weg: Wir durchdenken das Problem bis zum Ende, finden einen Ausweg und gehen daran, diesen Weg zu beschreiten.

Die beiden Wege, mit quälenden Gedanken fertig zu werden

Dieser Weg ist auf lange Sicht gesehen der erfolgreichere, weil wir damit die Voraussetzungen schaffen, nicht mehr mit dem Problem konfrontiert zu werden.

2. Weg: Wir schalten die unerfreulichen Gedanken einfach ab.
Dieser Weg ist vor allem dann nützlich, wenn wir in einer aktuellen Situation einen »klaren Kopf« brauchen, die störenden Gedanken aber einfach nicht weichen wollen.
Dieser zweite Weg erscheint etwas spektakulär und für viele Menschen nicht nachvollziehbar. In der Tat verlangt es etwas Übung, diese Methode erfolgreich anzuwenden, aber nach einigen Versuchen werden Sie schnell die Wirkung bemerken.

Mein Tipp

Probieren Sie das »Abschalten« in stressfreien Zeiten aus. Sie haben den Kopf frei und können sich gut auf das Vorstellen des verschwindenden Problems konzentrieren. Diese Erfahrung ist wichtig, um die Methode in brisanten Situationen erfolgreich anwenden zu können.

Fünf Möglichkeiten, ein momentan nicht lösbares Problem loszuwerden

Wie funktioniert das »Abschalten«?

- Holen Sie sich Ihr Problem bewusst in den Kopf. Stellen Sie es sich möglichst bildlich vor. Wenn Ihnen das nicht gelingt, formulieren Sie ein kurzes Wort, mit dem das Problem treffend beschrieben wird.
- Lassen sie jetzt das Bild (Wort) in Gedanken verschwinden:
  - Decken Sie das Bild (Wort) mit einem dunklen, dicken Tuch zu. *Oder:*
  - Setzen Sie das Bild (Wort) in ein Boot und schauen Sie zu, wie das Boot langsam am Horizont verschwindet. *Oder:*
  - Legen Sie das Bild (Wort) in einen hell erleuchteten Raum und schalten Sie das Licht ab. *Oder:*
  - Legen Sie das Bild (Wort) in einen Schrank und schließen Sie die Tür fest zu. *Oder:*
  - Stecken Sie das Bild (Wort) in eine Tüte und werfen Sie die Tüte in den Papierkorb.

  Und wenden Sie sich wieder Ihren Tagesaufgaben zu.

Diese Übung klappt garantiert nicht beim ersten Versuch. Wenn Sie diesen Trick aber immer wieder benutzen, werden Sie bald merken, dass es Ihnen zunehmend schneller und anhaltender gelingt, das Problem auf den von Ihnen zugewiesenen Platz zu schicken.

Durch Erinnerung Wohlbefinden schaffen

Wann haben Sie sich das letztemal so richtig wohl gefühlt?
Haben Sie eine Speise, die sie besonders gern essen, einen Platz, an dem Sie am liebsten verweilen, eine Musikstück, das Sie besonders gern hören, ein Bild, das Sie immer wieder erfreut, einen Duft, an dem Sie sich berauschen können, eine Begegnung mit einem lieben Menschen, an die Sie sich besonders gern erinnern?

- Setzen Sie sich bequem, lassen Sie die Augen allmählich zufallen und träumen Sie von Ihrer Erinnerung! Stellen Sie sich Ihre Lieblingsspeise, Ihr Lieblingsbild, Ihren Lieblingsplatz ... möglichst mit allen Sinnen vor.
- Wenn Ihre Gedanken abschweifen, holen Sie sich immer wieder das Bild vor Ihre Augen, in die Ohren, in die Nase, auf Ihre Haut. Schon nach kurzer Zeit werden Sie spüren, dass sich Ihr Gesicht entspannt, die Atmung ruhiger wird, die Welt wieder heller erscheint.

Natürlich lösen Sie mit diesen Erinnerungen nicht das Problem, aber Sie verbessern damit Ihr Wohlbefinden, und das verstärkt Ihre Kraft zur Bewältigung der Aufgaben, die Sie in Angriff nehmen wollen.

Durch Entspannung Wohlbefinden und Belastbarkeit steigern

Wenn Körper und Seele verkrampfen

»Sei doch nicht so verkrampft – sei doch einfach locker!« Sicher haben Sie diesen Satz schon gehört, als Aufforderung an Sie persönlich oder an eine andere Person. Leider ist es so, dass eine solche Aufforderung selten dazu führt, dass sich die »Verkrampfung« löst, eher das Gegenteil tritt ein, unabhängig davon, ob sich das Verkrampftsein auf die Stimmung, das Verhalten oder die Körperhaltung bezieht.

Eine gut gemeinte, sinnlose Aufforderung

Verkrampft sein – eigentlich haben wir es mit einem Begriff zu tun, der einen Spannungszustand der Muskulatur beschreibt.

Einen »Wadenkrampf« hat fast jeder schon erlebt, ein »Schreikrampf«, ein »Weinkrampf« oder ein »Lachkrampf« haben – zumindest ursächlich – nichts mit angespannter Muskulatur zu tun, wenngleich muskuläre Verspannungen immer Begleiterscheinungen solcher Art von »Krämpfen« sind.

Wie kommt es, dass psychisch bedingte Verhaltensweisen im Volksmund häufig mit dem Begriff Krampf belegt werden? Sicher liegt es daran, dass Muskelverspannungen und psychische Anspannungen – eben das Fehlen von Lockerheit – zwei wesentliche Gemeinsamkeiten haben: Beide sind mit einer Daueranspannung verbunden, die nicht unserer bewussten Steuerung unterliegt und dadurch die Flexibilität

Was Mangel an »Lockerheit« und ein Wadenkrampf gemeinsam haben

TIPP

Erlernen Sie die Kunst, den eigenen Körper zu beeinflussen und sich von belastenden Gedanken zu befreien.

des Verhaltens einschränkt. Auf beide Verkrampfungen folgt nach dem Abklingen Erschöpfung. Der Muskel hat durch die Daueranspannung seine Energiereserven verbraucht, und bei einem psychisch bedingten »Krampf« wird noch mehr Energie verbraucht, weil der ganze Körper angespannt war.

Von der Schwierigkeit, dem Herzen zu befehlen

Sie wissen es aus eigener Erfahrung: Ihre Bewegungen können Sie willkürlich steuern, in begrenztem Maße noch die Atmung, aber bei allen anderen physiologischen Prozessen müssen Sie sich auf die autonom, von unserem Bewusstsein weitestgehend unabhängig gesteuerten Prozesse verlassen. Ihrem Arm können Sie befehlen, sich nach oben zu strecken. Aber Ihr Herz hört nicht auf Ihre Aufforderung, ruhiger zu schlagen, und die Röte, die vor Scham oder Aufregung ins Gesicht steigt, lässt sich auch nicht per Befehl in die normale Gesichtsfarbe verwandeln.

Aber ganz so hilflos sind wir nicht. Ganz sicher haben Sie es auch schon oft geschafft, nach anstrengenden Stunden oder Tagen die nötige Entspannung zu finden. Wissen Sie noch, wann, wo und wodurch es Ihnen am besten gelungen ist, sich zu entspannen und abschalten zu können?

Mein Tipp

Finden Sie heraus, was Ihnen am besten hilft, sich zu entspannen und neue Kräfte zu sammeln, und setzen Sie diese Techniken bewusst ein, wenn Sie sich zu gestresst fühlen.

Nehmen Sie unsere Stichworte als Anregung, um das Passende für sich zu finden

Es gibt so viele Möglichkeiten zum Entspannen: Aromen, Musik, Massage, Sauna, Bewegung, Düfte, ein warmes Bad, ein gutes Buch, warme Bäder, ein gemütliches Essen, zärtliche Berührungen, ein Spaziergang, ein Einkaufsbummel, Streicheleinheiten, ein Telefonat mit der besten Freundin.

Hohe Erregung bzw. eine hohe Anspannung abzubauen ist zwar schwieriger, als sich in einen hohen Aktivitätszustand zu bringen, aber es ist erlernbar.
Spezielle **Entspannungsverfahren** helfen, den Erregungszustand abzubauen, die verspannte Muskulatur zu lockern und gedanklich zur Ruhe zu kommen.

Wie funktionieren diese Techniken?

Vier Wirkfaktoren von Entspannungstechniken

Die Wirkung beruht vor allem auf folgenden *vier Faktoren:*
1. Die bewusste Vorstellung des entspannten Zustandes führt dazu, dass sich die Anspannung im Körper allmählich löst (Kraft der Gedanken). Zu den bekanntesten Entspannungstechniken, die diese Wirkungsrichtung zum Schwerpunkt haben, gehören das **autogene Training**, die **konzentrative Entspannung** und die **Körperreise**.
2. Durch Bewegung und bewusste Variation der Körperspannung werden muskuläre Verspannungen abgebaut. Das Erleben des zunehmend entspannten Körpers wiederum reduziert psychische Anspannungen.
Dieser Schwerpunkt steht im Mittelpunkt der **Progressiven Muskelrelaxation**, des **Feldenkrais**-Programms und fernöstlicher Bewegungs- und Entspannungsprogramme wie **Yoga**, **Tai Chi** und **Qi Gong**.
3. Die intensive Vorstellung von angenehmen Situationen oder Bildern lenkt von belastenden Gedanken ab, beeinflusst den emotionalen Zustand und bewirkt dadurch eine psychische Entspannung.
Zu dieser Gruppe gehören **Visualisierung** (bildhafte Vorstellung) und **Imagination** (komplexe Vorstellung angenehmer, emotional anregender Situationen).
4. Das Erspüren und bewusste Beeinflussen des Atems richtet die Aufmerksamkeit auf den eigenen Körper und führt zu einer tieferen und langsameren Atmung, wodurch das gesamte Aktivitätsniveau des Organismus herabgesetzt wird.

Die Atmung – zentrale Größe für die Entspannung

Die **Atmung** ist Bestandteil aller Entspannungstechniken, weil die Art zu atmen eine zentrale Rolle im Entspannungsprozess einnimmt. Ich empfehle Entspannung durch bewusste Atmung vor allem deshalb, weil Atemtechniken im Vergleich zu anderen Entspannungsverfahren leichter zu erlernen sind, variabel in nahezu allen Lebenssituationen eingesetzt werden können und Entspannungsreaktionen relativ schnell spürbar werden.

Meine Empfehlung

Aus der Vielzahl von Entspannungstechniken möchte ich Ihnen zwei vorstellen, die sich in meinen Kursen besonders bewährt haben:

1. Ausatmen statt ausrasten
2. das Balance-Programm.

Ausatmen statt ausrasten

Die Atmung wird durch unser gut funktionierendes Organsystem »autonom« geregelt. Wir müssen nicht auf unseren Atem achten, ihn nicht bewusst regulieren, um ausreichend mit Sauerstoff versorgt zu werden. Aber in einigen Situationen wird dieses gleichmäßig funktionierende System aus der Balance gebracht.

Wenn die Atmung aus der Balance gerät

Wohl jeder hat schon erlebt, dass er nach einem schnellen Spurt zur Straßenbahn, einem kurzen Wettlauf mit den Kindern oder einem schnellen Treppenaufstieg erst einmal »nach Luft schnappen« musste, um zur Ruhe zu kommen.

Aber nicht nur körperliche Belastungen sind mit einer Veränderung von Atemtiefe und Atemfrequenz verbunden. Auch psychische Belastungen führen zu veränderter Atmung. Zeugen eines Unfalls können oft aus Atemnot nicht sprechen, bei starker psychischer Anspannung, z. B. bei Angst, ist die Atmung schnell und flach, oft begleitet von sehr tiefen Atemzügen, wenn die Gefahr vorüber ist. Man kann wieder »aufatmen«. Sicher haben auch Sie schon Ihren veränderten Atem in ungewohnten Situationen gespürt.

Diese Beziehung zwischen emotionalem Zustand und Atmung können wir nutzen, um durch bewusstes Beeinflussen und Erspüren des Atems zu innerer Ruhe zu finden.

Eine Entspannungsübung – Einstimmung

Probieren Sie es aus: Machen Sie sich und Ihren Körper zuerst mit dem gesamten Programm vertraut.
Belassen Sie es nicht beim Lesen. Stellen Sie sich jeden der beschriebenen Atemzüge genau vor. Atmen Sie mit und erspüren Sie den Atem in Ihrem Körper. Gehen Sie erst dann einen Schritt weiter, wenn Sie Ihren Atem in Bauch, Brust, Armen oder Beinen gespürt haben.

Mein Tipp

Das Erproben der einzelnen Atemzüge erfordert viel Aufmerksamkeit. Sie werden deshalb bei den ersten Versuchen auch noch keine tiefe Entspannung erleben. Wichtig ist es, den Atem zu spüren.

Nachdem Sie die einzelnen Atemzüge erspürt haben, können Sie mit der Entspannung beginnen. Es ist nicht wichtig, dass Sie am Anfang das gesamte Programm durchführen. Lesen Sie während der Entspannung auch nicht die Reihenfolge im Buch nach, das lenkt nur ab und unterbricht den Entspannungsprozess.
Konzentrieren Sie sich auf die Atemzüge, an die Sie sich noch mit Kopf und Körper erinnern.
Nach einiger Übung werden Sie mühelos das ganze Programm absolvieren können.

ÜBUNG

Legen Sie sich auf den Rücken.
Probieren Sie durch ein Kissen unter dem Kopf, ein Kissen unter dem Rücken oder eine Rolle unter den Kniekehlen aus, welche Lage für Sie am bequemsten ist. Die Hände liegen locker neben dem Körper.

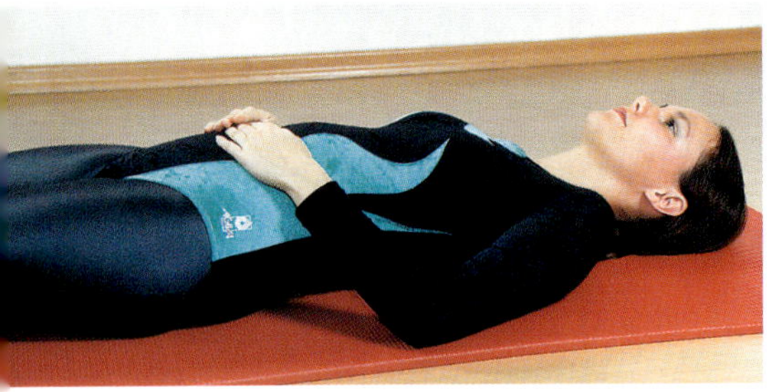

- Wenn Sie eine Lage gefunden haben, in der Sie bequem liegen können, verbinden Sie Ihre Gedanken mit Ihrem Atem.
- Sie erspüren, wie Ihr Atem tief in den Körper einströmt und langsam durch die leicht geöffneten Lippen wieder ausströmt.
- Bei jedem Atemzug versuchen Sie, etwas tiefer einzuatmen und den Atem langsamer ausströmen zu lassen.

Erleben der Bauchatmung

Für viele Menschen ist das Einatmen in den Bauch ungewohnt

Richten Sie jetzt Ihre Aufmerksamkeit auf Ihren **Bauch**.

- Sie atmen tief in den Bauch ein und lassen den Atem langsam wieder ausströmen.
- Bei jedem Einatmen spüren Sie, wie sich der Bauch nach oben wölbt und anspannt und beim Ausströmen des Atems entspannt nach unten sinkt.

Mein Tipp

Sie können die Bauchatmung besser erlernen und erspüren, wenn Sie die Hände in Höhe des Bauchnabels flach auf den Bauch legen. Sie spüren beim Einatmen, dass die Hände durch die Atemluft nach oben gedrückt werden und beim Ausatmen wieder nach unten sinken.

Wiederholen Sie diese Atmung, bis Sie spüren, dass der Atem tiefer und ruhiger geworden ist

- Atmen Sie jetzt tief in die **Brust** ein.

Bei jedem Einatmen spüren Sie, wie sich die Brust nach oben wölbt und anspannt und beim Ausströmen des Atems entspannt nach unten sinkt.

Verbinden Sie jetzt die Atmung in **Brust und Bauch**.

- Sie beginnen in den Bauch einzuatmen, atmen weiter ein bis hoch zu den Schlüsselbeinen und lassen dann den Atem langsam wieder ausströmen.

Bei jedem Einatmen erspüren Sie, wie sich Bauch und Brust nach oben wölben und anspannen und beim Ausströmen des Atems entspannt nach unten sinken.

Wiederholen Sie auch diese Atmung, bis Sie Ihren gleichmäßigen Atem spüren

- Verbinden Sie die **Gedanken** mit Ihrem **Atem**. Ruhig und gleichmäßig strömt der Atem ein und aus. Bei jedem Ausatmen spüren Sie den Rücken entspannter und schwerer auf den Boden sinken.

Sie richten Ihre Aufmerksamkeit jetzt auf den **linken Arm.**

- Sie atmen tief ein und lassen den Atem beim Ausatmen in Gedanken durch den linken Arm strömen.

Bei jedem Ausatmen spüren Sie den warmen Atem durch den Arm strömen bis tief in die Fingerspitzen.
Sie spüren den Atem warm durch den linken Arm strömen und Stück für Stück alle Anspannung mitnehmen:
– aus der Schulter und dem Oberarm,
– aus dem Ellenbogen und dem Unterarm,
– aus dem Handgelenk, der Handfläche, dem Handrücken, den Fingern und den Fingerspitzen.
Bei jedem Ausatmen spüren Sie den Arm entspannter und schwerer auf den Boden sinken.

TIPP

Nehmen Sie sich Zeit. Am Anfang brauchen Sie drei bis vier tiefe Atemzüge, bis Sie in Gedanken durch den ganzen Arm gewandert sind.

- Wiederholen Sie die Übung mit dem **rechten Arm.**
- Atmen Sie noch einmal tief ein und lassen Sie den Atem beim Ausatmen durch **beide Arme** strömen, ruhig und gleichmäßig.

Beim Ausatmen spüren Sie beide Arme entspannt und schwer auf den Boden sinken.

Sie richten Ihre Aufmerksamkeit jetzt auf **das linke Bein**.

- Sie atmen tief ein und lassen den Atem beim Ausatmen in Gedanken durch das linke Bein strömen.

TIPP

Lassen Sie sich Zeit. Erspüren Sie den Atem, wie er bei jedem Ausatmen ein Stück weiter ins Bein strömt.

Bei jedem Ausatmen spüren Sie den warmen Atem durch das Bein strömen bis tief in die Zehenspitzen. Sie spüren, wie der Atem warm durch das linke Bein strömt und Stück für Stück alle Anspannung mitnimmt:

– aus dem Becken und dem Oberschenkel,
– aus dem Kniegelenk und der Wade,
– aus dem Fußgelenk, der Fußsohle, den Zehen und Zehenspitzen.

Bei jedem Ausatmen spüren Sie das Bein entspannter und schwerer auf den Boden sinken.

- Wiederholen Sie die Übung mit dem **rechten Bein.**
- Atmen Sie noch einmal tief ein und lassen Sie den Atem beim Ausatmen durch **beide Beine** strömen, ruhig und gleichmäßig.

Nach einigen Atemzügen spüren Sie beim Ausatmen beide Beine entspannt und schwer auf den Boden sinken.

Jetzt richten Sie Ihre Aufmerksamkeit auf Ihr **Gesicht.**

- Sie atmen tief ein und lassen den Atem beim Ausatmen sanft über Ihr Gesicht streichen, ruhig und gleichmäßig. Bei jedem Ausatmen spüren Sie Ihren Atem wie einen sanften, warmen Wind über Ihr Gesicht streichen und Stück für Stück alle Anspannung mitnehmen:

– aus den Augen und der Stirn,
– aus den Schläfen und Wangen,
– aus den Lippen, dem Kinn und dem Unterkiefer.

- Lassen Sie den Atem einströmen und ausströmen und genießen Sie Ihren entspannten Körper.

Wenn Sie Ihre **Entspannung beenden** wollen, atmen Sie bewusst tief ein und kurz und kräftiger aus.

• Zählen Sie in Gedanken rückwärts von fünf:
fünf: tief einatmen,
vier: kurz und kräftig ausatmen,
drei: Arme und Beine anspannen, eventuell beugen,
zwei: Arme und Beine recken und strecken,
eins: noch einmal tief einatmen, kräftig ausatmen und die Augen öffnen.

Mit einiger Übung gelingt es mit diesem Programm, in zehn Minuten eine tiefe Entspannung zu erreichen.

Beim Erlernen der Übungen ist es sinnvoll, Entspannungsmusik zur Unterstützung einzusetzen.

Mein Tipp

Meinungen von Kursteilnehmern zum Programm

Frau Sch., 36 Jahre, relativ neu im Kurs:
»Ich habe schon mehrfach versucht, ein Entspannungsverfahren zu erlernen. Erst durch das bewusste Atmen gelingt es mir, zur Ruhe zu kommen.«
Herr U., 64 Jahre, total überrascht und etwas irritiert nach dem ersten Versuch:
»Wenn ich als Physiker nicht genau wüsste, dass das nicht möglich ist, würde ich sagen, ich habe den Luftstrom in meiner Wade gespürt.«
Herr Sp., 48 Jahre, regelmäßiger Teilnehmer an meinen Bewegungs- und Entspannungsprogrammen, nach 10 Minuten Entspannung:
»Ich hatte den Eindruck, meine Fersen bohren sich in den Boden, so schwer habe ich mich gefühlt.«

Das Balance-Programm

Viele Menschen haben Schwierigkeiten, eines der klassischen Entspannungsverfahren zu erlernen oder Körper und Geist allein durch die Kraft der Gedanken zur Ruhe zu bringen. Häufige Ursache ist

TIPP

In der Kombination mit sanften Bewegungen gelingt die Entspannung oft besser, der bewegte Körper ist »spürbarer«.

dabei das verloren gegangene Körpergefühl. Es fällt schwer, sich den körperlichen Zustand vorzustellen, den eigenen Körper zu spüren bzw. gedanklich durch den Körper zu wandern.

Das Balance-Programm verbindet Bewegung und Atmung.

Durch die sanften, fließenden Bewegungen werden Muskeln, Bänder und Sehnen gelockert und gedehnt, die im normalen Alltag zur Verspannung neigen. Muskuläre Verspannungen und eingeschränkte Beweglichkeit werden beseitigt. Die bewusste Atmung unterstützt die muskuläre Entspannung. Gleichzeitig wird durch die langsame Bewegungsausführung der Atemrhythmus beeinflusst. Das Wahrnehmen des Ein- und Ausströmens der Atemluft hilft, den Spannungszustand des Körpers und einzelner Muskelgruppen zu erleben und muskuläre Verspannungen zu lösen.
Durch die enge Verbindung von Bewegung und Atmung bietet das Balance-Programm eine ausgezeichnete Möglichkeit für die ganzheitliche muskuläre und psychische Entspannung.

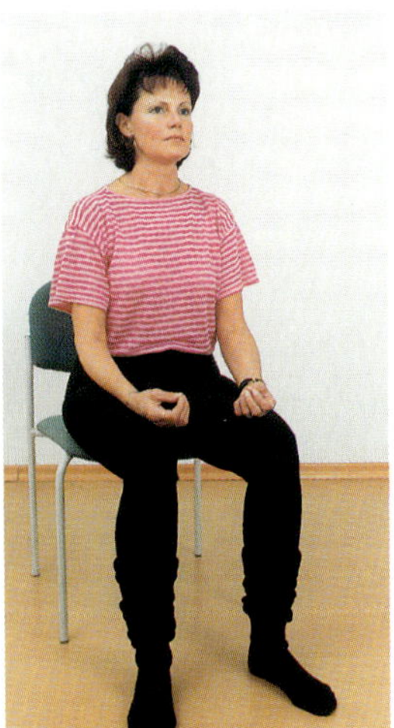

So sitzen Sie richtig

Doch am besten probieren Sie es selbst aus.

- Setzen Sie sich auf einen festen Stuhl ohne Armlehnen. Benutzen Sie nur die vordere Sitzfläche des Stuhles. Die Füße stehen mit der ganzen Sohle auf dem Boden, ohne dass die Oberschenkel auf die Sitzfläche drücken. Sollten Sie die Füße nicht fest aufsetzen können, dann legen Sie eine dicke Decke unter die Füße.
- Halten Sie Kopf und Rücken gerade und legen Sie die Arme locker auf die Oberschenkel.
- Erspüren Sie Ihren Atem, wie er einströmt und ausströmt.
- Sie beginnen in den Bauch einzuatmen, atmen weiter durch die Brust bis hoch zu den Schlüsselbeinen und lassen anschließend den Atem langsam durch die leicht geöffneten Lippen wieder ausströmen.

Bei jedem Einatmen erspüren Sie, wie sich der Bauch und die Brust nach vorn und oben wölben und anspannen und beim Ausströmen des Atems entspannt nach unten sinken.

Wenn Sie das Programm »Ausatmen statt Ausrasten« schon ausprobiert haben, wird Ihnen diese Übung leicht fallen

- Atmen Sie jetzt ganz normal weiter. Wenn Sie Ihren tiefen, ruhigen Atem spüren, können Sie mit dem Bewegungsprogramm beginnen.

Vielleicht spüren Sie aber schon eine leichte Ermüdung der Rückenmuskulatur. Das ist nicht ungewöhnlich. Wir sind das aufrechte Sitzen nicht mehr gewöhnt, und die Muskulatur, die eine aufrechte Stellung der Wirbelsäule ermöglicht, ermüdet dadurch relativ schnell.

Gönnen Sie sich eine *Pause* zur Entlastung der Rückenmuskulatur: Sie legen den Oberkörper auf den Oberschenkeln ab oder setzen sich ganz nach hinten mit dem Rücken an die Stuhllehne.
Atmen Sie einige Male ruhig ein und aus und setzen Sie sich dann wieder auf die vordere Hälfte des Stuhles – Kopf gerade, Rücken gerade.

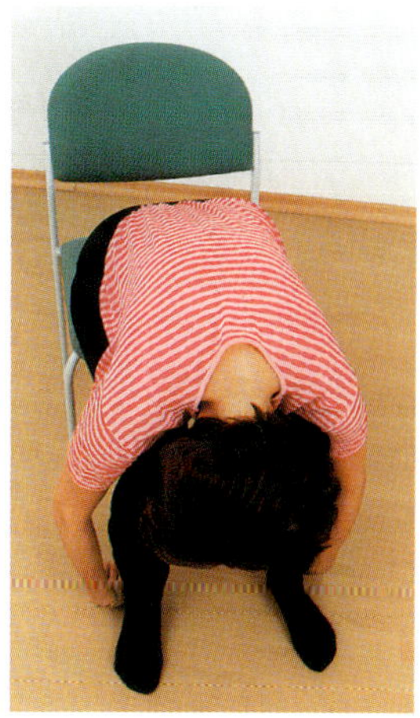

Pause zur Entlastung der Rückenmuskulatur

- Strecken Sie beim nächsten Einatmen den rechten Arm nach oben, weit raus aus der Schulter. Mit dem Ausatmen lassen Sie den Arm langsam wieder auf den Oberschenkel sinken.
- Gehen Sie dabei in Gedanken Stück für die Stück durch den Arm, von der Schulter bis zu den Fingerspitzen.
  Wiederholen Sie diese Bewegung dreimal mit dem rechten und dann mit dem linken Arm.
- Beim nächsten Einatmen strecken Sie beide Arme nach oben und lassen sie mit dem Ausatmen wieder auf die Oberschenkel sinken.
- Atmen Sie einige Male ruhig ein und aus und erspüren Sie die zunehmende Entspannung in Schultern und Armen.

- Strecken Sie beim nächsten Einatmen wieder beide Arme nach oben, weit raus aus der Schulter. Beim Ausatmen beugen Sie den rechten

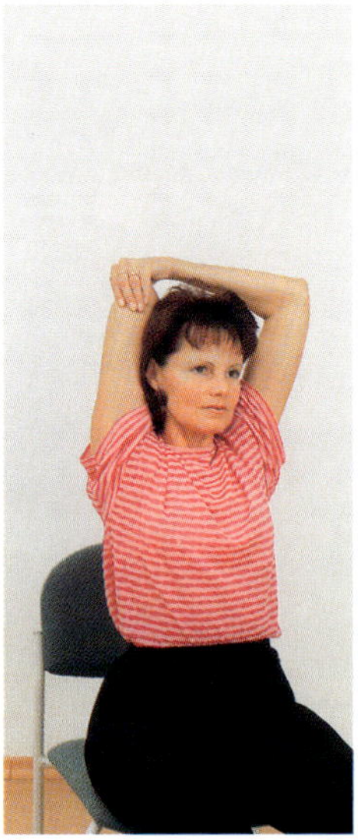

Arm im Ellenbogen und lassen die rechte Hand locker in Richtung Nacken fallen. Ziehen Sie mit der linken Hand den rechten Ellbogen nach hinten und in Richtung des Kopfes.

- Lassen Sie alle Luft ausströmen und strecken Sie beim Einatmen die Arme wieder nach oben, raus aus der Schulter. (Wiederholen Sie die Übung dreimal mit dem rechten und dem linken Arm.)
- Beim nächsten Einatmen strecken Sie wieder beide Arme nach oben und lassen sie mit dem Ausatmen auf die Oberschenkel sinken.

Pause Benötigen Sie eine kleine Pause? – Legen Sie den Oberkörper auf die Oberschenkel oder setzen Sie sich nach hinten und legen Sie den Rücken an die Stuhllehne.

- Atmen Sie einige Male ruhig ein und aus und setzen Sie sich dann wieder auf die vordere Hälfte des Stuhles – Kopf gerade, Rücken gerade.

- Schieben Sie beim **Einatmen** beide Arme weit nach vorn, raus aus der Schulter.
- Mit dem **Ausatmen** beugen Sie den linken Arm, legen die linke Hand locker auf die rechte Schulter und schieben mit der rechten Hand den linken Ellenbogen in Richtung rechte Schulter.
- Achten Sie darauf, dass der linke Ellenbogen etwa in Schulterhöhe gehalten wird.

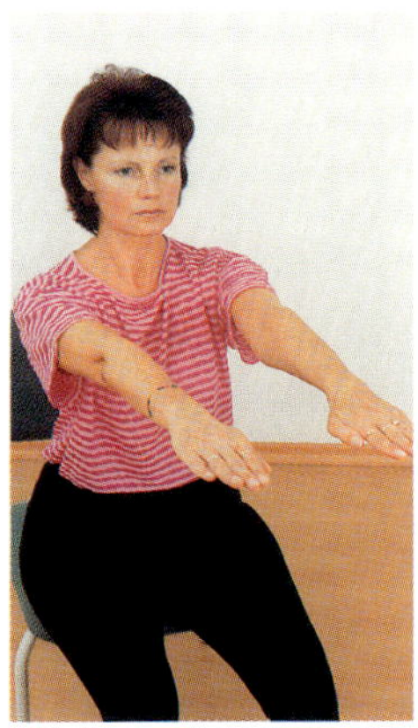
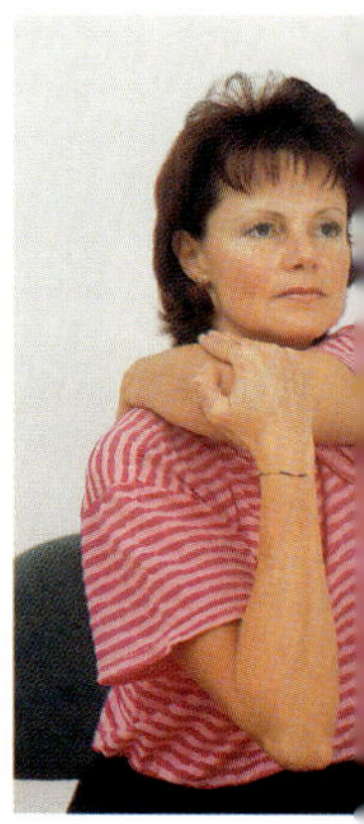

- Kopf gerade lassen.
- Beim **Einatmen** schieben Sie beide Arme wieder weit nach vorn.

Wiederholen Sie diese Bewegung dreimal mit dem rechten und dann mit dem linken Arm

- Beim nächsten **Einatmen** strecken Sie wieder beide Arme nach *oben* und lassen sie mit dem Ausatmen auf die Oberschenkel sinken.

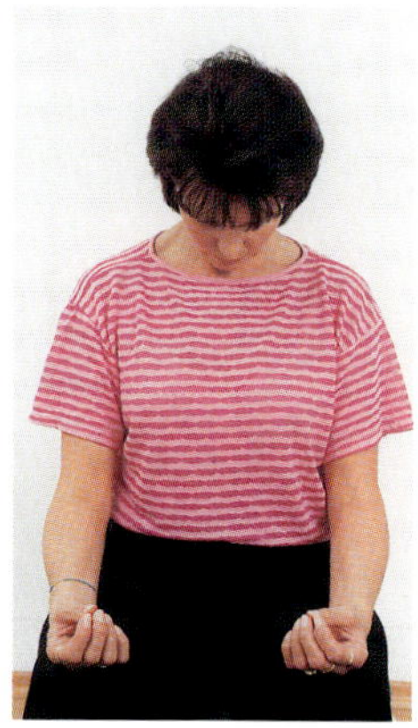

- Setzen Sie sich wieder ganz gerade.
- Drehen Sie den Kopf mit dem Einatmen langsam zur Seite und lassen Sie ihn beim Ausatmen wieder nach vorn gleiten. (Linkes Foto)
  Das Kinn wird während der Bewegung weder nach unten noch nach oben gezogen.

- Atmen Sie tief ein und lassen Sie mit dem Ausatmen den Kopf langsam nach vorn sinken, nur den Kopf – der Rücken bleibt gerade. (Rechtes Foto)
- Lassen Sie alle Luft ausströmen und erspüren Sie die Dehnung im Nacken. Beim Einatmen ziehen Sie den Kopf langsam wieder nach oben. Wiederholen Sie diese Bewegung dreimal nach jeder Seite

Stellen Sie sich vor, wie beim Ausatmen alle Luft in den Hinterkopf strömt und der Kopf immer schwerer wird.

Mein Tipp

- Legen Sie jetzt die Finger übereinander, die Fingerspitzen berühren die Handwurzelknochen der anderen Hand, und legen Sie die Finger an den Hinterkopf (nicht in den Nacken).
- Beim Einatmen drücken Sie den Kopf an die Hände und ziehen die Ellenbogen nach hinten. (Linkes Foto auf Seite 68)

Wiederholen Sie die Bewegung dreimal

- Mit dem Ausatmen lassen Sie Ellenbogen und Kopf nach vorn sinken.
- Beim vierten Einatmen strecken Sie wieder beide Arme nach oben und lassen sie zum Abschluss mit dem Ausatmen auf die Oberschenkel sinken.

Pause: Setzen Sie sich gerade, lassen Sie einige Male den Atem ruhig ein- und ausströmen und gönnen Sie sich wieder eine kleine Pause.

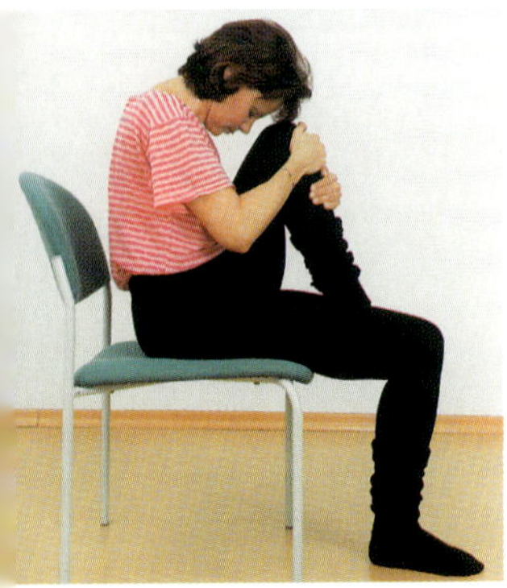

- Sie atmen wieder tief ein und ziehen beim Ausatmen das linke Knie zur Brust.
- Umfassen Sie das linke Schienbein mit beiden Händen und lassen Sie den Kopf auf das Knie sinken, bis der Atem vollständig ausgeströmt ist.
- Beim Einatmen lösen Sie die Hände, stellen den Fuß wieder auf den Boden und richten Rücken und Kopf auf.

  Wiederholen Sie die Bewegungen jeweils dreimal mit dem rechten und mit dem linken Bein

- Zum Abschluss strecken Sie wieder beide Arme nach oben und lassen sie mit dem Ausatmen auf die Oberschenkel sinken.
- Ziehen Sie wieder Ihr linkes Knie zur Brust. Umfassen Sie mit der linken Hand den linken Fuß und strecken Sie beim Einatmen das linke Bein, bis Sie ein Ziehen in der Rückseite des Oberschenkels und in der Wade verspüren.

Die Dehnung der Wade wird stärker spürbar, wenn Sie die Zehenspitzen umfassen.

Mein Tipp

- Beim Ausatmen beugen Sie das Bein wieder, ohne die Hand vom Fuß zu lösen.

- Setzen Sie zum Abschluss wieder beide Füße auf den Boden, strecken beim nächsten Einatmen beide Arme nach oben und lassen sie mit dem Ausatmen auf die Oberschenkel sinken.

ÜBUNG

Wir kommen jetzt zur letzten Übung, die von meinen Kursteilnehmer spontan als »Babywiege« bezeichnet wurde. In der Tat werden Sie nach einigen Versuchen die entspannende Wirkung der wiegenden Bewegung spüren.

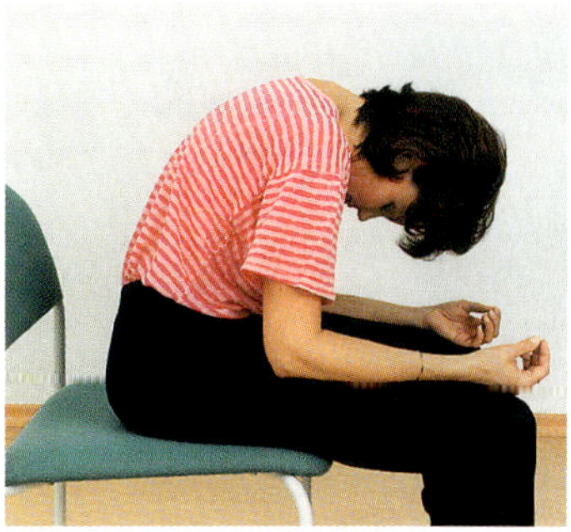

- Setzen Sie sich wieder ganz gerade. Erspüren Sie beim Einatmen, wie die Luft tief in Bauch und Brust einströmt.
- Beim Ausatmen lassen Sie das Becken nach hinten rollen und Kopf und Schultern nach vorn sinken. Beim Ausströmen des Atems spüren Sie, dass Kopf und Schulter immer tiefer sinken, der Nacken immer länger wird.
- Verharren Sie in dieser Position, bis es wieder Zeit zum Einatmen wird.
- Richten Sie mit dem Einatmen Kopf und Rücken wieder auf – zuerst das Becken, dann die Brustwirbelsäule, zuletzt den Kopf und die Schultern.

Wiederholen Sie die Übung, solange Sie sich dabei wohl fühlen

- Beenden Sie das Programm, indem Sie beim letzten Einatmen beide Arme nach oben strecken und sie mit dem Ausatmen auf die Oberschenkel sinken lassen.

Ausklang

- Setzen Sie sich noch einmal ganz nach hinten und legen Sie den Rücken an die Stuhllehne.
- Lassen Sie den Atem einströmen und ausströmen und erspüren Sie die zunehmende Entspannung im ganzen Körper.
- Öffnen Sie die Augen und atmen Sie fünfmal tief ein und kräftig aus.

Wie fühlen Sie sich jetzt?

Wohlig entspannt? – Herzlichen Glückwunsch! Sie haben Geist und Körper zur Ruhe gebracht und erleben die erholsame Wirkung der sanften Bewegung.

Müde? – Das Programm führt zu einer tiefen psychischen und körperlichen Entspannung, die durchaus mit dem Gefühl der Müdigkeit verbunden sein kann. Genießen Sie ruhig noch ein Weilchen ihren entspannten Körper. Wenn Sie anschließend wieder volle Leistung bringen wollen, aktivieren Sie sich am besten durch einige schwungvolle und kräftige Bewegungen.

Übung zur Aktivierung

- Stehen Sie auf und strecken Sie die Arme nach oben, weit raus aus den Schultern. Strecken Sie auch die Füße und stellen Sie sich auf die Zehenspitzen. Atmen Sie tief ein und lassen Sie die Arme beim Ausatmen locker neben dem Körper ausschwingen. Federn Sie bei jedem Armschwung leicht in den Kniegelenken mit.
  Wiederholen Sie die Bewegung drei- bis fünfmal, und die Müdigkeit ist verflogen.

Der Rücken tut weh? – Sie haben fast 30 Minuten lang gerade auf einem Stuhl gesessen, ohne sich anlehnen zu können. Die Muskeln, die die Wirbelsäule in einer geraden Position halten, mussten ganz schön arbeiten. Es ist nicht ungewöhnlich, dass sich diese Belastung bei den ersten Versuchen durch Schmerzen (meist durch ein Ziehen im Rücken) bemerkbar macht. Sie sind Ausdruck für eine leichte

Überlastung und eigentlich ein Hinweis darauf, dass Sie mehr zur Kräftigung Ihrer Rückenmuskulatur tun sollten.

Übung: Stufenlagerung

Wenn der Rücken weh tut:

- Legen Sie sich auf den Rücken. Die Unterschenkel werden so hoch gelagert, dass der Rücken gerade noch flach auf dem Boden aufliegen kann. In dieser Position kann die Rückenmuskulatur am besten entspannen, und Sie werden das Ziehen im Rücken bald nicht mehr spüren.
- Gönnen Sie sich bei Ihrem nächsten Balance-Programm mehr Pausen, um der Rückenmuskulatur immer wieder Möglichkeit zur Erholung zu geben.
- Wählen Sie für Ihr nächstes Balance-Programm nur einige Bewegungen aus und verkürzen Sie dadurch die Dauer des Programms.

Die Stufenlagerung entlastet die verkrampfte Rückenmuskulatur

Wenn Sie das Balance-Programm regelmäßig durchführen, werden Sie bald merken, dass es Ihnen zunehmen besser gelingt, in kurzer Zeit Ruhe und Entspannung zu finden und die verspannte Muskulatur zu lockern. Sie können dann auch einzelne Bewegungen des Programms zur Kurzentspannung im Tagesverlauf nutzen.

SCOTT
AFD 501

In Form sein

Bewegen – aber wie?

Vergleichen Sie die Körperformen eines Gewichthebers mit denen eines Langstreckenläufers, die Figur einer Tänzerin mit der einer Kugelstoßerin und Sie erkennen auf einen Blick die Auswirkungen, die unterschiedliche Bewegungsprogramme haben können.
Die Formen der Bewegung sind nahezu unerschöpflich: Den Ärmelkanal durchschwimmen oder einen steilen Berg besteigen, Eishockey oder Golf spielen, den Garten umgraben oder mit feiner Nadel ein Muster sticken, am Fließband Geräte montieren oder auf den Baum steigen, um Kirschen zu pflücken, mit dem Hund spazieren gehen oder mit den Kindern über die Wiese tollen, mit dem Fahrrad durch den Herbstwald radeln oder um den Sieg bei der Tour de France kämpfen – alles ist körperliche Bewegung.

Natürlich ist die bevorzugte Sportart auch abhängig von der jeweiligen Konstitution

Wenn Sie sich entschließen, etwas mehr Bewegung in Ihren Alltag zu bringen, stellen Sie sich zuerst die Frage: Was will ich erreichen? Zur psychischen Entspannung eignen sich alle Bewegungsformen, die Spaß machen. Für das gezielte Training einzelner Körperfunktionen ist schon eine differenziertere Bewegungsgestaltung erforderlich.

Unser Organismus »denkt mit« und veranlasst uns zu Bewegungen, die wir gar nicht beabsichtigen, die der Körper aber braucht

Verspannte Muskeln lockern

Sie kennen das angenehme Gefühl nach einer langen Autofahrt, wenn Sie aus dem Auto steigen und sich erst einmal so richtig lang strecken. Oft geschieht es unbewusst, dass man sich nach einer längeren Arbeitsphase am Schreibtisch nach hinten lehnt und Arme und Beine weit von sich streckt. Allzu oft unterdrücken wir jedoch solche wichtigen, die Muskulatur entspannenden Bewegungen. Die »Umstände« erlauben es nicht.

Es ist ganz gut, den Körper ab und zu einmal »durchzudehnen«.

TIPP

Zum »Durchdehnen« eignen sich gut die Übungen aus dem Balance-Programm. Verbinden Sie dabei die Bewegungen nicht mit Ihrem Atem, sondern verharren Sie in den einzelnen Dehnhaltungen 15 bis 20 Sekunden lang.

Mit **Dehnübungen in der Rückenlage** entspannen Sie gleichzeitig Ihre Lendenwirbelsäule.

ÜBUNG

Übung 1

- Sie liegen auf dem Rücken, die Füße sind aufgestellt. Der Kopf liegt auf den Händen. Drücken Sie die Oberarme auf den Boden. Halten Sie diese Position 15 bis 20 Sekunden lang und legen Sie die Arme wieder neben den Körper.

Übung 2

- Winkeln Sie das rechte Bein an, umfassen Sie das Schienbein mit beiden Händen und ziehen Sie das Knie zur Brust. Nach 15 bis 20 Sekunden strecken Sie das linke Bein und drücken es 15 bis 20 Sekunden auf den Boden. Wiederholen Sie die Übung widergleich.

Widergleich: statt rechts – links, und statt links – rechts

- Winkeln Sie beide Beine an und umfassen Sie die Zehen. Strecken Sie dann beide Beine und ziehen Sie dabei die Zehen in Richtung Schienbein.

Übung 3

- Stellen Sie die Füße wieder auf den Boden, die Arme sind locker zur Seite gestreckt. Lassen Sie die Knie zur linken Seite sinken und legen Sie dann das linke Beine über den rechten Oberschenkel, so dass der rechte Fuß bequem auf den Boden gelegt werden kann. Bleiben Sie mindestens 20 Sekunden in dieser Lage und wechseln Sie dann die Seiten.

Übung 4

Gönnen Sie zum Schluss auch Ihren **Fußgelenken** etwas Bewegung.

- Legen Sie die Füße etwa schulterbreit auseinander. Strecken Sie nun die Füße nach vorn, nach außen, zu den Schienbeinen und nach innen. Gehen Sie dann dazu über, Ihre Füße kreisen zu lassen. Lassen Sie die Füße langsam kreisen. Wichtig ist, dass der Kreis schön groß bleibt.

Übung 5

- Lassen Sie die Füße wieder locker nach außen fallen und gönnen Sie Ihrem Körper noch einige Atemzüge lang diesen entspannten Zustand.

Ausklang

Den Kreislauf in Schwung halten

Das gesunde Herz schlägt in Ruhe etwa 60- bis 70-mal in der Minute und pumpt dabei 4 bis 5 Liter Blut durch den Körper – Minute für Minute, Stunde für Stunde, Tag für Tag. In einem Jahr muss sich der Herzmuskel mehr als 300 Millionen Mal zusammenziehen und wieder entspannen.

Versuchen Sie sich einmal die Anzahl der Schläge vorzustellen, die das Herz im Verlaufe eines ganzen Lebens vollführt

Das Herz in kritischen Situationen: »Mir schlägt das Herz bis zum Halse (vor Aufregung).« »Ihm ist das Herz in die Hose gerutscht (vor Angst).« »Mir drohte das Herz still zu stehen (vor Schreck oder vor Freude).«

Doch es ist nicht nur die unvorstellbare Anzahl an Pulsschlägen, die unser Herz leistet. Das Herz muss auf jede Anstrengung reagieren und dann mehr Blut in das Gefäßsystem pumpen, um den gestiegenen Bedarf abzusichern. Und das passiert nicht nur bei körperlicher, sondern auch bei psychischer Belastung.

Das gesunde Herz verkraftet den fortlaufenden Wechsel von Belastung und Entspannung, die Herzfrequenz kehrt nach wenigen Minuten wieder auf den Ausgangswert zurück.

Um ein Leben lang gut zu funktionieren, braucht das Herz diesen Wechsel von Be- und Entlastung. Wird der Kreislauf unterfordert, lässt die Kontraktionsfähigkeit des Herzmuskels nach. Er erschlafft, die Menge des Blutes, die mit einem Herzschlag in das Gefäßsystem gepumpt werden kann, verringert sich, und die Pulsfrequenz steigt an. Denn um den Körper ausreichend mit Blut zu versorgen, muss das Herz häufiger schlagen, was im Ergebnis zu einem schnelleren Verschleiß führt.

Ein gesundes Herz schlägt kraftvoll und deshalb relativ langsam, also *schonend*. Ein schwaches Herz muß den Mangel an Kraft durch schnelleres Schlagen kompensieren – es schlägt *unökonomisch*

Geben Sie Ihrem Herz ausreichend Möglichkeiten zum Erhalt und zur Verbesserung der Leistungsfähigkeit.
Bringen Sie mehr Bewegung in Ihren Alltag und nutzen Sie die Möglichkeiten eines Kreislauftrainings!

Sie haben keine Zeit für mehr Bewegung im Alltag?

Probieren Sie es aus und schätzen Sie ein, wie viel Zeit Sie tatsächlich verlieren, wenn Sie

Reserven für mehr Bewegung im Alltag

- die Treppe statt den Fahrstuhl nutzen,
- Wege unter einem Kilometer zu Fuß zurücklegen,
- nicht lange nach einem Parkplatz genau vor der Tür suchen,
- zum Telefonieren aufstehen,
- für die Grillparty Bewegungsspiele einplanen,
- zu einer Familienwanderung statt einem Familienessen einladen.

Wählen Sie eine Sportart, die zu Ihnen passt

Zur Verbesserung der Funktionstüchtigkeit von Herz und Kreislauf eignen sich alle Sportarten, die eine gleichmäßige und länger andauernde Belastung ermöglichen.

Dazu gehören vor allem Joggen, Schwimmen, Radfahren, Walking und spezifische Gymnastikprogramme. Gut geeignet, aber nicht immer und nicht überall zu realisieren sind auch Eisschnelllauf, Skilanglauf und Inline-Skating. Für diese Sportarten brauchen Sie außerdem erst einige Zeit, um sich die notwendigen Bewegungsfertigkeiten anzueignen.

Bewegungsfertigkeiten sind, stark vereinfacht, erlernte und gefestigte Bewegungsabläufe

Wonach sollten Sie Ihre Sportart auswählen?

1. Freude an der Sportart

Welche Sportart könnte Ihnen gefallen? Das ist ein ganz wichtiges Kriterium, denn Sie werden nur dann regelmäßig aktiv sein, wenn Sie Freude daran finden.

2. Formen der sportlichen Betätigung im Freundes- und Familienkreis

Meist macht Bewegung in der Gemeinschaft mehr Spaß, die oft knappe Zeit kann gemeinsam genutzt werden, und die motivierende Wirkung ist auch nicht zu unterschätzen.

3. Körpergewicht

Mit normalem Körpergewicht ist fast jede Sportart möglich, sollten Sie zu Übergewicht neigen, empfehlen ich Ihnen vor allem Walking und Schwimmen.

4. Gesundheitliche Voraussetzungen

Bei gesundheitlichen Problemen sollten Sie unbedingt Ihren Hausarzt konsultieren. Er wird Ihnen die für Sie zweckmäßige Form der sportlichen Betätigung empfehlen und sicherlich auch Hinweise zur Belastungsgestaltung geben. Bei Problemen mit dem Rücken und den Kniegelenken sollten Sie Schwimmen und Walking bevorzugen, bei Verspannungen im Nacken und Schulterbereich und Problemen mit den Kniegelenken eignet sich Rückenschwimmen besonders gut.

Das sollten Sie beim Kreislauftraining beachten

1. Bereiten Sie Ihren Organismus auf die Belastung vor.
Nehmen Sie sich dazu 10 Minuten Zeit. Durch langsames, allmählich schneller werdendes Gehen, durch Vor- und Rückschwingen sowie Kreisen der Arme stellen Sie Ihren **Kreislauf** auf die kommende Belastung ein. Anschließend bereiten Sie bestimmte Muskelgruppen durch **Dehnübungen** vor.

Beziehen Sie mindestens drei Muskelgruppen ein!

ÜBUNG

Die Oberschenkelmuskulatur

Stützen Sie sich an eine Wand, einen Baum oder etwas Ähnliches oder auf eine Stuhllehne und ziehen Sie eine Ferse mit der Hand zum Gesäß. Wenn Sie noch keine Dehnung in der Vorderseite des Oberschenkel spüren, ziehen Sie das Knie noch etwas nach hinten.

Mein Tipp

Spannen Sie bei dieser Übung die Bauchmuskeln sowie die Gesäßmuskulatur des Standbeins an, um nicht ins Hohlkreuz zu gelangen.

ÜBUNG

Die Wadenmuskulatur

Stellen Sie ein Bein weit nach vorn und beugen Sie das Knie des vorgestellten Beines. Die Ferse des hinteren Beines wird fest auf den Boden gedrückt, die Zehen zeigen nach vorn. Beugen Sie das vordere Bein, bis Sie den Dehnungsreiz in der Wade des hinteren Beines spüren.

Die Schultergürtelmuskulatur

ÜBUNG

Strecken Sie einen Arm weit nach oben. Beugen Sie den Arm im Ellenbogen, so dass die Hand locker im Nacken liegt, und schieben Sie mit der anderen Hand den Ellenbogen langsam in Richtung Schulterblatt. Übrigens: Das Federn bei Dehnübungen, wie es viele noch aus dem Schulsport vergangener Jahre kennen, ist überholt.

Für alle drei Übungen gilt:

- Wiederholen Sie die Übungen zu jeder Körperseite mindestens zweimal.
- Dehnen Sie langsam, ohne Schwung und nur so weit, bis Sie ein leichtes Ziehen in der Muskulatur spüren.
- Halten Sie die Position etwa 15 Sekunden, ohne noch einmal nachzuziehen, und atmen Sie dabei tief ein und aus. Nur so hat der Muskel die Möglichkeit, sich ausreichend zu entspannen.

2. Wählen Sie eine Belastung, die Ihren aktuellen Leistungsvoraussetzungen angemessen ist

Nehmen Sie sich nicht zu viel vor und legen Sie kein zu schnelles Tempo vor.

Wenn Sie ohne Anleitung durch einen Trainer beginnen, werden Sie einige Versuche brauchen, bis Sie »Ihr« Tempo gefunden haben.

TIPP

Wählen Sie ein Tempo, das Sie mindestens 30 Minuten durchhalten können!

Die grobe Orientierung für die **zweckmäßige Pulsfrequenz** während der Belastung lautet: 180 minus Lebensalter.

Beispiel

Ein 40-Jähriger sollte sich demnach mit einer Pulsfrequenz von 140 Schlägen pro Minute, ein 60-Jähriger mit einer Pulsfrequenz von 120

Schlägen pro Minute belasten. Doch das ist wirklich nur eine grobe Orientierung für den Anfang. Bei den einzelnen Menschen kann die individuell zweckmäßige Pulsfrequenz in Abhängigkeit von anatomisch-physiologischen Besonderheiten und vom Trainingszustand sehr stark abweichen.

Mein Tipp

Es gilt die **Faustregel:** Nur so hoch belasten, dass Sie noch in der Lage sind, sich zu unterhalten.

Walking – ideal für den Kreislauf

Walking: schnelles Gehen mit Armeinsatz

Jogger sind auf Straßen, in Parkanlagen und auf Waldwegen schon seit längerer Zeit anzutreffen. »Walker« ziehen noch ab und zu verwunderte Blicke auf sich. Dabei ist Walking eine ideale Form für das Kreislauftraining. Die Belastung für Herz und Kreislauf kann beim Walking sehr gut an den aktuellen Zustand angepasst werden. Beim Walking bleibt immer ein Fuß auf dem Boden. Die Belastung von Wirbelsäule, Fuß- und Hüftgelenken ist wesentlich geringer als

In der Gruppe macht Walking noch mehr Spaß

beim Joggen, Bänder und Sehnen werden geschont. Dadurch ist Walking besonders für sportlich weniger Geübte und Menschen mit etwas mehr Gewicht eine ausgezeichnete Möglichkeit, den Kreislauf zu trainieren.

Und so wird's gemacht

Das Tempo

Richten Sie sich beim Tempo wie bei allen Formen des Ausdauertrainings nach Ihren individuellen Leistungsvoraussetzungen. Wählen Sie ein Gehtempo, bei dem Sie sich noch wohl fühlen.

Für Ihre Zeit- und Streckenplanung und vielleicht auch als Anreiz zur Verbesserung Ihrer Leistungen können Sie folgende **Orientierungen** nutzen:

Wenn Sie ohne Traineranleitung beginnen, werden Sie einige Versuche brauchen, bis Sie »Ihr« Tempo gefunden haben

Belastungsempfehlungen für Walking

Altersgruppe	Zeit für eine Strecke von 3 km	Schrittfrequenz
bis 30 *Jahre*	20 Min.	70 Doppelschritte/Min.
31–45 Jahre	25 Min.	60 Doppelschritte/Min.
45–60 Jahre	30 Min.	60 Doppelschritte/Min.
älter als 60 Jahre	35 Min	55 Doppelschritte/Min.

Die Schrittlänge

Für jeden Menschen gibt es eine optimale Schrittlänge, die leicht zu ermitteln ist:

Stellen Sie sich aufrecht und lassen Sie sich mit gestrecktem Körper nach vorn fallen (ohne im Hüftgelenk abzuknicken). Wenn sich der Körper weit genug nach vorn geneigt hat, geht ein Fuß automatisch nach vorn, um den Körper abzufangen.

Zu lange Schritte können zur Verspannung im Schultergürtel und zu einer Hohlkreuzhaltung führen, zu kurze Schritte geben den Gesäßmuskeln zu wenig Spielraum und sind unökonomisch.

So wird der Fuß aufgesetzt

Die Füße

Setzen Sie den Fuß mit der Ferse auf und rollen Sie den ganzen Fuß bis zu den Zehenspitzen ab. Drücken Sie abschließend den Fuß bewusst vom Boden ab.
Achten Sie bei jedem Schritt auf die gerade Stellung der Füße. Die Linie zwischen Ferse und Zehenspitzen sollte immer in die Gehrichtung zeigen. Nur dann werden Fuß- und Kniegelenke richtig belastet.

Die Beine

Heben Sie bewusst den Oberschenkel nach oben. Jeder Schritt sollte bis zu den Gesäßmuskeln spürbar sein. Nach dem Abdrücken des Fußes heben Sie leicht das Knie und lassen den Unterschenkel locker nach vorn pendeln.

Die Körperhaltung

Halten Sie den Körper aufrecht und blicken Sie geradeaus, das erleichtert die aufrechte Körperhaltung.
Wird der Oberkörper zu weit nach vorn geneigt, schränkt das den Bewegungsradius im Hüftgelenk und damit die Schrittlänge ein. Ist der Oberkörper nach hinten geneigt, entsteht leicht ein Hohlkreuz.

TIPP

Spannen Sie, um ein Hohlkreuz zu verhindern, die Gesäß- und Bauchmuskeln etwas an (»Bauch einziehen«).

Die Arme

Wenn Sie mit dem Walken beginnen, sollten Sie die Armbewegungen am besten erst einmal gar nicht beachten. Lassen Sie die Arme im natürlichen Rhythmus des Gehens einfach mitschwingen. Sobald Sie Ihr Tempo gefunden haben, setzen Sie Arme bewusster ein. Winkeln Sie die Arme etwas stärker an und schwingen Sie bei jedem Schritt den Arme kräftig nach vorn-oben. Achten Sie darauf, dass die Hand nur bis in Schulterhöhe geschwungen wird.

TIPP

Konzentrieren Sie sich nur auf den nach vorn schwingenden Arm, der andere schwingt ohne unsere bewusste Kontrolle wieder locker zurück.

Die Atmung

Achten Sie nicht speziell auf Ihre Atmung. Normalerweise passt sich die Atmung unbewusst der Bewegung an. Sollten Sie dennoch Probleme bekommen, versuchen
Sie es mit folgendem **Atemrhythmus:**

Vier Schritte lang einatmen, sechs Schritte lang ausatmen.

Sie werden schnell den für Sie passenden Atemrhythmus finden.
Die meisten Probleme treten dann auf, wenn die verbrauchte Luft nicht ausreichend ausgeatmet wird.

Achten Sie besonders auf das Ausatmen

3. Beenden Sie das Training nicht abrupt

Hier schließt sich der Kreis. Sie haben Ihren Körper schonend auf die Belastung vorbereitet, gönnen Sie Ihm auch einen entsprechenden Übergang zur Erholung.

Lassen Sie das Tempo langsam abklingen

Der Organismus erholt sich bei leichter Belastung besser als durch absolute Ruhe.
Durch allmähliche Reduzierung der Belastung kann sich der Organis-

Zeitmangel darf nicht zu Lasten unseres Körpers gehen

mus viel leichter auf die körperliche Ruhe umstellen als durch den plötzlichen Übergang von hoher Belastung zu absoluter Ruhe. Viele Freizeitsportler haben wenig Zeit und wollen die wenige Zeit möglichst vollständig zum intensiven Training nutzen.
Gehen Sie pfleglich mit Ihrem Körper um und erleichtern Sie ihm das Umschalten von Belastung auf Ruhe.

Lockern Sie die noch angespannten Muskeln
Jedes Kreislauftraining ist, unabhängig von der gewählten Sportart, mit Muskelanspannung verbunden. Bei einem 30 Minuten langen Walken spannen Sie 1800-mal die Muskulatur an, beim schnellen Radfahren oder Joggen noch häufiger.

Auch wenn Sie sich locker bewegen, verbleibt eine Restspannung in der Muskulatur, die Sie durch sanftes Dehnen abbauen können.

Ergänzen Sie die Übungen, die Sie zur Erwärmung durchgeführt haben, um folgende zwei Übungen:

ÜBUNG

Übung 1

Dehnen Sie den ganzen Körper: Strecken Sie die Arme ganz nach oben, weit raus aus den Schultern. Atmen Sie tief ein und lassen Sie die Arme beim Ausatmen locker neben dem Körper auspendeln.
Übung 3-mal wiederholen

Übung 2

Lockern Sie Hals- und Lendenwirbelsäule: Sie stehen aufrecht und lassen den Oberkörper langsam nach unten sinken. Dabei werden die Beine im Kniegelenk etwas gebeugt. Lassen Sie den Oberkörper immer

tiefer sinken und atmen Sie dabei ruhig ein und aus. Die leicht gebeugten Arme hängen locker aus den Schultern. Lassen Sie auch Ihren Kopf immer tiefer sinken, bis Sie spüren, dass Sie ihn ganz locker bewegen können.
Übung noch 2mal wiederholen
Richten Sie sich jetzt langsam wieder auf. Zuerst das Becken, dann die Brustwirbelsäule, zuletzt Schultern und Kopf. Atmen Sie tief durch.

Die Wirbelsäule stabilisieren

»Sitz gerade!« – wie oft haben wir in unserer Kindheit diese ermahnenden Worte von Mutter, Vater und Lehrern gehört. Manch einer bereut heute, diesen Ermahnungen zu wenig Beachtung geschenkt zu haben. Das »Kreuz mit dem Kreuz« ist für viele Menschen zum Problem geworden.
Mehr als 80 Prozent der Menschen in den Industrieländern leiden irgendwann unter Rückenproblemen, besonders betroffen sind die Hals- und die Lendenwirbelsäule.
Dabei ist unsere Wirbelsäule hervorragend konstruiert:
24 beweglich miteinander verbundene Wirbelkörper sowie Kreuz- und Steißbein, beide fest miteinander verwachsen, sind die Grundlage für einen stabilen und dabei beweglichen Rücken. Die zwischen den Wirbelkörpern gelagerten Bandscheiben sorgen dafür, dass die Wirbelkörper nicht aneinander reiben und Stoß- und Druckbelastungen abgepuffert werden können.
Vielleicht können Sie sich noch an den »Knochenmann« aus dem Biologieunterricht erinnern. Das Knochengerüst wurde mit Draht und Schnüren zusammengehalten und stabilisiert. Diese Funktion übernehmen beim Menschen die zahlreichen Muskeln und Sehnen, die

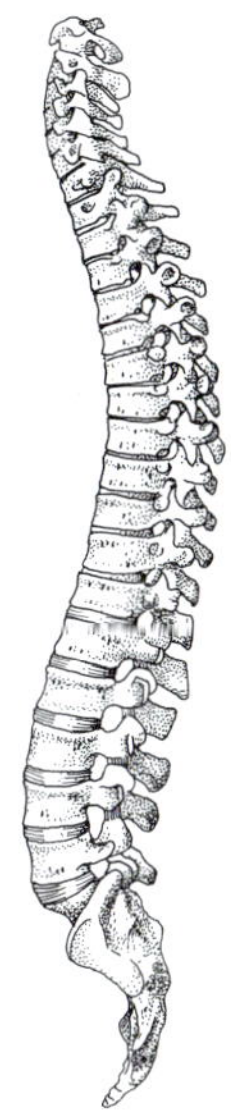

Der Mensch hat
- 7 Halswirbel,
- 12 Brustwirbel,
- 5 Lendenwirbel

Muskuläre Dysbalancen: Das Zusammenspiel der an den jeweiligen Gelenken angreifenden Muskeln ist aus dem Gleichgewicht – manche Muskeln sind zu schwach, andere sind dauerhaft verkürzt und bedürfen der Dehnung

die Wirbelkörper miteinander verbinden und der Wirbelsäule ihre Beweglichkeit und Stabilität geben.
Wenn uns die Natur einen so hervorragend funktionierenden Mechanismus mitgegeben hat, warum leiden dann so viele Menschen unter Schmerzen im Rücken?
Die Antwort liegt vor allem in *muskulären Dysbalancen*, die durch Bewegungsmangel und Fehlbelastungen des Rückens entstehen. Dabei sind Rückenprobleme keine Erscheinung, die wir als unabwendbares Schicksal hinnehmen müssen. In den meisten Fällen haben wir es selbst in der Hand, aktiv etwas dagegen zu tun.

Gefahren für die Wirbelsäule

Stehen

Wann haben Sie das letzte Mal längere Zeit gestanden? Vielleicht können Sie sich daran erinnern und auch an die Rückenschmerzen, die Sie anschließend hatten?
Längere Zeit zu stehen ist mit einer Daueranspannung der Rumpfmuskulatur verbunden. Da diese Muskulatur nicht für eine längere Belastung ohne Wechsel von Anspannung und Entspannung vorbereitet ist, ermüdet Sie relativ rasch. Vor allem durch nachlassende Anspannung in der Bauchmuskulatur kippt der obere Beckenrand nach vorn, ein Hohlkreuz entsteht. Die damit verbundene Fehlbelastung im Bereich der Lendenwirbelsäule kann relativ schnell zu Rückenschmerzen führen.

Was ist zu tun, wenn Sie längere Zeit stehen müssen?

- Wechseln Sie häufig Ihre Körperhaltung. Stellen Sie abwechselnd das linke oder rechte Bein etwas vor und verlagern Sie das Körpergewicht abwechselnd auf das linke und rechte Bein.
- Spannen Sie in regelmäßigen Abständen Bauch und Gesäß an, dadurch richtet sich das Becken wieder auf, und das Hohlkreuz verschwindet.

- Achten Sie bei immer wiederkehrenden Alltagsbewegungen auf einen geraden Rücken, beugen Sie lieber einmal mehr die Knie, als sich weit nach vorn zu beugen.

Sitzen

»Sitzen wir uns kaputt?« wird oft in Beiträgen über das Gesundheitsrisiko »Sitzen« gefragt. In der Tat bedeutet das Sitzen ein ernst zu nehmendes Problem für den Erhalt eines schmerzfreien Rückens.

Gesundheitsrisiko Sitzen

Beim Sitzen wird die Wirbelsäule fast sechsmal so hoch belastet wie beim Liegen und immerhin noch fast 50 Prozent stärker als beim Stehen.

Und wir sitzen oft und lange. Menschen, die ihre berufliche Tätigkeit vorwiegend sitzend verrichten, verbringen mindestens 80 000 Stunden ihres Lebens im Sitzen – eine unvorstellbare Anzahl von Stunden, in denen der Rücken sehr stark belastet wird.

Telefonieren im Stehen gehört schon fast zum Standard rückengerechten Verhaltens

Wie lange sitzen Sie im Verlaufe eines Jahres? Verringern Sie das Risiko, sich »kaputt« zu sitzen. Versuchen Sie Tätigkeiten, die Sie gewohnheitsmäßig im Sitzen verrichten, gehend,
stehend oder liegend zu bewältigen.
Natürlich werden Sie trotz vieler kreativer Ideen zur Veränderung des Sitzverhaltens nicht ganz auf den guten alten Stuhl verzichten können.

TIPP

Denken Sie ruhig auch an scheinbar verrückte Sachen. Einige Chefs sind schon dazu übergegangen, Arbeitsberatungen im Stehen (warum nicht auch im Gehen) durchzuführen. Man kann die Tastatur des Computers auch vorübergehend auf eine Arbeitsfläche legen, die das Bedienen im Stehen gestattet.

Achten Sie auf die richtige Stuhlhöhe

Die Füße sollen bequem auf dem Boden stehen können. Zu hohe Stühle lassen sich durch eine Fußstütze, zu niedrige durch ein Sitzkissen ausgleichen.

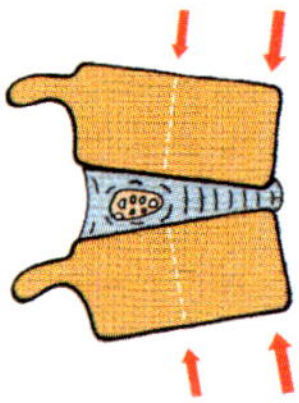

Beim Sitzen und Bücken werden die Zwischenwirbelkörper (»Bandscheiben«) einseitig zusammengepresst und dadurch stark beansprucht

Achten Sie auf den richtigen Abstand zwischen Stuhl-Sitzfläche und Arbeitsfläche

Die Ellenbogen sollten sich in Höhe der Tischplatte oder leicht darunter befinden. Zu hohe Arbeitsflächen führen zu Verspannungen in der Schultermuskulatur, zu niedrige zu dem berühmten »Schreibbuckel«.

Wechseln Sie häufig ihre Sitzposition

Beugen Sie sich nach vorn, lehnen Sie sich nach hinten, schlagen Sie ruhig auch ab und zu die Beine übereinander. Jede Veränderung der Sitzhaltung entlastet die vorher angespannten Muskeln und führt zu veränderter Beanspruchung der Bandscheiben.

Keine Sitzhaltung ist so gut, dass sie als Dauerhaltung zu empfehlen ist.

Bücken und Heben

Jedes Bücken ist mit einem Beugen des Oberkörpers verbunden. Jedes Beugen des Oberkörpers verstärkt die Belastung der Bandscheiben, vor allem im Lendenwirbelbereich. Wird das Bücken mit dem Heben schwerer Gegenstände verbunden, ist diese Belastung noch größer.

Halten Sie den Oberkörper beim Bücken möglichst gerade.

- Beugen Sie zum Ausgleich lieber etwas stärker die Beine. Das schont den Rücken, es sieht aber auch viel eleganter aus.
- Ziehen Sie schwere Gegenstände vor dem Anheben möglichst dicht an den Körper heran.

Je weiter die zu hebende Last vom Körper entfernt ist, umso höher ist die Belastung der Wirbelsäule (Hebelwirkung).

So sollten Sie nichts Schweres anheben – die gesamte Last wird der Lendenwirbelsäule zugemutet

So schonen Sie Ihre Wirbelsäule: Da die Last möglichst dicht am Körper bewegt wird, kann der Rücken fast senkrecht gehalten werden

Tragen

Noch vor dreißig Jahren waren alle Schulkinder froh, wenn Sie endlich den Ranzen gegen eine Schultasche austauschen durften. Heute gehört es zum gewohnten Bild, dass Jugendliche, aber auch Erwachsene mit dem Rucksack auf dem Rücken durch die Stadt schlendern.

Ein gesunder Trend

Sicher ist für diesen Trend nicht nur ein höheres Gesundheitsbewusstsein verantwortlich, aber gesund ist es schon.

Auf nur einer Körperseite getragene schwere Lasten stellen eine enorme Belastung der gesamten Wirbelsäule dar und führen zwangsläufig zu Fehlhaltungen und bei häufiger Beanspruchung zu Verspannungen im Rücken- und Schulterbereich.

Also, selbst wenn Sie kein »Rucksack-Fan« sind:

Drei Regeln für das rückengerechte Tragen

- Vermeiden Sie es, schwere Gegenstände auf einer Seite zu tragen. Zwei leichte Gepäckstücke (Einkaufstaschen) tragen sich besser und schonen die Wirbelsäule.
- Versuchen Sie, auch beim Tragen die Last so nah wie möglich an den Körper zu bringen. Ein Schulterriemen kann schon etwas Abhilfe schaffen.
- Wechseln Sie beim Tragen eines Gegenstandes oder zweier unterschiedlich schwerer Gegenstände regelmäßig die Seiten, nicht erst dann, wenn Ihnen die Last »unerträglich« wird.

Geben Sie den Bandscheiben ausreichende Möglichkeiten zum »Ernähren«

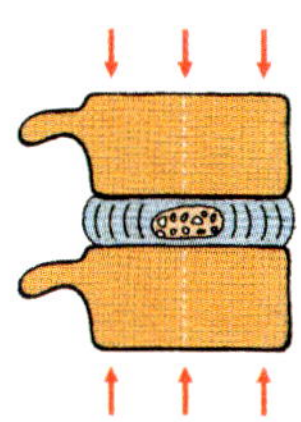

Die wichtigsten Organe unseres Körpers sind mit feinen Kapillaren durchzogen und werden durch das Blut mit den für ihr Funktionieren notwendigen Nährstoffen versorgt. Bei den Bandscheiben ist es anders – sie beziehen ihre Nährstoffe aus der sie umgebenden Flüssigkeit. Diese Flüssigkeit kann aber nur dann in die Bandscheibe einströmen, wenn genug Platz ist, das heißt, wenn alte, verbrauchte Flüssigkeit abgepumpt wurde. Dieser Flüssigkeitsaustausch vollzieht sich durch die regelmäßige Be- und Entlastung der Bandscheibe. Wie bei einem Schwamm wird durch das Zusammendrücken der Bandscheibe die Flüssigkeit herausgepresst. Wird der Rücken entlastet, kann neue Flüssigkeit einströmen.

Bewegen Sie sich regelmäßig

• Wechseln Sie in Ihrem Tagesablauf häufig zwischen Gehen, Sitzen, Stehen (Liegen). Verändern Sie beim Stehen und Sitzen bewusst und regelmäßig ihre Körperhaltung. Für eine normal belastete Bandscheibe reicht dieses »bewegte« Alltagsverhalten aus.

Strecken Sie bewusst Ihren Rücken

ÜBUNG

Übung 1

• Setzen Sie sich aufrecht auf den Stuhl und strecken Sie die Arme nach oben, weit raus aus den Schultern. Ziehen Sie den Rücken ganz lang. Wenn Sie diese Übung auf einem Sitzball ausführen, spüren Sie, wie der Ball als Zeichen für die Entlastung langsam »nach oben« kommt.

Übung 2

• Legen Sie sich auf den Rücken und legen Sie den rechten Arm hinter dem Kopf auf den Boden. Schieben Sie den Arm weit raus aus der Schulter, ziehen Sie gleichzeitig die Zehen des linken Fußes etwas an und schieben Sie die linke Ferse nach vorn, das Bein raus aus dem Hüftgelenk.

Wiederholen Sie die Übung zur anderen Seite

Übung 3

• Stellen Sie sich aufrecht und lassen Sie den Oberkörper, mit dem Kopf beginnend, langsam nach unten sinken, Wirbel für Wirbel. Beugen Sie dabei leicht die Knie. Arme und Schultern hängen locker nach unten. Verharren Sie 15 bis 20 Sekunden in dieser Position und rollen Sie den Oberkörper langsam wieder nach oben auf. Richten Sie erst das Becken auf (Bauch- und Gesäßmuskeln anspannen), dann die Brustwirbelsäule und zum Schluss Kopf und Schultern.

»Pflegen« Sie die für die Wirbelsäule wichtigen Muskelgruppen

Muskeln und Sehnen geben der Wirbelsäule die ausreichende Beweglichkeit und Stabilität. Rückenschmerzen, vor allem Beschwerden im Lendenwirbelbereich, werden häufig zum einen durch abgeschwächte und zum anderen durch verkürzte Muskeln verursacht (vgl. S. 86 »Muskuläre Dysbalancen«).
Dabei sind vorrangig *drei Muskelgruppen* maßgeblich beteiligt: die Bauchmuskeln, die Gesäßmuskeln und die tiefen Rückenmuskeln.

Die Bauchmuskeln

Die Bauchmuskeln erstrecken sich zwischen Rippen, Brustbein und dem unteren Beckenrand. Sie sorgen dafür, dass der untere Becken-

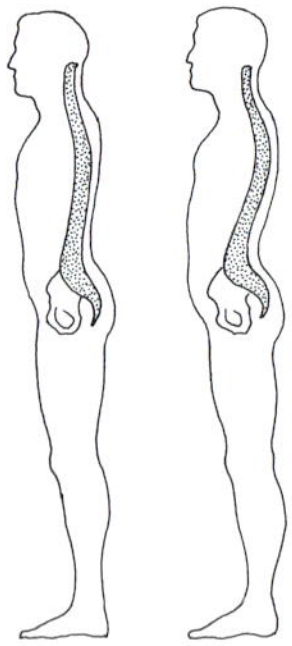

Wenn der obere Beckenrand vorkippt, kommt es zur Hohlkreuzhaltung

rand immer etwas nach vorn gezogen wird, und tragen dadurch dazu bei, eine Hohlkreuzhaltung zu vermeiden.
Schwache Bauchmuskeln können diese Funktion nicht mehr erfüllen. Der Bauch »fällt« nach vorn, der Körperschwerpunkt wird dadurch ebenfalls nach vorn verlagert. Zum Ausgleich – um das Gleichgewicht wiederherzustellen – werden Schultern und Oberkörper unbewusst nach hinten gezogen. Das führt zu einer verstärkten Krümmung der Wirbelsäule im Lendenwirbelbereich und zu einer Fehlbelastung der Bandscheiben.

Und so kräftigen Sie Ihre Bauchmuskeln:

ÜBUNG

Übung 1

• Legen Sie sich mit aufgestellten Füßen auf den Rücken.
Der Kopf ruht auf den übereinander gelegten Fingern, die Zehen werden zum Schienbein gezogen. Drücken Sie den Rücken auf den Boden und heben Sie die Schultern so weit es geht nach oben. Der Rücken bleibt auf den Boden gedrückt. Halten Sie diese Position etwa 10 Sekunden lang. Danach lassen Sie Kopf und Schultern wieder auf den Boden sinken.

Übung 2

• Sie liegen mit gestreckten Beinen auf dem Boden, die Arme liegen locker neben dem Körper. Ziehen Sie die Fußspitzen in Richtung Schienbein, drücken Sie den Rücken auf den Boden, heben Sie beide Arme etwa 10 cm an und ziehen sie die Schultern nach oben. Der Rücken bleibt fest auf den Boden gedrückt.

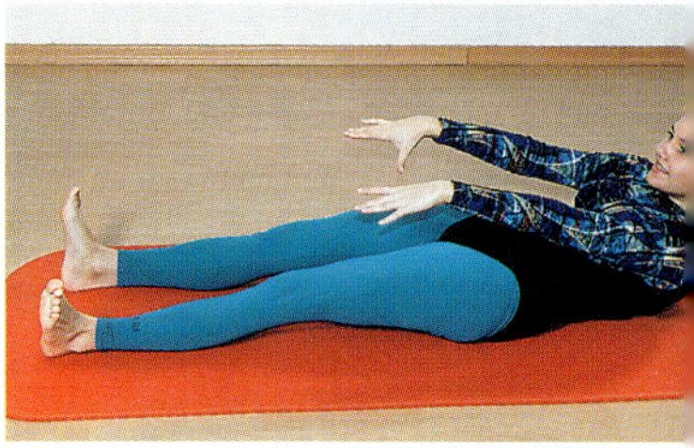

Wiederholen Sie die Übungen anfangs mindestens 5-mal und steigern Sie allmählich auf 10 Wiederholungen je Übung

Sie werden bei dieser Übung die Anspannung des Körpers von den Zehen bis zur Nasenspitze spüren.

Halten sie die Position ca. 10 Sekunden, lassen Sie Schultern und Arme wieder auf den Boden sinken und die Füße nach außen fallen.

Die Gesäßmuskulatur
Die Gesäßmuskeln sorgen dafür, dass der untere Beckenrand nicht nach hinten wegrutschen kann. Sie halten, zusammen mit den Bauchmuskeln, das Becken aufrecht. Das bewahrt nicht nur die Lendenwirbelsäule vor Fehlbelastungen, sondern bewirkt gleichzeitig eine gut aussehende, aufrechte Körperhaltung.

Knackiger Po – nicht nur schön anzusehen, sondern auch gesund

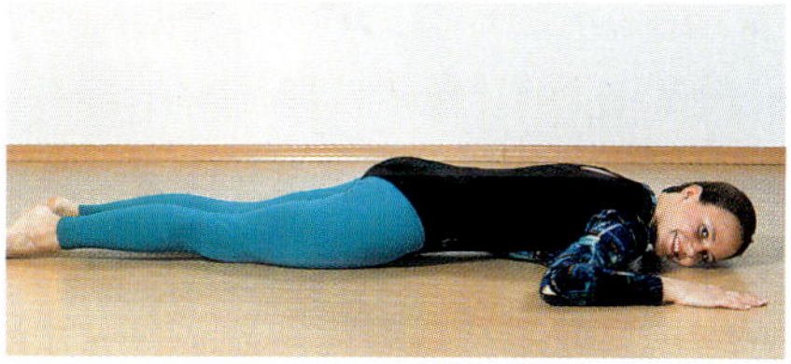

Und so können Sie die Gesäßmuskulatur kräftigen:
Übung 1: Legen Sie sich auf den Bauch, die Arme locker gebeugt neben dem Körper. Spannen Sie die Gesäßmuskeln an und drücken Sie Oberschenkel und Schambein fest auf den Boden. Durch Anspannen der Bauchmuskeln ziehen Sie gleichzeitig den Bauch nach oben.
Übung 2: Legen Sie sich auf den Rücken, die Füße sind aufgestellt, die Arme liegen neben dem Körper. Drücken Sie den Rücken auf den Boden und ziehen Sie das Schambein langsam in Richtung Bauchnabel hoch.

Die tiefen Rückenmuskeln
Diese Muskeln, die die einzelnen Wirbelkörper miteinander verbinden, neigen zu Verspannung und zur Verkürzung, was eine Hohlkreuzhaltung begünstigt.
Zur *Lockerung* und *Dehnung* sind alle Übungen geeignet, bei denen der Rücken im Lendenwirbelbereich »rund« wird.

ÜBUNG

Legen Sie sich auf den Rücken und beugen Sie die Knie. Umfassen Sie unterhalb der Kniekehlen die Oberschenkel und ziehen Sie die Knie langsam zu Brust. Erspüren Sie dabei das zunehmende Einrollen

der Wirbelsäule. Strecken Sie langsam die Beine, aber nur so weit, dass sich die Knie nicht von der Brust entfernen (Position 15 Sek. lang halten). Lassen Sie den Rücken wieder flach auf den Boden rollen.
Übrigens: Alle Übungen zur Kräftigung der Rückenmuskulatur sind auch sehr gut für ein Training der Problemzonen geeignet. Die gut entwickelten Muskeln geben nicht nur der Wirbelsäule mehr Halt, sie straffen auch den Körper rund um die Hüfte.

Den Körper in Form bringen

»Problemzonengymnastik« hilft beim Erreichen des Wohlfühlgewichts

In unseren Kursen zum Erreichen des Wohlfühlgewichts achten wir besonders auf die Verbindung von Ernährungsumstellung und Bewegung. »Problemzonengymnastik« ist deshalb Bestandteil jeder Kursstunde. Die Ergebnisse lösen bei einigen Teilnehmern oft Verwunderung aus: Das Gewicht hat sich nur unwesentlich verringert, und trotzdem kann schon die nächstkleinere Konfektionsgröße ins Auge gefasst werden.
Wie kann das passieren?
Es gibt **zwei Gründe**:

- Muskeln sind schwerer als Fett. Die durch den Abbau von Fett erreichte Gewichtsreduktion wird praktisch durch den Muskelzuwachs ausgeglichen. Der Körper ist aber trotz fast gleichem Gewicht deutlich schlanker.

Das beste Korsett ist das **Muskelkorsett**

- Gekräftigte Muskeln halten den Körper besser »in Form«. Das bekannte Bauch-Einziehen ist ja nichts anderes als ein bewusstes Anspannen der Bauchmuskulatur. Werden diese Muskeln gekräftigt, wird der Bauch »automatisch« dauerhaft »eingezogen«.

Bewegung kontra Problemzonen – 4 Regeln

Die gleiche Wirkung ist auch bei anderen Körperpartien zu erreichen.

Was ist zu beachten, wenn Sie den Problemzonen durch Bewegung den Kampf ansagen wollen?

- Schlanke Muskeln erhält man durch eine Vielzahl von Wiederholungen mit mittlerem Krafteinsatz. Verzichten Sie deshalb auf hohe Zusatzbelastungen durch Gewichte oder Geräte.
- Planen Sie für eine Problemzone mindestens 10 Minuten ein (5-mal 1 Minute Bewegung, mindestens jeweils 1 Minute Pause).
- Wenn Sie wenig Zeit haben, konzentrieren Sie sich vorerst auf wenige Körperpartien.
- Dehnen Sie nach Ihrem Bewegungsprogramm die angespannten Muskeln.

Und so wird's gemacht:

Straffung der Oberarme

ÜBUNG

Heben Sie die stark gebeugten Oberarme auf Brusthöhe, Ellenbogen knapp unter Schulterhöhe. Legen Sie die Handflächen aneinander und drücken Sie die Handballen zusammen.
Rhythmus: 1 Sekunde drücken,
1 Sekunde lockern
Anschließend die Arme kräftig ausschütteln.

Straffung der Bauchmuskulatur

ÜBUNG

Sie sitzen mit aufgestellten Füßen auf dem Boden, der Kopf ruht an den Händen. Rollen Sie den Oberkörper nach hinten-unten, bis Sie die Anspannung in den Bauchmuskeln spüren. In dieser Position lassen Sie den Oberkörper jeweils etwa einen Zentimeter nach oben und nach unten pendeln.

Hinweis: Versuchen Sie, eine Minute durchzuhalten. Wenn es zu schwer wird, ziehen Sie den Oberkörper etwas nach vorn-oben.

Straffung der Gesäßmuskeln

ÜBUNG

Sie liegen auf dem Bauch, Arme locker an der Seite.

• Beugen Sie ein Knie, führen Sie die Ferse in Richtung Gesäß und heben Sie den Oberschenkel vom Boden (30–40x/Min.).

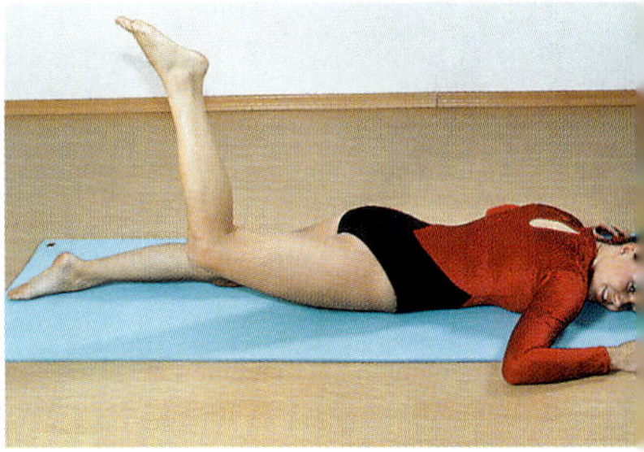

Wichtig: Ziehen Sie nur den Oberschenkel hoch, Becken, Brust und Kopf bleiben fest am Boden liegen. Spannen Sie während der Übung die Bauchmuskeln an, um ein Hohlkreuz zu vermeiden.

• Wiederholen Sie die Übung mit dem anderen Bein.

Straffung von Bauch und Po

ÜBUNG

Sie liegen auf dem Rücken, der Kopf ruht auf den Händen, die Beine sind locker nach oben gestreckt. Spannen Sie Bauch und Po an und rollen (nicht schwingen) Sie das Becken nach oben und wieder auf den Boden. Das fällt leichter, wenn Sie in Ihrer Vorstellung die Füße nach oben an die Decke schieben. Versuchen Sie, das Becken in einer Minute 20-mal nach oben zu schieben. Vielleicht reicht die Kraft der Bauchmuskeln nicht aus, um das Becken vom Boden zu lösen. Das schränkt die Wirkung der Übung in keiner Weise ein. Wichtig ist, dass Sie die Anspannung in Bauch und Po spüren.

Straffung von Hüfte und Oberschenkel

ÜBUNG

Sie liegen gestreckt auf einer Seite, der Kopf ruht auf dem ausgestreckten Arm. Das oben liegende Bein schwingt nach oben und unten.

- Versuchen Sie, in einer Minute etwa 60 Bewegungen zu schaffen.
- Achten Sie beim Üben auf den Fuß. Drehen Sie ihn so, dass die Ferse in gleicher Höhe mit den Zehenspitzen oder etwas höher gehalten wird. Sind die Zehenspitzen dagegen nach oben gedreht, wird nur die Vorderseite des Oberschenkels und nicht die Hüftmuskulatur gekräftigt.

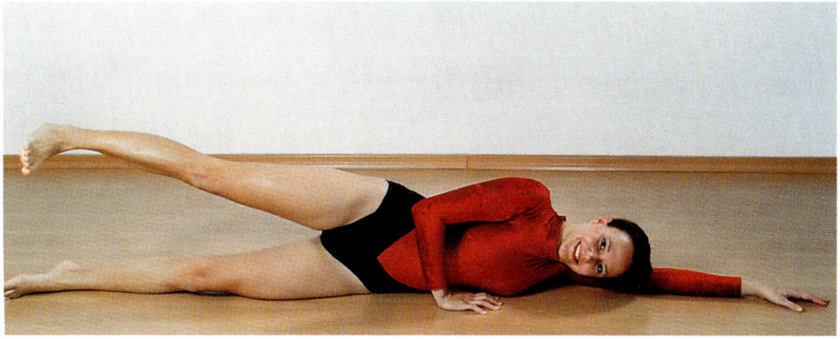

Beginnen Sie jetzt!

Ich habe Ihnen Übungen vorgestellt, für die Sie keine Geräte oder andere Hilfsmittel brauchen. Sie können gleich mit Ihrem Programm starten. Wählen Sie die Übungen für Ihre Problemzonen aus oder straffen Sie den ganzen Körper.

Wenn Sie es schaffen, diese Übungen einen Monat lang dreimal in der Woche durchzuführen, werden Sie sich über den sichtbaren und meßbaren Erfolg freuen.

Erfolgreich und zufrieden leben mit Stress

»Stress ist die Krankheit des 20. Jahrhunderts« – so lautete die Überschrift über einem Beitrag, der sich ausführlich den negativen und gesundheitsgefährdenden Auswirkungen von Stress widmet.
Spezielle Stresskliniken wurden gegründet, um gestressten Menschen wieder ein gesundes Leben zu ermöglichen.
85 Prozent der deutschen Manager klagen über Schlafprobleme, Verdauungsstörungen, Reizmagen. Mitverursacher ist fast immer Stress. So sagen es die Ergebnisse von Untersuchungen des Instituts für Arbeits- und Sozialhygiene in Karlsruhe.
Das ist die eine Seite. Aber es gibt auch andere Erfahrungen mit Stress:
»Ich brauche Stress, unter Stress bin ich besonders leistungsfähig.«
»Ohne Stress wäre mir das Leben zu langweilig.« – Solche oder ähnliche Meinungen höre ich oft von viel beschäftigten, erfolgreichen Menschen, wenn sie auf das Thema Stress und Stressbewältigung angesprochen werden.
Dieser Meinung muss auch *Goethe* gewesen sein, als er reimte:
»Alles in der Welt lässt sich ertragen, nur nicht eine Reihe von schönen Tagen.«
Was ist dran an dem Phänomen Stress? Lassen sich die unterschiedlichen Positionen damit erklären, dass es den »guten« (Eustress) und

den »schlechten« (Distress) gibt oder wirkt Stress tatsächlich bei jedem Menschen anders?

Stress – Freund oder Feind?

Das Wörtchen »Stress« ist heute in aller Munde.

Als *Stressoren* werden die Bedingungen bezeichnet, die zu Stressreaktionen führen können

Häufige Stressoren:

- Zeitdruck
- Über- oder Unterforderung
- Gestörte Kommunikationsbeziehungen
- Mangelnder Handlungs- und Entscheidungsspielraum
- Krankheitsbefürchtungen
- Mangelnde soziale Anerkennung
- Finanzielle Probleme
- Belastende Umweltbedingungen

Stress ist keine Erscheinung oder gar Erfindung der modernen Zeit

Mehr als die Hälfte aller Deutschen fühlen sich gestresst, und viele von ihnen führen gesundheitliche Probleme auf zu viel Stress zurück. Die Stressreaktion geht zurück auf ein sehr nützliches, genetisch angelegtes Programm zur Abwehr bzw. Bewältigung von Gefahren: In einer plötzlich eintretenden Gefahrensituation gibt es nur zwei Möglichkeiten zur Rettung: **Flucht oder Kampf.** Beide Verhaltensweisen erfordern die Mobilisierung aller verfügbaren Kräfte, um erfolgreich sein zu können. Unser Organismus ist so fantastisch konstruiert, dass er in Gefahrensituationen blitzschnell die notwendige Energie am rechten Ort bereitstellt. Er schüttet Hormone aus, um die Leistungsfähigkeit zu steigern, der Blutdruck erhöht sich, das Herz schlägt schneller, die Atmung wird intensiver und die Muskulatur angespannt. Gleichzeitig wird die Aktivität der im Moment nicht lebensnotwendigen Funktionen, wie zum Beispiel des Verdauungs- und Immunsystems, auf ein Mindestmaß reduziert.

Beobachtbare Anzeichen für Stress:
- schneller Herzschlag
- flache, schnelle Atmung
- blasse oder gerötete Haut
- schwitzende Hände
- verspanntes Gesicht
- verspannte Körperhaltung
- motorische Unruhe

Ist die Gefahr vorüber, findet der Organismus relativ schnell wieder in sein Gleichgewicht zurück, der Ablauf aller Körperfunktionen harmonisiert sich, verbrauchte Kraftreserven werden wieder aufgefüllt.

Uralte, bewährte Mechanismen versagen unter den heutigen Bedingungen

Für die Bewältigung der Belastungen in unserer Zeit hat dieser ohne unsere bewusste Steuerung ablaufende Mechanismus Grenzen in **zwei Richtungen:**

- Die meisten »Gefahrensituationen« lassen sich längst nicht mehr durch körperliche Anstrengung bewältigen, die bereit gestellte Energie kann also nicht verbraucht, die Anspannung nicht abgebaut werden.

Sport ist ein gutes Mittel zur Stressbewältigung – unter anderem auch deshalb, weil durch intensive Bewegung relativ viel der angestauten Energie verbraucht wird.

- Der Grundmechanismus funktioniert nur, wenn nach der Stressreaktion genügend Zeit vorhanden ist, um das innere Gleichgewicht wieder zu finden. Aber gerade Zeitmangel ist für viele Menschen der Stressfaktor Nummer 1.

Steter Tropfen höhlt den Stein

- Beim Ankleiden entdecken Sie eine Laufmasche in den Strümpfen.
- Beim Ansetzen des Morgenkaffees stellen Sie fest, dass der Kaffee nicht mehr reicht.

Kennen Sie die Situation?

- Beim Tischdecken fällt Ihnen eine Tasse aus der Hand und zerschellt am Boden.
- Ihre achtjährige Tochter teilt Ihnen am Frühstückstisch mit, dass sie noch ihre Badesachen einpacken muss, weil die Klasse heute ins Schwimmbad geht.
- Sie steigen ins Auto und stellen fest, dass der Sprit gerade noch bis zur nächsten Tankstelle reicht.
- Und dann kommen Sie ins Büro und erfahren, dass Sie für eine erkrankte Mitarbeiterin einspringen müssen. Die für den Tag geplanten Aufgaben müssen liegen bleiben, obwohl die Termine drücken.

Bei zu häufigem Stress kehrt die Erregungskurve nicht mehr auf das Ausgangsniveau zurück – die Spannung »schaukelt« sich hoch

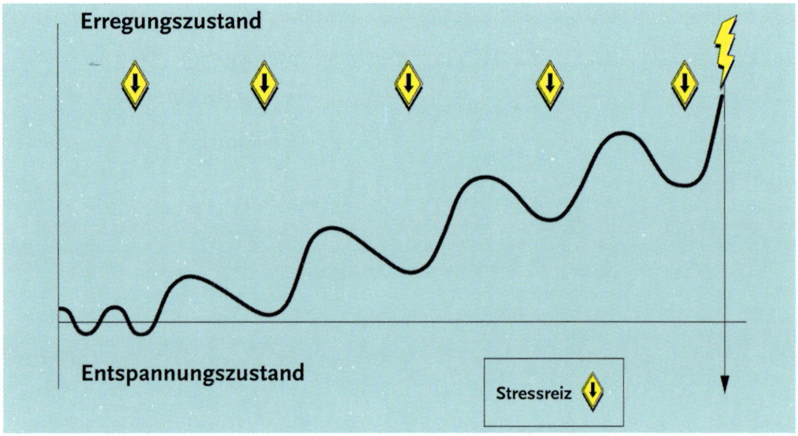

Wenn Sie auch diese Situation noch ruhig und gelassen ertragen, ist Ihre Kompetenz zur Stressbewältigung schon sehr gut entwickelt. Jeder der einzelnen »Zwischenfälle« ist, für sich genommen, mehr oder weniger problematisch und bringt Sie sicherlich nicht so schnell aus Ihrem Gleichgewicht. Kritisch wird es, wenn sich derartige Zwischenfälle häufen.

Unser Organismus, einmal aus dem Gleichgewicht gebracht, reagiert auf jede neue Anforderung mit einer weiteren Mobilisierung, mit einer weiteren Anspannung – bis Geist und Körper nicht mehr können. »Der Bogen ist überspannt.«

Ist Stress doch die Zivilisationskrankheit unseres Jahrhunderts?

Eindeutig nein!

Stress gehört zu unserem Leben.

Stress aktiviert Leistungsreserven und erhöht damit die Leistungsfähigkeit.

Stress wird erst dann zum Problem, wenn Kraft und Zeit nicht ausreichen, um das innere Gleichgewicht wiederherzustellen.

Was ist zu tun?

Ein allgemeingültiges Konzept zur Stressbewältigung gibt es nicht. Zu unterschiedlich sind die Ursachen und individuellen Auswirkungen.

Faktoren für den erfolgreichen Umgang mit Stress:

- Selbstvertrauen
- Selbst- und Zeitmanagement
- Körperlicher Fitness
- Soziale Bindungen
- Entspannungsfähigkeit
- Verhaltenstechniken
- Fachliche Kompetenz
- Gesundheit

Stressoren keine Chance geben

Am Verlauf der Stressreaktion haben Sie erkannt, dass in der Häufigkeit des Auftretens von Stressoren ein wichtiger Faktor für den Verlauf von Stressreaktionen liegt.

Haben Sie beim Lesen dieser Empfehlung sofort gedacht: »Zeit, das ist ja gerade mein Problem?« – Ich kenne diese Reaktion aus vielen Seminaren. Die meisten Menschen verbinden den Gedanken an Belastungsreduzierung mit dem – scheinbar unmöglichen – Reduzieren von Aufgaben. Das ist auch ein wichtiger Aspekt.

TIPP

Suchen Sie konsequent nach Wegen, um die Belastung zu reduzieren, damit Körper, Geist und Seele ausreichend Zeit erhalten, um wieder ins Gleichgewicht zu kommen.

Oft sind es aber nicht die Bedingungen und Aufgaben, die uns belasten, sondern unsere Einstellung, unsere innere Haltung zu diesen Bedingungen und Aufgaben. Natürlich ist es ärgerlich, wenn

- die Strümpfe eine Laufmasche haben,
- der Kaffe nicht mehr reicht,
- eine Tasse am Boden zerschell,
- morgens noch erledigt werden muss, was abends hätte getan werden müssen,
- vor der Arbeit noch zur Tankstelle gefahren werden muss,
- Ungeplantes den Tagesablauf durcheinander bringt.

Meine Erfahrung: Wir belasten uns oft mit Problemen, die wir mit einer anderen Einstellung leichter verkraften könnten

Aber: Beeinflusst Ihre Verärgerung in irgendeiner Weise die Situation?

Nein, denn durch Ihre Verärgerung ändert sich nichts an den vorhandenen Tatsachen.

Ja, denn durch Ihren Ärger reduzieren Sie Ihre Möglichkeiten zur erfolgreichen Bewältigung der Situation. Sie verbrauchen einen Teil der Kraft, die Sie dringend benötigen, um mit den gegebenen Bedingungen fertig zu werden.

Stellen Sie sich die entscheidenden **Fragen:**

Kann und will ich an der Bedingung oder Situation etwas ändern? – Immer, wenn Sie das Zimmer Ihrer zwölfjährigen Tochter betreten, möchten Sie die Tür am liebsten wieder zuschlagen. Das Chaos ist zu groß.

Zwei Schlüsselfragen

Können Sie die Situation verändern? – Natürlich, Sie können das Zimmer aufräumen oder Ihre Tochter dazu bringen, es selbst zu tun.

Wollen Sie die Situation ändern? – Diese Frage lässt sich nicht mehr so einfach beantworten. Einiges spricht dafür, vieles dagegen.

1. Sie können die Sache selbst in die Hand nehmen, das Zimmer bietet wieder einen erfreulichen Anblick, und der Stein des Anstoßes ist beseitigt.

Aber: Der nächste Ärger ist vorprogrammiert, denn die Ordnung wird nicht von langer Dauer sein.

2. Sie können Ihre Tochter dazu zwingen (unter Androhung von Taschengeldkürzung, Disco-Verbot, Ausgangssperre und sonstigen Schikanen), das Zimmer aufzuräumen. Das wirkt meist.

Aber: Ihr Verhältnis zur Tochter wird mit solchen Maßnahmen natürlich nicht besser, und zu irgendeinem Zeitpunkt wirken auch die schlimmsten Androhungen nicht mehr.

3. Sie können immer wieder mit Ihrer Tochter sprechen und ihr die angenehmen Seiten eines aufgeräumten Zimmers vor Augen führen. Das wird ein langer Prozess werden, denn offensichtlich bestehen zwischen Ihren Auffassungen über eine angenehme Umgebung und denen Ihrer Tochter größere Unterschiede.

Letztendlich müssen Sie so lange Geduld aufbringen, bis der Zeitpunkt gekommen ist, an dem sie sich selbst in einem aufgeräumten Zimmer wohler fühlt.

Sie haben sich entschieden, die Situation zu ändern? – Dann ändern Sie die Situation!

Mein Tipp

Ihre Antwort lautet entweder **nein** oder aber **ja, aber** es wird viel Zeit und Kraft kosten.

Wenn Sie sich für »ja, aber« entschieden haben, dann verändern Sie Ihre Einstellung zur Situation!

Durchdenken Sie in Ruhe die tatsächlichen Auswirkungen auf Ihr Leben.

Lesen Sie noch einmal nach im Abschnitt *Kraft der Gedanken*. Sie werden feststellen, dass viele Dinge durch eine andere Sichtweise leichter zu ertragen sind.

Finden Sie heraus, wie und wo Sie Ihren Stress abbauen können – durch Veränderung der Bedingungen oder durch Veränderung Ihrer Sichtweise. Nutzen Sie dazu den vorbereiteten »Zettel«.

Nehmen Sie sich wieder etwas Zeit und einen Stift und bringen Sie Ihre Überlegungen zu Papier

Das belastet mich	So könnte ich die Belastung reduzieren	Das mache ich tatsächlich

Natürlich lassen sich nicht alle Sorgen und Probleme mit einem Einstellungswandel aus der Welt schaffen. Und ist der Erregungspegel erst einmal angestiegen, klappt es in der aktuellen Situation sowieso meist nicht mit der gedanklichen Umstrukturierung.

Mit Verhaltenstechniken Ruhe bewahren

Verhaltenstechniken helfen, die Balance gar nicht erst zu verlieren und Übererregung vorzubeugen

Es gibt viele Tricks und Techniken, um in brisanten Situationen ruhig bleiben zu können. Sie ändern damit nichts am Problem, aber Sie fühlen sich besser und vermeiden Fehlreaktionen, die Sie in ruhigerem Zustand vielleicht bereuen. Natürlich ist es von Zeit zu Zeit auch ganz gut, die Ruhe aufzugeben und einmal richtig aus der Haut zu fahren. Aber das ist nur dann gut, wenn Sie es bewusst machen und nicht ungewollt, durch einen zu starken Erregungszustand dazu verleitet werden.

Mein Tipp

Finden Sie heraus, welche Techniken für Ihre Situation passend sind, und setzen Sie sie in belastenden Situationen bewusst ein:

– Standhalten
– Folgenbewertung
– Umstrukturierung
– Ablenkung
– Sozialer Vergleich
– Selbstbefehle
– Durchatmen

Standhalten

Viele Situationen lassen sich leichter ertragen, wenn wir uns verdeutlichen können, dass alles bald ein Ende hat.

Standhalten als Verhaltenstechnik eignet sich besonders für zeitlich begrenzte Situationen.

Sie sitzen gelangweilt in einer Veranstaltung, die Ihre Erwartungen nicht erfüllt. Einfach aufstehen und gehen wäre unpassend. Immer mehr Ärger über die verlorene Zeit steigt in Ihnen hoch. Schauen Sie auf die Uhr. Jetzt ist es 15 : 30 Uhr, die Veranstaltung ist 16 : 15 Uhr zu Ende. – Die 45 Minuten halten Sie doch auch noch aus.

Folgenbewertung

Die möglichen Folgen einer Situation gedanklich durchzuspielen hilft, emotional überhöhte Auswirkungen durch rationale Bewertung abzuschwächen.

In 30 Minuten erwarten Sie Ihren Besuch. Der prüfende Blick durch Küche und Wohnzimmer macht klar, dass Sie in dieser Zeit niemals fertig werden mit den notwendigen Vorbereitungen.
Was passiert eigentlich, wenn beim Eintreffen des Besuches noch nicht alles »top« ist? Werden Sie für eine schlechte Gastgeberin gehalten, verlieren Sie an Ansehen bei Ihren Bekannten?

Oft regen wir uns über Dinge auf, die beim näheren Hinsehen gar nicht so tragisch sind

Umstrukturieren

Das Problem von der günstigen Seite aus zu sehen ist eine sehr effektive Variante, um unangenehme Situationen positiv zu erleben. Sie sind in Eile, und das vor Ihnen fahrende Auto stoppt bei Gelb. »Wäre er gefahren, hätte ich es auch noch geschafft«, denken Sie verärgert. Strukturieren Sie um: »Nur gut, dass das Auto vor mir gestoppt hat, ich wäre sonst bestimmt noch bei Rot gefahren und vielleicht geblitzt worden.«
An der Situation ändert sich natürlich nichts, Sie stehen an der Ampel und warten auf das nächste Grün, aber Sie fühlen sich besser.

Jedes Ding hat zum Glück zwei Seiten

Ablenken

Einer unangenehmen Situation ausgeliefert zu sein, ohne etwas ändern zu können, ist für die meisten Menschen belastend. Sie kennen die Situation vor allem aus Wartezimmern, beim Warten auf öffentliche Verkehrsmittel oder an der Bahnschranke, im Stau, in einer Schlange vor der Kasse im Supermarkt und in vielen anderen Bereichen. Sie werden immer unruhiger und erregter. Aber was bringt's? Lenken Sie sich ab! – Durchdenken Sie die Termine der nächsten Tage, überlegen Sie, was Sie Ihrem Partner, Ihren Kindern oder Freunden zum Geburtstag schenken wollen, erinnern Sie sich an Ihren letzten Ausflug ins Grüne, planen Sie ein Ziel für den nächsten Urlaub ... Tun Sie, was immer Ihre Gedanken in Anspruch nimmt und Sie damit daran hindert, an die aktuelle Situation zu denken.

Nutzen Sie die Zeit für etwa Sinnvolles

TIPP

Bereiten Sie sich vor, wenn Sie mit Wartezeiten rechnen müssen. Nehmen Sie ein Buch, eine Rätselzeitung, eine Kassette mit ins Gepäck oder schreiben Sie den Brief, den Sie schon lange abschicken wollten.

Sozialer Vergleich

»Geteiltes Leid ist halbes Leid« – so lautet eine tröstende Alltagserfahrung. Der Vergleich eigener Probleme mit denen anderer Menschen hilft, Belastungen leichter zu ertragen.

Der Stau löst sich nicht auf mit der Erkenntnis, dass viele Autofahrer mit Ihnen zusammen warten müssen, aber Sie fühlen sich besser, wenn Sie sich bewusst machen, dass viele andere Menschen mit dem gleichen Problem fertig werden müssen und fertig werden.

Selbstbefehle

Typische Selbstbefehle:
»Ruhig bleiben!«
»Nicht aufregen!«
»Ich bin ganz ruhig.«
»Durchhalten!«

Ein Selbstbefehl oder ein kurzes Schlüsselwort (in der Fachsprache oft als »formelhafte Vorsatzbildung« gekennzeichnet) helfen, den Aufbau von Übererregungen zu stoppen. Der Einsatz von Selbstbefehlen muss allerdings erlernt werden, um in kritischen Situationen tatsächlich funktionieren zu können.

Wählen Sie ein Wort oder ein kurzes Wortgefüge – es können auch Namen, Blumen, Fantasieworte sein – und stellen Sie sich in Verbindung mit diesem Wort eine für Sie angenehme Situation oder einen angenehmen Zustand vor. Wiederholen Sie diese Übung *in neutralen Situationen* so oft, bis Sie spüren, dass Sie mühelos mit der Vorstellung Einfluss auf Ihren Zustand nehmen können. Ein bedingter Reflex hat sich herausgebildet, der Vorstellung und physiologische Reaktion automatisch miteinander verbindet. Wenn das gelingt, werden Sie mit Selbstbefehlen auch in hektischen Situationen die Balance nicht verlieren.

Es genügt eben nicht zu wissen, wie das funktioniert – Sie müssen es immer wieder einüben, bis es klappt

Durchatmen

Sie haben im Abschnitt Entspannungsverfahren gelernt, sich durch Atmen zu entspannen. Oft reicht es schon, einen Moment innezuhalten und den Atem zu beobachten, um ruhiger zu werden und sich nicht zu unüberlegten Reaktionen hinreißen zu lassen.

Spezielle Verhaltenstechniken, wie oben beschrieben, sind hervorragend geeignet, wenn es darum geht, sich in brisanten und belastenden Situationen nicht von aufbrausenden Emotionen aus dem Gleichgewicht bringen zu lassen.
Das Leben dauerhaft mit und ohne Stress zu meistern und zu genießen erfordert jedoch auch eine aktive Lebensplanung und Lebensgestaltung. Für viele Menschen liegen im bewussteren Umgang mit der Zeit die Reserven für mehr Lust am Leben.

Mehr Zeit zum Leben finden

Es ist kaum zu glauben, aber traurige Realität: Noch nie hatten die Deutschen so viel Zeit zur freien Verfügung, und noch nie haben sie so über Zeitmangel geklagt wie heute.
Nicht nur die Tages-, Wochen- und Lebensarbeitszeit hat sich in den letzten 40 Jahren rasant verringert, auch der Einzug der Technik in die Haushalte verkürzt den für notwendige Hausarbeiten erforderlichen Zeitaufwand beträchtlich.
Wenn Sie nur kurz überschlagen, wie viel Zeit Sie eingespart haben durch die »Modernisierung« Ihres Haushalts, werden auch Sie sich fragen, wo die viele eingesparte Zeit bleibt.
Irgend etwas mussen wir falsch machen, wenn wir trotz eindeutig mehr freier Zeit und viel zeitsparender Technik mehr über Zeitmangel klagen als unsere Vorfahren.
Und ohne ausreichend Zeit zum Leben wird es schwierig mit *mehr Lust am Leben*.
Vergleichen Sie die Zeit, die Sie für all die Dinge brauchen, die Sie erledigen müssen (oder möchten), mit dem Zeitvolumen, das Ihnen zur Verfügung steht.
Enthält Ihre persönliche Bilanz noch Zeitreserven, ist alles in Ordnung. Wenn Sie jedoch feststellen, dass Ihre Zeit nicht reichen wird, sollten Sie die Antwort auf folgende wichtige Frage finden:

Es klingt in unseren Ohren schon fast sonderbar, wenn jemand zugibt, ausreichend Zeit zu haben

TIPP

Stellen Sie einmal alle Aufgaben zusammen, die Sie im nächsten Monat erledigen wollen, schätzen Sie den Zeitbedarf ein und stellen Sie fest, wie viel Stunden Ihr Tag haben müsste.

Haben Sie mehr Aufgaben als andere oder brauchen Sie mehr Zeit für die Erledigung ihrer Aufgaben?

Das Ergebnis Ihrer Analyse kann lauten:
Ich stehe im Stress, weil ich mehr zu tun habe als andere.
• *Setzen Sie Prioritäten und delegieren Sie einen Teil Ihrer Aufgaben an andere Personen.*

Häufige Ursachen für einen hohen Zeitaufwand:
• überzogene Gründlichkeit
• mangelnde fachliche Kompetenz
• unzureichende Arbeitsorganisation
• äußere Störquellen

Wenn das ginge, hätten Sie es schon längst gemacht? Es muss gehen, denn Sie haben ja festgestellt, dass Ihre Zeit nicht ausreicht für all die Anforderungen, die Sie bewältigen müssten und wollen. In einer solchen Situation ist es immer besser, selbst auszuwählen, was erledigt werden muss und was notfalls liegen bleiben kann.

Wer nicht selbst Prioritäten setzt, wird zum Spielball der Bedingungen, und am Ende fehlt vielleicht die Zeit gerade für die Dinge, die für Sie am wichtigsten sind.

• *Reduzieren Sie die Aktivitäten, die Sie sich selbst organisieren.*
Schreiben Sie einmal alle Aufgaben, die Sie im Verlaufe eines Monats erledigen, auf einzelne Kärtchen und sortieren Sie die Kärtchen in zwei Kästen: unbedingt notwendige Aufgaben, die Sie nicht beeinflussen können, und Aktivitäten, die von Ihrer eigenen Planung abhängig sind. Sie werden von der Anzahl der Kärtchen im zweiten Kasten überrascht sein.

Das Ergebnis Ihrer Analyse kann lauten:
Ich stehe im Stress, weil ich mehr Zeit brauche als andere.
• *Verändern Sie Ihre Arbeitsorganisation.*

Jeder hat noch Reserven

Bringen Sie in Erfahrung, warum andere die gleiche Aufgabe schneller packen.
• *Erweitern Sie Ihre Kompetenz zur Bewältigung der Aufgaben.*
Der zeitliche Aufwand für eine Weiterbildung zur Tabellenkalkulation

ist weitaus geringer als die Zeit, die Sie anschließend durch effektiveres Arbeiten am Computer einsparen.

Bekennen wir uns dazu: Nobody is perfect

- *Setzen Sie Prioritäten und konzentrieren Sie Ihre Kraft auf die Lösung dieser Aufgaben.*

Alle Aufgaben mit bester Qualität bewältigen zu wollen ist ein Anspruch, der viel wertvolle Zeit kostet und doch nie erfüllbar ist. Legen Sie die Aufgaben fest, die Sie mit bestmöglicher Qualität erfüllen wollen, und organisieren Sie sich für die Lösung dieser Aufgaben die besten Bedingungen.

Das Ergebnis Ihrer Analyse kann aber auch lauten:

Ich stehe im Stress, weil ich mehr Aufgaben habe als andere und zur Erledigung einzelner Aufgaben mehr Zeit brauche.

Eigentlich niederschmetternd, aber doch auch tröstend

Auf den ersten Blick ist das dritte Ergebnis das ungünstigste.

Aber: Denken Sie positiv, strukturieren Sie um!

Sie haben die größten Reserven, um sich durch gezieltes Zeitmanagement mehr Freiräume zu erschließen – durch Reduzierung Ihrer Aufgaben und durch bessere Kompetenz zur Aufgabenbewältigung.

Fangen Sie heute an, diese Freiräume zu entdecken, bewusst zu schaffen und gezielt zu genießen – für mehr Freude und Lust am Leben.

Bildnachweis
Frank Geisler, Berlin 85, 92
Karl-Ludwig Goetjes, Naumburg 8, 54, 60, 74, 75, 86, 90, 91, 92, 93, 94, 95, 96
Thomas Kanzler, Dießen 3 Mitte, 72
Wolfgang Schedler, Strausberg 88, 89, 102
Superbild, Berlin 2 oben, Mitte, unten, 4, 14, 16, 20, 23, 27, 30, 32, 35, 42
Wolfgang Zeyen, Leipzig 3 oben, 15, 24, 48, 64, 65, 66, 67, 68, 69, 70, 71, 78, 79, 80, 82, 84, 85, 88
Verlag Therapeutischer Medien, Iserlohn 3 unten, 53, 98

Dieses Buch ist im Verlag Gesundheit erschienen.

Umschlaggestaltung: Lohmüller Werbeagentur, Berlin
Umschlagfoto: Bavaria München
Layout: Bauer+Möhring, Berlin
Satz und Lithos: LVD GmbH, Berlin
Druck und Verarbeitung: Sebald Sachsendruck, Plauen
Printed in Germany 2000
ISBN 3-333-01065-8

(Lösung der Denkaufgabe auf Seite 40)

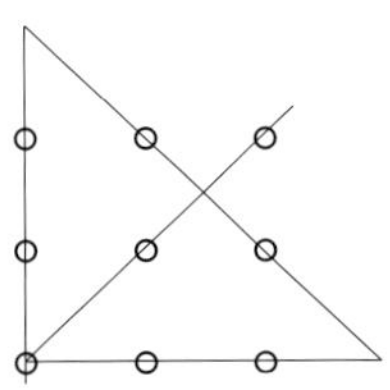

Wählen Sie aus folgenden Behandlungen aus:

Behandlungen - Gesicht

"Classic" Gesichtsbehandlung 19,00 €
45 Min., Reinigung, Massage, Packung, Tagesschutz

"Exclusiv" Gesichtsbehandlung 29,00 €
60 Min., Reinigung, Peeling, Dampf, wahlweise
Tiefenreinigung od. Massage, Packung, Ampulle

"De Luxe" Gesichtsbehandlung 39,00 €
90 Min., Reinigung, Peeling, Dampf, Tiefenreinigung,
Massage, Packung

Der schnelle Schönmacher 25,00 €
Celumer Kurzbehandlung: 45 Min., Reinigung, Peeling,
Maske, Ampulle, Tagespflege

Gesichtsmassage 15,00 €
30 Min., Reinigung, Massage, Tagesschutz

Augenbrauenkorrektur	2,50 €
Augenbrauen färben	4,00 €
Wimpern färben	6,00 €
Enthaarung Oberlippe bzw.Kinn mit Warmwachs	5,00 €
Tages Make-up	10,00 €
Abend Make-up	15,00 €

Behandlung - Körper

Maniküre incl. farblosem Nagellack	15,00 €
Med. Fußpflege mit Fußbad	15,00 €
Med. Fußpflege mit Fußbad und Fußmassage	18,00 €
Nägel lackieren	2,50 €
Enthaarung Unterschenkel mit Warmwachs	15,00 €
Enthaarung Beine mit Warmwachs	25,00 €